도전과 응전의 정치사상

동학학술총서 406

도전과 응전의 정치사상

등록 1994.7.1 제1-1071
인쇄 2005년 12월 5일
발행 2005년 12월 15일

지은이 김 정 호
펴낸이 박 길 수
펴낸곳 도서출판 모시는사람들
　　　　110-775/서울시 종로구 경운동 수운회관 1303호
전화 735-7173, 737-7173 / 팩스 730-7173

편집디자인 이주향
출 력 삼영출력(02-2277-1694)
인쇄·제본 (주)상지피엔비 031-955-3636

홈페이지 http://www.donghakbook.com

값은 표지 뒷면에 있습니다.

ISBN 89-90699-34-7
(세트) ISBN 89-90699-10-X

동학학술총서 406

도전과 응전의 정치사상

19세기 동아시아 3국의 개혁·개방 사상

김 정 호 지음

책머리에

19세기는 동아시아 한·중·일 3국에게 도전과 기회의 시기였다. 대내적 생산력의 저하와 정치·사회적 불안, 그리고 서구 열강의 가시적인 침투가 도전의 내용이었다면, 서구 문물의 유입과 서구와의 직접 접촉은 국가 발전의 비전을 구상할 수 있는 기회와 계기를 제공했다. 이 책은 이와 같은 도전과 기회의 시기에 각기 자국의 현실을 진단하고 정치·사상적 처방을 제시했던 동아시아 3국의 개혁·개방 사상들을 다루고 있다. 특히 필자는 이 책의 전반을 통해 다음과 같은 세 가지 상호 관련된 부분들에 초점을 맞추었다.

첫째, 동아시아 3국의 정치사상을 비교사상사적 관점에서 기술하려고 했다. 한국·중국·일본 3국은 공통적으로 주자학朱子學을 통치 이념으로 수용하여 발전시켰다. 이와 함께 서구 문물의 유입과 서구 열강에 의한 강제적 문호 개방을 함께 경험했다. 각국의 정치 체제, 사회·경제 상황과 사상 동향이 한·중·일 3국의 특수성을 형성했지만, 그러한 특수성은 동아시아라는 공간적 배경과 19세기라는 시간적 배경에서 도출된 보편성을 전제로 한 것이었다. 이러한 측면에 유의하여 필자는 단순히 각국에서 전개된 개혁·개방 사상의 내용들을 나열하는 데 그치지 않고 비교사상사적 관점을 유지하려고 노력했다. 구체적으로 19세기 동아시아라는 보편적 상황에서 진행된 개혁·개방 사상들의 공통점과 의의를 밝히는 한편, 각국의 특수성에서 형성된 성격상의 차이점과 의미를 제시하고자 했다. 그럼으로써 자국의 입장에서 자국의 사상만을 연구하고 평가하는 것에서 벗어나 좀 더 거시적인 입장에서 19세기의 동아시아 3국을 조명할 수 있는 이론적 틀을 제공하려고 했다.

둘째, 사상은 결코 단절이 없다는 사실을 바탕으로 연구의 내용과 범위에 있어 19세기에 활동한 개별 사상가의 사상 내용을 구체적으로 설명하는 동시에, 이전 개혁 사상가들과의 사상적 연계성에도 주목하고자 했다. 기존의 연구는 주로 19세기 개혁·개방 사상의 주요한 보편적 특징 중의 하나가 제도와 사상을 포함한 서구 문물의 수용이었다는 점에서, 사상가들이 어떻게 그러한 서구 문물을 수용하였는가에 초점을 맞추어 왔다고 할 수 있다. 필자는 이러한 연구 경향과는 달리 19세기 3국의 사상가들이 자국의 이전 개혁 사상가들의 어떤 사상 내용을 계승하고, 또 서구 문물의 유입을 통해서 그들이 가진 한계를 어떻게 극복해 갔는지를 규명하려고 했다. 그럼으로써 서구와는 다른 정치사상적 발전 과정을 거친 동아시아 개혁·개방론의 본질과 의미를 밝히는 동시에, 각국의 역사적 배경에서 도출된 사상적 특성을 비교하고자 했다.

셋째, 정치사상의 평가는 결국 평가자의 시각을 반영하기 마련이다. 필자는 19세기 개혁·개방 사상의 바람직한 방향이 자유성自由性과 동등성同等性, 그리고 개체성個體性을 바탕으로 한 국가 발전 전략에 있다고 보았다. 구체적으로 정치사상적 측면에서 진정한 의미의 국가 발전이란 동등한 인간성의 규정과 개체간의 본연적·기능적 평등성의 강조를 통한 평등 질서관의 지향, 자연自然에 대한 객관적 이해와 대외적 개방관을 토대로 한 경제적 생산력과 국가적 부富의 증강, 그리고 국가적 독립성의 유지와 민족적 주체성의 확립을 통한 평등한 국가간·민족간 관계 구축을 의미한다고 판단했다. 따라서 이러한 기준을 가지고 19세기 동아시아 3국의 개혁·개방 사상의 성격을 비교·분석하려고 했다. 동시에 필자는 이와 같은 바람직한 국가 발전론이 결국 동아시아의 보편적 지배 이념이었던 차별·위계적 속성의 주자학, 나아가 유학적 정치 질서관으로부터의 탈피를 지향하는 것과 밀접한 관련이 있음을 지적하려고 했다. 그리하여 결론적으로 동아시아 3국의 발전과 저발전이 개혁·개방 사상들이 얼마나 탈주자학脫朱子學, 나아가 탈유학脫儒學의 관점을 견지했느냐, 그리고 당시 한·중·일 3국 내에 유학적 질서관이 얼마나 공고했느냐에 달려 있음을 밝히려고 했다. 이는 유학 비판이 곧 동아시아 모든 전통을 부정하는 서구 중심적 사고라는 일부 연구자들의 관점에서 벗어나, 정치 이데올로기로서 유학이 동아시아 역사에 미친 공과를 동아시아적 시각에서 재조명하려는 필자의 의도를 반영하는 것이라 할 수 있다.

이 책은 크게 두 부분으로 구성되어 있다. 19세기 개혁·개방 사상들 간의 사상적 연계성과 발전 과정을 제시하려는 연구 목적 차원에서 제1부는 서구 열강의 문호 개방 압력이 가시화하기 이전, 서구 문물의 유입에 따라 전개된 동아시아 3국 개혁 사상의 내용과 특성을 다루었다. 한국의 경우에는 실학의 집대성자로 평가되는 정약용(丁若鏞: 1762-1836)과 기철학적氣哲學的 개혁론을 전개한 최한기(崔漢綺: 1803-1879)의 사상을, 중국의 경우에는 양무사상洋務思想과 변법사상變法思想에 영향을 미친 공양학파公羊學派 공자진(龔自珍:

1772-1841)과 위원(魏源: 1794-1856)의 사상을 분석했다. 그리고 일본의 경우에는 양학洋學 계열의 시바 코오칸(司馬江漢: 1748-1818), 그리고 난학파蘭學派 와타나베 카잔(渡邊華山, 1793-1841)과 다카노 쵸에이(高野長英, 1804-1850) 개혁론의 특성을 설명했다. 이와 관련하여 특히 제1부의 내용들은 필자가 2003년에 집필한『근세 동아시아의 개혁사상』(논형) 제4장의 일부를 수정·보완한 것임을 밝혀 둔다.

제2부는 서구 열강의 직접 침투가 본격화하기 시작하고, 이에 대한 동아시아의 사상·정책적 대응이 구체적으로 전개된 19세기 후반 한·중·일 3국 개혁·개방 사상을 다루었다. 구체적으로 한국의 경우에는 자생적 사회 변혁론으로서의 동학사상東學思想과 유길준(兪吉濬: 1856-1914)·김옥균(金玉均: 1851-1894)·박영효(朴永孝: 1861-1939)로 대표되는 개화 사상開化思想의 성격을 분석했다. 다음으로 중국의 경우에는 장지동(張之洞: 1837-1909)의 중체서용적中體西用的 양무사상과 강유위(康有爲: 1858-1927) 변법사상의 내용과 특성을 설명했다. 마지막으로 일본의 경우에는 개명진보론開明進步論의 대표자로서 후쿠자와 유키치(福澤諭吉: 1835-1901) 사상의 성격을 규명했다. 이 책이 19세기의 개혁·개방 사상을 내용으로 한다는 점에서 일부 사상가의 경우 사상가 개인의 전체 사상, 특히 20세기 이후의 사상 변화는 언급하지 않았음을 미리 밝히는 바이다.

이 책에서 다루는 사상가들 외에도 19세기 동아시아에는 위기 극복의 다양한 사상적 처방과 대안들이 존재했다. 그러한 처방과 대안들이 개혁·개방론으로 평가될 수 있는가는 논외로 하더라도 가능한 한 그것들을 모두 분석하여 독자들로 하여금 19세기 동아시아의 모습을 전체적으로 조망하게 하지 못한 것은 순전히 필자의 책임이다. 내용상의 부족한 점에 대해서는 향후 연구를 통해 보완할 것임을 약속한다. 또한 이 책은 앞서 언급한 바와 같이 필자의 개인적 시각에 따라 집필되었으므로 논리 전개상의 미숙함이나 무리한 해석이 많을 것으로 생각된다. 이 책을 읽는 독자와 선배·동료들의 많은 질정叱正을 부탁드린다.

끝으로 이 책이 출판되기까지 노력해 주신 「도서출판 모시는사람들」의 박길수 대표와 편집부 여러분들께 감사드린다. 사랑하는 가족들과 한참 아빠를 찾는 아들 도훈과 딸 현수에게는 이 책으로 미안함을 대신하고자 한다.

2005년 12월

용현동 연구실에서

김정호 謹識

* 이 저서는 2004년도 인하대학교 저서 발간 연구비(INHA-32328)의 지원에 의하여 발간되었음

도전과 응전의 정치사상

차 례

제1부

19세기 전반기 동아시아 3국의 개혁 사상

제1장 19세기 전반 한국 개혁 사상의 특성

1392년 조선조의 성립과 더불어 배타적 통치 이념으로 도입된 주자학적 정치 질서관은 16세기의 임진왜란(壬辰倭亂, 1592-1598), 17세기의 정묘호란(丁卯胡亂, 1627)과 병자호란(丙子胡亂, 1636)을 거치면서 한민족의 자주성과 피지배 계층의 생활 안정을 보장할 수 없는 비현실적인 사상으로 그 한계를 드러냈다. 주자학의 정치적 목적인 차별적 중앙 집권 체제의 적용은 통치 계층 내부의 갈등과 반목만을 초래했고, 이것은 여러 차례에 걸친 사화·당쟁과 그에 따른 피지배 계층의 고통이라는 결과로 나타났다. 이러한 현실은 기본적으로 중국의 한족이 이민족에 대한 한족의 지배권 확보를 목표로 발전시킨 유학 자체의 모순에 기인한 것이었다. 이와 같은 상황에 직면하여 주자학과 유학 자체의 한계를 비판하고 민족 자주성 확립과 철저한 국내적 개혁을 통한 국가 발전을 목표로 자주적 정치를 전개하려는 사상적 경향이 나타났다.

이들은 이른바 조선조의 후기 실학자로 구분되는 개혁파들이었다. 그들은 대규모의 외침外侵으로 인한 국토의 유린, 양반 관료 세력 내부의 갈등 심화에 의한 체제의 불안을 치유하지 못함으로써 사회 지도 이념으로서 그 존재 가치를 상실해 온 유학의 차별적이고 비생산적 논의에서 벗어나려 했다. 그들의 근본적인 사상적 목표는 보국안민輔國安民의 입장에서 묵가墨家의 식화사상殖貨思想과 노장老莊의 상대주의적 평등관 등 주자학 또는 유학에 반대하는 다양한 동아시아의 전통 사상들을 수용하는 동시에 이전 개혁 사상가들의 논의의 계승·발전을 통해 대내적으로 피지배 계층인 노서민의 생활 안정을 위한 사회·경제적 개혁과 대외적으로 국가간 관계의 동등성과 자존성을 이론적으로 확보하려는 데 있었다.

후기 실학 사상가들은 묵가와 노장 같은 동아시아의 전통적 사상 외에도, 18세기 이후 중국을 통해 발달된 서양의 문물을 접하면서 새로운 세계관을 형성했다. 서구의 발달된 과학기술을 바탕으로 한 서학西學의 수용은 이들의 인간과 세계에 대한 인식 범위를 한층 확대시키는 계기를 마련했고, 그것은 피지배 계층의 생활 안정과 복리 도모의 정책적 논의로 확대·전개되었다. 이러한 점을 바탕으로 다음에서는 정약용과 최한기로 대표되는 후기 실학 사상가들의 사상을 순차적으로 고찰함으로써, 19세기 전반기 한국 개혁 사상의 내용과 특성을 규명해 보기로 하겠다.

제1절 정약용의 실학적 개혁 사상

1. 도입

정약용[1]은 흔히 '조선조 실학의 집대성자 또는 완성자'로 평가

---

1 정약용(丁若鏞, 1762-1836)의 자는 미용美鏞 또는 頌甫, 호는 준암俊庵 또는 다산茶山이며 당호堂號는 여유與猶이다. 28세 때(1789) 과거에 합격하여 10년

된다. 그런 만큼 최근까지 정약용 사상에 대한 개별 연구는 질적·양적 측면에서 매우 방대하다. 경학經學 연구를 위시하여 철학 사상과 사회 정책론의 내용에 이르기까지 정약용 사상의 깊이와 넓이를 반영하듯 많은 연구 성과가 축적되어 왔다[2]. 그럼에도 불구하고 기존의 연구들은 주로 구체적인 국가 발전 방법론과 철학적 논의들을 별개로 분리하는 연구 방법을 취함으로써 독자들로 하여금 국가 발전이라는 정약용 사상의 정치 목표와 이를 뒷받침하는 이론적 논의들의 연관성을 명확히 파악하게 하는 데에는 미흡하였던 것으로 보인다. 특히 철학계의 연구 경향이 이기론理氣論을 중심으로 한 이론적 논의들을 정치적 시각에서 분석하지 못하고 철학적·

동안 관직 생활을 했다. 정조正祖 사망(1800) 후 천주교의 확산을 구실로 남인계南人係에 대한 일대 탄압이 이루어진 신유사옥(辛酉邪獄, 1801년)에 연루되어 57세(1818)까지 18년간 강진으로 유배되었다. 이와 같은 장기간의 유배 생활로 말미암아 홍대용, 박제가와는 달리 국제적 시야를 넓힐 기회를 갖지 못했으나 유배 생활 때의 왕성한 저술 작업을 통해 한국 실학사상의 발전에 크게 기여한 '실학사상의 집대성자'로 평가되고 있다(尹絲淳, 「茶山의 生涯와 思想」, 尹絲淳 編, 『정약용』(서울: 고려대학교 출판부, 1990), 7-9쪽과 419-422쪽 연보 참조).

2 정약용 사상에 관한 개별적 연구 성과를 일일이 열거하기는 어려우며, 대표적인 종합적 연구 성과만을 소개하면 韓㳓劤 외, 『丁茶山研究의 現況』(서울:民音社, 1985) ; 李乙浩 외, 『丁茶山의 經學』(서울: 民音社, 1989); 尹絲淳 編, 『정약용』(서울: 고려대학교 출판부, 1990); 姜萬吉·鄭昌烈 외, 『茶山의 政治經濟思想』(서울: 창작과비평사, 1990); 李篪衡, 『茶山經學연구』(서울: 태학사, 1996); 한형조, 『주희에서 정약용으로』(서울: 세계사, 1996); 김형효 외, 『茶山의 사상과 그 현대적 의미』(성남: 한국정신문화연구원, 1998); 다산학연구원 편, 『李乙浩全書2: 다산학총론』(서울: 예문서원, 2000); 금장태, 『다산실학탐구』(서울: 소학사, 2001); 장승구, 『정약용과 실천의 철학』(서울: 서광사, 2001); 차성환, 『글로벌시대 정약용세계관의 가능성과 한계』(서울: 집문당, 2002) 등을 들 수 있다.

사변적思辨的으로 해석함으로써 정약용이 지향했던 사상적·정책적 측면에서의 현실 개혁이라는 역동적인 특성을 간과하기 쉽게 만든 측면도 지적할 수 있다. 이와 함께 정약용의 정책론에 초점을 맞춘 사학계의 연구 역시 제도 개혁의 구체적 방안 이해에는 도움을 주었던 반면 그러한 제도 개혁의 근간이 되는 다양한 이론적 논의의 중요성을 부각시키지 못하는 단점을 보여 주기도 하였다.

다른 한편 정치(사상)학계에서의 정약용 연구 경향은 주로 '정치적 영역', 즉 그가 제시한 정치의 개념과 정치 권력, 정치 방법 등의 문제를 다루는 데 집중3함으로써 기존의 철학계와 사학계 연구 방법론의 한계를 상당 부분 극복하는 모습을 보였다고 평가할 수 있다. 하지만 여전히 국가 발전 내지는 국가 개혁이라는 정약용 사상의 정치 목표와, 정치 목표 달성의 이론적 기초로서의 철학적 논의들과의 상관성을 해명하는 데 있어서는 다소 미흡하며, 연구의 양적 측면에 있어서도 매우 부족한 상태라고 볼 수 있다. 따라서 19세기 전반기 한국의 대표적 개혁 사상으로서 정약용의 정치사상을 분석하는 것은 기존의 연구가 간과했던 측면들을 보완하는 한편 정약용 사상 연구에 있어서의 정치사상적 시각의 중요성을 제시할 수 있는 작업이라고 생각된다.

다음으로 정약용의 개혁 사상을 분석하는 것은 국가 발전을 지

---

3 배병삼, 「丁茶山의 '政治'에 관한 인식」, 『韓國政治學會報』, 제27집 1호(1993), 331-350쪽; 정윤재, 「정약용의 자작적自作的 인간관과 왕정개혁론」, 『韓國政治學會報』, 제33집 4호(1999), 83-104쪽; 안외순, 「丁若鏞의 사상에 나타난 西學과 儒學의 만남과 갈등」, 『정치사상연구』, 2집(2000), 7-36쪽; 안외순, 「茶山 丁若鏞의 정치권력론의 성격」, 『東方學』, 第7輯(2001), 59-95쪽; 박현모, 「정약용의 君主論: 정조와의 관계를 중심으로」, 『정치사상연구』, 8집(2003), 7-30쪽.

향했던 한국 개혁 사상으로서의 보편성과 함께 정약용 사상이 지닌 개별적 독창성을 부각시키는 데 중요하다고 판단된다. 이와 관련하여 필자는 정치사상적 측면에서 첫째, 동등한 인간성의 규정과 개체간의 본연적·기능적 평등성의 강조를 통한 평등 질서관의 지향, 둘째, 자연自然에 대한 객관적 이해와 대외적 개방관을 토대로 한 경제적 생산력과 국가적 부富의 증강, 셋째, 국가적 독립성의 유지와 민족적 주체성의 확립을 통한 동등한 국가간·민족간 관계의 구축을 국가 발전의 내용으로 제시하고자 한다. 이와 같은 국가 발전의 내용을 정약용 사상과 관련시켜 살펴보았을 때, 우선적으로 정약용 사상의 한국, 특히 후기 실학적 개혁 사상으로서의 보편적 특성이 밝혀질 수 있을 것이라고 판단한다. 동시에 그러한 보편성과 더불어 구체적인 사상 내용의 비교를 통해 다른 후기 실학 사상가들과 구별되는 정약용 사상의 독창적 특징이 도출될 수 있을 것으로 생각한다.

이러한 몇 가지 기본적 관점들을 밝히면서 다음에서는 19세기 전반기 한국의 대표적 개혁 사상가로서 정약용이 제시했던 국가 개혁 사상의 내용과 의의를 좀더 구체적으로 살펴보기로 하겠다.

2. 시대 배경

정약용의 생존 연대는 18세기 말부터 19세기 초에 이르는 기간이다. 이 시기는 주자학적 정치 질서관을 근간으로 하는 조선조의 봉건 질서가 그 내재적 모순을 더욱 확연히 드러내고 있었던 시기였다. 즉 정치적으로는 정조正祖의 탕평책을 중심으로 한 왕권 강화 노력에도 불구하고 뿌리 깊은 권력층 내부의 분열과 갈등은 해소

되지 못했고, 이러한 분열과 갈등이 1800년 정조 사후 노론老論 벽
파僻派가 남인 세력 제거를 목표로 전개한 신유사옥(辛酉邪獄, 1801)
과 김조순金祖淳을 중심으로 한 시파時派 세력의 권력 장악으로 이어
져, 결국 소수 권세가의 권력 독점과 이익 독점을 특징으로 하는
세도 정치를 초래했다.

  사회·경제적으로는 17-18세기 이후 급속히 전개되었던 토지 소
유의 집중화와 상품 화폐 경제의 발전이 더욱 가속화함으로써 한
편으로 부익부 빈익빈의 사회 현상이 두드러졌고, 다른 한편으로
는 부를 획득한 하류 계층의 양반 계층으로의 신분 상승이 두드러
짐으로써[4] 전통적 신분 질서의 변동이 촉진되었다. 좀더 구체적으
로 이앙법移秧法과 광작 농업廣作農業, 그리고 상업적 농업의 발달에
기인한 소수 지주층에 의한 토지 소유 집중 현상은 다수 하층 농민
계층의 농토로부터의 이탈과 빈곤화를 심화시켰다. 또한 부세賦稅
의 화폐화貨幣化와 소수 신흥 상공인 계층의 매점매석에 의한 부의
독점은 소규모 상인층과 생산자층의 활동을 저해했을 뿐만 아니라
하층민의 생활을 더욱 곤란에 빠뜨렸다[5]. 이와 더불어 중앙의 세도

---

4 예를 들어 울산 지역의 시기별·신분별 호구戶口 비율의 변화를 살펴보면,
  1765년 양반 호수의 비율이 40.58%이고 상민 호수의 비율이 57.01%이며
  노비 호수 비율이 2.01%였던 것에 비해, 1804년에는 양반 호수가 53.47%
  로 절반을 넘어섰고 상대적으로 상민 호수는 45.61%로 감소했으며 노비
  호수 또한 0.92%로 줄어들었다(이해준, 「조선 후기 향촌사회구조의 변동」, 『한국사
  9』(서울: 한길사, 1994), 264쪽 도표 참조). 이러한 양반 계층 증가는 정치·사상적
  측면에서 볼 때 소수 지배 계층의 다수 피지배 계층에 대한 지배권 확립을
  목표로 사회 내 철저한 신분적 차별을 강조했던 주자학적 정치 질서관이 그
  모순을 드러낸 것이었으며, 사회·경제적 측면에서는 생산 계층의 고통을 강
  요하는 봉건적 정치 체제의 한계를 보여 주는 것이라고 할 수 있다.
5 姜萬吉, 「丁若鏞時代의 經濟事情」, 『丁茶山과 그 時代』(서울: 民音社,

가와 연결된 중간 관리층(수령)의 수탈과 착취는 다수 피지배 계층의 빈곤을 더욱 악화시켰다. 이러한 상황은 결국 피지배 계층의 저항을 불러일으킴으로써 사회적 불안이 가중되었는데, 1811-1812년 홍경래洪景來 주도로 봉건적 수탈과 착취에 반발해서 일어났던 평안도의 농민 반란은 그 대표적인 예이다.

이와 같은 권력층 내부의 모순과 그에 따른 중간 관리층의 수탈과 착취, 소수의 부의 독점에 따른 다수 피지배 계층의 빈곤화, 이에 대한 피지배 계층의 반발, 그리고 신분제의 급속한 동요 등이 정약용이 당면한 현실이었다. 이러한 상황에 직면하여 피지배 계층의 생활 안정과 이익을 도모하는 한편 국가 발전을 목표로 혁신적 국가 개혁 사상을 전개한 인물이 정약용이었다.

3. 피지배 민 중심의 정치론과 국가 발전의 정치 목표

정약용의 사상적 목표가 우선적으로 피지배 계층의 이익과 생활 안정을 확보하는 데 있었음은 정치의 본질에 관한 다음과 같은 그의 말에 잘 나타나 있다.

"정치란 것은 바로잡는 것이다. 바로잡는다는 것은 부와 이익의 차별을 저지하여 민民을 균등하게 하는 것을 말한다. (동등한 국민으로서) 어찌 누구는 토지를 겸병하여 이익과 부富厚를 얻을 수 있게 하고 누구는 토지의 이택利澤을 막아 빈곤하게 할 수 있는가. 이러한 차별을 바로잡고 토지와 민을 계산하여 동등하게 분배하는 것이 소위 민을 균

1986), 48-55쪽 참조.

등하게 하는 정치라고 할 수 있다."[6]

정치를 '바로잡는 것(政者, 正也)'으로 규정한 것은 유학의 연원이
라고 할 수 있는 공자의 『논어』[7]에서 비롯된 것으로서 "이 점에서
다산의 정치관은 분명 전통 유가적 사유를 잇고 있다"[8]고 볼 수도
있다. 그러나 공자에게 바로잡음의 대상은 부와 이익의 불평등 분
배 구조가 아니라 현실의 차별 질서였다. 따라서 공자는 정치의 본
질을 묻는 제자에게 "임금은 임금답고 신하는 신하답고 아버지는
아버지답고 자식은 자식다워야 한다"[9]고 했던 것이다. 이런 점을
볼 때 정약용의 정치 목표가 대내적 차별 질서의 유지·강화라는
유학적 논리에서 벗어나 다수 피지배 계층이 고통 받는 모순된 현
실을 극복하는 데 있었음을 알 수 있다.

정약용의 군주 추대론君主推戴論과 군주 역할론君主役割論 또한 이
러한 그의 정치 목표의 근간이 되는 민 중심의 의식을 반영하는 것
이라고 할 수 있다. 이 점에 대해 구체적으로 정약용은 "천자天子라
는 자리는 군중群衆의 추대에 의해서 형성된 것이다. 군중의 추대에
의해서 이루어진 것이기 때문에 군중이 추대하지 않는다면 그 자
리가 있을 수 없는 것이다"[10]라고 하고, "천자란 한 발만 내려서면

---

6 "政也者, 正也, 均吾民也, 何使地幷地利而富厚, 何使之阻地之澤而貧薄, 爲
之計地與民, 而均分焉以正之, 謂之政均吾民也(『增補 與猶堂全書』(서울: 景仁文
化社, 1970), 第一集, 卷十, 詩文集, 原, 原政)."

7 "季康子問政於孔子, 孔子對曰, 政者正也(『論語』, 顔淵)."

8 배병삼, 앞의 논문, 335쪽.

9 "齊景公問政於孔子, 孔子對曰, 君君臣臣父父子子(『論語』, 顔淵)."

10 "天子者, 衆推之而成者也, 夫衆推之而成, 亦衆不推之而不成(『增補 與猶堂全
書』, 第一集, 卷十一, 詩文集, 論, 湯論)."

필부匹夫에 불과하다"[11]고 함으로써 하늘로부터 받은 군주권의 절
대성과 불변성을 강조하는 유학적 사고에서 벗어나, 일반 백성의
추대에 의해서만 군주권이 성립·유지될 수 있음을 천명했다. 또한
"목牧은 민民을 위해 존재하는 것이다"[12]라는 명백한 민 중심적 언
급으로 다수 국민의 이익 보호가 통치자의 역할임을 분명히 했다.

그러나 이와 같은 정약용의 정치의 개념과 본질에 관한 논의는
정약용 고유의 것은 아니다. 즉 그것은 "군주된 자라도 그에게서
민심이 떠나면 하루 저녁을 지나지 않아 필부匹夫가 될 것이니 군주
와 필부 사이에는 아주 작은 차이밖에 존재하지 않는다"[13]고 했던
15세기의 김시습金時習이나 "무릇 국가에 민民이 있고 군君이 있는
것은 군주 한 사람만을 사사로이 받들고 백성들을 잔인하게 해치
는 데 있는 것이 아니다. 단지 군주란 백성들을 위한 정치를 행하
도록 그 역할을 기탁 받은 존재일 뿐이다"[14]라고 하고, 더 나아가
"군주와 신하가 된다는 것은 그 변화가 무궁하기 때문에 반드시 지
킬 수 있는 것이 아니다"[15]라고 하여 군주권의 절대성을 부정[16]하
는 한편, 군주가 대중을 소홀히 하여 함부로 행동할 경우 끝내는
뒤집혀 망하게(覆亡) 된다[17]고 주장함으로써 명확한 피지배 민 중심

---

11 "天子歟一下堂則匹夫也(위의 책, 第二集, 卷五, 經集三, 孟子要義, 卷二)."

12 "牧爲民有也(위의 책, 第一集, 卷十, 詩文集, 原, 原牧)."

13 "民心離散, 則不待一夕, 而爲匹夫, 君主匹夫之間, 不啻毫釐之相隔(『梅月堂全
集』(서울: 成均館大學校 大東文化硏究院, 1973), 梅月堂集, 卷二十, 義, 愛民義)."

14 "夫國之有民有君者, 非以私奉一人而殘百姓也, 乃寄治焉已矣(『西溪全書』(서
울: 太學社, 1979), 上, 西溪先生集, 卷五, 疏箚, 應求言疏 丁未)."

15 "爲君臣其變無窮, 則其不可只守(위의 책, 南華經註解, 卷五, 外篇, 徐無鬼第二十
四)."

16 金漢植, 『實學의 政治思想』(서울: 一志社, 1979), 272쪽.

17 "奈何爲萬乘之主, 而一身之小, 忽億兆之衆, 恣行不顧, 任智自用, 終取覆亡

의 정치적 입장을 표명하기도 했던 17세기 박세당朴世堂의 정치론
과 유사하다. 또한 다음 절에서 자세히 살펴보겠지만, 정약용과 동
일하게 정치를 '바로잡는 것(正也)'으로 규정[18]하면서 군주 추대론[19]
과 함께 "정政이란 백성을 편안하게 하기 위한 것이지 백성을 수고
롭게 하기 위한 것이 아니며, 치治란 폐해를 없애기 위한 것이지 폐
해를 조장하기 위한 것이 아니다"[20]라고 했던 19세기 중반 최한기
의 정치론과도 그 맥을 같이 하고 있다.

정약용 정치론의 두드러진 특징이라면 피지배 계층의 생활 안정
과 이익을 대변하려는 정치적 입장과 함께, 개별적 이익보다는 공
익, 즉 국가 공동체의 발전을 더 중요시하는[21] '국가 중심적' 또는
'공동체 중심적' 태도를 견지했다는 사실이다. 이 점은 그의 정책
론의 핵심이라 할 수 있는 정전제井田制의 실시 목적에 대한 다음과
같은 말에 잘 나타나 있다.

"정전법井田法은 단지 세금을 균등하고 공평하게 하기 위한 것일 뿐
만 아니라 민에게 (국가에 대한) 충성과 순종을 가르치는 데 그 목적이
있다. 평상시에 농사에 종사하면서 모두 먼저 국가를 위하고 나중에
개인의 이익을 생각하게 한다면 유사시에 반드시 의지할 바가 있을
것이다."[22]

(『西溪全書』, 上, 新註道德經, 上經)."

18 "政者正也(『明南樓叢書』(서울: 景仁文化社, 1971), 二, 人政, 人政序)."

19 "人民皆思制治人方, 自其中, 共推天稟識量可安人民者, 尊爲君長(위의 책, 卷
十八, 選人門五, 別界選人)."

20 "政所以安民, 非所以擾民也, 治所以除害, 非所以養害也(위의 책, 卷四, 測人門
四, 是非)."

21 金泰永, 『실학의 국가개혁론』(서울: 서울대학교 출판부, 1998), 165쪽.

이처럼 정약용이 사회 구성원 개인의 개별 이익보다는 공익적 발전을 더 우선시하는 정치 목표를 설정한 것은 무엇보다 당시 만연했던 붕당 정치朋黨政治의 폐해와 중간 관리 계층의 억압과 착취 등으로 인한 사회적 생산력의 약화를 국가 주도의 공동체 중심적共同體中心的 개혁을 통하지 않고는 극복할 수 없다는 정약용 자신의 정치적 판단에 따른 것이라고 볼 수 있다. 물론 정약용 이전의 조선조 개혁 사상가들 역시 공통적으로 국가 주도의 개혁을 지향하기는 하였으나, 그 방향성에 있어 사익私益과 공익公益의 조화에 주로 초점을 맞추었던 것에 비해, 정약용은 좀더 명확히 사익에 앞서는 공익의 중요성을 강조했다는 점에서 다른 사상가들과 구별되는 특징을 가지고 있다고 할 수 있다.

이렇게 볼 때 정약용은 18세기 말부터 19세기 초에 이르는 시대적 상황 속에서 피지배 계층이 겪고 있는 빈곤·수탈과 국가적 생산력의 약화라는 현실에 직면하여 국가 공동체적 안정과 발전이라는 공익의 전제 하에서의 일반 백성의 생활 안정과 이익 추구 보호를 정치 목표로 설정했던 것으로 보인다. 그의 이러한 정치적 입장은 다음에서 살펴볼 인성론과 우주론, 국내 질서관 등 이론적 토대를 통해 더욱 체계적으로 전개되었다.

---

22 "井田之法, 不但世斂均平, 抑所以敎民忠順, 平居治農, 皆知先國家而後私利, 則有事之日, 必有賴焉(『增補 與猶堂全書』, 第五集, 卷八, 政法集, 一, 經世遺表, 卷八, 地官修制, 田制十, 井田議二)."

4. 정치 목표 달성의 이론적 토대

1) 동등성과 개체성 부각의 인성론과 우주론

정약용이 자신의 정치 목표를 달성하기 위해 전개한 첫 번째 이론적 논의로서의 인성론의 내용과 특징을 살펴보면 다음과 같다. 인성론과 관련하여 먼저 정약용은 인간의 본성을 기호嗜好로 파악했다. 그는 이에 대해 다음과 같이 설명하고 있다.

> "성性이라고 하는 것은 기호이다. 예를 들어 사안석謝安石이 성악聲樂을 좋아하고 위정공魏鄭公이 검소함을 좋아하며 어떤 사람의 성性이 산수山水를 좋아한다고 하거나 서화書畵를 좋아한다고 하는 것 등은 모두 기호로써 성을 삼은 것이다. 성이란 글자의 본뜻은 이것과 같다."[23]

정약용에게 성性이란 '인간 개개인이 각기 외부 환경에 대해 취하는 다양한 경향적 특성'[24]을 의미하는 것이다. 이것은 인의예지仁義禮智의 보편적 차별 원리를 인간에 내재하는 본연성本然性으로

---

23 "余謂性者, 主乎嗜好, 而言若所謂謝安石性好聲樂, 魏鄭公性好儉素, 或性好山水 或性好書畵, 皆以嗜好爲性, 性之字義, 本如是也(위의 책, 第二集, 卷五, 經集三, 孟子要義, 卷一)."

24 이 점은 그가 "사람들이 항상 말하기를 '나의 성性은 회자(膾炙: 회와 구운 고기)를 좋아한다', '나의 성은 쉰 것과 썩은 것을 싫어한다', '나의 성은 사죽(絲竹: 풍류)을 좋아한다', '나의 성은 개구리 소리를 싫어한다'고 하니 이것은 인간이 기호嗜好로서 성을 삼는다는 것을 보여 주는 것이다"("人有恒言, 日我性嗜膾炙, 我性惡饐敗, 我性好絲竹, 我性惡蛙聲, 人固以嗜好爲性也", 위의 책, 卷三, 經集二, 中庸自箴, 卷一)라고 한 데에서도 잘 나타나 있다.

파악하는 유학의 존재론적 인성론[25]은 물론, 인간을 자연이 부여한 삶의 욕구 충족의 본성을 가진 동등체로 인식하는 조선조 기철학적 개혁 사상 인성론[26]의 전통과도 구별되는 독창적인 것이다. 즉 기호를 성으로 규정하는 것에는 그 자체로서 이미 개체로서의 개인의 독자성이 부각될 수 있는 논리가 내포되어 있다. 또한 각각의 독자성을 보유한 인간 사이에 선천적 차별이란 존재할 수 없음을 언명하는 것이라고 할 수 있다. 정약용이 "선악善惡에 대해서 말한다면 인간은 모두 그러한 선악을 스스로 만들고(自作) 스스로 주장

---

25 "無惻隱之心, 非人也, 無羞惡之心, 非人也, 無辭讓之心, 非人也, 無是非之心, 非人也, 惻隱之心, 仁之端也, 羞惡之心, 義之端也, 辭讓之心, 禮之端也, 是非之心, 知之端也(『孟子』, 公孫丑上)."; "仁義禮智, 非由外鑠我也, 我固有之也, 不思耳矣(위의 책, 告子上)."; "仁之實, 事親是也, 義之實, 從兄是也, 智之實, 知斯二者弗去是也, 禮之實, 節文斯二者是也(위의 책, 離婁上)."

26 예를 들어 김시습은 "인간이라면 누구든지 식화殖貨와 이익 추구의 욕구를 가지고 있다"("且人孰不欲殖貨也, 人孰不欲求利也", 『梅月堂全集』, 卷二十, 說, 生財說)고 했고, 이이 또한 "배고플 때 먹으려 하는 것, 목마를 때 마시려 하는 것, 추울 때 입으려 하는 것, 가려울 때 긁으려 하는 것 등은 성인聖人이라도 면할 수 없는 것이다"("聖人之血氣與人同耳, 飢欲食, 渴欲飮, 寒欲衣, 癢欲搔, 亦所不免", 『栗谷全書』(서울: 成均館大學校 大東文化硏究院, 1958), 卷十, 書, 答成浩原)라고 하여 인간을 삶의 욕구 주체로 규정했다. 박세당 역시 인간을 식욕食欲·색욕色欲과 지각 운동의 주체로 규정("言凡人物自其始生, 皆有不學而能者, 是之爲性, 如食色亦其一也, 註所謂知覺運動者卽是已, 盖凡此所謂知覺運動之自其始生, 不學而能者, 皆未有善不善之可分", 『西溪全書』, 下, 孟子思辨錄, 告子上)하면서 삶의 욕구 주체로서의 모든 인간은 삶을 욕구하고 죽음을 싫어한다는 점에서 본질적으로 동등하다("大欲生惡死, 豈衆人之爲利害者乃有此心, 雖聖人亦然", 위의 책)고 주장했다. 또한 홍대용, 최한기 등 조선조 후기 기 사상가들의 인성론에서도 삶의 욕구 주체로서의 인간성 규정이 적극적으로 전개되고 있다("人之生世也, 願慾無極, 華美之奉, 靡曼之色, 崇高之位, 煇赫之權, 珍怪之物, 詭異之觀, 人皆慕之", 『湛軒書』(서울: 景仁文化社, 1972), 內集, 補遺, 毉山問答; "人各有飮食之事, 又各有飮食之欲", 『明南樓叢書』, 一, 神氣通, 卷二, 口通, 饑飽與人同).

(自主張)할 수 있다"[27]고 하여 '도덕적 가치의 창조적 주체로서 선택과 행동에 있어 자율성을 지닌'[28] 개별 인간의 독자적 능력을 인정하고,[29] "상지上智는 태어나면서부터 선하고 하우下愚는 태어날 때부터 악하다는 말은 천하에 독이 되고 만세에 화禍가 되는 것이다"[30]라고 함으로써 인간간 차별을 강조하는 유학적 논의[31]를 부정한 것은 그의 이런 혁신적이고 독창적인 태도를 잘 나타내 준다.

정약용이 이처럼 개체로서 개인이 가지는 다양한 경향적 특성을 의미하는 기호를 인간성으로 파악한 것은 무엇보다 고통 받는 다수 피지배 계층의 입장에서 동등한 인간으로서의 중요성을 인식시키고, 그러한 인식을 바탕으로 사회 내에서 그들의 생활 안정과 이익을 확보하기 위한 것이었다고 볼 수 있다. 그럼에도 불구하고 전술한 바와 같이 정약용의 궁극적 목표는 개별 인간의 독자성을 근간으로 한 사익의 추구를 국가 발전이라는 전체의 이익, 즉 공익에 종속시키는 것이었다. 인간의 개별적 이익 추구는 반드시 공익을 지향하는 범위 내에서만 인정될 수 있다는 것이다. 이런 점에서 그는 인성론적 측면에서 개별적 인간 개체의 독자성만의 강조가 초

---

27 "且人之於善惡, 皆能自作, 以其能自主張也(『增補 與猶堂全書』, 第二集, 卷六, 經集四, 孟子要義, 卷二)."
28 정윤재, 앞의 논문, 89쪽.
29 김한식 교수는 이러한 정약용의 논리가 이전 실학 사상가들의 논의와는 달리 개체個體의 수준이 개인으로까지 확대되는 중요한 이론적 근거이며, 그것이 인권人權 개념과도 밀접한 관련이 있다고 보았다(金漢植, 앞의 책, 223-224쪽 참조).
30 "上智生而善, 下愚生而惡, 此其說, 有足以毒天下, 而禍萬世(『增補 與猶堂全書』, 第二集, 卷六, 經集四, 孟子要義, 卷二)."
31 "唯上知與下愚不移(『論語』, 季氏)." ; "生而知之者上也, 學而知之者次也, 困而學之, 又其次也, 困而不學, 民斯爲下矣(위의 책)."

래할 수 있는 전체적 이익과의 불일치 가능성을 해소하기 위한 방편으로 선善의 추구, 즉 공동체의 이익 추구를 인간의 공통된 성선의 원리로 규정하기에 이르렀다.

이 점에 대해 먼저 정약용은 한편으로 "인간으로서 칠정七情이 없다면 어찌 인간이라고 할 수 있겠는가"[32]라고 하고 "성인 역시 칠정이 있다"[33]고 하여 삶의 욕구 주체로서의 인간성을 상정했다. 그러나 다른 한편으로 "민民은 태어날 때부터 욕구를 가지지 않을 수 없다. 그러한 욕구에 따르고 또한 욕구로 가득 차서 방종하고 편벽되며 사악邪惡하고 사치스러워 자기만을 위하지 않는 것이라고는 없다"[34]는 논리로 이기욕利己欲의 추구를 악惡으로 규정했다. 그는 또한 희노우구喜怒憂懼에도 재색財色과 화복禍福 등 사적인 측면의 것과 천명天命에서 발發한 공적인 측면의 공희公喜·공노公怒·공우公憂·공구公懼가 있음을 지적하고 공적인 것만을 선의 요소로 파악했다.[35] 이와 함께 인심(人心: 形軀)의 기호로부터 분리되는 도심(道心: 靈知)의 기호를 상정하여 성선의 원리로 규정하기도 했다.[36] 정약용은 더 나아가 "인간의 영체靈體 안에는 세 가지의 이치가 있는데 성性으로서 말하면 선을 즐기고 악을 부끄럽게 여기는 것이다. … 그

---

32 "人而無七情, 奚其爲人也(『增補 與猶堂全書』, 第二集, 卷二, 經集一, 大學講義, 卷二)."

33 "聖人亦有七情(위의 책, 卷七, 經集四, 論語古今注, 卷四)."

34 "民之生也, 不能無慾, 循其慾而充之, 放辟邪侈無不爲己(위의 책, 卷三, 經集二, 中庸自箴, 卷一)."

35 위의 책, 卷一, 經集一, 大學公議, 卷一 참조.

36 "孟子曰, 動心忍性, 此所云性者, 人心之嗜好也, 商書祖伊之言曰, 不虞天性, 子思曰率性, 孟子曰性善, 此所云性者, 道心之社(嗜)好也(위의 책, 卷五, 經集三, 孟子要義, 卷一)."; "性者嗜好也, 有形軀之嗜, 有靈知之嗜, 均謂之性(위의 책, 第一集, 卷十, 詩文集, 墓誌銘, 自撰墓誌銘)."

권형權衡으로서 말하면 선할 수도 악할 수도 있는 것이다. … 그리고 그 행사行事로서 말하면 선을 행하기는 어렵고 악을 행하기는 쉬운 것이다"[37]라고 하여 선을 지향하는 존재로 인간을 파악했다. 이와 관련하여 그는 권형이란 '재才'라고 하여 자력自力·자주自主의 뜻이며 행사는 '세勢'로서 안으로는 식색욕食色欲에 유인되고 밖으로는 명리욕名利欲에 이끌리며 편안함을 좋아하고 수고로움을 싫어하는 것이라고 함으로써 권형과 행사를 성性과 분리시켜 설명하기도 했다.[38]

이렇게 정약용은 한편으로 욕구 주체로서의 인간성을 기호론嗜好論을 통해 인정하면서도 다른 한편으로 오직 사익에 상대적인 공익만을 성선性善의 원리로 상정하고, 그러한 성선의 원리를 추구하는 것을 인간이 지닌 공통적 기호로 재규정함으로써 궁극적으로 인간 개개인의 상대적 독자성을 바탕으로 한 이익 추구권을 일면 제약하는 인성론을 전개했던 것이다. 그럼에도 불구하고 정약용의 인성론이 계층간 대내적 차별 질서를 강화하려는 데 그 목적을 둔 이론적 근거가 아니었음이 분명하고, 그의 논의 속에 이전의 사상가들과는 다른 독창성이 보인다는 점에서 중요한 사상적 가치를 가진 것이라고 평가할 수 있다.

다음으로 우주론에서 정약용은 이理를 만물이 각기 보유하고 있는 고유한 자존의 원리로 파악하는 기능론적 우주론을 전개했다. 그가 "천지만물의 이理는 각기 그 만물의 신상(身上: 形體)에 있는 것

---

37 "總之靈體之內, 厥有三理, 言乎其性, 則樂善而恥惡, … 言乎其權衡, 則可善而可惡, … 言乎其行事, 則難善而易惡(위의 책, 第二集, 卷二, 經集一, 大學講義, 卷二)."

38 위의 책, 卷二十九, 經集七, 梅氏書平, 卷四 참조.

이니 어찌 다 나에게 갖추어져 있겠는가. 개(犬)는 개의 이理가 있고 소(牛)는 소의 이가 있는 것이다"[39]라고 하여 인간을 포함한 만물이 각자의 현실적 형태에 따라 각기 다른 자존적 원리를 보유하고 있음을 밝힌 것은 주자학적 유학의 존재론적 우주론[40]을 비판한 것이라고 하겠다. 그의 이러한 주자학적 유학의 보편적 선재원리先在原理 부정은 이理와 기氣의 관계에 대한 다음과 같은 설명에도 잘 나타나 있다. 정약용은 "소위 기가 발發하여 이가 탄다고 하면 맞지만 이가 발하여 기가 따른다는 것은 불가하다. … 동유(東儒: 李珥)가 말했던 '발하는 것은 기氣이고 발하게 하는 소이所以는 이理이다' 라고 한 것은 진실하고 분명한 것으로서 누구라도 쉽게 알 수 있는 이론이다"[41]라고 하여, 자신이 주자학적 전통에 따라 이발기수설理發氣隨說을 주장했던 이황을 비판하고 주기론적主氣論的 기발이승설氣發理乘說을 주장한 이이의 이기론[42]을 따르고 있음을 분명히 했다. 그는 또한 "사단四端과 칠정七情은 단지 일초일목一草一木이 번성하고 울창하며 일조일수一鳥一獸가 하늘을 날고 땅을 달리는 것만을 말하는 것이 아니다. 모든 만물은 기氣가 발하여 이理가 그것을 타지 않

---

39 "天地萬物之理, 各在萬物身上, 安得皆備於我, 犬有犬之理, 牛有牛之理(위의 책, 卷六, 經集四, 孟子要義, 卷二)."

40 "天地之間, 有理有氣, 理也者, 形而上之道也, 生物之本也, 氣也者, 形而下之器也, 生物之具也(『朱子大全』, 卷五十八, 答黃道夫書)."; "未有這事, 先有這理, 如未有君臣, 已先有君臣之理, 未有父子, 已先有父子之理(『朱子語類』, 卷九十五)."

41 "謂之氣發而理乘之可, 謂之理發而氣隨之不可, … 東儒所云, 發之者氣也, 所以發者理也之說, 眞眞確確, 誰得以易之乎(『增補 與猶堂全書』, 第二集, 卷四, 經集二, 中庸講義, 卷一)."

42 이이의 이기론에 관해서는 김정호, 『근세 동아시아의 개혁사상』(서울: 논형, 2003), 100-104쪽)을 참조 바람.

는 것이란 없다"[43]고 함으로써, 현실적 운동 작용(氣)의 결과로 모든 만물이 각기 자신에게 부여된 고유한 자존적 특성(理)을 갖게 된다는 점을 역설했다. 이러한 정약용의 설명만을 놓고 본다면 그는 현실의 활동 기능을 가장 중요하게 생각하는 동시에 자연계 내에서 인간과 사물이 각기 독자적 생존 원리를 가지고 있다는 점에서 상대적으로 동등하다고 보았던 이이, 박세당, 홍대용 등 이전 개혁 사상가들의 기능론적 이기론[44]을 답습한 것으로 보인다.

　그러나 이이, 박세당, 홍대용 등이 기본적으로 독자성을 지닌 개체간의 상대적 평등성을 기초로 한 기능적 조화를 정치 목적으로 설정했던 것에 비해, 정약용은 국가 발전이라는 공익을 전제로 한 개체성만을 인정했다는 데 중요한 차이점이 있다. 이런 점에서 정약용이 주장한 개체의 독자성은 한편으로 개체간의 본질적 동등성을 강조하기 위한 것이기도 하지만, 더 근본적으로는 인간이 구성하는 공동체의 발전을 위한 이용 대상으로서 사물을 규정하고, 그

---

43 "不但四七, 一草一木之榮悴, 一鳥一獸之飛走, 莫非氣發而理乘之也(『增補 與猶堂全書』, 第二集, 卷四, 經集二, 中庸講義, 卷一)."

44 예를 들어 이이는 "인간의 성性이 사물의 성이 아니고 개(犬)의 성이 소(牛)의 성이 아니다. 이것은 모든 개체가 각기 자신의 고유한 본성을 가지고 있기 때문이다"("人性, 非物之性, 犬之性, 非牛之性 此所謂各一其性者也", 『栗谷全書』, 卷十, 答成浩原, 壬申)라고 하여 인간과 사물의 자존적 특성의 차이에 기초한 개체성을 강조했다. 박세당 역시 "기氣란 곧 생생生生을 의미하며 자연의 변화 원리에 의해 생성된 만물은 각각의 형체에 따라 각각의 이理를 갖춘다"("氣卽生矣, 一留一動, 而爲陰爲陽, 陰陽之運, 是生萬物, 物成其體, 理卽備焉", 『西溪全書』, 上, 南華經註解, 卷三, 外篇, 天地第十二)고 함으로써 인간을 포함한 만물의 독자적 생존 원리를 이理로 보았다. 홍대용 또한 "인간은 인간의 이理가 있고 사물에는 사물의 이가 있다"("人有人之理, 物有物之理", 『湛軒書』, 內集, 卷一, 心性問)는 주장을 통하여 개체의 독자성을 뚜렷이 부각시키는 사상을 전개했다.

토대로서 사물에 대한 명백한 인간 우위의 입장,[45] 즉 인간과 사물 간의 본질적 차별성을 강조하기 위한 이론적 방편으로 전개되었던 것이라 할 수 있다. 그가 "개와 소, 그리고 인간의 성性이 같다는 것을 기질지성氣質之性이라고 한다면 이는 인류를 깎아내리는 것이고, 같은 것이 도의지성道義之性이라고 한다면 이는 금수禽獸를 높이는 것이 된다"[46]고 한 것은 인간과 타 개체 간의 본연적 차별성을 부각시키려는 것이라고 할 수 있다. 또한 "(초목이나 금수와는 달리) 인간만이 태어날 때부터 영명한 것을 부여받아 만류萬類를 초월해 만물을 이용할 수 있다"[47]라고 한 것은 자연과의 조화·합일보다는 인간 사회의 발전을 위한 이용 대상으로서 사물(자연)을 규정한 것[48]이라고 볼 수 있다.

이렇게 볼 때 정약용에게 사물의 독자성 또는 개체성 주장은 인간 전체의 이익을 위한 방편의 성격이 강하다. 이것은 인간 우위의 입장에서 인간의 눈에 비친 객관적 실체로서의 자연을 관찰하고 그것을 국가적 생산력의 발전을 위해 이용하려 했던 정약용의 정치 목표를 반영한 것이라 하겠다.

그렇다면 인간이 이처럼 타 개체보다 본질적으로 우월한 위치에서 자연을 이용하여 공동의 발전을 꾀하는 존재라는 근거는 무엇인가? 정약용에게 그러한 근거는 주자학에서와 같이 보편적 존재

---

45 金漢植, 앞의 책, 134-135쪽.
46 "臣以爲犬牛人之性同, 謂之氣質之性, 則是貶人類也, 同謂之道義之性, 則是進禽獸也(『增補 與猶堂全書』, 第二集, 卷六, 經集四, 孟子要義, 卷二)."
47 "人則不然, 天上萬民, 各於胚胎之初, 賦此靈明, 超越萬類, 亨用萬物(위의 책, 卷四, 經集二, 中庸講義, 卷一)."
48 尹絲淳, 앞의 책, 129쪽 참조.

원리인 이(理: 太極)가 될 수 없는 것이었다. 또한 그가 사물에 대한 인간의 우위를 상정한다는 점에서 인간과 사물 간의 본연적 동등성의 원천인 자연의 원리 또한 근거로 인정될 수 없는 것이었다. 이런 입장에서 정약용은 상제설上帝說을 통해 이를 입증하려 했다.

정약용이 상정하는 상제란 인간과 사물을 생성하고 육성시키며 그것을 주재하는 절대적 존재로 규정된다. "상제란 무엇인가? 천지·신神·인간의 위에서 천지·신·인간·만물을 생성하고 주재하며 보양하는 존재이다"[49]라는 그의 말은 이러한 상제의 성격을 설명한 것이라고 하겠다. 이와 같은 절대적 존재인 상제는 인간을 포함한 모든 개체에게 각기 그 개체만의 고유한 본성을 부여했으며,[50] 특히 인간에게는 타개체보다 본질적으로 우월한 위치에서 사물을 이용하여 삶을 발전시킬 수 있는 능력을 주었다는 것이 정약용의 설명이다. 이처럼 정약용은 사물에 대한 인간 우위를 상제라는 권위체를 동원하여 입증하려 했다.

그러나 정약용이 상제설을 제기했던 것은 단순히 인간 우월론人間優越論을 주장하기 위해서만이 아니었다. 즉 인성론을 통해 인간이 공익 추구의 성선 원리를 가진 존재라는 점을 밝힌 정약용으로서는 인간들이 그러한 성선 원리가 천명으로서 반드시 따라야 할 당위로 인식해야 할 필요가 있었다. 그러기 위해서는 그러한 당위의 절대적 근거를 제시하지 않으면 안 되었다. 이러한 점에서 그에

---

49 "上帝者何, 是於天地神人之外, 造化天地神人萬物之類, 而宰制安養之者也 (『增補 與猶堂全書』, 第二集, 卷三十三, 經集八, 春秋考徵, 卷四)."

50 "人則樂善恥惡, 修身向道, 其本然也, 犬則守夜吠盜, 食穢從禽, 其本然也, 牛則服軛任重, 食芻齝觸, 其本然也, 各受天命, 不能移易(위의 책, 卷六, 經集四, 孟子要義, 卷二)."

게 상제의 존재를 상정하는 것은 인간으로 하여금 공적 행위를 실
천하게 할 수 있는 효과적인 수단이 될 수 있었던 것으로 보인다.
정약용이 "명命이라는 것은 하늘(天: 上帝)이 인간에게 부여한 것으
로서 성性이 덕德을 좋아하도록 하게 한 것이다. 사생死生과 화복禍福
과 영욕榮辱 역시 명이다. 명을 모르면 선善을 즐겨서 편안하게 지
낼 수가 없으며 따라서 군자가 될 수 없다"[51]고 한 것은 천(天: 上帝)
이라는 절대적 권위체權威體를 통해 선, 즉 공익을 행하는 것이 인
간에게 부여된 천명임을 밝힌 것이라고 하겠다.

　정약용 상제설의 또 다른 특징은 상제의 역할이 이와 같이 인간
에게 공익 추구의 천명을 부여하는 데 그치지 않고 인간이 그러한
천명을 반드시 실행하도록 항상 곁에서 감시·감독하는 데 있다고
파악하는 점이다. "군자君子가 어두운 곳에 있을 때에도 전전긍긍
하면서 감히 악을 행하지 못하는 것은 상제가 바로 자기의 곁에 있
다는 것을 알고 있기 때문이다"[52]라는 그의 말은 이러한 상제의 성
격을 잘 나타낸다고 할 수 있다.

　이상에서와 같이 정약용은 우주론에서 한편으로 개체의 독자성
을 부각시키는 기능론적 이기론을 제시하면서도, 그것을 인간을
포함한 모든 개체의 동등성이 아닌 타 개체에 대한 인간의 우월성
을 입증하는 논거로 활용했다. 그는 더 나아가 이러한 인간 우위
입장을 확고히 하기 위해 상제의 존재를 상정했고, 이러한 상제의
권위를 근거로 인간이 사익을 초월한 공익 추구의 존재임을 밝히

51　"命天之所以賦於人者, 性之好德是命也, 死生禍福榮辱亦有命, 不知命, 則不
　　能樂善而安位, 故無以爲君子(위의 책, 卷七, 經集四, 論語古今注, 卷十)."
52　"君子處暗室之中, 戰戰栗栗, 不敢爲惡, 知其有上帝臨女也(위의 책, 卷三, 經集
　　二, 中庸自箴, 卷一)."

고자 했다. 결국 우주론에서 나타나는 이러한 정약용의 논리는 인
성론에서와 마찬가지로 국가 전체의 공동체적 발전을 최우선 과제
로 설정한 그의 정치적 입장을 반영하는 것이라고 볼 수 있다.

2) 동등성과 민족 주체성 부각의 국내·국제 질서관

정약용의 이와 같은 공동체 중심적 사고는 국내·국제 질서관에
서도 뚜렷이 나타난다. 앞서 언급한 바와 같이 정약용은 "상지上智
는 태어나면서부터 선하고 하우下愚는 태어날 때부터 악하다는 말
은 천하에 독이 되고 만세에 화禍가 되는 것이다"[53]라고 하여 인간
사이의 선천적 차별을 강조하는 유학적 사고를 부정했다. 그에게
상지와 하우, 또는 성인聖人과 광인狂人 등의 구별은 혈통이나 신분
이 아니라 국가 전체에 이익이 되는 행위(公益追求: 善)와 해가 되는
행위(私益追求: 惡)를 분별하고 실천할 줄 아느냐에 따라 구분되는 것
이었다. 그가 "이해利害에 밝은 것을 지知라 하고 이해에 어두운 것
을 우愚라고 한다"[54]고 한 것이나, "광인과 성인의 본성은 서로 같
으나 사익 추구의 잡념을 이기고 성에 익숙해져서 위로 올라가면
성인이 되고 잡념에 사로잡혀 악에 익숙해져서 아래로 내려가면
광인이 된다. 아래로 내려간 사람을 하우라 하고 위로 올라간 사람
을 상지라 한다"[55]고 한 것 등은 선천적 기준이 아니라 후천적 실

---

53 "上智生而善, 下愚生而惡, 此其說, 有足以毒天下, 而禍萬世(위의 책, 卷六, 經
集四, 孟子要義, 卷二)."

54 "明於利害曰知, 暗於利害曰愚(위의 책, 卷七, 經集四, 論語古今注, 卷九)."

55 "狂聖之性, 本只相同, 克念而習於性, 則升而爲聖, 罔念而習於惡, 則降而爲
惡, 其不肯升者, 名曰下愚, 其不肯降者, 名曰上智(위의 책)."

천 행위의 선악에 의해 인간이 분별된다는 점을 주장한 것이다.

이처럼 정약용이 본성 면에서의 인간 사이의 선천적 차별을 근본적으로 부정한 것을 보면 그의 국내 질서관은 인간간 동등성을 지향하는 것이라 할 수 있다. 특히 그가 "인간으로서 칠정七情이 없다면 어찌 인간이라고 할 수 있겠는가?"[56]라고 하고, "성인 역시 칠정이 있다"[57]고 하여 욕구 주체로서의 보편적 인간성을 규정한 것은 이러한 그의 평등적 국내 질서관을 강화하는 논리라 할 것이다. 이와 더불어 사·농·공·상 간의 관계에서도, 그들 사이의 직업적 차이만을 강조할 뿐 신분상 차별을 인정하지 않았다는 점[58]을 보아도 정약용이 평등적 국내 질서관을 지향했음을 알 수 있다.

그러나 정약용이 욕구 주체로서 인간간 본연적 평등성을 주장하는 동시에 사회 내에서 사민四民 간의 분업적 동등성을 강조했다 하더라도, 그것이 궁극적으로 모든 개인의 자존성을 바탕으로 한 상대적 평등을 의미하는 것이 아니었음에 주목할 필요가 있다. 정약용의 국내 질서관은 개별 인간의 독자성을 최대한 발휘시키는 한도 내에서 그들 사이의 상대적·기능적 동등성과 조화를 확보하기 위한 것이라기보다는 국가 총체적 생산력의 발전을 위해 사회 내 모든 인간을 국가 중심적 생산 과정에 참여시키기 위한[59] 전제[60]로

---

56 "人而無七情, 奚其爲人也(위의 책, 卷二, 經集一, 大學講義, 卷二)."

57 위의 책, 卷七, 經集四, 論語古今注, 卷四: "聖人亦有七情."

58 愼鏞廈, 『朝鮮後期 實學派의 社會思想硏究』(서울: 지식산업사, 1997), 72쪽 참조.

59 "先王之意, 非欲使天下之民, 均皆得田, 乃欲使天下之民, 均皆受職, 受職以農者治田, 受職以工者治器, 商者治貨, 牧者治獸, 虞者治材, 嬪者治織, 使各以其職得食(『增補 與猶堂全書』, 第五集, 政法集, 經世遺表, 卷六, 地官修制, 田制五)."

60 이 점은 정약용의 양반 신분의 생산자화生産者化 주장에서도 잘 드러나고

서의 평등 질서관이었다고 할 수 있다. 이 점은 그가 한편으로 신
분상·직업상의 선천적 차별 의식의 철폐를 지속적으로 주장하면
서도 오직 국가 발전을 위한 생산 능력을 인간을 평가하는 가장 중
요한 요소로 파악했던 것에 잘 나타나 있다.

이와 같이 개별 인간의 독자성보다는 국가 전체의 발전에 참여
하는 생산적 동등체로서의 인간간 평등을 국내 질서관의 내용으로
제시했던 정약용은 국제 질서관의 측면에서는 실학 사상가의 일원
으로서 국가간 관계의 독립성과 상대적 평등성을 강조하는 탈脫중
화주의적 인식을 견지했다. 그는 "나는 소위 중국中國이라는 것이
어떻게 중中이 되는지 모르겠고, 동국東國이라는 것이 어떻게 동東
이 되는지 모르겠다. … 무릇 이미 동서남북의 중심이 되면 중국이
아닌 곳이 없으니 이른바 동국이라는 것이 어디에 있겠는가. 무릇
이미 중국 아닌 곳이 없으니 이른바 중국이라는 것이 또한 어디에
있겠는가"[61]라고 함으로써, 전통적인 중국 중심의 화이 질서관에
서 탈피하여 모든 국가가 관점에 따라 중심이 될 수 있으며 그러한
점에서 국가 간에는 상대적 평등성이 존재함을 밝혔다.

서학西學의 유입을 통해 서구 문물의 우수성을 인식하고, 그것을
국가 발전의 토대로 삼을 것을 주창했던 소위 후기 실학 사상가들
에게 중국 중심의 질서관을 극복하는 것은 발전된 문물을 폭넓게
수용할 수 있는 사상적·문화적 개방의 토대가 되는 것이었다. 더

있다(愼鏞廈, 앞의 책, 84-86쪽 참조).

61 "其所謂中國者, 吾不知其爲中, 而所謂東國者, 吾不知其爲東也, … 夫旣得
東西南北之中, 則無所往而非中國, 烏覩所謂東國哉, 夫旣無所往而非中國,
烏覩所謂中國哉(『增補 與猶堂全書』, 第一集, 卷十, 詩文集, 卷十三, 序, 送韓校理致應
使燕序)."

욱이 이러한 국가간 관계의 동등성 논의는 곧 전통적으로 소小중화
주의적 사고에 빠져 중국(한족) 이외의 모든 국가들의 우수성을 경
시했던 조선의 명분론적 태도에서 벗어나서 다른 국가들로부터 자
국 발전에 필요한 모든 것을 배우고 응용할 수 있게 하는 계기가
되었다. 정약용이 중국(淸: 異民族)뿐 아니라 일본과 유구琉球 등의 사
례를 들어 국가 발전에 필요한 기술과 제도의 수용을 역설한 것[62]
은 이와 같은 인식의 변화를 보여 주는 것이라고 할 수 있다.

　국제 질서관과 관련하여 정약용의 특징은 국가간 관계의 동등성
강조에만 머무르지 않고 민족 주체성 확립 차원에서 한민족의 정
통성과 우수성을 강조했다는 점이다. 그는 이에 대해 "중국이라는
것은 무엇을 말함인가? 요순우탕堯舜禹湯의 정치가 있고 공안사맹孔
顔思孟의 학문이 있는 것을 중국이라고 하는 것이다"[63]라고 하여 중
국이라고 불릴 수 있는 국가의 기준이 정치와 학문 등 문화적 측면
에 있음을 지적하면서 조선이 이러한 모든 것을 이미 갖추었다는
점을 역설했다.[64]

　이와 같은 자민족 중심적 사고는 이미 박지원에게서도 나타났던
것으로서, 박지원이 자신의 『열하일기熱河日記』의 「도강록渡江錄」이
나 「성경잡지盛京雜識」 등에서 역사서로서『삼국사기三國史記』의 중국
중심적 기술記述을 비판하고 요동遼東과 심양瀋陽을 본래 한민족의

---

62 "古者外夷, 遺子弟入學者甚多, 近世琉球人, 處太學十年, 專學其文物技能,
　日本往來江浙, 唯務移百工織巧, 故琉球日本, 在海中絶域, 而其技能與中國
　抗, 民俗而强兵隣國莫敢侵擾, 其已然之效(위의 책, 卷十一, 論, 技藝論三)."
63 "卽所謂中國者, 何以稱焉, 有堯舜禹湯之治之謂中國, 有孔顔思孟之學之謂
　中國(위의 책, 卷十三, 序, 送韓校理致應使燕序)."
64 "若聖人之治, 聖人之學, 東國旣得, 而移之矣, 復何必求諸遠哉(위의 책)."

영토라고 적극적으로 주장한 것과 같이 주로 역사 서술 방식과 영토 문제를 중심으로 한민족의 정통성과 우수성을 강조했다면, 정약용은 문화적 차원에서 그 우월성을 주장했다고 할 수 있다.

이상에서 살펴본 바와 같이 정약용은 인성론, 우주론, 대내외 질서관을 통해 공익 추구 지향의 인간 본질 규정, 이용 대상으로서의 자연과 인간 우위의 우주 원리화, 기능적 독자성보다는 생산 주체로서의 인간간 동등성, 국가간 관계의 상대적 평등성과 한민족의 우월성 등을 논리적으로 입증하려 했다. 이러한 정약용의 사상적 논의는 국가 전체의 생산력 저하, 부익부 빈익빈의 불평등 분배 현상, 그리고 중간 관리 계층의 피지배 계층에 대한 수탈 등이 만연하는 당시의 현실 속에서, 대내적으로 국가 주도의 공동체적 발전을 추구하고 대외적으로 변화하는 국제 질서 속에서 한민족의 자주성 확보를 욕구했던 그의 정치적 입장을 반영한 것이라고 할 수 있다. 여기에는 서구 문물의 도입을 통해 형성된 새로운 세계관이 큰 역할을 했던 것으로 보인다. 다음에서 살펴볼 정약용의 정책론은 이와 같은 그의 사상적 논의가 구체화된 것이라고 할 수 있다.

5. 국가 개혁의 정책론

정약용 정책론의 내용은 크게 두 가지로 나누어볼 수 있다. 그 하나는 후기 실학 사상가들에게서 공통적으로 제시되었던 국가 발전책이고, 다른 하나는 정약용이 자신의 사상적 입장을 바탕으로 독창적으로 구상한 개혁론이라 할 수 있다. 전자의 내용으로는 첫째, 전통적으로 지속되어 온 신분과 지역적 차별을 바탕으로 한 인재 선발 방법의 개혁과 철저한 능력 위주의 인재 등용, 둘째, 국민

개로國民皆勞의 필요성 주장과 분업적 역할론을 바탕으로 한 국가적 생산력의 제고, 셋째, 국가 보위의 중요성 인식에 바탕을 둔 병농일치제兵農一致制와 각종 병제의 개혁, 넷째, 국가 전체적 부의 획득을 위한 해외로부터의 적극적인 기술 수용, 그것의 국내적 적용, 기술 개발 등을 들 수 있다.[65]

다음으로 정약용의 철저한 국가 중심적 또는 공동체 중심적 사고를 바탕으로 제시된 독창적 정책론으로는, 첫째, 국유화를 전제로 한 토지 정책, 둘째, 개별 상인의 이익 독점과 중간 관리층의 수탈을 방지하는 동시에 이를 통해 국가 재정을 확보하기 위한 세제 개혁, 그리고 셋째, 국가 재정 확충을 위한 금·은·동·철 등 광물 자원 채굴권의 국유화 등을 들 수 있을 것이다. 먼저 여전제閭田制와 정전제井田制로 대표되는 정약용의 토지 정책은 토지의 사적 소유를 폐지하여 국가 소유화하고, 농민으로 하여금 국가의 주도하에 배분된 토지를 경작하게 하는 것을 주요 내용으로 하고 있다. 이와 같은 그의 토지 정책론은 기본적으로 소수 대토지 소유자들에 의한 토지의 독점에서 파생된 부의 편중과 이에 따른 다수 피지배 농민들의 탈 토지화와 빈곤화라는 당시의 현실에 대한 급진적 대안이었다는 점에서 의의가 있다. 특히 "오직 농민에게만 농사 지을 땅을 가지게 하고 농사 짓지 않는 사람들에게는 땅을 가질 수 없게 하는 것이 진정으로 옳은 것이다"[66]는 그의 말은 귀족 계층을

---

65 이 점에 관해서는 이미 여러 학자들의 연구가 진행되었고 그것이 이전 실학적 개혁 사상가들의 정책론과 대동소이하다는 점에서 그 구체적 논의는 생략하기로 하겠다.

66 "使農者得田, 不爲農者不得之, 則斯可矣(『增補 與猶堂全書』, 第一集, 卷十, 詩文集, 卷十一, 論, 田論二)."

중심으로 한 비생산 계층의 토지 소유를 억제하여 생산 계층인 피지배 농민층의 이익을 대변하려는 것이었다는 점에서 가치를 인정할 수 있을 것이다. 그럼에도 불구하고 그가 "천하의 땅(田)은 모두 왕王의 땅이고 천하의 재화는 모두 왕의 재화이며 천하의 산림山林과 천택川澤은 모두 왕의 산림과 천택이다. 그런 후에 왕이 땅과 재화 그리고 산림과 천택의 소출所出을 일반 백성들에게 나누어준 것이다"[67]라고 하여 모든 것을 군주 소유로 규정한 것이나, "땅이라는 것은 곧 왕의 땅인데 이미 (백성이) 왕의 땅에 생명을 의지하고 있다면 어찌 감히 왕을 위한 일에 사력을 다하지 않겠는가"[68]라고 함으로써 토지 배분의 목적이 통치권 유지에 있음을 지적한 것은 봉건적 한계를 벗어나지 못한 것이라고 볼 수 있다. 물론 국내 질서관에서 언급한 바와 같이 정약용이 상제설上帝說을 통해 군주＝국가라는 등식을 표현했다는 점에서 위의 예문에 나타난 '왕'이란 현실의 군주라기보다는 공동체로서의 '국가'라는 개념으로 사용한 것이라고도 볼 수 있다. 그러나 그것이 국가라고 하더라도 결국 이와 같은 정약용의 논의는 개별 개체의 이익 확보를 목표로 하기보다는 국가 전체의 유지·발전을 우선적으로 고려한 국가 중심적 사고를 보여 준다고 할 것이다.[69]

---

67 "天下之田, 皆王田也, 天下之財, 皆王財也, 天下之山林川澤, 皆王之山林川澤也, 夫然後, 王以其田, 敷錫厥庶民, 王以其財, 敷錫厥庶民, 王以其山林川澤之所出, 敷錫厥庶民(위의 책, 第五集, 政法集, 經世遺表, 卷十一, 地官修制, 賦貢制五)."

68 "田者王田也, 寄生理於王田, 敢不致死力於王事乎(위의 책, 卷六, 地官修制, 田制四)."

69 정약용의 이와 같은 국가 중심적 사고는 직업적 분업론을 설명한 다음과 같은 말에서도 잘 드러난다. "선왕先王의 뜻은 천하의 민民으로 하여금 모두

　다음으로 세제 개혁과 관련하여 정약용은 당시에 발흥하고 있던 특권 상인들이나 부상富商들에 대한 세금 징수를 통해 농민에 대한 수탈을 저지하고 국가 재정을 확보할 것을 요구했다. 그는 "(지금까지) 국가의 모든 용도는 오직 전조田租에만 의지해 왔다. 농부들만을 착취하고 수탈하면서 부상이나 대가大賈들은 전혀 건드리지 않았으니 어찌 왕정王政이라고 할 수 있는가"[70]라고 강력히 비판하면서 상업세와 행상세의 징수를 정책론으로 제시했다. 이러한 점은 정약용이 18세기 후반 박지원에게서 나타나는 중상주의적重商主義的 입장과는 달리 직접 생산 계층인 농민의 입장에서 부의 균등한 배분을 요구하고, 그것을 바탕으로 국가의 재정을 충실히 하려는 정책 목표를 반영한 것이다.

　마지막으로 정약용은 광물 자원 채굴권의 국유화를 통해 광공업을 통한 사적 이익 획득을 저지하고, 그러한 이득을 국가 재정을 확충하는 데 이용할 것을 주장했다. 정약용은 특히 1811-1812년

균등하게 땅을 얻도록 한 것이 아니라 모두 균등하게 직업을 얻도록 한 것이다. 농사라는 직업을 부여받은 사람은 땅을 경작하고, 공업의 직업을 부여받은 사람은 기물器物을 만들며, 상업의 직업을 부여받은 사람은 재화財貨를 다루고, 목축업의 직업을 부여받은 사람은 가축을 기르며, 산림업의 직업을 부여받은 사람은 나무를 다루고, 여자들은 직물업에 종사하게 하는 등 각기 자신의 직업으로서 생계를 유지하게 했다("先王之意, 非欲使天下之民, 均皆得田, 乃欲使天下之民, 均皆受職, 受職以農者治田, 受職以工者治器, 商者治貨, 牧者治獸, 虞者治材, 嬪者治織, 使各以其職得食", 위의 책, 田制五)." 여기에서도 알 수 있는 바와 같이 정약용에게 중요한 것은 개별 개인의 독사싱이라기보다는 모든 국민이 각기 자신의 직업을 바탕으로 국가 발전을 위한 생산에 참여하는 것이었다고 할 수 있다.

70 "國之百用, 惟依田租, 浚削農夫, 渴其膏血, 而富商大賈, 毫髮不侵, 方可曰王政乎(위의 책, 卷十, 地官修制, 賦貢制三)."

간의 홍경래 난의 원인이 일반인에게 사적 채굴을 허용했기 때문[71]
이라고 하면서, 관官에서 채굴하지 않는다면 차라리 폐쇄하는 편이
낫다[72]는 강력한 입장을 견지했다. 정약용의 이러한 정책 제시는
광물 자원의 유한성을 적절히 인식하고 사적 이익을 위한 무분별
한 채굴을 막아 국가 전체의 이익을 위해 사용할 것을 요구하는 현
실적인 것이라 하겠다. 동시에 이것은 앞에서 논의한 토지 정책과
마찬가지로 '개별 이익의 극대화를 통한 공동체의 발전'보다는 '공
동체의 발전을 위한 개별 이익의 제한'을 지향하는 정약용 자신의
일관된 사고를 보여 주는 것이다.

　이상에서 18세기 말부터 19세기 초에 이르는 정치·경제·사회
적 변동기에 직면하여 위기 극복의 대안을 제시했던 정약용 국가
발전론을 살펴보았다. 결론적으로 정약용의 국가 발전론은 이전
개혁 사상가들의 국가 발전론과 비교해서 더 철저한 국가 공동체
중심적 성격을 지닌 것이었다고 평가할 수 있다. 이 점은 공익 추
구 지향의 인간 본질 규정, 이용 대상으로서의 자연과 그것에 대한
인간 우위의 우주 원리화, 인간·계층의 기능적 독자성보다는 생산
주체로서의 인간간 동등성의 강조 등 그가 제시한 다양한 이론적
논의 속에 잘 나타나고 있다. 특히 인성론적 측면에서의 기호설嗜好
說이나 우주론적 측면에서의 인간 우위설, 그리고 정책론적 측면에
서의 국유화론 등은 정약용 국가 발전론의 사상적 독창성을 보여
주는 것이라 할 수 있다. 다른 한편, 정약용의 국가 발전론은 주자

---

71 "嘉慶壬申, 嘉山賊洪景來等, 因多福洞金店, 起兵作亂, 今之所大懼者此也,
　　然此惟不自官採, 而許民私採, 故致此姦宄者(위의 책, 卷七, 地官修制, 田制九, 井
　　田議一)."
72 "金銀銅鐵, 必當官採, 不然寧錮閉爲愈(위의 책, 卷十一, 地官修制, 賦貢制五)."

학적 정치 질서관의 모순을 직시하는 민 중심의 평등적 정치론과
삶의 욕구 주체로서의 인간간 본질적 동등성의 인정, 인간과 사물
의 개체성 인정의 논리 제공, 국가간 관계의 상대적 평등성과 한민
족의 독자성·우월성 부각 등에 있어 이전 개혁 사상가들의 논의를
수용·계승하고 있다는 점에서 조선조 개혁 사상으로서의 보편성
을 보여 주는 것이기도 했다.

제2절 기 사상가 최한기의 개혁 사상

1. 도입

이 절에서는 정약용과 함께 대표적 후기 실학자로서 19세기 중
반에 활동한 최한기崔漢綺[73] 개혁 사상을 분석하려고 한다. 논의를

---

73 최한기(崔漢綺, 1803-1879)의 자는 지로(芝老, 족보에는 芝蚨으로 되어 있음)이고
혜강惠岡은 그의 호이며, 혜강 이외에도 패동浿東·기화당氣和堂·명남루明南
樓 등의 별호를 사용했다. 본관은 삭녕朔寧으로서 그의 세보世譜에 따르면
조선 초기(세조 때)에 영의정을 지낸 최항崔恒의 15대 후손이다. 이와 같이
최한기의 신분은 비록 양반이었으나, 직계 조상 10여 대에 걸쳐 문과급제
자를 한 사람도 배출하지 못했던 것으로 미루어 그의 가문은 궁반한족(窮班
寒族 : 명색만이 양반인 가문)에 속했던 것으로 보인다. 최한기 자신 역시 23세
(1825) 때 생원시에 합격한 이후 거의 50년 동안 관직에 나아가지 않았고,
그의 유일한 관직 생활이라면 나이 70세(1872)에 장남 병대柄大가 조정의
시종신侍從臣이 되자 시종신의 아버지가 70세에 이르면 관례적으로 내려주
는 통정첨지通政僉知의 직職을 맡은 것뿐이었다(李佑成, 「明南樓叢書 叙傳」, 『明
南樓叢書』(서울: 成均館大學校 大東文化研究院, 1971) 참조). 최한기가 당대의 뛰어
난 학자로서 많은 저술 활동을 전개했고, 당시의 분위기 속에서 마음만 먹
으면 얼마든지 관직을 획득할 수 있을 정도의 경제력이 있었으나(李佑成, 위

진행하기에 앞서 다음과 같은 최한기 연구에 관한 필자의 입장을 먼저 간략히 밝히고자 한다.

첫째, 최한기 사상의 성격을 규명하기 위해서는 철학哲學 중심의 연구 방법론에서 벗어나 정치사상적 시각의 연구가 필요하다는 점이다. 그동안 최한기 사상 연구는 주로 그의 기철학氣哲學 내지는 기학氣學에 초점이 맞추어져 왔다고 할 수 있다.[74] 이러한 기철학 또는 기학 중심의 연구 경향은 독자가 최한기 사상의 철학적 특성과 중요성을 이해하는 데 매우 유용하였다고 평가할 수 있다. 그러나 본래 "이기론理氣論으로 대표되는 동아시아 전통의 이론 체계가

의 글, 惠岡年表 참조) 이처럼 평생 벼슬길에 오르지 않은 것은 세도 정치의 폐해로 능력본위의 인재 등용이 전혀 이루어지지 못했던 당시의 시대적 모순에 기인한 것이라고도 볼 수 있다. 그러나 더 근본적으로는 정치 권력에 무욕적인 태도를 견지하면서 차별과 수탈에 고통 받는 피지배 노서민 계층과 고락을 함께하려 했던 그의 민 중심적 태도에서 비롯된 것으로 보인다. 이것은 앞으로 살펴볼 그의 사상내용에서는 물론 그가 30대 이후부터 세상을 떠날 때까지 조정이 있는 서울에서 생활하면서도 관직에 미련을 갖지 않았고, 오히려 신분을 초월하여 평민 출신의 김정호金正浩, 서얼 계통의 이규경李圭景 등의 실학자들과 교류(琴章泰, 『韓國實學思想研究』(서울: 集文堂, 1987, 235쪽 참조)했던 그의 행적에서도 잘 드러나 있다고 하겠다(權五榮, 『崔漢綺의 學問과 思想 研究』(서울: 集文堂, 1999), 25-63쪽 참조).

74 1990년대까지의 최한기 사상 연구 동향에 관해서는 김용헌, 「최한기 연구의 어제와 오늘」, 『오늘의 동양사상』, 제8호(2003), 209-226쪽을 참조 바람. 2000년 이후 최한기 사상에 대한 철학 방면의 종합적 연구 성과로는 金容沃, 『讀氣學說: 최한기의 삶과 생각』(서울: 통나무, 2004); 권오영 외, 『혜강 최한기: 동양과 서양을 통합하는 학문적 실험』(서울: 청계출판, 2004); 박희병, 『운화와 근대: 최한기 사상에 대한 음미』(서울: 돌베개, 2003); 이현구, 『崔漢綺의 氣哲學과 西洋科學』(서울: 성균관대학교 출판부, 2000); 최영진 외, 『최한기의 철학과 사상』(서울: 철학과 현실사, 2000) 등을 들 수 있다.

철학적 본체론本體論이라기보다는 그 이론의 배경이 되는 사회의 정치적 과제를 해결하려는 데서 형성된 사상 정책의 일단一端"[75]이라는 점과, 한국 정치사상 연구 방법론에 있어 "특정 연구 대상이 포함하는 이론적 개념적 완전성 여부를 따지거나 현실에 대한 철학적 문제제기에 집중하는 테오리아theoria적 차원에서가 아니라 각 시대마다 민족과 국가가 처한 상황에 대한 진단과 문제 해결을 위한 처방, 그리고 현실적으로 성취하고자 하는 비전과 목표 등을 고려하는 프락시스praxis적 차원의 연구가 중요하다"[76]는 기존 연구의 지적을 감안하면, 기철학 또는 기학에 대한 지나친 철학적 해석과 평가는 최한기 사상의 정치 목표와 이론적 논의와의 연관성, 그리고 그것이 지닌 정치사상적 의의를 밝히는 데 어려움을 줄 가능성이 있다. 이 책에서 '기철학'으로 대표되는 이기론 중심의 철학적 논의와 함께 현실관·정치론·정책론 등을 포괄하는 의미로서의 최한기 '기사상氣思想'을 다루려는 것도 바로 이러한 이유에서이다.

둘째, 최한기 기사상의 성격과 의의를 해명하기 위해서는 이전 기철학적 정치사상 내지는 개혁 사상과의 사상적 연관성을 살펴보는 동시에 최한기 기사상의 독창적 측면의 분석이 필요하다는 점이다. 정치사상적 측면에서 최한기 사상을 검토한 기존의 연구들[77]

---

75 김만규, 「理氣論의 政治的 照明」, 『제4회 한국정치학회·재북미한국인정치학자회 합동학술대회 논문집』(1981), 59쪽.
76 정윤재, 「'자아준거적 정치학'과 한국정치사상 연구: 문제해결적 접근의 탐색」, 『한국정치사상의 비교연구』(성남: 한국정신문화연구원, 1999), 35쪽.
77 이와 관련된 다른 최근의 연구 성과로는 손문호, 「惠崗 崔漢綺의 정치사상 연구: 『人正』을 중심으로」, 『社會科學研究』, 제16집(2003), 227-245쪽; 이행훈, 「崔漢綺 政治思想의 근대적 성격 연구」, 『한국철학논집』, 제11집 (2002), 153-174쪽; 안외순, 「유가적 군주정과 서구 민주정에 대한 조선

은 정치적 시각의 해석과 평가라는 연구 방법론상의 의의에도 불구하고 주로 최한기가 제시한 정치론 내지는 제도 개혁론에만 연구 범위를 한정함으로써 최한기의 기사상이 이론적 측면에서 이전 기사상과 구별되는 독창적 측면이 무엇이고 또 조선조 개혁 사상으로서의 보편적 특성이 무엇인지를 밝히는 데에는 미흡하였다. 이런 측면에서 이 책에서는 독창성과 연속성의 부각이 가능하도록 최한기 기사상과 이이李珥, 박세당朴世堂, 홍대용洪大容, 정약용丁若鏞 등 이전 기철학적 개혁 사상가들의 논의를 비교·설명하는 방식을 병행하고자 한다.

이와 같은 두 가지 관점을 바탕으로 다음에서는 19세기의 기사상가 최한기의 개혁 사상을 구체적으로 살펴보기로 하겠다.

2. 시대 배경

최한기가 구체적으로 활동한 시기는 19세기 중반이다. 이 시기는 1392년 조선조 성립 이래 강력한 통치 이념으로 자리잡아 온 주자학적 정치 질서관이 더 이상 치유될 수 없는 모순과 한계를 드러내고 있었던 시기였다고 할 수 있다. 이 시기 집권층 내부의 권

실학자의 인식: 惠崗 崔漢綺를 중심으로」, 『韓國政治學會報』, 제35집 4호 (2001), 67-86쪽; 곽효문, 「최한기의 사회복지이념에 관한 연구」, 『社會政策論叢』, 제13집 제2권(2001), 137-169쪽; 안외순, 「조선에서의 민주주의 수용론의 추이: 최한기에서 독립협회까지」, 『社會科學研究』 제9호(2000), 38-65쪽; 김한식, 「혜강사상에 나타난 근대성 논리의 구조」, 『韓國政治學會報』, 제34집 4호(2000), 9-22쪽; 배병삼, 「朝鮮時代 思想家들의 政治 認識: 李珥·丁若鏞·崔漢綺를 중심으로」, 『東洋古典研究』, 제4집(1995), 211-270쪽 등을 들 수 있다.

력 투쟁과 중간 관리 계층의 부패와 수탈, 소수에 의한 부의 독점, 그리고 이에 따른 다수 피지배 계층의 빈곤과 민중의 대규모 저항 등은 주자학적 차별 질서관을 근간으로 하는 봉건 질서 자체의 와해를 예고하는 것이었다.

그러나 이와 같은 현상은 단순히 19세기에 한정된 것만은 아니었다. 이미 강력한 제왕권적 권위 질서를 구축할 정치적 필요성 위에서 도입된 주자학적 정치 질서관은 조선조 초기부터 왕권을 둘러싼 지배층 내의 혈투를 불러일으켰다. 분파적分派的 당쟁과 명분론적名分論的 대외 관계로 인해 발생한 임진 왜란과 병자 호란 등 외침에 무기력한 대응만을 보여 주었을 뿐만 아니라, 대내적으로 피지배 계층의 무조건적 복종을 강요할 뿐 다수 피지배 계층의 기본 생활권조차 확보해 주지 못했다. 이것은 근본적으로 중국의 지배 민족인 한족漢族이 이민족을 통치하기 위한 방편으로 구성된 주자학을 동질성이 강한 한민족韓民族에게 적용함으로써 정치 현실과의 괴리를 낳은 것에 기인하는 것이다. 따라서 이러한 국내적 모순은 주자학적 유학을 통치 이념으로 채택한 조선조의 필연적 결과였다고 할 수 있다.

특히 19세기에 접어들면서 이와 같은 모순은 극에 달했다. 먼저 정치적으로는 18세기 이래 영·정조 시대의 탕평책蕩平策에도 불구하고 집권층 내부의 갈등은 더욱 극심해졌고, 순조純祖 이후 유약한 왕들이 집권한 19세기에 이르러서는 왕의 외척들이 실제 정치 권력을 행사하는 이른바 세도 정치가 행해졌다. 안동 김씨와 풍양 조씨로 대표되는 외척 세력들은 순조 - 헌종憲宗 - 철종哲宗 연간 정권의 요직을 모두 차지하고 반대파를 숙청하는 등 전제적 권한을 행사했다. 이것은 주자학적 통치 질서관이 추구하는 왕권 강화론王權

强化論이 그 존재 의미를 상실했음을 보여 주는 것이었다.

세도 정치는 정치 권력 내부의 폐해를 낳는 데 그치지 않고 각종 사회적 문제를 야기시켰다. 우선적으로 세도가勢道家 주도 하에 성행한 매관매직賣官賣職[78]과 편파적·차별적 관리 등용으로 인해 관료들이 극도로 타락하고 부패하게 됨으로써 중간 관리들의 노서민奴庶民 착취를 가속화시켰다(三政의 문란). 다른 한편으로 기존 양반 계층의 몰락과 상민 계층의 양반화라는 신분 질서의 와해와 양반수의 급격한 증가[79]를 가져와 소수의 피지배 노서민 계층이 다수의 비생산 양반들을 부양해야 하는 모순적 상황을 초래했다. 여기에 전체 경작지의 급격한 감소[80] 또한 일반 백성들의 생활을 더욱 빈곤하게 했다. 결국 이와 같은 상황은 피지배 계층의 삶을 극도로 피폐하게 했으며 농민뿐 아니라 건전한 상공인商工人 계층의 활동까지 제약하는 국가 총체적 위기를 낳았다.

이처럼 노서민 계층의 생활 안정과 국가적 생산력의 발전에는 무관심한 채 자신들의 이익을 확보하기 위해 전제적 정치 권력을

---

78 당시에 특히 수령직守令職의 매매가 유행했는데, 수령직의 값은 대체로 2만 냥에서 3만 냥 사이로 정해져 있었다고 한다(최완기, 「붕당정치의 전개와 정국의 변화」, 『한국사 9』(서울: 한길사, 1994), 139쪽 참조).

79 예를 들어 대구부大邱府의 신분 계층별 호구 변동 상황을 살펴보면 1690년 (숙종 16년) 총호수(3,156호)에서 차지하는 양반 호수 비율이 9.2%(290호), 상민 호수 비율이 53.7%(1,696호), 노비 호수 비율이 37.1%(1,172호)였던 것에 비해 1858년(철종 9년)에는 총호수(2,985) 대비 70.2%(2,099호), 28.2%(842호), 1.5%(44호)로 각각 급격히 변동되었다(李相佰, 『韓國史-近世後期篇』(서울: 乙酉文化社, 1965), 295-296쪽 참조).

80 1591년(선조 24년) 251만여 결이었던 전체 경작지는 1774년(영조 50년) 출세결出稅結 807,366결로, 그리고 1844년(헌종 10년)에는 786,976결로 감소했다(위의 책, 173쪽 참조).

행사한 세도가의 전횡, 그에 편승하여 피지배 계층을 수탈하고 착취하는 데만 혈안이 되어 있던 중간 관리 계층의 가렴주구苛斂誅求, 그리고 신분제의 급격한 변동에 따른 생산과 소비의 구조적 모순 등에 대한 피지배 계층의 저항 또한 격렬하게 진행되었다. 1811년(순조 11년) 서북인에 대한 중앙 정부의 차별 대우를 계기로 발생한 홍경래의 난을 비롯하여 1862년(철종 13년) 삼정의 문란에 의해 발생한 대규모의 농민 봉기인 진주 민란 등이 그 대표적 사례이다. 이는 사회적으로 커다란 불안 요인이 되었고 정치적으로 봉건 질서의 와해를 촉진할 수 있는 중요한 사건들이었다. 이와 같은 피지배 계층의 저항에 대해 세도 정권은 시종일관 보수적인 태도로 일관했으며, 그 근본 원인에 대한 해결 방안을 전혀 제시하지 못하는 무기력한 모습만을 보여 주었다. 이처럼 정치·사회·경제 등 국가의 총체적 모순이 더욱 심화된 것이 이 시기의 특징이다.

19세기 전반기 조선 국내 상황의 또 다른 주요한 특징은 17세기 초 이래 조선에 유입된 서양 문물(종교)로서의 천주교와 학문으로서의 서학의 수용 여부를 둘러싸고 격렬한 사상적·정책적 갈등이 전개되었다는 것이다. 서양 문물이 조선에 전래된 것은 북경을 왕래하는 사대사행원事大使行員을 통해 한문으로 번역된 서양의 서적들이 조선에 유포됨으로써 비롯되었다[81]고 한다. 즉 1603년 북경 사행원의 일원이었던 이광정李光庭이 세계지도를 도입한 것으로부터 1783년 이승훈李承薰이 북경에서 천주교 신부의 세례를 받고 귀국하기까지 180년간 많은 서학과 서양서들이 유입되어 이름 있는 벼슬아치나 선비들 중에 이를 읽지 않는 사람이 없을 정도였다.[82]

---

81 李元淳, 『朝鮮西學史研究』(서울: 一志社, 1986), 2, 3장 참조.

이와 같은 서양 문물의 조선 침투는 18세기 말 이후 19세기에 걸쳐 국내에 큰 반향을 불러일으켰다. 우선 정치권력을 유지·강화하려는 정권 담당 세력과 보수적 양반층은 서교西敎의 원리가 내포하는 유일신唯一神 아래에서의 만민 평등의 논리가 반체제적反體制的이라는 인식 하에 서교와 서학西學에 대한 강력한 반대의 입장을 고수했다. 이러한 척사위정적斥邪衛正的 수구 세력의 반反서교·반反서학적 태도는 천주교와 그 신도들에 대한 일대 탄압으로 이어졌다. 1785년(정조 9년)의 천주교 포교 금지, 1791년(정조 15년)의 '진산사건珍山事件'으로 인한 신해사옥辛亥邪獄, 1801년(순조 원년)의 신유사옥辛酉邪獄, 1839년(헌종 5년)의 기해사옥己亥邪獄, 1866(고종 3년)의 병인사옥丙寅邪獄 등은 그 대표적 사건들이었다.

정권 담당 세력과 보수적 양반층의 이러한 척사위정적 태도와는 달리, 종교로서의 서교, 즉 천주교를 신봉하지는 않지만 서양 과학 지식의 우수성을 일찍이 인식하여 그것을 민족 자존성의 근거 와 국가 발전의 토대로 삼을 것을 주장했던 비非서교·친親서학적 입장을 견지한 사상가들이 존재했다. 홍대용, 박지원, 정약용과 이들로부터 영향을 받은 최한기 등은 이른바 이용후생적 후기 실학파로 분류될 수 있는 인물들이었다. 그들은 노장老莊·묵학墨學과 서구 과학 지식의 영향을 받아 기본적으로 반주자학 또는 더 나아가 반유학적 입장에서 대내적으로 차별·위계적 반상 질서를 타파하고, 대외적으로는 사대주의적 화이 질서관華夷秩序觀에서 벗어나 민족적 자주성의 자각을 요구하는 자주적 국제 질서관을 전개했다. 동시에 수구 세력의 서학 배척을 비판하면서 서구 문물의 적극적 수용

---

82 위의 책, 89~90쪽 참조.

을 통한 부국적富國的 정책론을 제시했다. 후기 실학자들의 이와 같
은 사상적·정책적 노력에도 불구하고 당시 서구 문물에 대한 조선
의 주된 인식은 반서교·반서학적인 것이었다. 그리고 이러한 입장
은 19세기 중반 이후 동아시아에 대한 서구 열강의 침입에 따른
대내적 위기 고조로 더욱 강화되었다.

19세기에 접어들면서 조선을 둘러싼 국제 정세는 급격한 변동
기를 맞이했다. 전통적인 중국 중심의 동아시아 질서의 재편을 요
구하는 서구 열강의 무력 침투와 개방 압력은 이미 대내적으로 유
학적 통치 질서의 와해에 직면한 동아시아 국가들에게 공통적으로
큰 충격을 주었다. 구체적으로 1840년의 아편전쟁과, 1842년의
남경 조약 이후 1860년의 북경 함락과 북경조약에 이르기까지 서
양에 의한 중국의 강제적 문호 개방 과정과 이에 따른 중국의 시련
은 조선 내부로부터 커다란 위기감을 불러일으켰다. 특히 1832년
(순조 32년) 영국 동인도 회사의 상선商船 로드 암허스트Lord Amherst
의 공식적인 교역 요청[83]을 시작으로, 1846년(헌종 12년)의 프랑스
동양 함대 사령관 세실Cecil과 1847년(헌종 13년) 라피에르La Pierre의
왕래, 그리고 그 밖의 수 차례에 걸친 서구 열강과의 접촉 등을 경
험한 조선으로서는 동아시아를 둘러싸고 전개되고 있던 서세동점
西勢東漸을 피부로 느낄 수 있었다.

이와 같은 국제 정세의 급격한 변동에 대한 조선 정부의 공식적
입장은 철저한 쇄국양이론鎖國攘夷論이었다고 할 수 있다. 이미 국내
적으로 차별 체제의 유지를 위해 천주교에 대한 탄압 정책을 지속
적으로 추진해 온 집권 세력은 대외 정책에서도 서구와의 접촉과

83『純祖實錄』, 卷三十二, 32년 6월 25일 참조.

교역을 금지하고 전통적인 화이 질서관을 기초로 중국에 대한 의존적 태도를 지속하는 한편, 서구에 대해서는 철저한 배타적 입장을 견지했다. 그리고 이러한 입장은 1866년(고종 3년)의 병인양요丙寅洋擾와 1871년(고종 8년)의 신미양요辛未洋擾를 통해 서구에 대한 일시적 승리에 자만한 집권 보수 세력에 의해 더욱 강화되었다.

집권 세력의 태도와는 대조적으로 서구와의 자주적 외교 관계의 수립 필요성과 서구 문물의 도입을 통한 부국적 정책론을 제시한 이들도 있었었다. 북학파의 대표적 정치사상가인 박지원의 손자 박규수朴珪壽를 주축으로 하는 개국론자들은 명분론적 화이 질서관에서 탈피하여 현실주의적 대외 관계의 필요성을 인식하고 북학파의 부국강병론富國強兵論을 계승, 자주적 입장에서 서양 세력에 대처할 것을 요구했다. 그러나 이들의 논의는 정권 담당 세력의 전통적인 중화주의적 질서관 고수라는 보수적 입장을 변화시키기에는 역부족이었다. 따라서 당시 조선은 여전히 쇄국양이鎖國攘夷의 시대착오적 정책을 지속하고 있었던 것이었다.

양반 지배 계층 내부의 이와 같은 사상적·정치적 대립 양상과는 별도로 서구 열강의 중국 침투는 이미 대내적으로 봉건적 착취와 수탈로 극도의 사회·경제적 박탈감에 시달리고 있던 피지배 계층에게도 영향을 미쳐 동학東學이라는 종교적 차원의 탈출구를 찾게 하기도 했다. 현실의 차별·위계적 신분 체제로 인한 모순과 서구 열강의 침입이라는 국가적·민족적 차원의 위기 상황이 피지배 계층으로 하여금 반외세적反外勢的이고 반봉건적反封建的인 종교 운동에 몰입하게 했던 것이다. 동학이 창도될 당시부터 표방한 '보국안민保國安民·광제창생廣濟蒼生'의 논리는 이러한 동학의 민족적·민중적 입장을 잘 나타내는 것이라 하겠다.

이상에서와 같이 19세기 전반기는 대내적으로 주자학적 봉건 질서의 모순이 극대화되고 대외적으로는 서양 세력의 침투가 진행되고 있는 가운데 그러한 위기를 극복하려는 다양한 사상적·정책적 입장들이 표출·전개되고 있었던 격변의 시기였다고 할 수 있다. 이러한 시대 상황에 직면하여 고통 받고 있는 피지배 계층의 이익 확보를 위한 욕구 주체로서의 인간간 평등성과 민족 주체성 확립을 위한 자존적 개체로서의 국가간 관계의 동등성을 논리적으로 규명하고, 동시에 서구 문물의 적극적 수용과 철저한 제도 개혁을 통한 이용후생의 정책 방안을 제시했던 인물이 최한기였다.

3. 객관적 현실관과 민 중심의 정치론

현실관과 관련하여 최한기는 먼저 "시첩侍妾의 말을 따라 관직을 주고 뇌물을 통해 벼슬을 주며, 모든 일을 사사로운 감정에 따라 임의로 처리하고 권문귀족들이 청탁을 멋대로 하는 것은 모두 백성의 중요성을 완전히 망각한 데에서 생겨난 것이니 어찌 백성을 편하게 하는 치안治安의 정치가 있다는 것을 알겠는가?"[84]라고 하여 당시의 세도 정치가 초래한 매관매직 행태를 격렬히 비판했다.

매관매직 현상 이외에 조선조 전반에 걸쳐 지속되어 온 붕당 정치에 관해서도 최한기는 "후세에 이르러 붕당朋黨으로 인해 자기들의 이익에 따라 편을 갈라 군자君子와 소인小人을 분류하고 있지만, 군자의 당이라고 해서 어찌 소인이 없으며 소인의 당이라고 해서

---

84 "從侍妾言而除職, 開賄賂門而拜官, 任銓衡之循私, 肆權貴之干囑, 皆由於頓忘生靈, 烏知有治安政教(『明南樓叢書』, 人政, 卷二十一, 用人門二, 爲民治安)."

어찌 군자가 없겠는가. 인품을 분별하는 것이 붕당 정치에 의해 크게 혼탁해져서 사람을 쓰는 것(用人)까지 크게 어지러워졌다"[85]고 함으로써 민생 안정과 국가 발전을 위한 인재 등용이 붕당 정치에 의해 저지당하고 있는 당시의 현실을 개탄했다.

최한기는 이와 같은 세도 정치의 폐해에서 파생한 매관매직과 붕당 정치가 단순히 정치 권력 내부의 부정부패와 갈등만을 초래하는 데 그치지 않고 결국 그것이 피지배 노서민들의 삶을 억압하고 착취하는 데 이르고 있다는 점을 다음과 같이 정확히 지적했다.

"후세의 이른바 농정農政이란 것은 단지 백성들이 밭 갈고 씨 뿌리며 부역을 제공하는 것을 감독하여 살피고 수리 시설과 토질이 어떤지 논란하는 것일 뿐, 백성을 교화시켜 검소하고 양보하는 기풍을 일으키고 백성이 자신의 생업을 편안하게 영위하도록 만들어 주는 농정은 전혀 없다. 그러니 하물며 아무 도와 줄 대책조차 없는 그릇 굽고 고기 잡는 직업에 대해서야 말해 무엇하겠는가. 오직 이익만을 탐내 그들을 침탈하는 일이 있을 뿐이다. 본래는 이용후생을 위한 일이 도리어 풍속을 병들게 하고 백성을 해치는 정치가 되어 버렸다. 이런 까닭에 농사 짓고 고기 잡고 그릇 굽는 백성들 가운데에서 인재를 골라 등용하는 것이 없고, 도리어 이 농사 짓고 고기 잡고 그릇 굽는 백성들을 착취하고 수탈하는 것만 만연하게 되었다. 이들은 다 생업에 힘쓰고 애써 물건을 만들어 그것을 세상에 쓰이도록 한 백성들이니 국가에 대해서 저버린 일이 무엇이 있단 말인가. 진실로 마땅히 그 공功

---

85 "後來激於朋黨之論, 以偏黨分君子小人, 君子之黨, 豈無小人, 小人之黨, 豈無君子人, 分別人品, 至于運數之說, 朋黨之論而大渾濁, 用人亦致淆亂(위의 책, 卷二十二, 用人門三, 運數及朋黨)."

에 대한 보답을 베풀어주어야 할 사람들인 것이다."[86]

　이렇게 최한기는 19세기의 현실을 객관적으로 직시하면서 지배 계층이 아닌 피지배 계층의 입장에서 일반 민중의 권익 확보의 필요성을 강력히 요청했다. 이러한 최한기의 입장은 그가 정치의 본질을 철저히 일반 백성의 생활 안정과 이익 추구로 파악하고 있음을 보여 주는 것으로서 지배 계층 중심의 유학적 정치관에서 탈피하고자 했던 최한기의 정치 목표를 반영하는 것이었다. 구체적으로 최한기는 공자의 논의[87]를 빌려 정치를 '바로잡는 것(正也)'으로 규정했다.[88] 공자로 대표되는 유학의 정치관에서 바로잡음의 대상은 봉건적 차별 질서였다.[89] 그러나 최한기는 그 바로잡음의 내용을 피지배 계층에 대한 지배 계층의 억압과 수탈 그리고 착취로 규정했다. 그가 "정政이란 백성을 편안하게 하기 위한 것이지 백성을 수고롭게 하기 위한 것이 아니며, 치治란 폐해를 없애기 위한 것이지 폐해를 조장하기 위한 것이 아니다"[90]라는 말에는 이러한 의도가 잘 나타나 있다. 일반 백성들에 대한 수탈과 착취가 만연하고 있던 것이 당시의 객관적 정치 현실이라는 점을 정확히 인식하고

---

86 "後世所謂農政, 只有耕稼賦役之督察, 水利土宜之論難, 未有化民興讓, 安業制産之農, 況其陶漁, 未有扶護之方畧, 惟有牟利之侵奪, 本以利用厚生之事, 反爲病俗害民之政, 是以擇人扶訪, 不及於耕稼陶漁之中, 侵凌侮蔑, 偏多於耕稼陶漁之民, 此皆勤業興作, 以補世用之民, 有何負於國哉, 固當施其報效 (위의 책, 卷二十一, 用人門二, 賤業中觀化民)."

87 "季康子問政於孔子, 孔子對曰, 政者正也(『論語』, 顔淵)."

88 "政者正也(『明南樓叢書』, 人政序)."

89 "齊景公問政於孔子, 孔子對曰, 君君臣臣父父子子(『論語』, 顔淵)."

90 "政所以安民, 非所以擾民也, 治所以除害, 非所以養害也(『明南樓叢書』, 人政, 卷四, 測人門四, 是非)."

있는 최한기에게 '바로잡음'의 대상은 그러한 수탈과 착취였지 결코 붕괴되고 있던 봉건적 차별 질서가 될 수 없는 것이었다. "백성은 중요하고 관리는 가벼우며 백성이 먼저이고 관리는 뒤인 것이다"[91]라는 최한기의 말 또한 피지배 계층에 대한 직접 수탈자의 역할을 담당하고 있던 중간 관리 계층에게 자신들의 임무와 역할이 무엇인지를 정확히 인식하라는 메시지였다고 할 수 있다.

이와 같은 최한기의 정치 본질에 관한 반유학적 논의의 저변에는 정치 권력에 대해 무욕적인 태도로 일관한 그의 생애와 행적이 기반이 되었던 것으로 보인다. 피지배 계층의 고통을 직접 경험하면서 체득하게 된 인식, 즉 백성은 비교할 것이 없는 가장 존귀한 존재로서[92] 비록 지극히 어리석기는 하나 그 본연적인 앎(知)은 신(神)과 같은 것이며,[93] 따라서 정치와 교화가 잘 이루어지느냐 그렇지 않느냐의 기준은 무엇보다 백성들의 삶이 편안하냐 그렇지 않느냐에 있고,[94] 국가의 흥망성쇠 또한 모두 백성에게 달려 있다[95]는 인식이 그 바탕을 이루었다고 할 수 있다.

이처럼 철저하게 피지배 계층의 입장에 서 있었던 최한기에게 비생산 계층인 양반의 수가 격증하는 반면 생산 계층인 노서민의 수가 줄어들어 소수가 다수를 부양해야 하는 모순적 사회 현실은 비판의 대상이 되지 않을 수 없었다. 최한기에게 그러한 사회 현실

---

91 "是以民重而官輕, 民先而官後(위의 책, 卷二十, 用人門一, 聽民難進步)."

92 "事其共生之義, 人民最貴, 無物可擬(위의 책, 卷二十三, 用人門四, 爲財擇人爲民用人)."

93 "民雖至愚, 其知如神(위의 책, 欺民及自欺)."

94 "政教得失, 在於生民安危, 民安爲政教之得, 民不安爲政教之失(위의 책, 卷一, 測人門總論一, 測人爲萬事本原)."

95 "國家之命脈在民, 事力在民(위의 책, 卷十六, 選人門三, 運化選擧)."

은 피지배 계층이 당하고 있는 고통의 주요 원인인 동시에 국가 전체의 생산력 발전을 저해하는 요인으로 인식되었다.

이 점에 대해서 최한기는 먼저 "세속의 폐단은 산업(産業: 생산활동)에 뜻을 두는 것으로서 문학(文學: 학문)에 해가 되는 것이라 여겨 산업을 비천한 것으로 인식하는 데 있다. 만일 불의하게 산업을 경영한다면 마땅히 비판받아야 하지만, 산업 경영 그 자체를 죄라고 할 수는 없다. 학문이 뛰어남에도 시대를 못 만나 벼슬하지 못하는 사람이 남에게 구걸하는 것보다야 차라리 자신의 생활을 스스로 책임지는 것이 낫지 않겠는가"[96]라고 하여 생산 활동을 천하게 여기는 사회 인식과 자신의 생활도 유지하지 못하면서 오로지 고루하게 학문에만 몰두하는 당시 양반층의 무능을 비판했다. 동시에 그는 유학적 차별관에 입각한 나머지 국가 발전을 위한 토대로서 상공업 활동의 중요성을 인식하지 못하는 당시의 현실을 다음과 같이 지적하기도 했다.

"말세末世의 습속習俗이 공상工商을 천한 일로 여겨 구차하게 밥이나 먹는 무리가 그 일을 경영하도록 맡겨버렸다. 그리하여 심지어는 공상업에 종사하는 사람들을 점점 더 천하게 여기게 되었으니 (국가 발전을 위한) 용인用人의 도道가 어찌 오직 공상에게는 행해지지 않는 것인가."[97]

---

96 "世俗之弊, 以有意産業, 爲文學之永炭, 而至有賤陋産業之人, 若以不義營産, 當以不義痛責, 不可以營産聲罪矣, 文學有餘, 而不遇祿仕者, 與其乞諸人, 豈若有資身之策乎(위의 책, 卷八, 敎人門一, 宗族立敎)."

97 "末俗, 以工商爲賤業, 任置于營營, 苟食之輩, 至使工商之人, 漸至賤陋, 用人之道, 何獨不行於工商乎(위의 책, 卷二十五, 用人門六, 工商通運化)."

또한 그는 민생 안정과 국가 발전을 위한 실용적 정책 대안은 제
시하지 못한 채 서구 문물의 유입을 저지하는 데만 열중하고 있던
당시 정부와 보수 세력의 수구적 태도를 다음과 같이 비판했다.

"남을 비난하고 시대에 뒤떨어진 고루한 것을 완고하게 지키려는
사람은 다른 사람들로부터 도움을 받는 것이 적으나 남에게서 취하여
이익을 획득하는 사람은 남을 잘 이용할 줄 안다. 그러므로 서교가 천
하에 퍼져나가는 것을 근심할 것이 아니고 실용적인 것을 취하여 쓰
지 못하는 것이 바로 걱정할 바인 것이다."[98]

최한기의 이와 같은 실용적 입장은 유학적 폐쇄관에서 벗어나
서방의 모든 나라가 정교한 기계와 무역의 이득을 가지고 천하를
두루 돌아다니고 있으며,[99] 천하의 모든 나라가 모두 자신들의 교敎
를 가지고 있고, 비록 그 교술敎術에서는 차이를 보이지만 권선징악
勸善懲惡을 내용으로 한다는 점에서는 동일하다[100]는 실증적이고 개
방적인 국제 현실관을 토대로 한 것이었다. 즉 최한기에게 조선이
우선적으로 취해야 할 효율적인 대응 방식은 당시 변화하는 국제
정세 속에서 서구에 대한 조선의 낙후성을 있는 그대로 인정하는
동시에 고정관을 버리고 서구 문물의 과감한 도입을 통해 변해야

---

98 "非諸人而守陋者, 人必寡助, 取諸人而爲利者, 人必爲用, 是以西敎之蔓延天
下, 不須憂也, 實用之不盡取用 乃可憂也(위의 책, 推測錄, 卷六, 推物測事, 東西取
捨)."

99 "西方諸國, 以器械之精利, 貿遷之贏美, 是得周行天下(위의 책)."

100 "凡天下萬國, 莫不有敎, 而敎術雖多, 總不離於勸善懲惡(위의 책)."

할 것을 근본적으로 변화시키는 것[101]이었다고 할 수 있다. 이와 같은 최한기의 현실관이 그 뒤 그가 적극적으로 전개한 부국적富國的 정책론의 바탕이 되었던 것은 당연한 결과였다.

이상에서와 같이 최한기는 자신이 활동했던 19세기의 정치·사회 현실을 객관적·실증적·실용적 입장에서 파악하고, 현실의 모순이 근본적으로 조선 사회를 지배해 온 차별관·고정관·절대관·전체관·폐쇄관에서 비롯된 것임을 역설했다. 따라서 이러한 현실 진단에 대한 처방은 곧 평등관·변천관·상대관·개체관·개방관의 전개였으며, 이는 다음에서 살펴볼 그의 이론적 논의에 뚜렷이 드러나 있다.

4. 정치 목표 달성의 이론적 기초

1) 평등적 인성론

최한기의 정치 목표는 유학적 차별 질서가 초래한 현실의 모순을 극복하여 대내적으로 피지배 계층의 사회·경제적 이익을 확보하고 대외적으로 변화하는 국제 정세 속에서 한민족의 자주성과 독립성을 유지하면서 실용적인 서구 문물의 도입과 적용을 통해 공동체적 발전을 이룩하는 것이었다. 최한기의 입장에서 고통 받는 피지배 계층의 생존권과 사회·경제적 이익을 확보하기 위해서는 우선 인간 본연의 삶 유지의 중요성보다는 인간이 현실의 군신君臣·상하 간 신분 질서에 순응하는 성선性善의 존재라는 점을 강조

---

101 "固宜將其變以禦其變, 不宜以不變者禦其變(위의 책)."

하는 유학의 차별적 인성론[102]에서 벗어나 각기 자존적 특성을 지
닌 동등한 삶의 욕구 주체라는 인간성 규정이 요구되는 것이었다.

이에 대해 최한기는 먼저 "인간이 하늘로부터 받은(稟受) 것은 일
단—團의 신기神氣와 기氣를 통하게 하는 제규(諸竅 : 눈·코·입·귀 등 인체
에 있는 외부와 통하는 아홉 개의 구멍)와 사지四肢이니 갖추어서 사용할 수
있는 것은 이것뿐이고, 이것 이외에 다시 별도로 다른 것에서 얻어
온 것이라고는 없다"[103]고 하여 인간이 신체를 가지고 태어나면서
이미 하늘로부터 보편적 차별 원리를 선천적 본성으로 부여받았다
는 유학적 논리를 정면으로 부정했다. 이와 함께 그는 그와 같은
제규와 신체사지 그리고 신기는 나와 남 사이에 차이가 없다는 점
을 설명함으로써[104] 인간 사이의 본연적 동등성을 피력했다. 최한
기에 따르면 이렇게 형체를 지니게 된 인간은 각 감각기관의 운동
작용을 주재하는 신기神氣에 의해서 눈으로 보고 귀로 들으며, 코로
냄새 맡고 입으로 맛을 보며, 손으로 잡고 발로 다니며, 목이 마르
면 마시고 배고프면 먹게 된다.[105] 이처럼 눈과 귀, 손과 발이 각각

---

102 "君子謀道不謀食, 耕也餒在其中矣, 學也祿在其中矣, 君子憂道不憂貧(『論
語』, 衛靈公)."; "仁義禮智, 非由外鑠我也, 我固有之也, 不思耳矣(『孟子』, 告
子上)."; "仁之實, 事親是也, 義之實, 從兄是也, 知之實, 其斯二者不去是
也, 禮之實, 節文斯二者是也(위의 책, 離婁上)."; "蓋所謂道者, 率性而已, 性
無不有, 故道無不在, 大而父子君臣, 小而動靜食息(『中庸或問』)."; "天命之
謂性亦是理, 天命如君之命令, 性如受職於君, 氣如有能受職者, 有不能守
職者, 某問天命之謂性(『朱子語類』, 卷四, 性理一)."

103 "人之所稟于天者, 乃一團神氣與通氣之諸竅, 四肢則須用之具, 如斯而已,
更無他分得來者矣(『明南樓叢書』, 神氣通, 卷一, 體通, 知覺推測皆自得)."

104 "我有諸竅支體及神氣之具, 人亦有諸竅支體及神氣之具, 縱有彊弱大小淸濁
之殊, 其所有諸竅, 未嘗人多於我, 我多於人也(위의 책, 通人我之通)."

105 "目視耳聽, 鼻嗅口味, 手持足行, 渴飮飢食, 乃形體所具之用(위의 책, 神氣通

작용하고 내장기관이 상호 연결되며 혈맥이 그 사이로 흐르는 것이 바로 성性이고, 그러한 성을 가진 인간이 태어나서 자신의 삶을 영위하다가 늙어서 죽는 것이 명命이라는 것이다.[106] 이렇게 볼 때 인간은 모두 자신의 신체 활동으로 대변되는 삶의 유지를 본성으로 하고 있다는 점과 생성生成과 쇠로衰老의 자연 원리를 따른다는 점에서 동등한 존재라는 논리가 성립하는 것이다.

인간이 이처럼 자신의 삶을 영위하려는 본성을 가진 존재이기 때문에 자신의 삶을 유지하려 하고 풍요롭게 하며 즐겁게 하려는 모든 욕구 또한 그 자체로 선악을 판단할 수 없는 자연스러운 것이다. 그가 "하늘이 정한(天定) 성품이야 어찌 선악을 나눌 수 있겠는가"[107]라고 한 것은 성선설性善說이니 성악설性惡說이니 하여 인간을 작위적으로 규정하려는 모든 유학적 논의들을 배척하려는 것이다. 또한 "인간은 누구나 먹고 마시는 일을 하며 누구나 먹고 마실 욕구를 가지고 있다"[108]고 한 것은 삶의 욕구 충족의 주체로서 인간의 평등성과 자연성을 주장한 것이라고 할 수 있다.

인간의 본성이 이처럼 의식주 생활의 충족을 통해 자신의 삶을 영위하려는 자연스러운 존재라는 인식은 생존권을 위협당하고 있던 당시 피지배 계층의 입장을 대변하려는 최한기의 정치 목표를 반영한 것이라고 할 수 있다. 또한 그것은 "사람들은 모두 일정한 본성(常性)을 가지고 있어 옷을 지어 입고 농사 지어 먹는다. 이것을

序)."
106 "目見耳聞, 足行手持, 臟腑連絡, 血脈流注性也, 大氣運化, 生長衰老命也 (위의 책, 人政, 卷十一, 敎人門四, 性命)."
107 "豈是天定性禀分此善惡哉(위의 책, 卷二, 測人門總論二, 測好賢妒賢)."
108 "人各有飮食之事, 又各有飮食之欲(위의 책, 神氣通, 卷二, 口通, 饑飽與人同)."

동덕同德이라 한다. 무리 지어 치우치지 않으니 이를 가리켜 천방天放이라 한다"[109]고 했던 노장老莊 인성론의 내용이기도 하며 최한기와 동일한 정치 목표를 가지고 전개되었던 조선조 개혁 사상 인성론의 보편적 특징을 보여 주는 것[110]이기도 하다.

그러나 이전 사상가들과는 달리 최한기는 삶을 유지하기 위한 기본적 욕구 이외에 물욕 추구까지도 인간의 본성적 요소라는 점을 적극적으로 인정했다. 즉 그는 인간이라면 누구든지 재색財色과 명리名利에 대한 욕구를 가지고 있고,[111] 다만 그것이 사회 내에서 정당하게 추구된 것이냐 그렇지 않은 것이냐 하는 것만을 구별할 수 있을 뿐이지 물욕物欲 그 자체를 문제 삼아 제거하려는 것은 인간의 본성을 해치는 일이 되는 것[112]이라고 했다. 따라서 소위 유학

---

109 "彼民有常性, 織而衣, 耕而食, 是謂同德, 一而不黨命曰天放(『莊子』, 馬蹄)."

110 예를 들어 이이는 "배고플 때 먹으려 하는 것, 목마를 때 마시려 하는 것, 추울 때 입으려 하는 것, 가려울 때 긁으려 하는 것 등은 성인聖人이라도 면할 수 없는 것이다"("聖人之血氣與人同耳, 飢欲食, 渴欲飮, 寒欲衣, 癢欲搔, 亦所不免", 『栗谷全書』, 卷十, 書, 答成浩原)라고 하여 인간을 삶의 욕구 주체로 규정했다. 박세당 역시 인간을 식욕食欲·색욕色欲과 지각운동의 주체로 규정("言凡人物自其始生, 皆有不學而能者, 是之爲性, 如食色亦其一也, 註所謂知覺運動者卽是已, 盖凡此所謂知覺運動之自其始生, 不學而能者, 皆未有善不善之可分", 『西溪全書』, 下, 孟子思辨錄』, 告子上)하면서 삶의 욕구 주체로서의 모든 인간은 삶을 욕구하고 죽음을 싫어한다는 점에서 본질적으로 동등하다("夫欲生惡死, 豈衆人之爲利害者乃有此心, 雖聖人亦然", 위의 책)고 주장했다. 또한 홍대용, 정약용 등 조선조 후기 기 사상가들의 인성론에서도 삶의 욕구 주체로서의 인간성 규정이 적극적으로 전개되고 있다("人之生世也, 願慾無極, 華美之奉, 靡曼之色, 崇高之位, 煇赫之權, 珍怪之物, 詭異之觀, 人皆慕之", 『湛軒書』, 內集, 補遺, 毉山問答; "人而無七情, 奚其爲人也", 『增補 與猶堂全書』, 第二集, 經集, 大學講義, 卷二).

111 "人皆有財色名利之慾(『明南樓叢書』, 人政, 卷八, 敎人門一, 行事敎)."

112 "物欲者, 物有不可去者, 而因其物有所欲也, 非義之物欲, 乃可以義不義論定, 而不可但以物欲言也, 過當之物欲, 不及之物欲, 乃可以過不及爲戒, 而

적 전통에서 강조하는 극기의 가르침도 후세에서 말하는 바와 같이 사욕私欲을 제거하라는 뜻이 아니라고[113] 주장했다. 최한기가 이처럼 물욕을 인간 공통의 본성으로서 규정한 것은 무엇보다 유학적 차별관에 의해 저지당해 온 인간의 물욕을 과감히 개방시켜 농·공·상 등 일반 백성의 개별적 이익 추구권을 확보하려는 정치 목표를 반영한 것으로 보인다.

이와 같이 물욕까지 포함하여 다양한 욕구 추구가 인간의 본성이고, 그것이 선악을 분별할 수 없는 자연스러운 것이라면 인간은 무한정한 이기욕利己欲 추구의 주체로 상정될 수 있는 것인가? 최한기는 이에 대해 "식욕의 한계는 배를 채우는 것으로 준적(準的: 基準)을 삼고 색욕의 한계는 산육産育으로 준적을 삼는 것이기 때문에 준적에 미치지 못하면 변통變通하여 만족시키고 준적에 지나치면 억제하여 줄여야 하는 것이다. 따라서 인간의 식색욕食色欲 추구에는 스스로 그쳐야 할 한계가 있는 것이다"[114]라고 했다. 최한기가 이처럼 욕구 추구의 한계를 지적한 것은 인간이 혼자서 삶을 영위할 수 없다는[115] 인식 때문이라고도 볼 수 있다.[116] 그러나 좀더 근본

不可但以物欲言也(위의 책, 推測錄, 卷六, 推物測事, 物欲自有中正)."
113 "不以道之貨色科宦, 謂之物欲, 以道之貨色科宦, 豈可務除而廢人事乎, … 克己之訓, 精神在於非物, 二字, 非後世除私欲之意也(위의 책, 人政, 卷十一, 教人門四, 除物欲)."
114 "食欲之限節, 以克飽爲準的, 色慾之限節, 以産育爲準的, 不及乎準的者, 變通而進之, 過乎準的者, 抑制而退之, 食色之限節, 自有所止也(위의 책, 神氣通, 卷三, 生通, 産育準的)."
115 "人不可獨處而營生(위의 책, 人政, 卷一, 人政測人序)."
116 금장태 교수는 이러한 최한기의 인간 욕구 추구의 한계 지적을 "존천리거인욕存天理去人欲의 성리학적 명제와 일치하는 것"(금장태, 「정약용과 최한기의 인간이해」, 최영진 외, 앞의 책, 191쪽)으로 보았으나, 전술한 바와 같이 물욕까

적으로는 지배 계층의 이기욕 추구가 일반 백성의 삶을 피폐하게 하던 당시 현실에서 무한정한 욕구 추구의 인정이 곧 사회 내 착취와 수탈을 합리화하는 것이 될 수도 있다는 정치적 판단 때문이었던 것으로 보인다. 이 점은 다음과 같은 그의 말에 잘 나타나 있다.

> "인간이라면 누구나 먹고 마시는 일을 하며 누구에게나 먹고 마실 욕구가 있다. 천만인이 있으면 천만인의 음식이 있으며 억조민億兆民이 있으면 억조민의 음식이 있으니 자기 혼자만 음식을 취하고 다른 사람들의 음식을 돌보지 않을 수 없다. … 하물며 다른 사람이 먹을 것을 빼앗아 자기가 먹을 것을 풍요롭게 할 수는 없는 것이다. (이런 일은) 반드시 그 원한과 분함을 갚아야 할 것이다. … (그런데 오늘날과 같이) 탐욕스러운 관리가 일반 백성의 먹을 것을 빼앗는 것은 곧 조정이 탐욕스럽고 포악한 사람을 뽑아서 백성의 재산을 빼앗고 자신만을 살찌우며 나라를 좀먹게 하는 데에서 비롯된 것이다."[117]

이처럼 인간이 욕구 추구의 존재이며 욕구 그 자체는 선악 판단의 대상이 될 수 없는 자연스러운 것이라고 보는 최한기에게 선악의 문제는 인간의 본성적 차원의 문제가 아니라 사회 내에서 인간이 타인 또는 타물他物에 접하여 행하는 행위적(行爲的: 行事的), 다시

지도 인간의 자연스런 본성으로 인정한 최한기의 인성론과 인욕의 위험성과 천리로의 회복을 당위로 상정하는 성리학적 인성론 사이에는 근본적인 차이가 있다는 점에서 동의하기 어려운 해석이라고 생각한다.

[117] "人各有飲食之事, 又各有飲食之欲, 有千萬人, 則有千萬人之飲食, 有億兆民, 則有億兆民之飲食, 我不可以獨取飲食, 而不顧念人之飲食, … 況奪人食, 而豊我食乎, 必欲報其怨而雪其忿, … 貪官之奪民食, 乃朝廷揀擇貪暴之人, 剝割民産, 肥私而蠹國(『明南樓叢書』, 神氣通, 卷二, 口通, 饑飽與人同)."

말해 실천적 차원의 문제였다.[118] 그가 "신기神氣가 인물人物과 교접하면서 선과 악이 형성되는데, 처음 교접에서 선과 악이 비롯되고(始), 재차 교접에서 선과 악이 생기며(生), 여러 차례의 교접이 누적되어서(累) 선과 악이 형성된다"[119]고 한 것은 선악의 형성이 욕구 주체로서 개인의 실천 행위와 직접적인 관련이 있음을 보여 주는 것이라고 하겠다.

그렇다면 사회 내에서의 타인 또는 타물에 대한 개인적 실천 행위를 통해 형성되는 선과 악이란 구체적으로 무엇을 의미하는 것인가? 앞에서 언급한 바와 같이 개별적 이익 추구권을 적극 인정하는 최한기의 입장에서 선악이란 곧 이해利害를 뜻하는 것[120]이 될 수밖에 없었다. 그러나 무한정한 이기욕 추구를 시인하여 초래할 위험성, 즉 지배 계층의 사리사욕 추구에 따른 피지배 계층의 고통이라는 현실적 모순을 합리화할 위험성을 충분히 인식하고 있었던 최한기로서는 타인의 이해와는 관계없이 자신의 이익만 취하는 것을 선으로 규정할 수는 없었다. 이런 점에서 최한기는 개인적 차원의 이익 추구 행위의 선·불선善不善은 그 개인이 교접하는 타인 또는 타물에 미루어 입증하는 과정을 통해서만 결정될 수 있다고 보았다. 이 점에 대해 그는 "내가 좋아하는데 다른 사람들이 좋아하지 않는 것은 선이 아니고, 내가 싫어하는데 다른 사람들이 싫어하지 않는 것은 악이 아니다"[121]라고 했다. 즉 개인적 이해가 사회 내

---

118 權五榮,「최한기 氣學의 사상사적 의미와 위상」,『大東文化硏究』, 第45輯 (2004), 31-31쪽 참조.

119 "神氣, 交接人物而善惡形, 初交接而善惡始, 再交接而善惡生, 累交接而善惡形(『明南樓叢書』, 人政, 卷十一, 敎人門四, 大小善惡)."

120 "善爲利而利爲善, 惡爲害而害爲惡(위의 책, 神氣通, 卷三, 變通, 善惡利害)."

다른 개체의 이해와 부합한다는 것이 입증될 때에만 비로소 선악이 결정될 수 있다는 것이 최한기의 입장이었다.

이상과 같이 최한기는 당시 고통 받는 피지배 계층의 생존권 확보와 이익 보호라는 정치 목표를 달성하기 위하여 인간을 삶의 욕구 주체로서 규정하는 인성론을 전개했다. 동시에 개인적 욕구 추구가 타인의 욕구에 부합해야 한다는 점을 강조함으로써 공동체적 국가 발전이라는 자신의 정치 목표를 이론적으로 규명하려고 했다. 정치사상적 측면에서 더 중요한 점은 그러한 욕구 주체로서의 인간성 규정에 인간간 본연적 동등성의 논리가 배태되어 있다는 사실이다. 바로 이 점이 최한기 기 사상 인성론의 첫 번째 중요한 정치사상적 의의라고 할 수 있다.

최한기가 인성론 차원에서 전개한 이론적 논의 중에 두드러진 두 번째 특징은 개체로서 인간 개개인의 자존적 특성, 즉 개체성을 인정하는 논리를 제시했다는 점이다. 이전 개혁 사상가들이 주로 이기론적 측면에서 인간과 사물 사이의 개체성 부각의 논리를 제시하거나[122] 또는 사농공상士農工商의 계층간 기능적 특성을 기술하는 데 주력했다면, 최한기는 명확히 개체 단위 수준을 개인으로까지 확대[123]함으로써 더욱 발전된 형태의 개체성 논리를 전개했다.

국가 발전론과 관련해 볼 때 개체성 인정의 논리는 대내적 인적 자원의 활용을 통한 국가적 생산력의 향상과 밀접한 관련이 있다.

---

121 "我好之而民不好之者, 非善也, 我惡之而民不惡之者, 非惡也(위의 책, 推測錄, 卷一, 推測提綱, 善惡有推)."

122 『栗谷全書』, 卷十, 書, 答成浩原, 3쪽과 『西溪全書』, 上, 南華經註解, 卷三, 外篇, 天地第十二 참조.

123 김한식, 앞의 논문, 15쪽.

즉 대내적 인적 자원을 효율적으로 활용하기 위해서는 사회 내 개인 또는 계층이 자신만의 고유한 능력 또는 장점을 가지고 있음을 의미하는 개체의 독자성, 즉 개체성을 적극 인정하는 논리가 요구되는 것이다. 동시에 그것은 신분상 또는 직업상의 선천적先天的인 차별을 강조하는 논리를 거부하고 개체간 기능적 평등론에 입각한 사고를 견지해야 함을 전제로 하는 것이다.[124]

이에 대해 최한기는 먼저 인간이 각기 자신이 좋아하고 싫어하는 것의 내용이 다르다는 인식을 바탕으로 인간의 선악 행위의 발단이 자신의 환경에서 얻은 경험을 통해 좋아하고 싫어하는 것을 습관적으로 행하는 것에서 유래하는 것[125]으로 보았다. 이런 점에서 선악은 선천적 본성이 아니라 후천적 습성이라는 것이 그의 입장이다. 선악이 이처럼 후천적 습속(習俗: 경험)에 기인한 것이기 때문에 그것은 결코 변화시킬 수 없는 고정적·절대적인 것이 아니라 얼마든지 때에 따라 선이 악으로 될 수도 있고 악이 선으로 될 수도 있는 변화 가능한 것[126]이다. 중요한 점은 최한기가 이와 같은 가변적 선악을 선택할 자율권을 개인에게 부여했다는 것이다. 그는 이에 대해 "선하냐 선하지 않느냐 하는 것은 그 사람이 선택하

---

124 이와 관련하여 홍대용은 비록 최한기와 같이 인간 개개인의 개체성을 논증하지 않았으나 "대개 인품에는 고하高下가 있고 재질에 장·단점이 있다. 그 고하高下에 따라 단점을 버리고 장점을 쓰면 천하에 전혀 못 쓰고 버릴 재질이란 없다"("凡人品有高下材有長短, 因其高下, 而舍短而用長, 則天下無全棄之才",『湛軒書』, 上, 內集, 補遺 林下經綸)고 함으로써 개개인의 상점을 사회적 발전의 토대로 삼을 것을 요청하기도 했다.

125 "平生之善惡, 在於所習(『明南樓叢書』, 推測錄, 卷一, 推測提綱, 善惡有推)."

126 "人心之隨時隨變, 能使善變爲惡, 惡化爲善(위의 책, 神氣通, 卷一, 體通, 通人之遷移)."

여 취하는 데 달려 있고, 이루느냐 이루지 못하느냐 하는 것은 그
사람이 힘쓰기에 달려 있다"[127]고 했다. 선악의 기준이 이익(利)과
해로움(害)에 있고 그러한 선악의 선택권이 인간 자신에게 있는 이
상 인간은 스스로 자신의 이익을 극대화하고 해로움을 제거하는
데 노력해야 한다는 것이 최한기의 설명이다. 그러나 인간들은 상
호 교접을 통해 같은 점과 다른 점을 미루어 헤아려서(推測) 통하게
하고, 그것을 바탕으로 각각이 보유한 장점을 수용하여 서로에게
이익되는 바를 추구해야만 진정한 의미의 선을 획득할 수 있다는
것을 알지 못한 채, 오직 자신의 습관에 의해 형성된 호오好惡만을
고집하는 편협성으로 인해 쉽게 악을 행하게 된다고 한다. 따라서
이러한 병통病痛을 없애기 위해서는 편협적 습관을 제거하고 마음
을 공평히 가지며, 많이 듣고 많이 보아 타인에게서 좋은 점을 취
하여 자신의 것으로 만들고, 자신과 타인이 서로 통할 수 있도록
조화시키는 것이 필요하다는 것[128]이 최한기의 논리이다.

　최한기의 이러한 논의 속에 욕구 주체로서의 인간의 동등성 이
외에도 개별 인간이 모두 각기 자신의 환경과 견문을 통해 이룩한
장점을 가지고 있다[129]는 개체로서 개인의 독자성 부각의 논리가
포함되어 있다는 점에서 중요한 사상사적 의미가 내포된 것으로
평가할 수 있다. 최한기의 이러한 인식이 인간·계층·사회·국가 등
모든 개체의 독자성과 인간간, 인간과 사물 간, 그리고 국가간 관

---

127 "善不善, 任其人之擇取, 成不成, 在其人之用力(위의 책, 知覺推測皆自得)."
128 "欲醫此病, 掃除習染, 廓然大公, 多聞多見, 取諸人以爲善, 通物我而得其
　　　常, 則我與人相絫, 而人道立焉(위의 책, 卷三, 變通, 除祛不通)."
129 "隨所業而有補有益(위의 책, 人政, 卷九, 敎人門二, 敎通事務).";"人各有能(위의
　　　책, 卷十四, 選人門一, 以事爲準)."

계의 평등성 논의의 바탕이 되었으며, 또한 유학적 차별관에서 벗어난 개방적 입장에서의 평등한 인재 등용과 교육론의 제시나 서구 문물의 과감한 수용의 필요성을 주장하는 정책론의 근간이 되었다는 점에서 의미가 큰 것이라 하겠다. 최한기는 자신의 인성론에서 표출한 이와 같은 개체로서의 인간간 동등성과 독자성 논리를 우주론을 통해 자연계 내에서의 인간과 타 개체 간의 관계에 적용시키고, 이를 바탕으로 인간, 자연, 사물에 대한 객관적·과학적 이해의 인식 방법을 제시했다.

2) 동등성과 개체성 부각, 그리고 자연에 대한 객관적 이해의 우주론과 인식론

우주론과 관련하여 최한기는 먼저 인간을 포함한 만물을 생성하여 그 삶을 유지하게 하고 만사가 각기 작용하도록 하는 주체를 일기—氣로 규정했다.[130] 최한기에 따르면 이러한 일기는 순수하고 맑은 상태로 천지에 가득 차 있는 물질로서 자체의 운동 원리(運化)[131]를 가지고 만물의 생성과 사물의 작용을 일으키는 존재이다.[132] 또한 그것은 영원 불멸한 것으로 만물의 생과 사는 기氣가 모이고 흩어지는 취산 작용에 의한 것일 뿐[133] 기 자체가 생성과 소멸의 특성

---

130 "天地生成人物, 只是氣也, 動靜呼吸, 飮食作用, 無非氣也(위의 책, 卷十, 敎人門三, 不知運化)."

131 "地月日星, 循環之理, 冷熱乾濕, 發作之由, 生長衰老, 承順之方, 參合而提要曰運化(위의 책, 卷九, 敎人門二, 數運化乎宇內)."

132 "克塞天地, 漬洽物體, 而聚而散者, 不聚不散者, 莫非氣也(위의 책, 神氣通, 卷一, 體通, 天人之氣)."

133 "生氣之聚, 死氣之散(위의 책, 推測錄, 卷二, 推氣測理, 氣聚生散死)."

을 갖고 있는 존재는 아니다.

이러한 기氣의 개념 정의는 기존의 연구에서도 지적[134]하고 있는 것처럼 최한기 고유의 주장은 아니다. 이전의 기철학적 우주론과 구별되는 최한기 우주론의 혁신성은 자연계 내 모든 만물과 만사가 이와 같은 근원적 존재로서의 일기—氣의 운동 원리에 의해서 삶을 영위하고 작용한다는 공통점을 부여받은 동시에 각각의 형질과 자신의 환경에서 익힌 습관에 따라 그 삶의 방식과 작용 방식을 달리한다는 점을 강조함으로써, 개체간 동등성과 더불어 개체의 독자성과 자존성을 부각시켰다는 데 있다. 그는 이에 대해 먼저 "기氣는 하나이지만 인간에게 품부되면 자연히 인간의 신기神氣가 되고 사물에 품부되면 자연히 사물의 신기가 된다. 인간과 사물의 신기가 같지 않은 까닭은 그 질質에 있지 기에 있는 것이 아니다"[135]라고 하여 인간과 사물 사이의 같은 것은 동일한 기를 부여받았다는 점이며 다른 것은 그러한 기가 형질을 달리하는 각 개체에 부여되어 생성된 그 개체만의 신기라는 점을 밝혔다.

그렇다면 기가 같다는 것과 신기가 다르다는 것은 구체적으로 무엇을 의미하는 것인가? 최한기에게 기가 같다는 것은 곧 인간을 포함한 생물에 있어서는 그들이 모두 자신의 삶을 영위하려는 욕구를 갖는다는 것이고 물체에서는 각각의 물체에 내재하는 불변의

---

134 이와 관련하여 김한식 교수는 16세기 서경덕의 기철학氣哲學이 최한기의 기철학과 직접적인 관련을 맺고 있다고 평가했으며(金漢植, 앞의 책, 246쪽 참조), 권오영 교수 역시 최한기의 기철학이 조선조 주기론의 전통을 계승하고 있음을 밝히고 있다(權五榮, 앞의 책, 64-67쪽 참조).

135 "氣是一也, 而賦於人, 則自然爲人之神氣, 賦於物, 則自然爲物之神氣, 人物之神氣不同, 在質而不在氣(『明南樓叢書』, 神氣通, 卷一, 體通, 氣質各異)."

작용 원리가 있다는 것을 의미하는 것이다. 최한기가 "추위와 더위, 굶주림과 배부름을 알고, 사는 것을 좋아하고 죽는 것을 싫어하며, 이익을 추구하고 해로움을 피하는 것은 인간이나 물(物: 生物)이 모두 같다"[136]고 한 것이나, "모든 일과 모든 물건에는 일정하게 바뀌지 않는 조화의 법칙이 있다"[137]고 한 것은 이 점을 설명한 것이다. 그리고 신기神氣가 다르다는 것은 생물의 경우 각각의 형질이나 거처하는 환경 그리고 습관에 따라 달라지는 삶의 영위 방식이 다르다는 것이고,[138] 물체의 경우 형상과 재질의 차이에서 나타나는 외형적 현상이 다르다는 것이다.

그런데 최한기는 이처럼 만물의 신기가 각각 다르다는 데 그치지 않고 만물이 각기 자신만이 능한 장점들을 보유하고 있다는 점을 강조함으로써 개체의 독자성 논리를 더 확고하게 견지했다. 즉 그는 "깃과 털을 가진 짐승은 누에의 옷감을 알지 못하고, 벌레들은 궁실을 알지 못하며, 이슬을 마시는 것은 어육魚肉을 알지 못하고, 덮쳐서 다른 것을 잡아먹는 것은 경작하는 것을 알지 못한다. 즉 저것이 잘하는 것은 이것이 하지 못하고, 이것이 잘하는 것은 저것이 잘하지 못하는 것이다"[139]라고 하여 인간을 포함한 모든 개체가 자신만의 고유한 장점을 가지고 있음을 주장했다. 인성론을 통해서 각기 장점을 가진 동등한 욕구 주체로서 인간이 서로의 장

---

136 "然知寒暖識饑飽, 好生惡死, 趨利避害, 人與物皆同(위의 책, 推測錄, 卷六, 推物測事, 動植異事)."
137 "流行之理, 自有窮宙達宇, 隨時有定之則(위의 책, 卷五, 推己測人, 推測異用)."
138 "需養之道, 隨其形質處習而不同(위의 책, 卷六, 推物測事, 取物生養)."
139 "羽毛禽獸, 不知有蠶織, 巢穴蟲豸, 不知有宮室, 飮雨露者, 不知有魚肉, 能攫鷙者, 不知有耕稼, 彼所能者, 此或不能, 此所能者, 彼或不能(위의 책, 動植異用)."

점을 수용하여 상호 이익을 추구할 때 진정한 의미의 선을 행할 수 있다는 논리를 제시한 최한기는 동일한 기를 부여받은 모든 개체가 서로의 장점을 알고 이해할 때, 즉 신기가 서로 통할 때 비로소 만물 일체를 이룰 수 있다고 본 것이다.

중요한 점은 최한기의 이와 같은 개체성 부각과 개체간의 조화·협력의 필요성 제시가 국가간·민족간·지역간 관계로 확대될 때 단순히 국가·민족·지역적 차이만을 강조하는 데 그치지 않고 각각 고유한 장점을 지닌 모든 평등한 국가·민족·지역이 서로의 장점을 수용하여 공동의 발전을 이룩할 수 있는 논리가 된다는 것이다. 앞으로 살펴볼 최한기의 국제 질서관과 정책론에서 나타나는 그의 개방적 태도는 이러한 그의 인식을 바탕으로 한 것이라 하겠다. 동시에 이것은 이이에서 비롯되고 홍대용에서 구체화되었던 개체의 독자성 논의[140]가 최한기에 이르러 더욱 심화되고 발전적인 형태로 전개되었다는 사상사적 의미를 내포하는 것이라고 할 수 있다.

그렇다면 이렇게 자연계 내에서 각각의 고유한 특성을 가진 동등한 모든 개체가 서로의 개체성을 수용하여 공동의 이익을 추구할 수 있다는 것을 알 수 있는 논리적 근거, 다시 말해 서로의 신기 神氣가 통할 수 있는 근거는 무엇인가? 최한기는 이를 이기론을 통해서 규명했다.

---

140 예를 들어 이이는 "인간의 성性이 사물의 성이 아니고 개(犬)의 성이 소(牛)의 성이 아니다. 이것은 모든 개체가 각기 자신의 고유한 본성을 가지고 있기 때문이다"("人性, 非物之性, 犬之性, 非牛之性 此所謂各一其性者也", 『栗谷全書』, 卷十, 答成浩原, 壬申)라고 하여 인간과 사물의 자존적 특성의 차이에 기초한 개체성을 강조했다. 홍대용 또한 "인간은 인간의 이(理)가 있고 사물에는 사물의 이가 있다"("人有人之理, 物有物之理", 『湛軒書』, 內集, 卷一, 心性問)고 함으로써 개체의 독자성을 뚜렷이 부각시키는 사상을 전개했다.

최한기는 개체의 자존적 원리와 변하지 않는 자연의 객관적·보편적 원리를 모두 이理로 보았다. 그가 이이, 홍대용, 정약용과 같이 "사물에는 사물의 기氣와 이理가 있고 나에게는 나의 기와 이가 있다"[141]고 한 것이나, "인간의 성性은 소나 말의 성이 아니고 소나 말의 성은 초목의 성이 아니다"[142]라고 한 것은 형질에 따라 다른 개체만의 고유한 특성, 즉 자존성을 이理로 본 것이다. 그리고 "자연이란 천지가 유행流行하는 이理이다"[143]라고 하고 "하늘의 기가 유행하는 이치는 사물이 마땅한 바를 이루는 것이라 원래 증감이 없다"[144]고 한 것은 불변의 객관적·보편적 자연 원리를 이理로 본 것이다. 이러한 점에서 최한기의 이기론은 보편적 차별 원리(理)의 선재先在를 설정하고 기氣를 그러한 차별 원리에 종속적인 현실태現實態로 규정함으로써, 동등한 욕구 주체로서의 각 개체의 자존적 특성을 거부하여 지배 계층 통치의 합리화·영속화를 추구하는 유학적 이기론과는 전혀 다른 것이라고 할 수 있다. 즉 그에게 이理란 기의 조리條理로서,[145] 개체가 형성됨에 따라 그 개체가 가지게 되는 자존의 원리인 동시에 모든 개체를 형성하고 작용하게 하는 보편적인 근원체인 일기一氣의 운동 원리인 것이다. 따라서 그는 물론 이기理氣는 두 가지로 분리될 수 없는 것이지만[146] 그 선후에 기가 있어야 반드시 이理가 있을 수 있고 기가 없다면 이도 있을 수 없는

---

141 "物有物之氣理, 我有我之氣理(『明南樓叢書』, 推測錄, 卷二, 推氣測理, 推測如咀)."

142 "人之性, 非牛馬之性, 牛馬之性, 非草木之性(위의 책, 卷五, 推己測人, 推測異用)."

143 "自然者, 天地流行之理也(위의 책, 卷二, 推氣測理, 自然當然)."

144 "蓋天氣流行之理, 在物各有攸當, 原無增減(위의 책, 推測錄序)."

145 "理卽氣之條理也(위의 책, 人政, 卷八, 教人門一, 理卽氣)."

146 "其實理在氣中, 元非二事(위의 책, 卷十二, 教人門五, 理氣學)."

것이며,[147] 만물의 근원으로서 말하면 기가 하나이니 이도 하나이고 만물의 분수分殊를 말하면 기가 만萬이면 이도 만인 것[148]이라고 했던 것이다.

그러나 최한기는 이러한 기氣가 유행하는 원리로서의 이理, 즉 개체에서의 자존적 원리와 객관적인 사물의 원리는 인간이 쉽게 파악할 수 있는 것은 아니라고 했다. 그는 이 점에 대해 "사물의 본성을 이루는 이치(理致: 所以然)는 진실로 규명하여 말하기 어렵다"[149]고 했다. 이처럼 자연의 원리가 인간의 힘으로는 모두 헤아릴 수 없는 심오하고 광대한 것이기는 하지만 인간은 기에 의해서 품수稟受받은 지각할 수 있는 형체 기관을 가지고 있고, 이러한 지각을 통해 보고 듣고 기억하고 생각할 수 있으며, 자신이 처한 환경에서 터득한 경험을 통해 사물의 원리를 추측할 수 있는 능력을 가진 존재라는 것이 최한기의 설명이다. 그는 이렇게 인간이 자신의 추측을 통해서 얻은 이치를 기의 운동 원리인 유행의 이理, 즉 자연의 원리와 구분되는 추측의 이理라고 하고,[150] 이와 같은 추측의 이理만이 나와 사물, 나와 남을 연결해 줄 수 있는, 즉 신기神氣가 통할 수 있게 하는 매개체라고 했다.[151] 이러한 추측의 이를 통해 인간은 비로소 사물과 인간, 나아가서는 개체와 개체 사이에 다르면서도 같은 점이 있다는 것과 물체의 형상이 다름에도 이를 작용하게 하

---

147 "則有氣必有理, 無氣必無理(위의 책, 推測錄, 卷二, 推氣測理, 流行理推測理)."

148 "論萬物之一原, 則氣一而理亦一, 觀萬物之分殊, 則氣萬而理亦萬(위의 책, 氣一理一)."

149 "至於物性之所以然, 固難得而究說(위의 책, 卷六, 推物測事, 推物性測大地)."

150 "氣質之理, 流行之理也, 推測之理, 自得之理也(위의 책, 卷二, 推氣測理, 天人有分)."

151 "惟此推測之理, 物我之媒妁, 彼此之舥(위의 책, 推測如舥)."

는 보편적 원리가 존재함을 깨달아 동등한 개체로서 서로의 다른
점을 수용해 이익을 취할 수 있고, 사물의 원리를 응용하여 이익을
획득할 수 있다는 것이다.

　그럼에도 불구하고 최한기는 단순히 인간이 모두 추측의 이理를
가질 수 있다는 것만으로 곧 자연의 원리를 올바로 파악할 수 있다
고는 보지 않았다. 그는 인간의 지각과 경험은 형체의 온전함이나
처한 환경과 습관에 따라 제각기 다른 것이므로 이러한 추측의 이
理 또한 인간마다 다를 수 있다고 했다. 따라서 모든 인간이 추측하
여 얻은 이치를 이理라고 하지 않을 수는 없지만[152] 그 자체가 모두
유행의 이라고는 할 수 없다[153]고 했다. 그러므로 인간이 진정으로
자연의 원리를 이해하여 이익의 근원으로 삼기 위해서는 자신의
추측을 타인의 추측과 통하게 함으로써 자신의 추측의 이理를 유행
의 이理와 통하게 하는 끊임없는 노력이 필요하다고 그는 주장했
다. 그리고 그러한 노력의 방법으로서 자기 자신의 주관에 치우치
지 않고 대상의 사물을 객관적으로 파악하는 것[154]과 자신의 추측
의 이理를 지속적으로 사물에 비추어 실증하고 변통變通하는 과정
이 중요하다는 점을 제시했다. 이러한 방법을 실천할 때에만 인간
은 비로소 실리實理에 접근할 수 있고, 그러한 실리의 획득을 통해
모든 인간이 함께 발전할 수 있다고 최한기는 보았던 것이다.

　이와 같이 최한기는 철저하게 경험적이고 실증적이며 개체적인

---

152 "能窮格此理者, 卽人心之推測, 而有善不善誠不誠, 然是亦不可不謂之理也
　　　(위의 책, 推測錄序)."
153 "若謂推測之理, 卽是流行之理, 則不可(위의 책, 天人有分)."
154 "然則因形質之通, 而達之于推測之通, 主我者輕, 主物者深(위의 책, 神氣通,
　　　卷一, 體通, 形質推測異通)."

입장에서 자신의 우주론과 인식론을 전개했다. 이러한 최한기의 우주론과 인식론은 기철학을 중심으로 한 전통적인 조선조 개혁 사상의 흐름과 인간·사물에 대한 과학적 이해를 가능하게 한 서구 지식의 영향,[155] 그리고 최한기 사상의 독창적 측면이 결합된 것이라고 평가할 수 있다. 또한 그것이 개체간 동등성과 협력, 조화를 기초로 한 공동체적 발전을 지향하는 토대를 형성했다는 점에서 자연계 사물에 대한 인간의 우위를 전제로 하고 단일 개인, 단일 국가 또는 민족의 이익을 최고의 가치로 보는 서구적 근대성의 한계를 극복할 수 있는 중요한 미래 지향적 가치를 내포하고 있음도 간과할 수 없다.

5. 국내·국제 질서관

국내 질서관의 측면에서 최한기는 유학적 차별 질서관을 부정하고 삶을 영위하려는 동등한 욕구 주체로서 모든 인간은 신분에 관계없이 각기 자신만의 고유한 장점을 가지고 있다[156]는 점에서 동등하다는 논리를 전개했다. 이에 대해 먼저 그는 "인간에게는 원래 사·농·공·상이라는 신분적 구별은 없는 것이다"[157]라고 하여 신분적 차별을 하늘이 부여한 불변의 원리로 규정하는 유학적 신분관을 거부했다. 그에 따르면 사·농·공·상이란 다만 인간이 사회 내에서 자신의 장점을 가지고 삶을 영위하는 데 필요하고 사회의 공

---

155 최한기 기학의 형성 과정에 미친 서학의 영향에 관해서는 權五榮, 앞의 논문, 23-30쪽 참조 바람.

156 "人各有長(『明南樓叢書』, 人政, 卷四, 測人門四, 行事, 將來事測人測)."

157 "人生原無士農工商之定限(위의 책, 卷二十五, 用人門六, 工商通運化)."

동체적 발전을 위해 필수적인 직업적·기능적 구분에 불과한 것이
지 결코 사·농·공·상에 종사하는 인간 사이에 본질적인 면에서 귀
천의 구분이 있음을 의미하는 것은 아니다. 이 점에 대해 최한기는
"인간이 하늘로부터 부여받은 재능과 지혜는 본래 귀천·빈부를 구
별할 수 없는 것이다"[158]라 했다. 또한 각자의 재능에 따라 인간이
선택한 일을 구분하여 나누면 사·농·공·상이라는 직업적 구분이
있을 수 있지만 사·농·공·상 모두가 기의 작용 원리(運化)에 의한
것이라는 점에서는 동등하므로, 그러한 직업에 종사하는 인간 역
시 모두 평등하다[159]고 했다. 그리고 그는 "사·농·공·상이 서로 도
와서 활동하는 것이 마치 한 몸의 눈과 귀와 코와 입과 손과 발이
서로 불가분의 관계를 가지고 기능하는 것과 같다"[160]고 하여, 다
만 공동체적 발전을 위해서는 사·농·공·상의 균형적인 직분적 분
업이 반드시 필요하다는 점을 강조했다.

그렇다면 이 점을 바탕으로 최한기가 현실의 봉건적 군신 질서
까지도 부정했다고 볼 수 있는가? 그가 정치 체제로서의 군신 체
제를 부인하지는 않았다 하더라도, 제왕권帝王權을 절대화·신성화
하여 그 권위에 대한 무조건적 복종을 강요하는 유학적 군신 질서
의 차별적 논의로부터는 완전 탈피하는 입장에 서 있었던 것만은
분명한 것으로 보인다. 이것은 그가 군주 추대론[161]과 함께 한 사람

---

158 "天生才智, 本無限於貴賤貧富(위의 책, 卷十五, 選人門二, 薦擧格式)."
159 "指事條別, 士農工商, 雖若異業, 其實須用, 無非運化神功(위의 책, 卷十一, 敎
人門四, 尋常中有至敎)."
160 "士農工之事務, 有藉商而流通, 如一身耳目口鼻手足, 相須而濟事業(위의
책, 商賈)."
161 "人民皆思制治人方, 自其中, 共推天稟識量可安人民者, 尊爲君長(위의 책,
卷十八, 選人門五, 別界選人)."

(군주)이 다스리는 것과 만민(萬民: 百姓)이 스스로 다스리는 것을 비교하는 데에서 각종 재난에 대비하고 국가적 사무를 올바로 처리하기 위해서는 한 사람이 다수 민중들을 이끄는 것이 효율적이라는 점을 지적하고, 그럼에도 불구하고 그것은 한 사람의 주관적 견해로 만인의 각각 다른 견해를 다스리는 것을 의미하는 것이 아니라고 함으로써,[162] 철저히 다수 국민과 국가적 이익을 위한 효율적 정치 수단으로서의 군주 체제를 용인했다는 데 잘 나타나 있다. 이러한 최한기의 입장은 또한 그가 "집안에서의 효자가 반드시 국가의 충신이 되는 것도 아니고 국가의 충신이 반드시 집안의 효자가 되는 것도 아니다. … 진정한 의미의 충효란 국가와 백성에 충성하고 효도하는 것이다"[163]라고 하여 전통적인 유학의 충효관忠孝觀에서 벗어나 충효의 객체를 국가와 민족, 그리고 다수 국민으로 설정하는 근대적 입장을 피력한 데서도 알 수 있다.

이런 점에서 최한기의 국내 질서관은 '위민爲民과 민본民本에 입각한 유가적 군주정君主政'[164]을 지향한 것이라기보다는 군주와 백성 간, 생산 계층과 비생산 계층 간 선천적 차별을 전제로 하는 유학적 정치 관념[165]에서 벗어나 군민 관계와 사회 내 계층 관계의 본

---

162 "使萬民治萬民, 則各自爲治, 難成一統之治, 樵荒豫備, 大役聚散, 將何以節制, 當用識量鉱遠, 可得治安者, 循運化而節制萬民, 是乃承順一統運化, 敎道萬民, 一統治化, 非以一人之主見, 制治萬民不齊之見也(위의 책, 卷二十五, 用人門六, 萬人治一人治)."

163 "且家之孝子, 未必盡爲國之忠臣, 國之忠臣, 未必盡爲家之孝子, … 明於人道大體, 治安範圍達於統民運化, 卽於國於民, 盡忠效忠之人(위의 책, 卷二十四, 用人門五, 忠孝分別)."

164 안외순, 앞의 논문(2001), 77쪽.

165 "唯上知與下愚不移(『論語』, 季氏)." ; "生而知之者上也, 學而知之者次也, 困

질적·기능적 동등성을 바탕으로 전개된 것이었다고 볼 수 있다.

특히 그의 군주 추대론은 "군주와 신하가 된다는 것은 그 변화가 무궁하기 때문에 반드시 지킬 수 있는 것이 아니다"[166]라고 하여 군주권의 절대성을 부정하는 주장을 전개했던 17세기의 박세당이나, "하늘이 백성을 창조할 때 총명하고 지혜로운 사람으로 임금을 삼았으니 총명하고 지혜로운 사람이 백성과 다르기는 하겠지만 또한 어찌 사람이 아니겠는가?"[167]라고 하여 현실의 군주와 백성이 인간 본성 면에서 차이가 없음을 지적하는 한편 "우리나라가 처음 생겼을 때에는 군장君長이 없었다. 신인神人이 태백산의 단목檀木 아래에 내려왔는데 사람들이 그를 임금에 추대하여 단군이라고 불렀다"[168]라고 했던 18세기의 홍대용, 그리고 "천자天子라는 자리는 군중群衆의 추대에 의해서 형성된 것이다. 군중의 추대에 의해서 이루어진 것이기 때문에 군중이 추대하지 않는다면 그 자리가 있을 수 없는 것이다"[169]라고 하고 또 "천자天子란 한 발만 내려서면 필부匹夫에 불과하다"[170]고 함으로써 일반 백성의 추대에 의해서만 군주

而學之, 又其次也, 困而不學, 民斯爲下矣(위의 책).": "或勞心或勞力, 勞心者治人, 勞力者治於人, 治於人者食人, 治人者食於人, 天下之通義也(『孟子』, 滕文公上).": "未有這事, 先有這理, 如未有君臣, 已先有君臣之理, 未有父子, 已先有父子之理(『朱子語類』, 卷九十五)."

166 "爲君臣其變無窮, 則其不可只守(『西溪全書』, 南華經註解, 卷五, 外篇, 徐無鬼第二十四)."

167 "天降生民, 聰明睿智以爲之君, 聰明睿智, 固異於衆人, 而亦何嘗非人乎(『湛軒書』, 內集, 卷一, 四書問辨, 孟子問疑)."

168 "東方初無君長, 有神人降于太白山檀木下, 推以爲君, 號曰檀君(위의 책, 外集, 卷二, 乾淨衕筆談上)."

169 "天子者, 衆推之而成者也, 夫衆推之而成, 亦衆不推之而不成(『增補 與猶堂全書』, 第一集, 卷十一, 詩文集, 論, 湯論)."

권이 성립·유지될 수 있음을 천명하였던 19세기의 정약용 등 이전 개혁 사상가들과 동일한 정치적 입장을 피력한 것이라는 점에서 최한기 정치론과 조선조 개혁 사상 정치론과의 연맥점을 보여 주는 것이라고 볼 수 있다.

다른 한편으로 최한기가 사·농·공·상 간의 기능적·직업적 동등성을 피력했을 뿐 '노비 제도나 축첩 등과 같은 조선 사회의 특이한 신분 제도를 부정하지 않은 것' [171]은 사실이다. 그러나 전술한 바와 같이 최한기는 이미 군주를 다수 피지배 백성의 이익을 보호하고 국가 발전을 이루는 데 있어서 필요한 기능체로 인식하고 있었고, 주자학적 정치 질서관을 장기간 지속해 온 조선의 상황에서 사·농·공·상의 신분 질서 이외에 노비 제도의 완전한 타파까지 주장한다는 것이 거의 불가능했다는 점을 고려하면 그것이 최한기 정치론의 한계를 보여 준다는 주장[172]에는 동의하기 어렵다. 오히려 충효의 대상을 명확히 국가와 민으로 규정한 데에서 알 수 있듯이 최한기 정치론의 본질은 사회 구성원들 개개인의 기능적 동등성을 토대로 다수 민民의 온전한 삶의 보전과 국가 발전을 이룩하는 데 있었음을 알 수 있다. 이 점이 조선조 개혁 사상의 전통을 따르면서도 이전 사상가들과 구별되는 한층 발전적인 의미로서의 최한기 정치론의 의의라고 할 수 있다.

국제 질서관의 측면에서도 최한기는 개체로서의 국가·민족·지역 등이 서로 다른 형질, 환경, 습관에 의해 형성된 그 개체만의 독

---

170 "天子虣一下堂則匹夫也(위의 책, 第二集, 卷五, 經集三, 孟子要義, 卷二)."
171 김병규, 「최한기의 사회사상」, 최영진 외, 앞의 책, 300쪽.
172 黃景淑, 「惠岡 崔漢綺의 社會思想의 構造와 性格」, 『韓國學報』, 제70호 (1993), 78쪽.

자적 생존 방식을 가지고 있다는 점에서 상대적으로 동등하며, 동
시에 각기 자신들의 국가·민족·지역 들에 이익이 되는 것을 추구
하고 해로운 것을 피하려는 공통적 욕구를 가지고 있다는 점에서
본질적으로 동등하다는 평등적 대외 질서관의 입장을 견지했다.
구체적으로 먼저 그는 "각국의 정교政敎와 운화運化는 그 국가의 토
질土質의 마땅함과 숭상하는 풍속에 바탕을 둔 것이므로 그곳에 거
주하는 사람 또한 평가받는 기준이 다를 수밖에 없다. 털이 붉은
나라(紅毛國)에서야 어찌 붉은 털이 천한 것이 될 것이며, 얼굴이 검
은 나라(黑面國)에서야 어찌 검은 얼굴이 추한 것이 되겠는가"[173]라
고 하여 모든 국가와 민족, 그리고 지역 등이 각기 고유한 자존성
을 가진 개체라는 점을 역설했다. 그는 또한 "재색財色을 욕구하는
것은 어느 곳이나 모두 같고 의식衣食을 충족시키기 위해 생업에 몰
두하는 것도 모두가 동일하다"[174]고 하여 욕구 주체로서의 국가간
·민족간·지역간 평등성을 강조했다. 최한기의 이러한 입장은 전
통적인 중국 중심의 차별적 화이 질서관에서 벗어나 한민족이 타
국 또는 타 민족과는 다른 한민족만의 고유한 독자성을 지니고 있
다는 점과, 타개체와 동일하게 자국 또는 자민족의 삶과 이익을 추
구할 권리를 가지고 있다는 점을 분명하게 밝히려는 근대적인 사
고의 소산이라고 할 수 있다.

그러나 최한기는 단순히 모든 국가·민족·지역 등이 다른 개체와
구별되는 독자성과 보편적인 이익 추구권을 보유하고 있다는 것을

---

173 "各國政敎運化, 因土宜俗尙, 測人微有不同, 紅毛之國, 紅毛何嘗爲賤格,
　　黑面之國, 黑面未必爲醜貌(『明南樓叢書』, 人政, 卷一, 測人門一, 天下測人同異)."
174 "財色食欲, 到處皆然, 衣食汨沒, 生業所同(위의 책, 卷六, 測人門六, 人道, 統察
　　人道)."

인정하는 것에 머무르지 않았다. 그는 지구상의 모든 국가·민족·지역이 각기 서로에게 부족하거나 없는 장점들을 보유하고 있다는 점을 들어 개체간 상호 협력의 필요성을 제시함으로써 이전 개혁 사상가들의 논의로부터 진일보한 입장을 취했다.[175] 그는 "서방 사람이 지은 서적은 동·남·북방 사람에게 도움이 되는 것이 있고, 동

---

175 구체적으로 홍대용은 "중국은 서양에 대해서 경도의 차이가 180도에 이르는데, 중국 사람은 중국을 세상의 중심(正界)으로 삼고 서양을 변방(倒界)으로 여기며, 서양 사람은 서양을 세상의 중심으로 삼고 중국을 변방으로 여긴다. 그러나 사실 세상 어디에 사는 사람이냐를 막론하고 지역에 따라 다 자기 나라를 중심으로 여기는 것은 마찬가지이니 세계를 가로로 보거나 세로로 보거나 변방이란 없고 모든 나라가 세상의 중심이다"("中國之於西洋, 經度之差, 至于一百八十, 中國之人, 以中國爲正界, 以西洋爲倒界, 西洋之人, 以西洋爲正界, 以中國爲倒界, 其實戴天履地, 隨界皆然, 無橫無倒, 均是正界", 『湛軒書』, 內集, 補遺, 醫山問答)라고 하여 노장적인 상대관과 과학 지식을 활용하여 국가간 평등성을 주장했다. 이와 같은 홍대용의 입장은 그 뒤 박지원이 역사서로서 『삼국사기三國史記』의 중국 중심적 기술을 비판하고 요동遼東과 심양瀋陽을 본래 한민족의 영토라고 적극적으로 주장한 것(『燕巖集』, 卷十四, 別集, 熱河日記 중 渡江錄과 盛京雜識 참조)에서 볼 수 있는 바와 같이 민족 주체성 확립의 논리로 확대·전개되었다. 이들보다 조금 뒤에 활동한 정약용 또한 "나는 소위 중국中國이라는 것이 어떻게 중中이 되는지 모르겠고 동국東國이라는 것이 어떻게 동東이 되는지 모르겠다. 무릇 이미 동서남북의 중심이 되면 중국이 아닌 곳이 없으니 이른바 동국이라는 것이 어디에 있겠는가. 무릇 이미 중국 아닌 곳이 없으니 이른바 중국이라는 것이 어디에 있겠는가"("其所謂中國者, 吾不知其爲中, 而所謂東國者, 吾不知其爲東也, 夫旣得東西南北之中, 則無所往而非中國, 烏覩所謂東國哉, 夫旣無所往而非中國, 烏覩所謂中國哉", 『與猶堂全書』, 詩文集, 卷十三, 序, 送韓校理致應使燕序)라고 함으로써 중국 중심의 세계관에서 탈피하는 근대적인 국제 질서관을 주창했다. 그럼에도 불구하고 이들 사상가들의 논의는 개체간 동등성을 바탕으로 한 민족 주체성 확립에만 초점을 맞추었을 뿐 국가간·민족간·지역간 상호 이해의 바탕 위에 서로의 장점을 수용하여 공동의 이익을 추구할 수 있다는 논리로까지 발전한 것은 아니었다. 이 점에서 최한기의 사상은 이들보다 발전된 형태라고 평가할 수 있는 것이다.

방 사람이 지은 서적은 서·남·북방 사람에게 도움이 되는 것이 있으며, 남·북방 사람이 지은 서적은 또한 동·서방 사람에게 도움이 되는 것이 있다"[176]고 하여 각국 또는 각 지역이 상호 보익相互補益할 수 있는 장점들을 가지고 있음을 밝혔다.

최한기는 더 나아가 서양의 역법이 그 이치(理致: 所以然)를 정확히 밝히고 있는 반면, 중국의 역법은 당연한 운기運氣만을 나타낼 뿐이라고 하면서,[177] 이러한 중국 역법의 결함을 서양의 역법을 통해 보충해야 할 필요성을 구체적으로 제시하기도 했다.[178] 이와 같은 최한기의 주장은 그가 이미 중국 문명의 우월성에서 벗어나 서구 과학 지식의 장점을 정확히 파악하고 있음을 보여 주는 것이라 할 수 있다. 그리고 그 바탕에는 유학의 폐쇄적 국제관을 지양하고 개방적 세계관을 지향하는 최한기의 인식이 깊이 자리 잡고 있다고 하겠다. 이러한 인식의 바탕 위에 최한기는 자기 나라 또는 자기 지역의 습성과 문화(종교 및 제도 등)를 최고의 가치로 인식하는 고루한 자기 중심적 태도를 버리고, 객관적인 입장에서 가능한 한 많은 견문見聞을 통해 타국 또는 타 지역을 이해하며, 그러한 객관적 이해를 근거로 다른 개체의 장점을 수용하여 자신의 발전을 이루는 것이 중요하다는 점을 역설했던 것이다. 그가 "각국에 대한 견문을 통찰하면 흑인·백인과 키가 큰 사람과 작은 사람이 섞여 있고, 코가 크고 눈이 움푹 들어간 사람, 붉은 털을 가진 사람, 푸른 눈동자

---

176 "西方人所著書, 有補於東南北人, 東方人所著書, 有益於西南北人, 南北人 所著書, 亦爲東西人所共求(『明南樓隨錄』)."

177 "中曆只著當然之運, 西法推明所以然之源儀(『明南樓叢書』, 推測錄, 卷六, 推物 測事, 中西曆異同)."

178 "得西法而補其未備矣(위의 책)."

를 가진 사람 등을 볼 수 있으니 그런 후에야 천하의 사람들의 용
모가 크게 다르지 않다는 점을 알 수 있다"[179]고 한 것이나, 각국
또는 지역마다 자신들이 섬기는 신神이 있음을 인정하여 자신의 종
교만을 고집하고 타 종교를 배척하는 일을 삼갈 것을 요구함으로
써[180] 당시 조선조의 철저한 천주교 탄압 정책과는 달리 서교西敎에
대해 비교적 관용적 태도를 보인 것 등은 이러한 그의 입장을 잘
보여 준다고 하겠다. 다음에서 살펴볼 최한기의 정책론에서 보이
는 서구 문물의 과감한 수용 주장은 바로 이와 같은 그의 개방적
세계관을 토대로 한 것이라고 볼 수 있을 것이다.

6. 정치·사회 개혁적 정책론

마지막으로 최한기가 자신의 정치 목표 달성하기 위해 제시한
정책 대안의 내용의 특징을 몇 가지로 나누어 살펴보겠다. 특히 정
책론은 삶의 욕구 주체로서의 개체간 동등성·개체성 부각의 논리,
자연에 대한 객관적 이해 등 최한기 기사상의 이론적 논의들이 어
떻게 피지배 계층의 생존권 확보와 국가 발전의 실천적 대안과 관
련되는지를 살펴볼 수 있는 중요한 요소라고 할 수 있다.

첫째, 최한기는 무엇보다 통치 계층의 피지배 계층에 대한 수탈
과 착취를 근절하기 위한 방편으로서 신분·혈연·문벌과 가문을 중

---

179 "統察於各國見聞, 黑白異種, 長短相雜, 高鼻深目, 紅毛碧瞳, 盡八眼相, 乃
知天下無懸殊之容貌矣(위의 책, 人政, 卷六, 測人門六, 人道, 統察人道)."
180 "所事之神, 隨地不同, 天地人神之事, 是出於報運化之大氣, 但當以無傷害
爲大報, 何必以都屑賤陋冒行儀節(위의 책, 卷二十三, 用人門四, 萬國治安在用
人)."

심으로 한 차별적이고 폐쇄적인 관리 임용 방식을 배격할 수 있는
철저한 능력 본위의 평등적이고 개방적인 인재 등용책의 필요성을
제시했다. 이에 대해 그는 "진실로 백성에게 안정과 이로움을 줄
수 있다면 비록 원수라도 반드시 천거해야 하며, 만약 백성을 해치
고 위태롭게 한다면 비록 은인이라도 천거해서는 안 된다"[181]고 하
고 또 인재를 문장이 박학博學한 것만을 가지고 뽑으면 문장에만 힘
써 실천이 없고 요행만을 바라며, 인재를 문벌이나 색목(色目: 黨派
또는 親族)만을 가지고 뽑으면 거기에서 제외된 훌륭한 인재를 등용
할 수 없게 되고, 인재를 뇌물이나 청탁에 의해 뽑으면 쓰기에 부
적합한 사람만 많아지고 정작 쓸 만한 사람은 등용될 수 없다[182]고
함으로써 귀천이나 빈부, 그리고 지역적 원근遠近이나 친불친親不親
에 관계없이 훌륭한 인재를 발탁하는 것이 중요하다는 점을 역설
했다.[183] 구체적인 정책 대안으로서 최한기는 관리 선발 방법에 있
어서 관 주도의 일률적인 과거제보다는 공의公議, 즉 민의民意를 더
많이 반영할 수 있는 추천제(推薦制: 薦擧制)를 적극 활용할 것을 다음
과 같이 요구했다.

"사람을 선발하는 데에서 실제로 과거냐 선거냐 하는 형식적인 문
제가 중요한 것이 아니라 오직 공의公議에 따라 발탁했느냐 하는 것이
중요한 것이다. 그러나 이 공의에 따르는 것으로 비교한다면 선거가

---

181 "苟得生靈, 安且利焉, 雖怨必擧, 若於生靈, 害且危焉, 雖恩不擧(위의 책, 卷
十四, 選人門一, 爲濟民事)."
182 위의 책, 卷六, 測人門六, 地位, 士 참조.
183 "無限定於千萬理之遠近, 採訪其人, 亦無限於貴賤, 彼此拔擢其尤(위의 책,
卷十八, 選人門五, 以國爲家而選人)."

과거보다는 낮고, 지금까지 쌓인 폐단으로 본다면 선거의 폐단보다 과거의 폐단이 훨씬 많다. 이것은 대개 한 번에 선발하는 인원수가 적으면 사람을 정밀하게 살피는 것이 쉬운 반면 인원수가 많으면 그 헤아리는 것이 어렵기 때문이다."[184]

이와 함께 최한기는 시험에 의한 인재 선발(科擧)의 횟수가 지나치게 많으면 할 일 없는 관리만 양산하게 된다는 점을 지적하면서 3년에 1차례만 과거를 실시할 것을 주장했다.[185] 그리고 관직에 얽매이지 않는 정치 자문 기구로서의 국외선國外選 설치를 요구하기도 했다.[186] 또한 모든 관리들이 의식衣食 걱정 없이 오로지 자신이 맡은 임무를 청렴하게 수행할 수 있도록 봉록을 충분히 제공할 것[187]과, 업무 수행의 공과에 따른 상벌 기준의 조례화條例化[188] 등 구체적 사안을 제시하기도 했다.

둘째, 이처럼 인재 선발에서 모든 차별적 요소를 제거해야 한다는 것과 함께 최한기는 "단지 한 가지 선善이나 한 가지 장점, 한 가지 기술技術, 한 가지 능력만 있다면 그 사람의 신분이나 직업상의 비천함을 고려할 필요 없이 적합하게 써야 한다"[189]고 함으로써

---

184 "選人之道, 實無限於科擧選擧, 而唯在從公議, 拔擢以公議參驗言之, 選擧勝於科擧, 以弊瘼層疊言之, 科擧多而選擧少, 盖一番所選, 少則精而易察, 多則紛而難察(『明南樓叢書』, 人政, 卷十五, 選人門二, 科擧選擧參用)."

185 위의 책, 科擧 참조.

186 위의 책, 卷十八, 選人門五, 局外選賢俊 참조.

187 위의 책, 卷二十二, 用人門三, 祿俸財用 참조

188 위의 책, 卷二十, 用人門一, 黜陟條例 참조.

189 "苟有一善一長, 一技一能, 不願賤陋閭茸, 惟適是用(위의 책, 卷一, 測人門一, 總論, 朝廷姓名相格)."

개체성을 기초로 한 능력 본위의 인재 등용과 적재적소에의 배치를 요구했다. 그가 이미 인성론에서 모든 인간이 각기 고유한 장점을 가지고 있다는 점을 논증한 것과, "심지어 장님이라도 듣는 데에는 쓸 수 있고 귀머거리라도 보는 데에는 쓸 수 있으며, 벙어리라도 말이 필요 없는 데에는 쓸 수 있고 어리석은 자라도 한 가지 전문분야에는 쓸 수 있다"[190]고 한 점으로 미루어 최한기의 인재 등용론은 사회 내 개개인의 장점을 최대한 발휘시켜 국가적 생산력의 발전을 이루려는 그의 정치 목표와 관련되어 있으며, 정치사상 측면에서 최한기 사상의 동등성과 개방성을 잘 보여 주는 것이라고 평가할 수 있을 것이다.[191]

---

190 "盲可用於聽, 聾可用於視, 瘖可用於默, 昏可用於專(위의 책, 卷二十五, 用人門 六, 可不可中可不可)."

191 신분을 초월하여 개체로서의 사회 내 모든 개인의 장점을 활용해야 된다는 논리는 홍대용의 정책론에서도 뚜렷이 나타나고 있다. 구체적으로 홍대용은 "재능과 학식이 있으면 농부나 상인의 자식이 낭묘廊廟에 들어가 앉더라도 참담할 것이 없고, 재능과 학식이 없으면 공경公卿의 자식이 종으로 던져진다 할지라도 한탄할 것이 없다"("有才有學, 則農賈之子, 坐於廊廟, 而不以爲僭, 無才無學, 則公卿之子, 歸於輿儓, 而不以爲恨", 『湛軒書』, 內集, 補遺, 林下經綸)고 하여 전통적인 신분적 차별관을 비판하면서, 다음과 같이 인간의 개체성을 기초로 각자에게 적합한 역할과 기능을 부여하고 인재를 적소에 등용하도록 촉구했다. "대개 인품에는 고하高下가 있고 재질에 장단점이 있다. 그 고하에 따라 단점을 버리고 장점을 쓰면 천하에 전혀 못 쓰고 버릴 재질이란 없다. 면에서 가르치는 데에는 그 뜻이 높고 재질이 많은 사람은 위로 올려 조정에서 쓰도록 하고, 그 재질이 둔하고 용렬한 사람은 아래로 돌려 야野에서 쓰도록 하며, 그 생각이 창의적이고 솜씨가 재빠른 사람은 공업으로 돌리고, 이利에 밝고 재화를 좋아하는 사람은 상업으로 돌리며, 그 꾀를 좋아하고 용맹이 있는 사람은 무반武班으로 돌리고, 소경은 점쟁이로, 궁형宮刑 당한 사람은 문지기로 돌리며, 벙어리·귀머거리·앉은뱅이까지도 각각 모두 일자리를 마련해주도록 해야 한다."("凡人

셋째, 최한기는 동등성·개방성의 논리를 국내 차원에서 확대시켜 변화하는 국제 환경에 적응하면서 서양 문물의 적극적 수용을 통해 부국강병을 이룩할 정책적 필요성을 강력히 요청했다. 그는 "지금부터는 서양의 모든 나라들과 통하지 않는 데가 없을 것이니 상업하는 선박은 교역할 것을 살펴 대비해야 하고, 병선兵船은 전쟁의 위험을 예방하는 준비가 있어야 할 것이다"[192]라고 하여, 국제 현실의 변화를 정확히 인식하는 태도를 보여 주었다. 이러한 현실관을 바탕으로 최한기는 서구 과학 지식과 제도 등 장점들을 과감히 받아들여 국가 발전의 토대로 삼을 것을 다음과 같이 요구했다.

"바다에 선박이 두루 다니고 서적이 서로 번역되어 견문을 통한 서로의 이해가 확대되었다. 이러한 상황 하에서 타국의 것 중에서 진실로 우리의 것보다 훌륭한 법제나 우수한 기용器用이나 좋은 토산물품 등이 있다면 국가의 발전을 위해서 당연히 수용하여 써야 한다. … 특히 그 중에서 측량학과 계산학, 윤기輪機와 풍차風車, 선박·대포 제조 기술과 같은 것은 매우 실용적인 것들이다."[193]

品有高下材有長短, 因其高下, 而舍短而用長, 則天下無全棄之才, 面中之教, 其志高而才多者, 升之於上而用於朝, 其質鈍而庸鄙者, 歸之於下而用於野, 其巧思而敏手者, 歸之於工, 其通利而好貨者, 歸之於賈問, 其好謀而有勇者, 歸之於武, 瞽者以卜, 宮者以閽, 以至於瘖聾跛躄, 莫不各有所事", 위의 책). 이 점은 전통적으로 조선조 기사상적 개혁 사상가들이 개체성 부각의 논리를 국가 발전의 정책 대안으로 활용했음을 보여 주는 실례라고 할 수 있다.

192 "從今以後, 西洋諸大洲, 無不通焉, 商舶有交易之規, 兵船有陰雨之備(『明南樓叢書』, 神氣通, 卷一, 體通, 四海文字變通)."

193 "海舶周遊, 書籍互譯, 耳目傳達, 法制之善, 器用之利, 土産之良, 苟有勝我者, 爲邦之道, 固宜取用, … 學之測量計算, 器之輪機風車, 船制礮式, 乃實用之尤者也(위의 책, 推測錄, 卷六, 推物測事, 東西取捨)."

　이와 같은 제도·기술적 측면과 더불어 최한기는 "유학 중에서는 사회 질서 유지에 필요한 윤리적인 것만을 취하고 귀신과 재앙에 관한 논의들은 버리며, 서양의 법 중에서는 역산曆算과 기설氣說을 취하고 괴이하고 속이는 것과 화복禍福에 관한 것은 제거하며, 불교 중에서는 허무적인 것을 실질적인 것으로 바꾸어 삼교三教를 화합하여 하나가 되게 하고, 이를 바탕으로 옛것을 돌아보아 새롭게 개혁한다면 온 천하를 통해 행할 수 있는 교教가 될 것이다"[194]라고 함으로써, 동아시아의 전통적인 유학과 불교, 그리고 서교西教의 종교적 교리를 부정하면서 오직 객관성과 과학성 그리고 실증성과 실용성에 바탕을 둔 의식의 통합을 요구하기도 했다. 최한기가 비록 위의 예문에서 오륜五倫으로 대표되는 유학적 윤리관의 유지를 주장했다 하더라도, 앞에서 살펴본 그의 정치론, 인성론, 우주론, 인식론 등에서 보여지듯이 그것은 봉건적 차별 질서의 유지를 주장한 것이 아니라 다만 사회 질서 유지 차원에서 필요한 기본적인 인간관계의 덕목과 개체성과 동등성을 기초로 한 조화와 화합, 그리고 평화로 대표되는 범세계적 윤리 덕목만을 의미하는 것이었다고 할 수 있다.[195] 이렇게 볼 때 최한기의 사상이 이미 이전 기사상

---

194 "儒道中取倫綱仁義, 辨鬼神災祥, 西法中取曆算氣說, 祛怪誕禍福, 佛教中以其虛無, 換作實有, 和三歸一, 沿舊革新, 亶爲天下可行之教(위의 책, 神氣通, 卷一, 體通, 天下教法就天人而質正)."

195 이와는 다른 시각에서 안외순 교수는 "최한기가 세계 평화를 구현하기 위한 대안으로 제시한 유술儒術은 원시 공맹 유학이며 삼강오륜에서 삼강이 기각된 오륜"이라고 하였으며(안외순, 앞의 논문(2001), 79쪽), 권오영 교수는 "(최한기가) 종래 오륜을 일반적으로 개인이나, 가정, 그리고 군신 간의 의리에 국한되었던 문제에서 해방시켜 자기 시대에 세계인을 화합시키는

적 개혁 사상가들의 동도서기東道西器나 중체서용적中體西用的 입장에서 벗어나 더욱 근본적인 정치·사회적 변혁을 지향하고 있었음을 알 수 있다.

이상에서 19세기 중반 내우외환의 격변기에 피지배 계층의 생존권·생활권 보호와 국가 발전을 목표로 조선조 기사상의 전통과 서구 지식의 수용, 그리고 자신의 사상적 독창성을 발휘하여 위기 극복의 사상적·실천적 대안을 제시했던 최한기 기사상氣思想의 내용과 의미를 살펴보았다.

최한기의 기사상은 민생 안정과 국가 발전이라는 그의 정치 목표를 반영한 것이었으며, 정치 목표 달성의 이론적 토대와 실천적 대안이 일관성을 가지고 표출된 매우 체계적인 것이었다. 그리고 그것은 정치사상적 측면에서 사·농·공·상士農工商의 신분적 차별과 동아시아의 전통의 화이 질서관華夷秩序觀을 강조하는 차별관에서 벗어나 개체간 관계의 동등성을 피력하는 평등 질서관 구축 지향의 성격을 지닌 것이었다.

구체적으로 그의 기사상에 나타난 인성론은 삶의 욕구 주체로서의 인간간 본연적 동등성과 개별 인간의 독자성獨自性, 즉 개체성의 인정을 주요 내용으로 하는 것으로서 조선조 개혁 사상 인성론의 전통에서 개체성의 수준이 사회 내 개인으로까지 확대되었음을 보여 주는 중요한 사상적 발전으로 볼 수 있다. 또한 이기론理氣論을 중심으로 한 우주론宇宙論은 인간을 포함한 자연계 모든 개체사이의 동등성과 자존성을 우주 원리로 논증하는 혁신적인 것이었다. 다음으로 최한기 기사상에 나타난 기철학적 인식론認識論은 최한기

강령으로 제창하였다(權五榮, 앞의 논문, 38쪽)"고 평가하기도 했다.

사상의 독창적 측면이 가장 부각된 것으로서 모든 개체가 상호 보익相互補益할 수 있는 장점들을 보유하고 있음을 주장하는 개체간 일체론一體論과 함께 사물의 작용과 운동 원리에 대한 객관적·경험적·실증적 접근 방법의 중요성을 제시한 것이었다고 할 수 있다.

결론적으로 기 사상가 최한기의 개혁 사상은 19세기 중반 당시 조선의 대내·외적 위기를 극복할 수 있는 혁신적 대안이었으며, 서구적 평등론과는 다른 '개체간 동등성을 기초로 한 공동체적 조화와 협력'이라는 동아시아적 평등론의 전형을 보여 주었다는 중요한 정치사상사적 의미가 있다고 평가할 수 있을 것이다.

제2장 19세기 전반 중국 개혁 사상의 특성

1644년 명明의 멸망에 따른 중국 대륙에서의 청조淸朝의 지배권 확립은 단순히 정권의 변화라는 사실을 넘어서 중국의 전통적 지배 민족인 한족漢族이 소수의 이민족異民族인 만주족滿洲族의 지배를 받게 되었다는 중요한 의미를 가진 것이었다. 더 구체적으로 단일 민족單一民族으로 구성된 한국이나 일본과는 달리 중국 대륙의 역사가 한족과 이민족 간의 끊임없는 투쟁·갈등의 역사[1]라는 점을 감안할 때 중국에 있어 이민족 지배로의 정치 권력의 변화는 곧 민족 간民族間 대립이라는, 한국·일본에게는 존재하지 않는 근원적 모순이 또다시 창출되는 것을 뜻하는 것이었다.

이러한 모순은 정치사상적으로 크게 다음과 같은 세 가지의 결과를 가져다주었다. 첫째, 소수 만주족의 입장에서는 자신들 지배의 정당성을 부여하고 이를 바탕으로 다수 한족을 효율적으로 지배하기 위한 통치 이념과 각종 제도적 장치를 더 확고히 할 필요성을 부여받았다는 점이다. 청조가 중국 대륙 지배 이후 주자학적 통치 질서관을 바탕으로 대내적 차별 질서를 강화하는 한편 한족 지

---

1 구체적으로 중국 역사 중 순수하게 한족漢族이 지배한 시기는 1,700여 년간 이고(秦 통일 이후 1,400여 년간), 한족과 이민족 간의 갈등 기간이 1,300여 년간이며 순수하게 이민족이 지배한 시기가 750여 년간에 이른다.

식인의 저항을 저지하기 위하여 각종 사상 통제 정책을 실시한 것은 이를 잘 나타내 주고 있는 것이라고 할 수 있다. 둘째, 한족의 입장에서는 무엇보다 만주족 지배의 정당성을 비판하여 한족 정권의 재수립을 가장 중요한 정치적 과제로 설정하게 하였다는 점이다. 이것은 앞으로 살펴보겠지만 한국·일본과는 달리 반주자학적 개혁 사상의 존재에도 불구하고 그것이 대내외적 평등 질서관으로 발전하지 못하고 결국 청조 지배의 당위성을 부정하거나 또는 한족 지식인 계층의 정치적 역할 확보를 위한 이론적 근거에 머물렀다는 것에서 잘 보여지고 있다. 마지막으로 셋째, 만주족 정권은 물론 특히 한족 정치사상가들에게 중국 대륙 내에서의 치열한 민족간 대립이라는 역사적 경험이 그들로 하여금 이민족 침투의 위험성을 정확히 인식하지 못하고 전통적인 중국 중심의 화이 질서관華夷秩序觀을 고수하게 하는 요인으로 작용하게 하였다는 점이다. 이미 중국이 명明 말기에 급속하게 밀려들어 왔던 서구 과학 지식을 사회 변혁 사상의 근간으로 활용하지 못했던 것과 그 후 서구 열강의 강제적 문호 개방에도 불구하고 그것을 이민족異民族의 일시적 침입으로 인식할 뿐 유학적 차별관을 바탕으로 한 세계관의 근본적인 변화를 통해 이에 현실적으로 대처하지 못한 것은 이 점을 잘 보여 주는 것이라고 할 수 있다.

이렇게 중국 대륙에 있어서의 민족간의 대립이 가져온 모순은 19세기 중국의 정치와 사상의 중요한 특색을 형성하는 요인으로 작용하였다. 다음에서 살펴볼 공양학파公洋學派 공자진龔自珍과 위원魏源의 사상은 이와 같은 민족모순에 입각하여 형성된 19세기 전반기 중국 개혁 사상의 특성을 가장 뚜렷하게 보여 주는 것이라고 할 수 있다.

제1절 공양학파 공자진의 개혁 사상

1. 도입

공자진[2]은 위원(魏源: 1794-1856)과 함께 19세기 초반 중국의 대표적 사상가로 알려져 있다. 그럼에도 불구하고 동시대 위원에 비해 공자진의 사상에 대한 국내 연구는 상대적으로 미진하다고 할 수 있다. 주로 철학계를 중심으로 (중국) 문학과 (중국) 사학 분야에 집중되어 왔으며 그 수도 적은 편이다.[3] 이와 관련하여 특히 정치사

---

2 공자진(龔自珍, 1772-1841)의 자는 슬인瑟人, 호는 정암定盦으로서 역간易簡과 공조鞏祚라는 이명異名과 백정伯定이라는 이자異字를 가지고 있었다. 항주 동쪽의 마파馬坡에서 태어나 50세의 나이로 사망했다. 전통적인 관료 가문 출신으로 관직 생활은 그리 화려하지 않았다. 어려서 외조부인 단옥재段玉裁로부터 학문을 배웠고, 20대 후반부터는 위원 등과 함께 당시 금문경학今文經學의 대표자였던 유봉록劉逢祿으로부터 공양학을 배웠다. 위원에 따르면 공자진이 공양춘추公羊春秋 이외에도 정치 현실과 지리, 그리고 서방의 책에 관심이 많았다고 하며, 장지동張之洞은 공자진을 경학가·사학가·고문가古文家·경제가로 평가하기도 했다(『龔自珍全集』(臺北: 河洛圖書出版社, 1975), 定盦先生年譜 참조). 그는 청대 중기의 현실 회피적인 고증학을 비판하고 19세기 초 중국이 처한 현실을 경세치용적 처방으로 극복하고자 했던 공양학파의 대표적 사상가이며 19세기 말 강유·양계초 중심의 중국 개혁 사상의 기틀을 제공한 사상가로 평가된다.

3 이와 관련된 최근의 연구 성과를 살펴보면 다음과 같다. 김승일, 「龔自珍의 佛學研究와 中國近代改革思想에 미친 影響」, 『天台學研究』, 제4집(2003), 563-583쪽; 李康範, 「阿片戰爭 前後에 제기된 知識人의 倫理問題」, 『외국학연구』, 제7호(2003), 177-191쪽; 김종원, 「龔自珍의 邊政論과 經濟思想」, 『人文論叢』, 제54집(1999), 183-227쪽; 姜信碩, 「龔自珍의 佛學思想」, 『中國語文論叢』, 제10집(1996), 67-92쪽.

상학계의 연구는 거의 전무한 상태이다. 공자진이 위원과 더불어 19세기 후반 강유위(康有爲, 1859-1927)·양계초(梁啓超, 1873-1929)·담사동(譚嗣同, 1865-1898) 등을 중심으로 전개된 변법적(變法的) 개혁 사상의 이론적 토대를 제공했다는 점[4]을 감안할 때, 공자진 정치사상의 내용을 전반적으로 검토하고 그 성격을 규명하는 일은 19세기의 중국을 이해하는 데 매우 의미 있는 작업이라고 할 수 있다.

공자진 사상 연구의 또 다른 중요성은 기존 연구의 평가가 매우 상반되는 모습을 보여 준다는 사실이다. 그의 사상에 대해서는 '전근대적(前近代的)인 사회의 제모순을 비판·극복하려는 계몽기(啓蒙期의) 사상가'[5] 또는 '중국 근대에 보인 인문주의의 선구자'[6]라는 비교적 긍정적 시각이 있는가 하면 '지주 계층(地主階層) 개량파(改良派)의 사상 범위를 벗어나지 못한 것'[7]이라는 부정적 평가가 존재한다. 이와 같은 연구자들 간의 엇갈린 평가는 공자진 사상이 가진 이중적(二重的) 측면, 즉 당시 지배층이나 보수적 사상가들과 구별되는 '개혁 사상'으로서의 특징과 '기존 질서의 유지를 전제로 한 사회 개량'의 보수적 특성이 공존한다는 것을 의미한다. 이러한 공자진 사상의 이중적 측면을 정치사상적 시각에서 정확히 분석하고 그 의미를 평가하는 것 역시 동아시아 정치사상사 연구 분야의 확대·심화

---

4 衛藤瀋吉, 『近代中國政治史研究』(東京: 東京大學出版會, 1968), 235-236쪽과 小野川秀美, 『淸末政治思想研究』(東京: みすず書房, 1975), 8-9쪽 참조.

5 內田道夫, 「龔自珍」, 東京大學中國哲學研究室編, 『中國の思想家』(東京: 勁草書房, 1963), 713쪽.

6 李明洙, 「龔自珍의 公羊思想과 그 人文主義」, 『儒教思想研究』, 제16집 (2002), 179쪽.

7 王茂·莊國保·余秉頤·陶淸 공저, 김동휘 옮김, 『청대철학』(서울: 신원문화사, 1995), 448쪽.

라는 면에서 중요성을 가진다고 판단된다.

이러한 점을 바탕으로 다음에서는 19세기 중국 개혁 사상으로 서 공양학과 공자진 정치사상의 내용과 성격을 구체적으로 살펴보고자 한다.

2. 시대 배경

공자진이 활동했던 19세기 초반은 청조淸朝가 통치 이념 자체의 모순과 국내외적 도전에 직면하여 그 지배권의 한계성을 서서히 드러내던 혼란기였다.

구체적으로 18세기 중반 이후 중국 상품 화폐 경제의 급속한 성장은 전통적 봉건 농업 경제의 해체를 가져와 미곡米穀의 상품화와 고리대금업자화한 지주 계층과 상인 계층의 농민 착취로 이어졌다. 여기에 중국 사회 내의 급격한 인구 증가와 인구 이동으로 중국민의 대다수를 차지하고 있던 다수 피지배 농민 계층의 유민화가 두드러졌다. 더욱이 이러한 상황을 틈탄 중간 관리 계층의 착취와 수탈 또한 농민들의 고통을 가중시키는 요인으로 작용했다. 이러한 모순적 현실에 대해 피지배 계층들은 무력 봉기로 저항했으며 1774년 산동에서의 청수교淸水敎 반란, 1786년 대만에서의 천지회天地會 회원 임상문林爽文의 반란, 1795년 귀주貴州·호남湖南·사천四川의 경계지역에서의 묘족苗族의 반란, 1796-1804년의 백련교도白蓮敎徒의 난, 그리고 1813년 궁성까지 기습당한 천리교天理敎의 난 등은 그 대표적인 것이었다.[8] 비록 이러한 피지배 계층의 반란

8 小島晋治·丸山松幸 著, 朴元熇 譯, 『中國近現代史』(서울: 지식산업사,

들이 반만反滿을 지향한 것은 아니었다 하더라도, 봉건 질서가 초래한 모순을 반봉건적 무장 투쟁으로 극복하려 했다는 점에서 청조의 권위 질서 자체를 위협하는 것이었음에는 틀림없었다. 이와 같은 피지배 계층의 반란을 청조는 막대한 군비를 지출하여 진압했으나 그로 인해 18세기 중반까지의 재정적 안정이 파괴되었다. 이는 근본적인 문제 해결이 없는 일시적인 탄압책에 불과했다는 점에서 청조 지배 체제 자체에 대한 도전이 지속될 수밖에 없는 한계점을 갖는 것이기도 했다.

이와 더불어 19세기에 접어들면서 공격적으로 전개되었던 서구 열강들의 무역 개방 압력 또한 청조의 지배권을 위협하는 요인으로 작용하기 시작했다. 청은 전통적인 쇄국 정책의 기조 하에 1757년 이후 광동廣東 이외의 모든 항구를 폐쇄했다. 소위 광동 체제로 불리는 18세기 후반의 무역 체제 하에서 청조는 1760년 외이방범조규外夷防範條規를 공포하여 서양인들에 대한 엄격한 규제를 실시했고,[9] 확대된 무역 개방을 요구하기 위해 파견된 서구 사절단을 조공국朝貢國의 사신으로 간주하는 철저한 중화주의적中華主義的 차별관을 유지했다.[10]

이러한 청의 쇄국주의적 무역 정책에 대응하여 서구 열강, 특히 영국은 자국의 산업자본가들의 요구와 중국으로부터의 차茶의 수

1992), 17-18쪽 참조.

9 성황용, 『근대동양외교사』(서울: 명지사, 1992), 23-24쪽 참조.

10 1793년 조지 매카트니(George Macartney)와 1816년 로드 암허스트(Lord Amherst)가 무역 개방을 위한 영국의 사절로 파견되었을 때, 청조가 삼궤구고(三跪九叩 : 세 번 무릎 꿇고 아홉 번 머리를 수그려 조아리며 절하는 것)를 요구하여 이를 거부하고 돌아간 것은 그 대표적인 예이다.

입에 따른 무역 적자를 만회하기 위해 19세기 초반 이후 더욱 적극적인 무역 개방 정책을 실시하게 되었다. 그것은 한편으로는 중국에 대한 자유무역 요구로, 다른 한편으로는 대對 중국 아편 수출의 형태로 전개되었다. 특히 1830년대 이후 동인도회사의 무역 독점권이 폐지되자 영국의 무역업자들은 영국 정부의 묵인 하에 적극적으로 중국에 대한 아편 수출에 몰두하게 되었다. 이에 대해 청조는 철저한 아편 수입 금지 정책을 고수함으로써 양국 사이의 긴장 상태가 고조되어 갔다.

이와 같이 피지배 농민층의 봉건 질서에 대한 도전, 아편 수입에 따른 은銀의 과도한 해외 유출로 인한 청조의 재정 악화와 국내 경제에의 충격, 그리고 무엇보다도 아편을 매개로 자유 무역권을 확보하려는 서구 열강의 의도에 직면하여 중화주의적 차별관을 바탕으로 전통적 쇄국 정책을 고수하려는 청조의 입장이 첨예하게 대립하던 시기가 공자진의 활동 시기였다. 이러한 상황 하에서 봉건적 제도 개혁과 중화주의적 질서관의 고수를 통해 중국의 위기 상황에 대응하려 했던 것이 공양학과 공자진의 정치사상이었다.

3. 현실관과 정치 목표

현실관과 관련하여 먼저 18세기 후반 이후 19세기 초까지 청조가 직면한 국내외적 위기를 공자진은 다음과 같이 표현했다. "지금의 중국은 여러 가지 혼란이 나타나 그 기상이 날이 갈수록 약해지고 황하黃河는 날이 갈수록 위태로워지고 있다. … 건륭乾隆 말년 이래로 사·농·공·상의 직분에 종사하지 못하고 들에서 풀로 연명하거나 사교邪敎에 빠지거나 살육을 당하거나 추위와 굶주림으로 죽는 사람이 10에 5, 6이나 되었다."[11]

공자진에게 이와 같은 청조 쇠퇴의 원인은 무엇보다 부익부 빈익빈 현상의 심화에 따른 사회적 불평등의 결과로서의 소수 부유층의 사치 풍조와, 이와는 대조적인 피지배 계층 특히 농민들의 생활 파탄, 중간 관리들의 부정부패와 가렴주구에 의한 착취와 수탈의 만연, 그리고 그것을 해결할 능력을 가진 인재의 부족 등의 모순과 이를 적극적으로 변화·개혁시키려는 청조의 의지와 노력이 철저히 결여된 것에 기인했다. 그가 "옛날부터 지금까지 고쳐지지 않는 법은 없었으며 모이지 않는 세력도 변천하지 않는 사례와 바뀌지 않는 기풍도 없었다"[12]고 한 것이나, "일조一祖의 법은 바뀌지 않는 것이 없으며 일반 사람들의 논의는 시대적 흐름에 따르게 마련이니, 앞으로 태어날 사람들에게 개혁의 임무를 맡기는 것보다는 스스로 개혁하는 것이 낫다"[13]고 한 것은 이와 같은 모순을 극복하기 위한 현실 변화와 개혁의 당위성을 적극 주장한 것이라고 할 수 있다.

공양학파의 대표자로서 공자진 사상의 특성은 이와 같은 개혁의 당위성을 자신이 설정한 역사의 필연적 법칙과 관련시켜 논의하는 데 있다. 즉 그는 공양학의 거란세據亂世 - 승평세升平世 - 태평세太平世라는 역사의 순환적 변천[14]을 난세亂世 - 쇠세衰世 - 치세治世로 명

---

11 "今中國生齒日益繁, 氣象日益隘, 黃河日益爲患, … 自乾隆年以來, 官吏士民, 狼艱狽蹶, 不士不農不工不商之人, 十將五六, 又或殤蔟草, 習邪敎, 取誅戮, 或凍餒以死(『龔自珍全集』, 第一輯, 西域置行省議)."

12 "自古及今, 法無不改, 勢無不積, 事例無不變遷, 風氣無不移易(위의 책, 第五輯, 上大學士書)."

13 "一祖之法無不敝, 千夫之議無不靡, 與其贈來者以勁改革, 孰若自改革(위의 책, 第一輯, 乙丙之際箸議第七)."

칭을 변경하고,[15] 이것을 청조 흥망의 변천 과정을 분석하는 이론
적 틀로 삼았다. 그에 따르면 현재의 청조는 겉으로는 치세와 유사
하지만 재능 있는 재상과 재능 있는 관리와 재능 있는 장수將帥와
재능 있는 선비와 재능 있는 농·공·상인과 심지어 재능 있는 도적
조차 없는, 그리하여 군자君子도 소인小人도 모두 적은 쇠세에 접어
들었고, 그대로 방치할 경우 난세가 될 수밖에 없는 상황에 놓여
있다고 한다.[16] 따라서 그에게 지속적인 변통을 통해 난세로의 진
입을 막고 치세로 향하게 하며, 또한 그것을 오래 유지하는 것이
역사의 보편성 속에 나타난 필연의 과제이며 청조가 당면한 현실
의 개혁 과제인 것이었다.

그렇다면 공자진에게 구체적인 개혁의 방향과 방법, 그리고 그
주체는 누구인가? 이것이 공자진의 정치 목표를 파악할 수 있는
중요한 단서라고 할 수 있다. 먼저 공자진은 무엇보다 빈부의 차이
의 정도程度를 국가 또는 정권의 흥망성쇠를 가늠하는 중요한 요소
로 보아 "(국가 쇠퇴의) 시작은 빈부貧富가 서로 같지 않은 데에서 비
롯된다. 빈부의 차이가 적던 것이 점차 커지면 결국 천하를 잃는
데까지 이른다"[17]고 했다. 따라서 개혁의 방향은 빈부의 차이를 최

---

14 "古者開國之年, 異姓未附, 據亂而作, 故外臣之未可以共天位也, 在人主則不
   暇, 在賓則當避疑忌, 是故箕子朝授武王書, 而夕投袂於東海之外, 易世而升
   平矣, 又易世而太平矣(위의 책, 古史鉤沈論四)."
15 "書契以降, 世有三等, 三等之世, 皆觀其才, 才之差, 治世爲一等, 亂世爲一
   等, 衰世爲一等(위의 책, 乙丙之際箸議第九)."
16 "衰世者, 文類治世, 名類治世, 聲音笑貌類治世也, … 似治世之不議, 左無才
   相, 右無才史, 閫無才將, 庠序無才士, 隴無才民, 慶無才工, 衢無才商, 抑巷
   無才偸, 市無才馹, 藪澤無才盜, 則非但愍君子也, 抑小人甚愍(위의 책)."
17 "其始, 不過貧富不相齊之爲之爾, 小不相齊, 漸至大相齊, 卽至喪天下(위의

소화하는 것을 그 목표로 해야 하며, 그것은 빈부 차이를 조장하는 모든 법적法的·인적人的·제도적制度的 모순의 혁신을 통해서만 가능하다는 것이 공자진의 입장이다. 뒤의 정책론에서 좀더 구체적으로 살펴보겠지만, 재화財貨를 생산·유통하는 상공업적 행위보다는 의식주 해결의 기본이 되는 농업을 중시할 것과 농업 활동의 활성화를 위한 각종 제도적 장치를 마련할 것, 그리고 능력 있는 인재의 등용으로 부패한 관리들의 수탈과 착취를 막을 것 등은 공자진에게 빈부 차이에서 비롯되는 각종 폐해를 해결할 수 있는 정책 방안이었다. 이렇게만 본다면 공자진의 개혁론은 부익부 빈익빈의 현실에서 고통 받는 당시 피지배 농민층의 입장을 대변하여 그 대응 방안을 마련하고자 했던 것으로 평가할 수도 있을 것이다.

그러나 공자진의 궁극적 정치 목표는 결코 인간간 동등성을 바탕으로 한 피지배 민중 계층의 생존권과 이익권 확보에 있지 않았다. 그것은 그가 봉건 질서에 반대하는 농민 봉기를 경험하고도 개혁의 성공 여부를 오직 봉건 제왕封建帝王의 의지에만 한정시킴으로써 결국 군주와 귀족 계층을 중심으로 한 권력층에 의한 위로부터의 개혁에 초점을 맞추었다는 점과, 개혁의 방법 면에서도 급진적 개혁보다는 점진적 개혁의 당위성을 역설했다는 점에 잘 나타나 있다. 즉 공자진은 한편으로 "천하에 균등均等을 숭상하는 것보다 높은 것은 없다"[18]고 하여 경제적 빈부 격차 해소의 중요성을 강조했다. 더 나아가 상하 간 차별의 선천성先天性을 강조하는 유학적 논의를 비판하면서 먼저 하下가 생기고 그 후에 점진적으로 하의 추

책, 平均篇)."
18 "有天下者, 莫高於平之尙也(위의 책)."

대推戴에 의해 상上이 생기게 되었다는 군주 추대론君主推戴論[19]을 주장하기도 했다. 그러나 동시에 모든 것은 오직 왕심王心에 달려 있다[20]는 명제를 통해 철저한 위로부터의 개혁을 지향했고, 위로부터의 개혁이 어려울 경우에도 결코 급히 서둘러서는 안 된다[21]는 입장을 견지함으로써 피지배 계층의 생존권 투쟁과 이익권 추구의 정당성을 제약하는 보수성을 보여 주었다.

그럼에도 불구하고 위로부터의 개혁과 점진적 개혁을 주장하는 것이 서구 근대 계몽 사상이 본격적으로 유입되기 이전 근세 동아시아 3국 개혁 사상의 공통적 특징이라는 점[22]을 감안할 때, 이것이 공자진 사상의 보수적 측면을 부각시켜 주는 것이 될 수는 없을 것이다. 공자진 사상의 두드러진 보수성은 청조로 대표되는 중국 봉건 질서의 대내외적 위기 상황에도 불구하고 제왕권의 영속성을 강조하고, 이와 더불어 피지배 생산 계층에 대한 자신이 속한 비생산 귀족 계층의 우월성을 역설함으로써 궁극적으로 대내적 차별 질서를 유지·강화하려는 데 있었다고 할 수 있다. 이 점은 다음과 같은 그의 말에 잘 나타나 있다.

"천하에 잘못된 것을 바로 고쳐 주는 것을 왕이라고 하고 왕을 보좌하는 것을 재상이라고 한다. … 문자를 받들어 법을 사민士民에게 베

---

19 "先有下, 而漸有上, 下上以推之(위의 책, 農宗)."

20 "上有五氣, 下有五行, 民有五醜, 物有五才, 消焉息焉, 淳焉決焉, 王心而已矣(위의 책, 平均篇)."

21 "上之繼福祿之盛音難矣哉, 龔子曰, 可以慮矣, 可以慮, 可以更, 不可以驟"(위의 책)."

22 근세 동아시아 3국에서 전개된 개혁 사상의 특징에 관해서는 김정호, 『근세 동아시아의 개혁사상』(서울: 논형, 2003) 제3장과 4장을 참조 바람.

푸는 것을 태사太士 또는 경대부卿大夫라고 한다. … 조세를 바치는 것을
민民이라고 하고, 민에게 입법의 의미를 가르쳐 주는 것을 사士라고 하
며, 사로 하여금 조정의 법의 뜻을 경계할 수 있도록 하는 것을 유사儒
師라고 한다. 또한 왕의 자손으로서 계통을 이어받아 왕이 된 것을 후
왕後王이라고 하고, 후왕을 조세로서 받드는 것을 후왕의 민民이라고
하며, 이렇게 왕과 재상, 대부大夫와 민이 차별 질서를 이루어 나가는
것을 정치이며 도道라고 한다."23

이와 함께 "무릇 민民은 천자天子의 신하를 원망해야지 천자를 원
망해서는 안 되며, 천자의 간신奸臣을 원망해야지 천자의 법을 집행
하는 대신大臣을 원망해서는 안 된다"24고 한 것 또한 제왕권의 영
구화와 불가침성, 그리고 군민君民 간의 차별성을 강조한 것이라고
할 수 있다. 여기에 "국가에 사대부士大夫가 많으면 조정의 문文이
반드시 준비될 수 있으며 그 사대부의 가문이 오래도록 지속되면
조정朝廷의 정情이 반드시 깊어진다. 호걸豪傑이 산에 들어가는 것은
왕의 책임이며 사士의 어려움을 풀어 주는 것은 왕의 정情이다. 따
라서 사士가 자신의 역할을 제대로 할 수 있게 하는 것은 곧 조정과

---

23 "與天下相見, 謂之王, 左王者, 謂之宰, 天下不可以口耳喩也, 戴之文字, 謂
  之法, 卽謂之書, 謂之禮, 其事謂之史職, 以其法戴之文字而宣之士民者, 謂
  之太士, 謂之卿大夫, 天下聽從其言語, 稱爲本朝, 奉租稅焉者, 謂之民, 民之
  識立法之意者, 謂之士, 士能推闡本朝之法意以相誡語者, 謂之師儒, 王之子
  孫大宗繼爲者, 謂之後王, 後王之世聽言, 語奉租稅者, 謂之後王之民, 王若
  宰, 若大夫, 若民相與以有成者, 謂之治, 謂之道(『龔自珍全集』, 第一輯, 乙丙之際
  塾議六)."
24 "凡民不得仇天子, 得仇天子之大臣, 不得仇天子執法之大臣, 得仇天子之讒
  臣(위의 책, 春秋決事比答問第五)."

민民을 위해 반드시 필요한 것이며 궁극적으로 국가를 위한 일이 되는 것이다"[25]라고 한 것은 자신이 속한 귀족계층의 사회적 지위와 역할을 확보하려는 것이라고 볼 수 있을 것이다.

이렇게 볼 때 결국 공자진의 정치 목표는 제왕권적 권위 질서와 비생산적 귀족 계층의 우월성을 유지하고 강화하는 범위 내에서 현실의 모순을 위로부터의 점진적 개혁으로 해소해 나가는 데 있었다고 할 수 있다. 이러한 점에서 그의 개혁론은 봉건 질서 자체에 대한 본질적인 회의와 비판에서 비롯된 것이라고 볼 수 없으며, 이것은 그의 정치 목표를 반영한 인성론과 우주론, 인식론을 통해서도 뚜렷이 나타나 있다.

4. 정치 목표 달성의 이론적 기초

앞서 언급한 바와 같이 공자진은 현실 개혁의 당위성을 공양학公羊學의 순환론적 역사관에서 도출해 냈다. 그리고 그것의 정치 목표는 봉건적 차별 질서를 유지하는 범위 내에서 자신이 속한 지배 계층의 주도로 현실을 점진적으로 개량시키는 것이었다. 이처럼 역사 순환의 필연성을 당위화하여 자신의 정치 목표를 달성하려는 공자진이 인간을 인의예지仁義禮智의 차별 원리를 내면에 선천적으로 보유하고 있는 존재로 규정할 수는 없었다. 다시 말해 인간이 인의예지를 본성으로 하고 있다면 현실의 법적·제도적·인적 개혁

---

25 "入人國, 其士大夫多, 則朝廷之文必備矣, 其士大夫之家久, 則朝廷之情必深矣, 豪傑入山澤, 責人主之文也, 勞人怨士之顚頷, 觖人主之情也, 故士氣申則朝廷益尊, 士業世則朝廷益高, 士詩書則民聽益美, 其言如是, 是善覘國哉(위의 책, 乙丙之際塾議第二十五)."

여부에 의해 난세(亂世=據亂世)로 쇠퇴할 수 있고 치세(治世=太平世)를 오랫동안 유지할 수도 있다는 그의 순환론적循環論的 역사관이 의미를 상실하여 도덕론을 통한 본성 회복을 강조하는 유학 본래의 복고주의적 역사관으로의 회귀를 당위화하는 것이 되는 것이다.

그러나 그렇다고 해서 인의예지의 차별 원리를 인간이 궁극적으로 지향해야 할 선善의 요소로 규정하지 않을 수도 없는 것이 공자진의 입장이었다. 농민 봉기로 대표되는 차별 질서 파괴의 시도를 귀족 중심적 개량론으로 극복하려는 정치 목표를 가진 그에게 제왕권적 권위 질서와 반상班常 간間 차별 질서의 유지는 인간이 반드시 추구해야 할 당위였기 때문이다.

이러한 점에서 공자진은 인성론적 측면에서 인간 본성의 성선성性善性을 주장하는 논의들을 전면적으로 비판하고, 인간의 본성은 선악善惡의 가능성을 모두 포함하고 있다는 주장을 견지함으로써 차별 질서의 유지를 근간으로 하는 현실 개혁의 필연성을 논리적으로 입증하려 했다. 그가 "선과 악은 고유한 것이 아니며 인의仁義와 염치, 기만과 사악함, 잔인함 등도 인간 본성에 내재하고 있는 것은 아니다"[26]라고 한 것은 비록 인간이 선악의 혼합체는 아니더라도 선악의 가능성을 본성적으로 내포한 존재라는 점을 밝힌 것이다. 이렇게 본다면 인간은 자신이 생활하는 외부 환경에 따라 선을 행할 수도 악을 행할 수도 있는 존재가 된다. "인간의 본성은 선도 아니고 불선不善도 아니다. 선이 아니라는 것(無善)은 걸桀이 될 수도 있다는 것을 의미하며, 불선이 아니라는 것(無不善)은 요堯가 될 수도 있다는 것을 뜻한다"[27]라고 한 공자진의 말은 이 점을 나

---

26 "善非固有, 惡非固有, 仁義廉恥詐賊很忌非固有(위의 책, 壬癸之際胎觀第七)."

타내는 것이라 할 수 있다.

그렇다면 인간으로 하여금 선악을 행하게 하는 외부 환경이란 구체적으로 무엇을 의미하는가? 제왕권적 권위 질서의 유지와 자신이 속한 사족士族 계층의 정치·사회적 역할의 중요성을 강조하려는 공자진에게 외부 환경이란 먼저 피지배 계층에 대한 제왕帝王의 시혜적 정책의 여부이고, 두 번째는 제왕을 보좌하는 사대부 출신 관리들의 몰염치한 물욕 추구 여부이며, 세 번째는 사회 내 보편적 차별 질서의 확립 여부였다.

구체적으로 첫 번째 문제에 관해서 그는 "역사상 수많은 왕의 인仁과 불인不仁의 차이는 세금이 과도한가 그렇지 않은가, 형벌이 가혹한가 그렇지 않는가, 부역이 무거운가 그렇지 않은가에 달려 있다"[28]고 했다. 두 번째 문제에 관해서는 "사士가 모두 염치를 알면 국가가 영원히 부끄러운 것이 없으며, 사가 부끄러움을 모르면 곧 그것은 국가의 큰 부끄러움이 된다"[29]고 하고, "재물을 얻어야만 자기의 임무에 충실하고 재물을 잃으면 임무를 태만히 한다면 이것은 곧 종(廝僕)과 같은 것이니 어찌 사대부라고 할 수 있는가?"[30]라고 했다. 마지막으로 세 번째 문제에 대해서는 "세 가지 큰 것은 임금(君)과 아버지(父)와 남편(夫)이고 세 가지 작은 것은 신하(臣)와

---

27 "龔氏之言性也, 則宗無善無不善而已矣, 善惡皆後起者, 夫無善也, 則可以爲桀矣, 無不善也, 則可以爲堯也(위의 책, 闡告子)."

28 "史之百王, 仁不仁差, 大端有三, 視其賦, 視其形, 視其役而已矣(위의 책, 第三輯, 升平分類讀史雅詩自序)."

29 "士皆知有恥, 則國家永無恥矣, 士不知恥, 爲國之大恥(위의 책, 第一輯, 明良論二)."

30 "得財則勤於服役, 失財則怫然慍, 此誠廝僕之所爲, 不可以槪我士大夫(위의 책, 明良論一)."

자식(子)과 아내(婦)이다"[31]라고 했다.

　이렇게 볼 때 결국 첫 번째와 두 번째 문제는 제왕권에 의한 법적·제도적 차원의 개혁과 당시 권력층의 무능력 비판을 통해 자신과 같은 소외 사족층士族層의 역할 확대를 추구하는 공자진의 입장을 반영한 것이라고 할 수 있다. 세 번째 문제는 유학적 도덕론을 통해 차별 질서를 보존하려는 그의 정치 목표를 나타낸 것으로 보인다. 이렇게 공자진은 인성론을 통해 선악의 인간 본성에의 내재를 부인하고 외부환경의 변화에 의해 선과 악이 결정되는 것임을 주장함으로써 역사관을 통해 도출했던 현실 개혁의 당위성과 차별질서 유지의 중요성을 논증하려고 했던 것이라고 할 수 있다.

　그러나 이러한 공자진의 논의 속에서 단순히 피지배 계층에게만 일방적으로 차별 질서에 순종할 것을 요구하기보다는 군주와 사족 계층에게도 피지배 계층의 욕구를 충족시켜 주어야 할 책임이 있다는 점을 주지시킴으로써 욕구의 존재를 적극적으로 시인했다는 점을 간과할 수는 없을 것이다. 그가 "정情이란 사물에 관한 것으로서 일찍이 그것을 없애려고 했지만 없애는 것이 불가능하다는 것을 알고 그것을 너그럽게 대하려고 했다. 정을 너그럽게 대하다 보니 오히려 그것을 존중하게 되었다"[32]고 하여 인간의 정욕情欲을 적극 인정하는 듯한 태도를 취한 것[33]은 이 점을 보여 주는 것이다. 그러면서도 공자진은 다른 한편으로 정이란 일체의 인식의 경계가 생기기 이전에, 그리고 일체의 애락哀樂과 일체의 언어가 만들어지

---

31 "三大, 君父夫, 三細, 臣子婦(위의 책, 春秋決事此答問第五)."

32 "情之爲物也, 亦嘗有意乎조鋤之矣, 鋤之不能, 而反宥之, 宥之不已, 而反尊之(위의 책, 第三輯, 長短言自序)."

33 李明洙, 앞의 논문, 177쪽.

기 이전에 생긴 자연스러운 것[34]이라는 입장을 표현하기도 했다.

이와 같은 논리적 모순은 물욕物欲이나 색욕色欲 그리고 남을 이기려는 승욕勝欲 등을 인정할 경우 결국 지배받지 않으려는 욕구, 즉 차별 질서 파괴욕破壞欲까지도 인정할 수밖에 없다는 그의 인식을 기초로 한 것으로 보인다. 따라서 그에게 피지배 계층에게 허용되는 당위적 욕구란 오직 직접 생산을 통한 의식주 충족의 욕구뿐이었으며, 그 밖에 인간으로서 가질 수 있는 다양한 욕구는 모두 악惡의 요소로 규정될 수밖에 없는 것이었다. 동시에 지배 계층에게는 안정된 지배 질서의 유지를 위해서라도 철저히 자신의 사익私益보다는 공익公益을 우선할 것을 요구했던 것이다.[35]

이상에서와 같이 공자진은 차별 질서를 유지하는 범위 내에서의 변통變通을 통한 현실 개혁이라는 자신의 정치 목표를 합리화하기 위해 인간 본성의 무선악성無善惡性과 외부 환경의 변화에 따른 선악 표출의 가능성을 제시했다. 또한 피지배 계층에게는 기본적 의식주 충족 욕구 이외의 모든 욕구 추구권을 인정하지 않는 동시에 피지배 계층의 의식주 충족 또한 군주의 의지에 달려 있음을 밝힘으로써 제왕권의 절대화를 지향했고, 지배 계층에게는 공익 추구의 당위성을 역설함으로써 차별 질서를 공고화하려 했다. 인성론에서 보이는 이러한 공자진의 입장은 일면 정통 유학의 인성론과 대비되는 그의 사상적 독창성 내지는 의의를 보여 주는 것[36]이라

---

34 "一切境未起時, 一切哀樂未中時, 一體言語未造時, 當彼之時, 亦嘗陰氣沈沈而來襲心(『龔自珍全集』, 第一輯, 宥情)."

35 위의 책, 論私 참조.

36 중국 북경대 철학과 연구실 지음, 오상무 옮김, 『중국철학사4』(서울: 자작아카데미, 1997), 46쪽 참조.

평가할 수 있으며, 다음에서 살펴볼 그의 우주론과 인식론을 통해 더욱 체계화되었다.

치세 – 쇠세 – 난세의 순환론적 역사관을 바탕으로 군주에 의한 현실 개혁의 노력 여부에 의해 삼세三世의 변화 또는 지속이 가능하다는 점을 견지한 공자진에게 유일의 우주 원리(理=太極)가 만물을 생성하고 주재主宰한다는 주자학의 절대적이고 고정적인 우주론은 그 자체가 모순으로 인식되었다. 특히 자연계의 현상을 근거로 사회적·개인적 현실의 길흉화복吉凶禍福을 설명하려는 유학 본래의 추리적인 우주론은 현실 변화의 주체를 인간, 그 중에서도 군주로 인식하는 그에게는 받아들일 수 없는 것이었다.

이러한 입장에서 그는 "중인衆人을 주재하는 것은 도道도 아니고 태극도 아니며 바로 나(我)이다. 나의 빛이 일월日月을 만들고 나의 힘이 산천을 만들며 나의 변화가 들짐승과 날짐승과 벌레를 만들고 나의 이理가 문자와 언어를 만들고 나의 기氣가 천지를 만들며 나의 천지가 인간을 만들고 나의 분별分別이 윤리와 기강紀綱을 만든다"[37]고 하여 우주의 근원을 불변의 존재 원리인 태극(太極=理)으로 파악하는 주자학적 우주 본체론을 비판했다. 또한 다음과 같이 자연계의 변화를 사회 또는 개인의 행幸·불행不幸과 연관시키려는 정통 유학의 논의를 부정하기도 했다.

"이른바 해와 달과 별이 길흉을 보여 준다는 것은 태양 주위를 햇무리가 감싸고 있거나 달무리가 고리 모양을 이루거나 별이 이동하거

---

[37] "衆人之宰, 非道非極, 自名曰我, 我光造日月, 我力造山川, 我變造毛羽肖翹, 我理造文字言語, 我氣造天地, 我天地又造人, 我分別造倫紀(『龔自珍全集』, 第一輯, 壬癸之際胎觀第一)."

나 혜성이 빛을 발하거나 해가 오색五色을 나타내거나 해와 달이 밝은
빛을 잃거나 해와 달이 서로 교체하여 보이지 않는 것 등을 말하는 것
이다. … 이러한 것은 자연 현상일 뿐 인간과 사회의 운명을 점칠 수
있는 근거가 되는 것은 아니다."[38]

이렇게 볼 때 공자진의 우주론은 한편으로 생성론적 측면에서는
인간과 만물의 근원을 자연 그 자체로 파악하면서도, 변천·변화의
자연의 원리가 인간 사회를 규정할 수 없다는 점을 적극 주장하는
것이라고 할 수 있다. 이것은 비록 그가 첫 번째 예문에서 인간과
만물을 생성하는 것을 '나(我)'라는 단일 주체로 규정하고는 있지
만, 문자와 언어 윤리와 기강이라는 것은 오직 인간 사회에만 국한
된 것이라는 점과, 두 번째 예문에서 자연 현상과 인간 사회 사이
의 관련성을 철저히 부정했다는 점에 잘 나타나 있다.

공자진의 이러한 입장은 자연계에 대한 객관적 이해의 근거를
마련할 수 있는 사상적 중요성을 내포한 것이라고 볼 수도 있다.
그러나 더 근본적으로는 자연계가 변천·변화의 속성을 지녔다는
점을 강조함으로써 인간 사회의 변천·변화의 당위성을 입증하는
동시에 그러한 변천·변화에도 일정한 법칙성이 존재함을 들어[39]
자신의 삼세설三世說을 우주의 원리로서 합리화하려는 그의 사상적
의도를 반영한 것이라고 하겠다. 이 점은 그가 "만물은 총괄적으로

---

38 "日月星之見吉凶, 殆爲日抱珥, 月暈成環玦, 星移徙, 彗孛, 日五色, 日月無
精光, 日月不交而食謂之薄之類, 羣史所識, 有其占議之書, 今也亡之, 古也
有之, 繫孼所稱, 亦若是而已矣, 而豈謂日月食之可推步者哉(위의 책, 乙丙之際
塾議第十七)."
39 "則此事亦有定數, 與日食等耳(위의 책, 第五輯, 與陳博士箋)."

세 번의 변화를 가지는데 그 처음(初)은 중간(中)과 다르고 중간은
마지막(終)과 다르며 마지막은 처음과 다르지 않다"[40]고 하여 치
세 – 쇠세 – 난세의 순환론적 역사관과 동일한 논리로서 삼변설三變
說을 우주 만물의 변화 원리로 설정했던 것에 잘 드러난다.

그러나 이렇게 우주의 변화 원리를 인간 사회의 변화 원리와 동
일한 것으로 규정했다고 해서 자연적으로 현실의 변화가 이루어지
는 것은 아니었다. 즉 자연계와는 달리 인간 세계에서는 그 변화를
이끌 주체와 객체가 반드시 구별되어 존재해야 하는 것이었다. 공
자진은 지知와 각覺을 구분하는 인식론의 전개를 통해 이를 다음과
같이 설명했다.

　　"지知란 사물, 즉 대상의 측면에서 말한 것이고, 각覺이란 마음心의
　　측면에서 말한 것이다. 지란 유형有形이고 각은 무형無形이며, 지는 인
　　간의 일과 관련된 것이고 각은 하늘의 일까지 겸한 것이다. 그리고 지
　　는 성인聖人과 범민凡民이 공유할 수 있는 것이나 각은 오직 성인만이
　　가질 수 있는 것이다."[41]

여기서 성인이란 물론 유학에서 말하는 공자를 포함한 성왕聖王
들을 이르는 것이다. 그러나 공자진이 차별 질서를 유지하는 범위
내에서 왕심王心에 의한 현실 개혁의 당위성을 요구했다는 사실에

---

40 "萬物之數括於三, 初異中, 中異終, 終不異初(위의 책, 第一輯, 壬癸之際胎觀第
　　五)."
41 "知, 就事而言也, 覺, 就心而言也, 知, 有形者也, 覺, 無形者也, 知者, 人事
　　也, 覺, 兼天事言矣, 知者, 聖人可與凡民共之, 覺, 則先聖必俟後聖矣(위의
　　책, 辨知覺)."

비추어볼 때, 결국 지와 각의 구별은 인간 사회 변화의 주체를 현실의 군주로 상정하고 피지배 계층을 그러한 군주의 주체력에 종속되는 것으로 간주하여 제왕권적 권위 질서를 유지하려고 했던 그의 정치 목표를 보여 주는 것이라 하겠다.

5. 국내·국제 질서관

이처럼 인성론과 더불어 공자진의 우주론과 인식론은 모두 사회 변화의 당위성과 군주 지배의 정당성을 확보하려는 노력의 일환으로 진행되었다. 자연계에 대한 객관적 이해의 토대를 마련할 수 있는 논리 전개에도 불구하고 그의 우주론과 인식론은 결국 개체성의 인정을 바탕으로 한 인간간, 사물간, 그리고 인간과 사물 간의 상대적 평등성이나 사물에 대한 자연과학적 이해에 집중하기보다는 그의 정치 목표를 달성하기 위한 이론적 도구로 활용되었다. 봉건 질서의 유지와 귀족 중심적 가치관을 가지고 있는 그에게 이것은 필연적 결과였다. 따라서 그의 국내 질서관과 국제 질서관 역시 인간간 차별과 중국 중심의 화이 질서관 유지라는 봉건적 한계를 벗어나지 못했음은 당연한 논리적 귀결이었다.

정치론·인성론에서도 언급했듯이 공자진은 민民을 사회 변화의 주도 세력으로 간주하지 않았다. 민은 다만 조세를 바치고 군주의 지배를 받으며 사회 관계 속에서는 유학적 오륜 질서를 실천해야 하는 존재에 불과했다. 그가 "신하가 군주에게 충성을 다하는 것은 스스로의 천성에서 비롯된 것이다"[42]라고 한 것이나, "세 가지 큰

---

42 "臣之於君也, 急公愛上, 出自天性, 不忍論施報(위의 책, 明良論一)."

것은 군주와 아버지와 남편이며 세 가지 작은 것은 신하와 자식과 아내"[43]라고 한 것 등은 공자진이 국내 질서관의 측면에서 봉건적 차별관을 유지하고 있음을 보여 주는 것이다. 개체성이 부각될 수 없는 그의 논리 속에 사·농·공·상 간의 기능적 평등론은 제시될 수 없었다. 그가 상공업의 발전보다 오히려 농업 중심의 사고를 견지했다는 점은 시대에 역행한 봉건성을 보여 준다고 할 수 있다.

국제 질서관의 측면에서도 공자진은 철저한 중화주의적 사고를 견지하여 19세기 초반 당시 변화하는 국제 현실에 적절히 대응할 수 있는 논리를 제공하지 못했다. 그는 "사해四海의 국가 중에 청淸보다 큰 나라는 없으며 청은 고대의 요왕堯王 이래 소위 세계의 중심국가(中國)가 되었다"[44]고 하여 중국 중심의 세계관에서 벗어나지 못했다. 이와 함께 조선·유구琉球·월남越南 그리고 서양의 네덜란드 등을 정기적 조공국朝貢國으로, 영국·이태리·포르투갈 등 당시 서구의 열강들을 비정기적 조공국으로 규정하는[45] 자기 중심적 무지無智를 보여 주었다. 더욱이 그가 47세(道光 18년, 1838년) 때 당시 영국 상인에 의한 아편 밀매를 근절하기 위해 흠차대신欽差大臣으로 파견된 호광총독湖廣總督 임칙서林則徐에게 적극적으로 무력 대응을 권고하는 편지를 보냈다는[46] 사실은 그의 뿌리 깊은 화이 질서관華

---

43 "三大, 君父夫, 三細, 臣子婦(위의 책, 春秋決事此答問第五)."
44 "四海之國無算數, 莫大於我大淸, 大淸國, 堯以來所謂中國也(위의 책, 西域置行省議)."
45 "西洋諸國, 一曰博爾都嘉利亞, 一曰意達里亞, 一曰博爾都喝爾, 一曰英吉利, 自朝鮮以至琉球, 貢有額有期, 西洋諸國, 貢無定額, 無定期(위의 책, 主客司述略)."
46 "十一月, 侯官林文忠公(則徐)由湖廣總督入覲, 頒給欽差大臣關防, 馳往廣東查辦海口事件, 水師咸歸節制, 先生作序贈行, 極言戰守之策(위의 책, 附錄, 定

夷秩序觀을 보여 주는 대표적 사례라 하겠다.

6. 현실 개혁의 정책론

이상에서와 같이 공자진의 이론적 논의는 일부 혁신적인 반주자학적反朱子學的 논리를 함축하고 있음에도 불구하고, 새로운 인식의 변화를 수반하지 못한 봉건적 한계를 지닌 것이었다. 따라서 그의 정책론 또한 사회 질서의 근본적 변화를 지향하는 철저한 개혁이 아닌 귀족 중심적 사회 개량에 불과할 수밖에 없었다.

먼저 그는 당시 사회 내에 만연한 부익부 빈익빈 현상이 소수에 의한 토지 집중과 상공업의 급속한 발전에 의한 농업의 침체에 있음을 들어 봉건적 혈통 관계, 즉 대종(大宗=長子) – 소종(小宗=長子 이외의 남자)-군종(羣宗= 형제 중에 가장 나이가 어린 사람)에 따른 차별적 토지 분배를 주장했고,[47] 상업적 행위를 억제할 것을 요구했다.[48] 그러나 그의 토지 분배론은 농민층의 빈곤으로 말미암아 봉건 질서가 심각하게 도전받고 있는 현실을 반영하여 빈부의 조화를 꾀함으로써[49] 차별 질서를 유지하려는 것이었지, 결코 항구적이고 지속적으로 모든 사람들에게 토지를 고루 분배할 것을 주장한 것은 아니었다. 또한 그의 상공업 억제론 역시 상공업의 발달이 지속되고 있는 상황 하에서 봉건적 농업 사회로의 복귀를 꾀하는 시대 역행적인

龔先生年譜)."

47 위의 책, 第一輯, 農宗과 附圖一(大宗圖), 二(小宗圖), 三(羣宗圖) 참조.

48 "漢初最抑商買, 高祖禁買人不得衣絲, 乘車而孝悌力田有常科, 三老有常員, 以驅民於南畝(위의 책, 對策)."

49 "此貴乎操其本源, 與隨其時而劑調之(위의 책)."

것이었다고 볼 수 있다. 이것은 이미 18세기 후반 이후 한국과 일본에서 상공업의 적극적 장려를 통한 부국책富國策 마련의 필요성이 제시되고 있었던 것과는 대조적이라 할 수 있다.

다음으로 공자진은 국가 쇠퇴의 원인이 부패하고 무능한 관리들의 행태에 있다는 점을 들어 인재 등용 방법의 개혁을 요구했다. 그러나 그의 인재 등용 방법의 개혁은 개체로서 인간이 고유하게 가지고 있는 기능을 국가 발전을 위해 유용하게 사용하려는, 즉 진정한 의미의 '인재 해방人才解放'[50]을 위한 것이라기보다는, 제도상의 변화를 통해 자신과 같은 사족 계층이 좀더 용이하게 정치에 참여할 수 있는 방법을 모색한 것에 불과했다. 공자진이 인재 등용의 구체적인 방안으로 한림원翰林院 출신이 아니면 대학사大學士가 될 수 없다는 것을 지적한 것[51]과 장기간을 필요로 하는 승급 제도의 개혁을 통한 인사 적체人事積滯의 해소를 지적한 것[52] 등은 이 점을 잘 보여 주는 것이다.

이 밖에도 공자진은 정부 조직 개편[53]과 부역 제도 개선,[54] 국가 방위의 중요성[55] 등을 정책 대안으로 제시했으나, 실질적으로 봉건 질서의 와해를 시인하고 이를 부국강병富國强兵의 현실론으로 극복하고자 하는 적극성을 보여 주지는 못했다고 평가할 수 있다.

이상에서 19세기 전반 중국의 대표적 개혁 사상가로서 공자진

---

50 內田道夫, 앞의 논문, 715쪽.
51 "非翰林出身, 例不得至大學士(『龔自珍全集』, 第一輯, 明良論三)."
52 위의 책 참조.
53 위의 책, 第五輯, 上大學士書 참조.
54 위의 책, 第一輯, 對策 참조.
55 "而今日之要道, 曰疏, 曰防(위의 책)."

정치사상의 내용과 성격을 분석했다. 아편전쟁阿片戰爭 직전 중국의 대내외적 혼란기에 공양학의 삼세설三世說을 바탕으로 현실 개혁의 필요성을 제시했던 공자진의 정치사상은 대내적으로는 제왕권적 권위 질서와 사회적 차별 질서를 유지하면서, 대외적으로는 중화주의적 질서관을 고수하는 범위 내에서 단지 군주권에 의한 위로부터의 개혁만을 지향한 전前근대적인 것이었다. 그의 인성론 과 우주론, 그리고 인식론은 이러한 공자진의 정치 목표를 당위화하기 위한 이론적 논의에 불과한 것이었다. 그가 현실 개혁의 당위성을 논증하고, 일부 전통 유학의 논의와 대비되는 주장을 전개함으로써 당시 집권층이나 보수적 귀족층에 비해 혁신적 논리를 전개한 것은 사실이다. 그러나 그것은 인간 그리고 우주에 대한 객관적·실증적 접근과 세계에 대한 새로운 인식의 변화를 수반한 것이 아니었다고 평가할 수 있다. 19세기 전반기 대표적 개혁론자로 평가되는 공자진의 사상이 내포한 이러한 보수성은 결국 변화하는 현실에 적절히 대응하지 못했던 당시 중국 지식인층의 입장을 보여 주는 것이었다. 그리고 이 점이 그 후 서구 열강의 급격한 중국 침투와 내부 혼란을 극복하지 못한 주요한 사상적 원인이었다고 평가할 수 있을 것이다.

제2절 위원의 중체서용적 개혁 사상

1. 도입

앞서 언급한 바와 같이 위원[56]은 공자진과 함께 19세기 전반기

를 대표하는 중국의 개혁 사상가로 알려져 있다. 이러한 측면에서
지금까지 위원에 대한 연구는 비교적 풍부하다고 할 수 있다. 그의
사상과 행적 전반에 걸친 연구[57]는 물론 위원의 대내외적 개혁·개
방론의 내용과 의미를 분석한 연구[58]도 최근까지 충실히 진행되어
왔다. 여기에 개혁 사상으로서의 위원의 사상을 동시대 일본의 사
상과 비교한 연구 성과[59]도 있고, 위원의 대표 저작인『해국도지海
國圖志』의 내용을 다양한 측면에서 분석한 연구[60]도 존재한다. 이와

---

56 위원(魏源, 1794-1856)의 자는 묵심默深이며 호남성 소양邵陽의 금담金潭 사
람이다. 15세 때 양명학을 공부했으나 20세 이후 공자진과 더불어 유봉록
劉逢祿에게 공양학을 배워 공양학파의 대표자가 되었다고 한다. 공자진과
마찬가지로 관직 생활은 그다지 화려하지 않았지만 1842년(道光 22년) 남
경조약 체결과 더불어 서구 열강의 무력 침투가 가속화되자,『성무기聖武
記』,『해국도지海國圖志』등을 편찬하여 서양 군사 기술의 도입과 서양 정세
의 파악을 통해 서구 열강에 대적할 것을 주장하는 '용이제이用夷制夷·이
이공이以夷攻夷·사이장기이제이師夷長技以制夷 론을 전개함으로써 19세기
후반 중국의 개혁·개방 사상, 특히 중체서용적中體西用的 양무운동의 토대
를 형성한 사상가로 평가되고 있다(『魏源集』(臺北 : 鼎文書局印行, 1975), 附錄,
邵陽魏府君事略 및 魏源傳 참조).

57 대표적으로 李瑚,『魏源』(北京: 中華書局, 1979); 陳耀南,『魏源硏究』(香
港: 昭明出版社, 1979); 楊愼之·黃麗鏞,『魏源思想硏究』(長沙: 湖南人民出
版社, 1987); 李漢武『魏源傳』(長沙: 湖南人民出版社, 1988); 賀廣如,『魏
默深思想硏究: 以傳統經典的詮說爲討論中心』(臺北: 國立臺灣大學出版委員
會, 1999); 李瑚,『魏源硏究』(北京: 朝華出版社, 2002) 등을 들 수 있다.

58 이에 대해서는 王家儉,『魏源對西方的認識及其海防思想』(臺北: 國立臺灣
大學院, 1964); 李鉉,「魏源(1794-1857)의 憂患意識과 變通論(I)」,『慶大史
論』第9輯(慶南大學校史學會, 1996), 73-102쪽; 朱漢民,「實學과 西學의
互動 - 魏源의 西學觀 및 近代 西學思想에 대한 探析 -」,『韓國實學硏究』
第5號(韓國實學學會, 2003), 49-78쪽 등을 참조 바람.

59 錢國紅,『アジアにおける近代思想の先驅: 佐久間象山と魏源』(長野: 信海
書籍出版センター, 1993).

같은 기존 연구의 공통점이라고 한다면 무엇보다 위원 사상의 가치를 상당히 긍정적으로 평가하고 있다는 점이다. 이것은 그가 당시로서는 획기적으로 대내적 개혁의 필요성을 역설하고 특히 개방적 인식을 바탕으로 서양 군사 기술의 도입을 통한 위기 극복의 구체적 대안을 제시하였다는 사실에 기인하는 것이라고 볼 수 있다. 이와 함께 위원이 지은 『해국도지』가 중국 내부는 물론 동시대 한국과 일본의 개혁 사상가들에게 일정한 영향을 미쳤다는 점 또한 긍정적 평가의 요인이기도 하다.

그러나 필자는 이러한 기존의 연구가 위원의 정치사상, 구체적으로 '중국의 전통적 제도와 가치를 전제로 한 서양 문물의 수용과 적용을 통한 위기 극복론'으로서의 중체서용적 개혁 사상의 본질적 의미와 한계를 총체적이고 객관적으로 분석·평가한 것으로는 보기 어렵다는 시각을 가지고 있다. 앞으로 구체적으로 다루겠지만 위원의 개혁 사상은 현실관과 정치론, 그리고 특히 서양에 대한 확대된 인식을 바탕으로 한 개방적 정책론 등에서 일부 혁신적 내용을 포함하고 있다는 사상적 의의에도 불구하고 동아시아 전통의 유학적 차별관을 극복하지 못한 한계를 지닌 것이었다. 즉 위원의 중체서용론은 19세기 전반기 당시 중국 개혁론이 지닌 보수적 특성을 가장 두드러지게 보여 주는 것이었다. 더욱 중요한 점은 위원으로 대표되는 당시 보수적 개혁론자들의 현실 진단과 대처 방식이 19세기 중반 이후 전개된 중국 양무운동洋務運動의 사상적 토대

---

60 崔韶子, 「魏源(1794-1857)과 新學問 -『海國圖志』 편찬과 관련하여 -」, 『韓國文化研究院論叢』 제59권 1호(梨花女子大學校 韓國文化研究院, 1991); 金宣慶, 「魏源의 『海國圖志』에 나타난 西洋認識」, 『中國史研究』 第5輯(中國史學會, 1999), 129-156쪽.

가 되었다는 사실이다. 이런 점에서 위원의 사상은 서구 열강의 무력 침투에 의한 아편전쟁阿片戰爭 이후 양무운동의 실패를 의미하는, 청일전쟁清日戰爭에 이르기까지 전개된 중국적 개혁론 특성과 한계의 출발점과 전형을 보여 주는 것이라고 평가할 수 있다.

이러한 시각을 바탕으로 다음에서는 19세기 전반기 중국 개혁론으로서 위원의 정치사상의 내용·의의와 한계에 대해 구체적으로 살펴보기로 하겠다.

2. 시대 배경

위원의 사상적 활동 시기는 19세기 초·중엽으로서 앞서 논의한 공자진의 시대 배경과 상당 부분 일치한다. 즉 18세기 말부터 19세기 초반까지의 중국의 정치·경제·사회적 상황은 농민 반란으로 대표되는 피지배 계층의 봉건 질서에 대한 도전, 아편 수입에 따른 은銀의 과도한 해외 유출로 인한 청조의 재정 악화와 국내 경제에의 충격, 그리고 아편을 매개로 자유 무역권을 확보하려는 서구 열강의 의도와 이에 대한 청조의 중화주의적 차별관을 바탕으로 한 전통적 쇄국 정책의 고수 등이 이 시기의 특징이었다.

그러나 공자진이 단순한 무역 개방 압력이 아닌 서구 열강의 대중국 무력 침입을 경험하지 못하고 사망한 반면, 위원은 19세기 초반의 서구 열강과 중국의 긴장 관계가 전쟁으로 비화된 아편전쟁과 그 이후 1860년대까지의 서구 열강의 대중국 무력 침탈 과정을 직접 경험했다. 더욱이 1850년부터 1864년까지의 반봉건·반외세적 태평천국운동太平天國運動이 초래한 대내적 혼란을 체험했다는 중요한 시대적 차이점이 있었다. 구체적으로 19세기 중반 이후

중국은 서구 열강과의 직접 대결에서 잇따라 패배함으로써 강제적
문호 개방을 경험했고 점차 서구 열강의 이권 침탈의 장場으로 전
락해 가고 있었다. 즉 1840년의 아편전쟁의 패배로 1841년 서구
(영국)와 최초의 불평등 조약인 천비가조약川鼻假條約과 광동협정廣東
協定이 체결되었고, 1842년에는 남경조약이, 그리고 1843년에는
남경조약 추가 조약이 체결되었다. 특히 남경조약 추가 조약에는
영국 이외의 외국에 대해 영국과 동일한 외교적·경제적 권리를 부
여한다는 최혜국最惠國 조항이 삽입되어 이를 근거로 1844년에는
미국·프랑스와 각각 망하조약望廈條約과 황포조약黃埔條約을 체결했
다. 더욱이 중국은 1856년 애로우호 사건으로 인한 전투에서 또
다시 패함으로써 당시 동아시아를 둘러싼 4대 강국이었던 영국·러
시아·프랑스·미국과 1858년 천진조약天津條約을 체결했으며, 천진
조약의 비준 문제를 계기로 영·불 연합군의 북경 공격이 감행되어
1860년에는 북경조약이 체결되었다. 중국이 서구와 맺은 이러한
각종 조약들은 결국 서구 열강의 중국 내 경제적 이익 획득을 용이
하게 하기 위한 것이었을 뿐만 아니라, 영토·정치·외교적으로 중
국에게 커다란 손실을 준 불평등한 것이었다. 그럼에도 불구하고
청조는 이러한 과정을 중국 역사상 무수히 존재했던 이민족의 일
시적 침입으로 인식하여 안일하게 대처했다. 중화주의적 세계관에
대한 일체의 회의나 비판 없이 오직 무력 저항만을 고집함으로써
국가적 위기 상황을 극복하는 데 근본적인 한계와 무기력을 노출
시킨 것이다.

이러한 대외 관계에서의 청조의 무능과 아편전쟁이 초래한 격심
한 정치·사회적 혼란 가운데 빈곤과 수탈에 고통 받는 농민과 유
민들이 반봉건·반외세의 기치를 내걸고 일으킨 것이 1850년에서

1864년까지의 태평천국운동이었다. 반유교주의적 태도를 표방하고 평등적 대내 질서관을 지향하면서도 대외 관계에서는 중화주의적 우월주의를 고수한 태평천국운동은 청조를 지탱하는 봉건적 차별 질서에 대한 철저한 도전이었다는 사실과 서구 열강의 지원을 받았다는 점이 결국 서구 열강이나 중국민에게 청조의 대내적 통치능력의 한계를 더욱 극명하게 보여 주는 것이었다.

이와 같이 위원이 활동했던 19세기 초·중반은 18세기 말부터 진행되어 온 피지배 계층의 빈곤과 이에 따른 정부의 무능력으로 인한 봉건 질서의 와해 현상이 두드러지고, 이와 함께 서구 열강의 대중국 직접 무력 침투가 본격화됨으로써 정치·경제·사회적 불안정이 가속화되던 시기였다고 볼 수 있다. 이러한 상황 하에서 공자진과 마찬가지로 유학적 차별 질서관을 유지하는 범위 내에서 위로부터의 점진적인 법적·제도적 개혁을 주창하는 동시에 서구 열강의 무력 침투에 직면하여 서구의 군사·기물器物 지식의 수용을 통한 강병론强兵論을 제시하여 그 뒤 중체서용적中體西用的 양무운동의 토대가 되었던 것이 위원의 사상이었다.

3. 개혁 요구의 현실관과 제도 개혁의 정치 목표

위원은 당시 중국이 처한 혼란의 근원이 내우외환을 극복할 수 있는 각종 인적·법적·제도적 개혁의 미비에 있다고 보았다. 이 점에 관해 그는 "현재 재용財用이 부족하다는 것은 국가가 가난하다는 것이 아니라 인재가 없다는 것을 이르는 것이다. 조정의 명령이 해외에서 이행되지 않는다는 것은 국가가 약하다는 것이 아니라 그 명령이 국가 내에서조차도 이행되고 있지 않다는 것을 말하려는 것이다"[61]라고 하여 유능한 인재의 부족이 초래한 비효율적인 행정 체계가 현실의 모순을 가져온 중요한 요인이라는 점을 지적했다. 이와 동시에 "천하에 수백 년 동안 지속되면서 폐단이 없는 법은 없으며 변하지 않는 법은 없다. 또한 폐단을 제거하지 않고 이익을 가져올 수 있는 법은 없는 것이며 고치지도 않으면서 변통할 수 있는 법은 없는 것이다"[62]라고 함으로써, 시세의 변화에 따라 변경되지 않고 폐단만을 일으키는 법과 제도를 고수하는 것이 중국이 당면한 위기의 또 다른 요인이라는 점을 밝혔다. 이렇게 볼 때 결국 위원의 현실 인식은 봉건 질서의 와해에 직면한 상황에서도 현실 위기의 근원을 봉건적 차별 질서 자체에 두기보다는 표면적인 관리들의 무능력이나 법적·제도적 장치의 불합리성 내지는 불완전성에 두고 있는 것이라고 할 수 있다.

공양학파의 대표자로서 위원 또한 공자진과 마찬가지로 자신이 주장하는 개혁의 당위성을 역사의 변천 과정에 대한 추리적 해석을 통해 입증하려고 했다. 즉 그는 "(역사적으로) 치세治世가 오래 되면 안정에 익숙해지고 이러한 안정은 곧 즐거움을 가져온다. 그러나 즐거움은 혼란을 일으키며, 그러한 혼란이 오래되면 근심에 익숙해지고 근심은 걱정을 낳으며 걱정은 다시 치세를 가져온다"[63]는 순환론적 역사론을 통해 현재의 혼란과 우환을 개혁으로 극복

---

61 "今夫財用不足, 國非貧, 人材不就之謂貧, 令不行於海外, 國非羸, 令不行於境內之謂羸(聖武記序, 『魏源集』, 附錄, 邵陽魏府君事略에서 재인용)."
62 "天下無數百年不弊之法, 無窮極不變之法, 無不除弊而能興利之法, 無易簡而能變通之法(위의 책, 籌鹺篇)."
63 "治久習安, 安生樂, 樂生亂, 亂久習患, 患生憂, 憂生治(위의 책, 默觚下, 治篇二)."

하면 다시 치세가 될 수 있다고 주장했다. 그렇다고 해서 위원의 역사론이 복고주의적 순환론만을 지향하는 것은 아니었다. 그에 따르면 크게는 정치 체제로부터 작게는 전제田制·세제稅制·부역법賦役法·관리 선발법·병제兵制 등 각종 법과 제도에 이르기까지 비록 성왕聖王이라도 다시 마음대로 과거의 것으로 변경시킬 수는 없는 것이며, 오직 사람들(人情)이 불편하다고 느끼는 것만 과거의 것을 복귀시킬 수 있는 것이지 사람들이 모두 편하다고 생각하는 것은 결코 복귀시킬 수 없는 것이다.[64] 이런 점에서 위원의 개혁론은 복고적 개혁을 요구하기보다는 시세의 변화에 따라 혁신될 수 있는 개혁을 요구한 것으로 볼 수 있다.

역사관을 통한 위원의 개혁 요구는 당시 개혁에 반대하거나 개혁의 필요성을 느끼지 못했던 '수구적 집권층에 대한 비판과 도전이라는 의의를 지닌 것'[65]이었기는 하지만 그것 역시 봉건 체제 자체의 모순을 해결하기 위한 인식의 근본적 변화와 그에 따른 현실적 조치들을 강구하려는 것이 아니라 철저히 봉건적 차별 질서를 유지하는 바탕 위에서 점진적인[66] 인적·법적·제도적 변화만을 지향한 것이었다. 이것은 그의 정치 목표가 결코 보약제강保弱制强을

64 "租庸調變而兩稅, 兩稅變而條編, 變古愈盡, 便民有甚, 雖聖王復作, 必不舍條編而復兩稅, 舍兩稅而復租庸調也, 鄕擧里選變而門望, 門望變而考試, 丁庸變而差役, 差役變而差役, 雖聖王復作, 必不舍科擧而復選擧, 舍僱役而爲差役, 丘甲變而府兵, 府兵變而彍騎, 而營伍雖聖王復昨, 必不舍營伍而復爲屯田爲府兵也, 天下事, 人情所不便者變可復, 人情所羣便者變則不可復(위의 책, 治篇五)."

65 李軍, 「魏源思想的實學特色」, 『退溪學』 第10輯(安東大學校退溪學研究所, 1999), 189쪽.

66 "雖然, 立能行之法, 禁能革之事, 而求治太速, 疾惡太嚴, 革弊太盡, 亦有激而反之者矣(『魏源集』, 默觚下, 治篇三)."

바탕으로 한 다수 피지배 계층의 이익 확보에 있지 않고 제왕권적 권위 질서의 고수와 차별 체제 내에서 자신이 속한 사대부 귀족 계층의 역할을 증대시키는 데 있음을 보여 주는 것이라 하겠다.

구체적으로 위원은 한편으로 "천자天子란 중인衆人들이 모아서 만든 것이다. 따라서 인간을 업신여기고 인간에게 오만하게 구는 것이 하늘을 업신여기고 하늘에게 오만하게 구는 것이 아니겠는가? 인간이 모이면 강해지고 흩어지면 약해지며 조용하게 만족하고 살면 번창하고 불만이 많으면 황폐해지며 인간이 등을 돌리면 망하고 만다. 그러므로 천자는 자신 스스로를 중인 중 한 명이라고 보고 천하天下는 천하의 천하로 보아야 하는 것이다"[67]라고 하여 군주가 중인 중의 한 명일 뿐이라는 군주 추대론君主推戴論을 제시하기도 했다. 또한 49명의 지혜를 합한 것이 요왕堯王이나 우왕禹王 등 소위 유가에서 말하는 성왕의 지혜보다 낫다고 하는 등[68] 제왕권의 절대성을 부인하는 혁신적인 태도를 보이기도 했다. 그러나 다른 한편으로 "성왕의 정치란 일의 공적功績으로 재앙과 혼란을 없애 주고 도덕으로 일의 공적을 녹여 주며 반역하는 자는 멸망시키고 불순不順하는 자는 추방시키는 것이다"[69]라고 하여 제왕권의 강력함을 부각시켜 제왕권적 권위 질서에 대한 일체의 도전을 용납할 수 없다는 입장을 견지했다. 또 봉건 체제 하에서나 군현 체제(郡縣體

---

67 "天子者, 衆人所積而成, 而侮慢人者, 非侮慢天乎, 人聚則強, 人散則尫, 人靜則昌, 人訟則荒, 人背則亡, 故天子者視爲衆人中之一人, 斯視天下爲天下之天下(위의 책)."

68 "合四十九人之智, 智于堯禹(위의 책, 治篇一)."

69 "是以聖王之治, 以事功銷禍亂, 以道德銷事功, 逆而泯之, 不順而放之(위의 책, 治篇十四)."

制: 中央執權體制) 하에서 모두 변하지 않는 것은 오직 존왕尊王이라고 주장[70]하여 제왕권의 유지·강화를 추구하는 입장을 명확히 했다.

이렇게 위원의 정치적 입장이 모순적인 것처럼 보이는 것은 그의 중요한 정치 목표 중 하나가 바로 자신이 속한 귀족 사대부 계층의 정치적 입장을 강화하는 데 있었기 때문이었다. 이를 위해 그는 먼저 모든 대응하는 것 중에는 반드시 주主가 되는 것과 보輔가 되는 것이 있는데 하늘과 땅이 존비尊卑로 나누어지는 것과 같이 인간 사회에서도 신하는 반드시 임금의 명을 받들어야 하고 자식은 아버지의 명에 복종해야 하며 아내는 남편의 명에 순종해야 하는 것[71]이라고 하여 봉건적 차별질서 유지의 당위성을 주장했다. 또한 마음을 쓰는 사람(勞心者)은 육체 노동(勞力)을 할 수 없으며 문학과 정사政事는 같은 근원에서 출발한 것이므로,[72] 사대부는 서민의 머리(首)로서[73] 오직 정치와 언어와 문학을 담당해야 한다[74]는 주장을 전개함으로써, 맹자孟子와 동일한 논리[75]를 가지고 귀족 계층의 비생산성을 정당화하는 한편 자신이 속한 귀족 계층의 역할과 지위를 명확히 하려고 했다.

---

70 "封建之世喜分而惡合, 郡縣之世喜合而惡分, 二者皆所以尊王, 而治法本于治人(위의 책, 治篇九)."

71 "有對之中必一主一輔, 則對而不失爲獨, 乾尊坤卑, 天地定位, 萬物則而象之, 此尊無二上之誼焉, 是以君令臣必共, 父命子必宗, 夫唱婦必從(위의 책, 默觚上, 學篇十一)."

72 "故勞心者不勞力, 尙武者不修文, 文學每短於政事, 政事多絀于文學(위의 책)."

73 "士者, 庶民之首也(위의 책, 默觚下, 治篇十三)."

74 "士大夫作而行之, 政事言語文學之職也(위의 책, 默觚上, 學篇九)."

75 "或勞心或勞力, 勞心者治人, 勞力者治於人, 治於人者食人, 治人者食於人, 天下之通義也(『孟子』, 滕文公上)."

　이런 점을 볼 때 앞서 언급한 군주 추대론이나 다수의 지혜가 성왕보다 나을 수 있다는 위원의 주장은 피지배 계층 모두를 염두해 둔 "다수의 의견을 존중하는 민주주의적인 사상적 요소"[76]이기보다는 사족계층의 정치·사회적 발언권을 강화하기 위한 것이었다고 할 것이다.[77]

---

76 이철승, 「근대 전환기 중국 사상계의 현실인식과 사회변혁론 – 위원魏源의 철학사상을 중심으로 –」, 『동양사회사상』, 제6집(2002), 15쪽.

77 개체간 동등성을 기초로 한 다수 피지배 계층의 생존권 보호와 이익 확보보다는 제왕권적 권위 질서의 유지와 자신이 속한 사대부 계층의 역할 증대를 정치의 최우선 과제로 보는 이와 같은 위원 정치론의 특성은 단지 위원뿐 아니라 이전 중국 개혁 사상가들의 정치론에서도 유사하게 나타나는 것이라는 점에 주목할 필요가 있다. 예를 들어 청초 황종희(黃宗羲, 1610-1695)와 왕부지(王夫之, 1619-1692)는 이민족 정권의 등장과 더불어 전제군주권에 대한 강한 비판을 전개("豈天地之大, 於兆人萬姓之中, 獨私其一人一姓乎", 黃宗羲, 『明夷待訪錄』, 原君; "古者以天下爲主, 君爲客", 위의 책; "故我之出而任也, 爲天下 非爲君也, 爲萬民, 非爲一姓也", 위의 책, 原臣; "君臣之名, 從天下而有之者也, 吾無天下之責, 則吾在君爲路人, 出而任於君也, 以天下爲事, 則君之僕妾也, 以天下爲事, 則君之師友也, 夫然, 謂之臣, 其名累變, 夫夫子固不可變者也", 위의 책; "以天下論者, 必循天下之公, 天下非一姓之私", 王夫之, 『讀通鑑論』, 卷末, 敍論一; "天之使人必有君也, 莫之爲而爲之, 故其始也, 各推其德之長人, 功之及人者而奉之, 因而尤所有推以爲天子", 위의 책, 秦始皇)했다. 그러나 그들의 강한 전제 권력 비판은 본질적으로 개체로서의 계층 간 동등성을 기초로 한 평등적 정치 질서관 구축을 목표로 전개된 것은 아니었다. 즉 그것은 이민족 정권에 대한 정치적 도전의 산물이었으며 그러한 전제 권력에 대한 비판을 통해 자신이 속한 한족 사대부 계층의 정치적 입지 강화를 목적으로 하고 있었다. 황종희가 學校論학교론, 방진론方鎭論, 그리고 재상설치론宰相設置論을 제시하여 한족 사대부의 입지 강화를 추구한 것(『明夷待訪錄』, 學校, 置相과 方鎭 참조)이나 왕부지가 음양陰陽의 차별 원리를 군민 관계에 적용시키면서("陽貴陰賤, 陽君陰民", 『周易內傳』, 卷一四, 周易上經, 屯卦) 지배 계층 중심의 위계 질서를 강조한 것("天原道, 君原天, 相原君, 百官原相, 大哉", 『黃書』, 第五, 任官)은 그 예라고 할 수 있다. 이러한 특성은 중국 기철학의 집대성자라고 평가되는 18세기 후반 대진(戴震, 1723-1777)에게

위원의 이와 같은 제왕권의 절대성 확인과 유학적 차별 질서의 유지, 그리고 자신이 속한 귀족 계층의 이익 확보라는 정치 목표의 설정은 그의 개혁론의 본질이 결코 욕구 주체로서 인간간 동등성의 전제 하에 고통 받는 다수 피지배 계층의 생존권과 이익 추구권을 확보하여 궁극적으로 국가적 생산력의 발전을 이룩하는 데 있지 않았음을 나타내는 것이다. 이러한 위원 정치 목표의 성격은 "천도天道는 모으는 것을 싫어하고 분산시키는 것을 좋아하며, 왕정王政은 균등한 것을 좋아하고 편중된 것을 싫어한다"[78]고 하여 사회 내 부익부 빈익빈 현상의 타파를 요구하면서도, "부유한 토지 소유자가 없으면 국가가 빈곤하고, 중간 정도의 토지를 가진 사람이 없으면 국가가 위태롭다"[79]고 하고, 정책론적 측면에서 "검소함은 미덕으로서 사치를 금하는 것은 검소함을 숭상하는 것이지만

서 더욱 두드러진다. 대진 역시 정주이학程朱理學을 강하게 비판하고("而其所謂理者, 同於酷吏之所謂法, 酷吏以法殺人, 後儒以理殺人, 浸浸乎舍法而論理死矣, 更無可救矣", 『戴震文集』, 卷九, 與某書; "尊者以理責卑, 長者以理責幼, 貴者以理責賤", 위의 책, 附錄, 孟子字義疏證, 卷上, 理) 절대 군주 권력의 탄압이 초래한 모순을 지적("在位者多凉德而善欺背, 以爲民害, 則民亦相欺而罔極矣, 在位者行暴虐而競强用力, 則民巧爲避而包遁, 在位者肆欺貪, 不異寇取, 則民愁苦而動搖不安定矣, 凡此, 非比性然也, 職由於貪暴以賊其民所致", 위의 책, 附錄, 原善, 卷下)하면서도 다른 한편으로 "하늘의 명命을 부여받은 초기에 이미 존비尊卑가 정해졌다"("限於受命之初, 而尊卑遂定", 위의 책, 附錄, 答彭進士書)고 하여 인간·계층 사이의 선천적 차별을 당위화하고, 군신君臣 간의 관계를 부자父子 간 관계와 동일한 것으로 보아 공경恭敬을 다할 것을 요구("君臣之倫, 恩比於父子, 然而敬之盡也", 위의 책, 附錄, 原善, 卷下)하는 등 지배 계층 중심의 보수적 정치론을 전개했다. 이러한 측면은 근세 중국 개혁 사상 정치론의 보편적 특성을 보여 주는 것으로 위원 정치론의 성격 이해와 관련하여 중요한 의미를 갖는 것이라고 볼 수 있다.

78 "天道喜積而惡散, 王政喜均而惡偏(『魏源集』, 默觚下, 治篇十四)."
79 "故土無富戶則國貧, 土無中戶則國危(위의 책)."

그것을 법률로써 규정하거나 부의 소유를 법으로 규제할 수는 없다"[80]고 함으로써 오히려 당시 소수 부유층과 대토지 소유 지주층의 부의 독점과 피지배 계층의 빈곤을 정당화하는 그의 주장에서도 잘 나타나 있다.

따라서 그의 인성론과 우주론 그리고 인식론 또한 이와 같은 위원의 정치적 입장과 목표를 당위화하기 위한 이론적 논의에 불과한 것이었으며, 개체로서의 인간과 사물의 독자성과 평등성, 그리고 세계에 대한 근본적인 인식의 변화를 수반하지 못한 것이었다.

4. 정치 목표 달성의 이론적 기초

먼저 인성론적 측면에서 위원은 인의예지의 차별 원리가 인간의 본성 속에 내재에 있으며, 그것이 성선性善의 원리라는 유학의 인성론을 답습했다. 그는 이 점에 대해 "그 지나간 행적(行蹟: 軌轍)은 다르지만 도道가 함께 기르고 함께 행한 바는 크다. 같은 것은 요堯이고 걸桀이 아니라는 것이다. 성선과 타고난 천성(秉彝)은 두 가지 다른 것이 아니다"[81]라고 하고, "같은 것은 인仁이요 다만 인을 좋아하느냐 불인不仁을 싫어하느냐로 구분될 뿐이다"[82]라고 하여 인간이 차별 원리를 준수하는 존재임을 분명히 했다. 위원은 또한 정情이란 성性이 발현되어 나타나는 것이라고 하면서 선善은 성의 과실

---

80 "儉, 美德也, 禁奢崇儉, 美政也, 然可以勵上, 不可以律下, 可以訓貧, 不可以規富(위의 책)."

81 "其軌轍不同者, 道之並育並行所以大, 其同是堯而非桀者, 性善秉彝之無二也(위의 책, 默觚上, 學篇十一)."

82 "同一爲仁也, 而有好仁惡不仁之分(위의 책, 學篇一)."

果實이 나타난, 즉 정이 성에 바탕을 두고 충분히 발현된 것을 이르며 악惡이란 그 반대로 과실이 없이 가시(荊棘)만 있는 것을 말한다[83]고 했다. 그가 "기품氣稟과 물욕은 모두 성性에 근본을 두고 있는 것이 아니다"[84]라고 하고 "정욕이란 예의禮儀가 전혀 개입된 것이 아니다"[85]라고 한 것으로 미루어, 위원에게 선이란 일체의 색욕·재화욕·승욕勝欲 등 물욕을 추구하지 않고[86] 다만 성선의 원리인 인의예지의 선재 원리先在原理를 바탕으로 한 차별 질서에의 순응을 의미하는 것이었다. 그리고 악惡이란 비본성적 물욕 추구로 인한 차별 질서의 혼란이었다고 할 수 있다.

이렇게 철저히 인간의 욕구를 본성에서 제외시켰다는 점에서 위원의 인성론은 과욕론寡欲論이나·기질지성론氣質之性論을 통해 인간의 욕구를 부분적으로 시인했던 맹자나 주자의 인성론보다 훨씬 보수적인 것으로 볼 수 있다. 이는 그가 "과욕으로써 만족하고 무욕無欲을 잘못된 것이라고 하는 것을 어찌 옳다고 하겠는가"[87]라고 하여 맹자의 과욕론을 비판하는 동시에 "기질지성氣質之性은 군자가 가지고 있는 본성이 아니다"[88]라고 함으로써 주자학적 인성론까지도 전면적으로 부정한 것에 잘 드러나 있다.

이처럼 19세기라는 시대적 근대성에도 불구하고 위원이 이전의 학자들보다 더욱 보수적인 입장에서 인간의 물욕을 악의 근원으로

---

83 "性根于心, 萌芽于意, 枝分爲念, 豐茂爲情, 則性之華也, 善其果實之熟, 惡其荊棘之歧乎(위의 책, 學篇十三)."

84 "氣稟物欲, 皆爲性分所本無(위의 책, 學篇一)."

85 "情欲無介乎儀容(위의 책, 學篇六)."

86 "忿起於好勝, 故好勇, 好鬪與貨, 色同病, 好卽欲也(위의 책, 學篇四)."

87 "彼以寡欲爲足, 無欲爲非者, 何足以臧乎(위의 책)."

88 "故氣質之性, 君子有不性者焉(위의 책, 學篇十二)."

규정한 것은 피지배 계층의 반봉건 투쟁이 가속화되던 당시 시대 상황 속에서 물욕의 시인이 봉건 질서의 와해를 정당화시키고 촉진시킬 수 있다는 정치적 판단 때문이었던 것으로 보인다. 이러한 점은 그가 "본성을 다하여 명命을 지극히 받드는 학문은 말로써 중인中人에게 밝힐 수 없는 것이며 정情이 성性으로 올바르게 복귀하는 것에 관한 학문은 중인 이하의 사람에게 말할 수도 없는 것이다"[89]라고 한 데에서 알 수 있다. 더욱이 그는 "정이 발현하여 예의에 이른다는 것은 오직 사서인士庶人에게 가르쳐 다스리는 데 필요한 것이지 결코 왕후대인王侯大人 등 지배 계층에게 해당되는 것은 아니다"[90]라고 함으로써, 결국 차별 질서 파괴로 인한 사회적 혼란의 원인이 중인 이하 피지배 계층에게 있음을 분명하게 지적했다.

이와 같이 위원의 인성론은 봉건 질서 유지라는 자신의 정치 목표를 반영하여 차별의 원리가 본성 속에 내재해 있다는 유학적 인성론을 적극 옹호함으로써 욕구 주체로서의 인간간 평등성이나 개체성의 인정을 통한 상대적 동등성을 도출해 내지 못하는 보수성을 보여 주었다. 물론 그는 다른 한편으로 기술 발전을 통한 국가적 생산력의 확대를 욕구한 나머지 "기예技藝도 도道로 나아갈 수 있고 신神과 통할 수 있기 때문에 중인中人이라도 상지上智가 될 수 있으며 … 따라서 인간은 스스로 조화를 이룰 수 있다"[91]고 하여 인간의 후천적 노력으로 선천적 차별을 변경시킬 수 있다는 점을

---

89 "盡性至命之學, 不可以語中人明矣, 反情復性之學, 不可語中人以下不又明矣(위의 책, 學篇四)."
90 "然則發情止禮義者, 惟士庶人是治, 非王侯大人性命本源之學明矣(위의 책)."
91 "技可進乎道, 藝可通乎神, 中人可易爲上智, … 是故人能與造化相通, 則可自造自化(위의 책, 學篇二)."

암시하는 혁신적 사고를 표출하기도 했다. 그러나 그것은 어디까지나 계층간 자연스러운 이동을 전제로 한 것이 아니라 단지 기술발전의 측면에서 기예를 담당하는 중인 계층의 역할을 지적한 것에 불과한 것이었다. 오히려 그가 도덕론적 측면에서 이익(利)과 해로움(害)을 따지기보다는 무엇이 옳고(是) 무엇이 그른가(非)를 판단하는 것이 중요하다는 점을 지적[92]하는 동시에 차별 원리의 현실적 실천 덕목으로서 충과 효 그리고 순종順從을 제시한 것이나,[93] 인식론적 측면에서 다음과 같이 계층간 차별을 적극 부각시킨 것 등으로 볼 때 그의 논의 속에 봉건적 차별 질서에 대한 어떠한 회의나 비판이 수반되고 있지 않음을 알 수 있다.

> "크게 깨달음(大覺)은 해와 같고 밝게 깨달음(明覺)은 달과 같으며, 홀로 깨달음(獨覺)은 별과 같고 편협된 깨달음(偏覺)은 횃불과 같다. 또한 작은 깨달음(小覺)은 등잔불과 같고 우연한 깨달음(偶覺)은 번갯불과 같으며, 망령된 깨달음(妄覺)은 반딧불과 같다. 해는 성인聖人이고 달은 현인賢人이며 별은 군자君子이다. 그리고 횃불은 호걸豪傑이고 등잔불은 유학자이며, 번갯불은 상인常人이고 반딧불은 천한 사람이다."[94]

---

92 "論是非不論利害, 有時或戌是與利俱, 論利害不論是非, 有時或非與害俱(위의 책)."

93 "有對之中必一主一輔, 則對而不失爲獨, 乾尊坤卑, 天地定位, 萬物則而象之, 此尊無二上之誼焉, 是以君令臣必共, 父命子必宗, 夫唱婦必從(위의 책, 學篇十一)."

94 "大覺如日, 明覺如月, 獨覺如星, 偏覺如燎炬, 小覺如燈燭, 偶覺如電光, 妄覺如燐火, 日光, 聖也, 月, 賢也, 星, 君子也, 燎, 豪傑也, 燈, 儒生也, 電, 常人也, 燐, 小點也(위의 책, 學篇五)."

다음으로 위원의 우주론은 변하지 않는 차별적 우주 원리의 존
재와 더불어 변역變易의 속성을 이론화함으로써 현실의 정치 목표
인 차별적 봉건 질서를 유지하는 범위 내에서의 인적·법적·제도적
개혁의 필연성을 논증하는 데 집중되었다.

이와 관련하여 위원은 인간을 포함한 만물의 근원을 태허太虛 또
는 신神이라는 형이상학적 존재로 파악했다. 위원에 따르면 이와
같은 태허 또는 신이 변천·변화력의 주체인 기氣를 생성하고, 이러
한 기의 운동 작용, 즉 기화氣化에 의해 인간과 만물이 생성되고 활
동하는 것이다. 그는 이 점에 대해 "태허의 정기精氣가 유동流動하여
만물을 생성하며 따라서 태허는 만물의 근본(眞宅)이다"[95]라고 했
고, "신神이 움직이면 기氣가 움직이고 기가 움직이면 소리가 움직
인다. 신으로써 기를 부르는 것은 어머니로써 자식을 부르는 것과
같아서 인위적으로 부르지 않아도 자연스럽게 오는 것이다"[96]라고
표현했다. 그가 "하나(一)가 변화를 낳고 변화가 무궁無窮함을 낳는
다"[97]고 했을 때 하나란 바로 존재의 근원으로서의 형이상학적 태
허나 신을 의미하는 것이며, 무궁한 변화·변천이란 그러한 태허나
신에 의해 생성된 기의 속성을 뜻하는 것이라고 볼 수 있다.

그렇다면 실질적인 변화·변화력의 주체인 기의 본질은 무엇이
고 기의 운동 작용의 구체적 내용은 무엇인가? 위원에 따르면 기
는 모이고 흩어지는 취산 작용을 본질로 하고 있고, 그러한 취산
작용에 의해 생성된 만물萬物·만사萬事는 끊임없이 변천·변화하며

---

95 "太虛之精氣流動, 充盈于天地間, 必有入也(위의 책, 學篇十四)."

96 "是以神動則氣動, 氣動則聲同, 以神召氣, 以母召子, 不疾而速, 不呼而至(위
의 책, 學篇五)."

97 "一生變, 變生化, 化生無窮(위의 책, 學篇十一)."

상호 대립적이면서도 상호 보완적인 관계를 맺는다고 한다. 이에
대해 구체적으로 그는 먼저 "광명光明이 모이면 살고 흩어지면 죽
으며, 깨어 있으면 낮이고 잠들어 있으면 밤이며, 그 빛을 온전히
보존하면 총명하고 빛을 잃어 어두우면 어리석다"[98]라고 하여 기
를 광명이라는 자연 현상으로 구체화시켜 그 본질을 설명했다. 다
음으로 만물의 변천성에 관해서는 "삼대三代 이상의 하늘과 땅은
오늘날의 하늘·땅과 다르며 인간과 사물 또한 오늘의 인간·사물과
같지 않다"[99]고 했다. 또한 "비록 음양이나 한서寒暑 그리고 주야晝
夜와 같이 서로 상반되는 것이라 하더라도 봄이 아니면 겨울이 있
을 수 없고 사이四夷가 아니면 중국이라 할 수 없으며, 소인이 아니
면 군자가 있을 수 없으므로 상반相反은 상성相成에 의해 이루어지
는 것이라고 할 수 있다"[100]고 함으로써, 기에 의해 생성된 만물·
만사의 상호 대립성과 보완성을 표현했다.

이러한 위원의 설명을 볼 때, 그가 '기의 작용에 의해 생성된 만
물·만사는 상호 대립적인 상반성을 가지면서 끊임없이 변천·변화
한다'는 명제를 상정하고 있다고 볼 수 있는가? 다시 말해 변천·
변화의 속성이 만물·만사의 대립적 관계(예를 들어 군자-소인 관계나 四
夷-中國 관계 등)의 변천·변화까지도 가능한 것으로 전제하고 있는 것
인가? 앞에서 언급한 것처럼 위원의 정치 목표가 차별적 봉건 질
서를 유지하는 범위 내에서 인적·법적·제도적 개혁을 이루는 데

---

98 "光明聚則生, 散則死, 寤則晝, 寐則夜, 全則哲, 昧則愚(위의 책, 學篇五)."
99 "三代以上, 天皆不同今日之天, 地皆不同今日之地, 人皆不同今日之人, 物皆
不同今日之物(위의 책, 默觚下, 治篇五)."
100 "雖相反如陰陽寒暑晝夜, 而春非冬不生, 四夷非中國莫統, 小人非君子莫爲
骿蟺, 相反適以相成也(위의 책, 默觚上, 學篇十一)."

있었음을 상기한다면, 그가 의미하는 변천·변화란 단지 형세形勢의 변천·변화일 뿐이며 만물·만사의 대립적 상반 관계의 변천·변화까지를 의미하는 것은 아니라는 점을 알 수 있다. 이 점에 대해 그는 "변하지 않는 것은 도道일 뿐이며 세勢는 나날이 변하여 다시 회복될 수 없다"[101]고 했다. 즉 차별 원리 그 자체는 변할 수 없는 것이며 다만 치란治亂과 같은 형세의 변화만이 존재할 뿐이라는 점을 들어 현실의 보수적 개혁을 당위화하려고 했던 것이다. 위원이 "일음―陰·일양―陽은 하늘의 도이므로 성인이 항상 음을 억눌러 양을 도와주는 것이며, 일치―治·일란―亂도 하늘의 도이므로 반드시 성인이 바른 것으로 회복시켜 난을 다스리는 것이다"[102]라고 하여 형세의 변화 속에서도 결국 차별 질서의 유지는 영원 불멸할 것임을 거듭 밝힌 것에도 이러한 입장이 잘 나타나 있다.

이상에서와 같이 위원의 우주론은 기의 운동 작용에 의한 변천·변화의 원리를 상정했음에도 불구하고, 결국 봉건 질서의 유지라는 자신의 정치 목표로 말미암아 차별 원리의 불변성을 우주의 원리로 규정하는 한계를 보여 주었다. 따라서 인성론과 마찬가지로 그의 우주론 또한 자연계 내의 각 개체의 독자성을 바탕으로 한 상대적 동등성이나 자연에 대한 객관적 이해의 발판을 마련할 수 있는 논의가 결여된 것이었다고 평가할 수 있겠다.[103] 특히 "천하 만

---

101 "其不變者道而已, 勢則日變不可復者也(위의 책, 默觚下, 治篇六)."

102 "一陰一陽者天之道, 而聖人常扶陽以抑陰, 一治一亂者天之道, 而聖人必撥以反正(위의 책, 默觚上, 學篇四)."

103 인간을 포함한 만물의 생성 주체를 기氣로 파악하고 그러한 기의 변천·변화운동을 자연의 원리로 인식하여 현실 변화와 개혁의 이론적 당위성을 제시했던 것은 동시대 한국이나 일본 개혁 사상의 우주론과 유사하다(19세기 전반기 한국과 일본 개혁 사상가들의 우주론에 대해서는 김정호, 『근세 동아시아

물은 홀로 존재할 수 없고 반드시 상대적인 관계를 맺고 있다"[104] 라는 만물의 상대성 인정에도 불구하고 그러한 상대성이 결국 동등한 개체간의 상호 이해나 상호 보완성 주장으로 발전하지 못하고 개체 상호 간의 차별적 관계의 영속성만을 의미하는 것[105]에 한정된 것은 그의 우주론과 인식론이 유학적 범주에 머물러 있음을 보여 준다고 할 것이다. 이처럼 위원이 인간과 우주에 대한 근본적 인식의 변화를 결여하고 있었으므로 그의 국내 질서관과 국제 질서관도 사회 내 계층간 기능적 평등성이나 국가간 상대적 동등성을 인정하는 것이 될 수 없음은 자명한 것이었다.

5. 국내·국제 질서관

국내 질서관 측면에서 위원은 비생산 지배 귀족 계층의 피지배 생산 계층에 대한 우월성을 강조하는 데 논의를 집중했을 뿐 사·농·공·상의 기능적 동등성과 같은 근대적 사고를 표출하지 못했다. 즉 그는 "작록(爵祿)을 절제할 수 있는 자는 신하(臣下: 官吏)가 될 수 있고 비단(金帛)을 좋아하는 자는 부릴 수 있으며, 음식만을 원

의 개혁사상』(서울: 논형, 2003), 제4장을 참조 바람). 그러나 상술한 바와 같이 위원의 우주론은 한국과 일본 개혁 사상가들과는 달리 기에 의해 생성된 인간과 만물이 지닌 독자적 생존 원리를 이理로 규정하지 못함으로써 자신의 기론氣論을 평등 질서관 형성의 이론적 토대로 활용하지 못하는 한계를 보여 주었다.

104 "天下物無獨必有對(『魏源集』, 默觚上, 學篇十一)."

105 "有對之中必一主一輔, 則對而不失爲獨, 乾尊坤卑, 天地定位, 萬物則而象之, 此尊無二上之誼焉, 是以君令臣必共, 父命子必宗, 夫唱婦必從(위의 책)."

하는 자는 먹여 기를 수 있지만 장사壯士에게는 음식을 맡길 수 없고 호걸豪傑에게는 비단을 맡길 수 없으며, 군자는 작록爵祿에 연연할 수 없다. 따라서 붕우朋友와 군신君臣은 같은 계층(類)끼리 친親해야 한다"[106]고 하여 생산 계층과 비생산 계층 사이의 계층간 차별을 당위화했다. 또한 "하민下民이 상上의 지배를 받는 것은 마치 초목草木이 사시四時의 지배를 받는 것과 같다"[107]고 함으로써 귀족 지배의 정당성을 주장했다. 더욱이 그는 "사士가 서민庶民의 머리(首)이다"[108]라는 주장을 통해 농·공·상보다 근본적으로 우월한 입장에서 사士의 지위를 규정함으로써 자신이 속한 귀족 계층의 사회 내 신분적 우월성을 강조하는 차별적 국내 질서관을 견지했다.

국제 질서관의 측면에서도 위원은 아편전쟁을 시작으로 서구 열강의 무력 침투가 가속화되는 상황 하에서도 전통적인 중국 중심의 화이 질서관에서 근본적으로 벗어나지 못하는 한계를 드러냈다. 그는 먼저 당시 중국이 서구 열강의 침투에 무기력한 원인을 서양의 정세에 어두운 것에 있다고 판단하고 "이적夷狄의 일을 헤아리면 반드시 이적의 정세를 알 수 있고, 이적의 정세를 알면 반드시 이적의 형세를 알 수 있다"[109]는 인식 하에 서양에 대한 객관적 이해의 필요성[110]을 제시했다. 이러한 점에서 당시 청조의 폐쇄

---

106 "爵祿羈之者可臣, 金帛啗之者可役, 飲食乾餱之者可畜, 壯士不可飲食致也, 豪傑不可金帛致也, 君子不可好爵祿靡也, 是以朋友君臣, 以類相親(위의 책, 默觚下, 治篇八)."

107 "民之制于上, 猶草木之制于四時也(위의 책, 治篇十四)."

108 "士者, 庶民之首也(위의 책, 治篇十二)."

109 "籌夷事必之夷情, 知夷情必知夷形(『海國圖志』(서울대학교 규장각 소장본), 卷二, 籌海篇三)."

110 "以實事程實功, 以實功程實事(위의 책, 原敍)."

적 대외 정책과는 달리 위원이 비교적 현실주의적인 정책관을 가지고 있음을 알 수 있다. 그럼에도 불구하고 이와 같은 위원의 현실 타개책은 단지 중국이 이민족의 침입이라는 일시적인 형세의 변화에 의해 초래된 혼란을 극복하기 위한 방책에 불과하다는 인식을 바탕으로 한 것이었다. 따라서 그것은 중국이 현재 서양에 비해 부족한 점을 파악하여 서양의 장점을 가지고 서양을 공격하기 위한, 즉 이적夷狄으로써 이적을 공격하고 이적의 장기長技로써 이적을 제압하기 위한[111] 전략적 방법일 따름이었을 뿐, 중국 중심의 세계관에 대한 근본적인 인식의 변화를 수반한 것은 결코 아니었다. 이 점은 그가 "중국만이 유일하게 스스로를 왕화王化의 나라라고 했으며 다른 나라들은 모두 오랑캐(蠻夷)로 보았다"[112]고 전제하고, 역사와 전통, 문물과 제도는 물론 인구와 영토, 육군력陸軍力 등에서 중국은 다른 어떤 나라보다도 우수하며, 다만 해군력(兵船과 武器 등)에서 서구 열강보다 뒤져 있는 것이 현실의 패배를 가져온 것이라고 보았던[113] 데에서 잘 드러나 있다. 따라서 서양의 선박 제조법이나 무기 기술 등을 수용해 해군력만 보완한다면 중국이 충분히 서구를 물리칠 수 있다고 보았던 것이 위원의 입장이었다.

이렇게 볼 때 결국 위원의 국제 질서관 또한 중화주의적 세계관의 고수를 지향하는 것이었다고 볼 수 있으며 중체서용적中體西用的 입장에서 기술 방면의 부분적 개방과 수용을 통해 중국의 당면 모

---

111 "爲以夷攻夷而作, 爲以夷款夷而作, 爲師夷長技以制夷而作(위의 책)."
112 "故中國惟自謂王化之國, 而視外國皆同亦身蠻夷(위의 책, 卷八十一, 夷情備采一, 澳門月報一)."
113 "惟論及中國海上水師之船, 較之西洋各國之兵船, 則不但不能比較, 乃令人一見, 卽起增恨之心(위의 책)."

순을 해결하려는 것이었다고 평가할 수 있을 것이다. 그의 중체서
용적 태도는 다음에서 살펴볼 정책론을 통해 더욱 구체화되었다.

6. 중체서용의 정책론

위원 정책론의 내용은 크게 다음과 같은 세 가지 방향에서 전개
되었다고 할 수 있다. 그 하나는 부패하고 비효율적인 관리 임용
제도를 개선하여 능력 있는 인재를 등용하여 쓸 것을 요구하는 용
인책用人策, 즉 인재 등용책이었다. 이에 대해 위원은 먼저 "사람의
장단점을 모르고 장점 중에 단점이 있다는 것과 단점 중에 장점이
있다는 것을 알지 못하면 사람을 쓸 수 없고 가르칠 수도 없다. 사
람을 쓰는 사람은 그 사람의 장점을 취하고 단점을 피하며 사람을
가르치는 사람은 그 사람의 장점을 길러 주고 단점을 없애 주어야
하는 것이다"[114]라고 하여 인재 등용에서 개방적 태도를 가질 것을
요구했다. 이와 함께 "인재라는 것은 구하면 나와서 뛰어나게 되고
버려 두면 궤짝과 같이 쓸모없게 된다"[115]고 함으로써 적극적으로
인재를 발굴할 필요성을 역설하기도 했다.

그러나 위원이 "사대부의 역할과 임무는 정치와 언어와 문학이
다"[116]라는 점을 분명히 한 것에서 알 수 있듯이, 그가 요구하는 인
재의 발굴과 등용은 신분을 초월하여 장점을 가진 모든 사람을 고
루 등용하자는 혁신적 개혁책이라기보다는 만주족滿洲族 지배의 정

---

114 "不知人之短, 不知人之長, 不知人長中之短, 不知人短中之長, 則不可以用
人, 不可以敎人(『魏源集』, 默觚下, 治篇七)."

115 "故人材者, 求之則愈出, 置之則愈匱(위의 책, 治篇九)."

116 "士大夫作而行之, 政事言語文學之職也(위의 책, 默觚上, 學篇九)."

치 체제 하에서 소외된 다수의 한족漢族 지식인층을 염두에 둔 것으로 보인다. 이것은 그가 봉건제 하에서는 군주나 제후가 사적으로 친족 관계에 있는 사람을 등용하는 것이 자연스러운 것이었지만 중앙 집권 체제인 군현제 하에서는 공적 관계를 바탕으로 이민족 또는 이국異國의 사람까지도 등용하는 것이 타당하다는 점을 지적하면서,[117] "성왕聖王이 사대부를 구하는 것과 사대부가 도道를 구하는 것은 재야在野에만 한정되어서도 안 되고 성읍(城邑: 지배층 내부를 의미)에만 한정되어서도 안 된다"[118]고 하여 인재 발굴의 대상을 권력에서 소외된 한족 사족 계층으로 확대할 필요성을 제시한 것에서 잘 알 수 있다.

위원 정책론의 두 번째 방향은 국가 주도 하에 국가적 생산력과 부의 확대를 확보할 수 있는 각종 경제 개혁에 집중되었다. 특히 그는 농업 생산력의 향상과 상업적 이익의 보존 그리고 그것의 극대화를 지원할 수 있는 정책 방안 마련에 주력했다. 먼저 농업 생산력의 확대를 위해서는 관 주도의 수리 시설과 제방隄防 시설 그리고 교량橋梁에 대한 보완과 확충을 요구했으며,[119] 지형과 기후에 따라 파종 시기를 조절하고 곡물 재배의 다양화를 통해 농업 산출력을 증대시킬 방안을 제시하기도 했다.[120] 상업적 이익의 보존을 위해서는 "해운海運의 이익은 크게 세 가지로, 국가의 재정에 이롭고 민생에 이로우며 상인에게 이롭다"[121]고 하여 해상 운송을 촉진

---

117 위의 책, 默觚下, 治篇九 참조.
118 "聖王求士與士之求道, 固不于野而于城邑也(위의 책)."
119 위의 책, 上陸制府論下河水利書; 再上陸制府論下河水利書; 湖北隄防議; 三江寶帶橋記 참조.
120 위의 책, 吳農備荒議上, 下 참조.

시키고 미비점을 보완할 각종 제도적 장치의 개선을 요구했다.[122] 또한 소금(鹺)의 생산과 판매를 확대시키는 방안으로 세금의 경감과 시장 가격의 평준화, 그리고 가공 비용과 운송 비용의 경감을 위한 법적 장치의 개선[123] 등을 주창했다. 아편전쟁기 때 위원의 경제·무역 정책의 핵심은 당시 성행했던 아편 무역을 근절하고 중국산 차茶의 수출을 증대시키는 데 있었다. 이를 위해 그는 아편이 중국인에게 미치는 해로움이 크다는 점[124]과, 영국이 아편 무역으로부터 얻는 이익이 중국인이 우려하는 것보다 훨씬 크다는 점[125]을 지적하면서, 중국이 아편을 금지시키는 것은 영국이 본토와의 직접 무역을 금지하는 것과 같다[126]는 주장을 통해 아편 무역 금지의 정당성을 역설했다. 동시에 위원은 "무역 중에 이익을 주는 것은 화물貨物이고 이것은 세금을 통해 얻는 이익과 같다. 하지만 이러한 것들보다 더 큰 이익을 주는 것이 바로 차엽茶葉이다"[127]라고 함으로써 차의 수출을 촉진할 수 있는 방안 마련이 현재 중국의 국가적 부의 확대를 위해 필수적인 정책 대안임을 강력히 주장했다.

마지막으로 위원의 정책론은 당시 급속히 진행되고 있던 서구 열강의 침투에 대응하여 이를 극복할 대안 마련에 초점이 맞추어

---

121 "海運之利有三, 曰國計, 曰民生, 曰海商(위의 책, 籌漕篇上)."

122 위의 책, 籌漕篇上, 下 참조.

123 위의 책, 籌鹺篇 참조.

124 "人好食生阿片, 皆害人性命之物鹺(『海國圖志』, 卷八十一, 夷情備采一, 澳門月報三, 論禁煙)."

125 "故英國受阿片之利益, 不少亦以此招中國人之忌(위의 책)."

126 "中國禁阿片, 猶如佛蘭西之波稔王, 禁英人不准至本地貿易相同(위의 책)."

127 "貿易中貨物之利於人, 幷利於稅餉, 舍茶葉外斷無勝於此者(위의 책, 澳門月報二, 論茶葉)."

졌다. 앞서 언급한 대로 위원은 서구 열강의 개방 압력과 경제적 이권 침탈에 대응하기 위해서는 무엇보다 서양의 정세와 장점을 파악하는 것이 중요하다는 점을 지적했다. 그리고 이처럼 서양의 정세와 장점을 파악하기 위해서는 전통적인 쇄국 정책에서 탈피하여 개국 정책을 취할 수밖에 없다는 것이 위원의 입장이었다. 그러나 그의 개국론의 본질은 중국의 전통과 문화에 대한 우월성에서 벗어나 서양의 제도와 문물까지도 적극 수용하여 국가 발전을 이룩하기 위한 개국론이 아니라, 단지 서양의 장점이 무엇인가를 파악하여 궁극적으로 서양을 무력으로 싸워 이기기 위한 수단적 차원에서의 개국론이었다. 이것은 그가 "오늘날 능히 행할 수 있는 것은 개국하여 병사의 위세를 가지고 승리를 얻는 것뿐이다"[128]라고 한 데에 잘 나타나 있다. 따라서 그의 정책론의 핵심은 무엇보다 중국이 서양에 크게 뒤쳐져 있다고 인식한 해군력을 보완하기 위해 서양의 선박 제조법과 무기 제조법 그리고 그것의 사용법 등을 수용하여 발전시키는 방법을 제시하는 데 집중되었다.[129] 그가 『해국도지海國圖志』를 통해 서양의 기기器機에 대해 소개하고[130] 서양의 총포銃砲 제작법과 사용법, 그리고 망원경 제작법 등을 자세히

---

128 "當日所以能行者, 以開國得勝之兵威也(위의 책, 澳門月報一)."

129 서양의 선박 제작법과 무기 기술을 수용하는 방법에 관한 구체적인 정책에서, 위원은 당시 아시아 국가들이 흔히 행하던 서양인의 초빙을 통한 기술 이전을 선호하지 않았다. 그것은 서양인에만 의존할 경우 서양인이 중국을 무시하게 되고 실제로 전쟁에 사용할 수 있을 정도의 강력한 선박 제조나 무기 기술을 전수하지 않을 것이라는 판단 때문이었다. 따라서 서양의 기술을 수용하되 그것을 중국인이 빨리 습득하여 서양과 대등한 군사력을 갖추어야 한다는 것이 위원의 입장이었다(위의 책 참조). 이러한 점에서 위원의 강병론은 현실적인 측면이 있다고도 볼 수 있을 것이다.

130 위의 책, 卷九十四, 西洋技藝雜述 참조.

설명한 것[131]은 그 예이다.

이외에도 위원은 "병사란 부득이하게 사용하는 것이며, 따라서 공격을 말하는 것은 수비를 말하는 것과 같지 않다"[132]는 인식 하에 성곽을 방어할 필요성과 방법을 정책론으로 제시했고, 재용財用의 확충을 통한 군수 물자의 확보 방안[133]과 이민족 특히 묘족苗族의 반란을 토벌할 구체적인 실천 방안[134]을 내놓기도 했다.

이와 같은 위원의 정책론은 당시 내우외환의 상황 하에서도 무능과 안이한 현실 인식에 사로잡혀 있던 청조 지배 세력과는 달리, 현실의 표면적인 문제점들을 적시하고 그것을 해결할 구체적 개혁방안을 제시했다는 점에서 높이 평가할 수 있다. 특히 그가 서양 무기와 기술의 우수성을 적극 인정한 것 자체가 세계 정세의 변화를 현실적으로 수용한 것이라고 할 수 있다. 그러나 봉건 질서의 와해와 서구 열강의 침입이라는 객관적 현실 변화에도 불구하고 유학적 차별관을 고수하는 범위 내에서 위로부터의 점진적인 인적·법적·제도적 개혁에만 치중함으로써 중국 사회의 모순을 치유할 근본적인 대안을 제시하지 못했다는 점은 역시 위원 사상의 본질적 한계라 할 것이다.

이상에서와 같이 19세기 전반기 중국 개혁 사상으로서의 위원의 사상은 공양학의 전통을 수용·발전시켜 현실 개혁의 필요성을 논증하고 특히 서양에 대한 확대된 지식을 바탕으로 서구의 과학 기술과 제도의 수용을 통한 국가 발전을 추구했다는 점에서 당시

---

131 위의 책, 卷九十一, 西洋自來火銃法과 卷九十五, 西洋遠鏡作法 참조.
132 "兵者不得已而用之, 故言攻不如言守(『魏源集』, 城守篇)."
133 위의 책, 軍儲篇 一, 二, 三, 四 참조.
134 위의 책, 坊苗篇 참조.

중국의 집권 세력과 보수층과 구별되는 혁신성을 지니고 있다고 평가할 수 있다. 그러나 이와 같은 사상적 의의에도 불구하고 위원의 중체서용적 개혁론은 자신이 속한 한족 귀족 계층의 정치적 역할을 강조하는 한편 대내적 군신 질서와 신분 질서의 유지, 중국 중심의 화이 질서관의 지속이라는 정치 목표로 말미암아 유학적 차별 질서관에 대한 근본적인 회의와 비판을 결여함으로써 개체간 평등성을 기초로 한 개혁론으로 발전하지 못하였다. 동일 시기 한국과 일본의 개혁 사상가들이 동아시아 전통의 개체관과 상대관, 그리고 서구 문물의 과감히 수용하여 욕구 주체로서의 인간간 평등성과 개체간의 상대적·기능적 동등성을 기초로 한 부국안민富國安民의 실용적 정책론을 제시한 것에 비하면, 위원의 개혁론은 인간과 세계에 대한 근본적 인식의 변화를 수반하지 못하고 유학적 차별관의 고수를 전제로 한 인적·법적·제도적 개혁에만 치중했다는 점에서 그 한계가 뚜렷하다. 더욱이 이러한 위원의 중체서용적 개혁 방법론이 19세기 후반 양무운동으로 이어져 결국 중국이 서구 열강의 이권 침탈지로 전락하게 된 요인 중의 하나가 되었다는 점은 정치사상사적 측면에서 중요한 의미가 있다고 할 수 있다.

제3장 19세기 전반 일본 개혁 사상의 특성

1604년 성립된 도쿠가와 바쿠후德川幕府의 권력 체제는 주자학적 정치 질서관을 바탕으로 한 바쿠후 권력의 절대화와 대내적 차별 질서의 강화 노력에도 불구하고 17세기 말 이후 급격히 분출된 대내적 모순을 해결할 능력을 보여 주지 못함으로써 체제 위기에 봉착했다. 이와 같은 상황은 18세기 중·후반 이후 더욱 가속화되어 봉건 질서의 와해 현상이 두드러졌다. 즉 바쿠한 체제幕藩體制라는 주자학적 차별 질서관을 바탕으로 한 정치 체제 자체의 모순에 대한 근본적 개혁 없이 단순히 피지배 계층에 대한 제도적 수탈로 당면한 재정난을 타개하려는 바쿠후의 노력은 상업 화폐 경제의 성장과 농촌 경제로의 침투, 거듭되는 전염병과 대기근 등의 자연 재해와 맞물려 피지배 계층의 빈곤화·피폐화를 촉진시켰다. 특히 이러한 모순에 대한 저항으로서 생존권 확보 측면에서 전개되었던 농민들의 폭동과 반란(一揆)은 18세기 후반에 이르러 더욱 빈번해졌고 이에 대해 바쿠후는 억압 정책으로 일관했다.

피지배 계층의 이러한 봉건 질서에 대한 도전과 아울러 정치권과 연계하여 바쿠후 권력의 정당성을 비판하고 텐노오天皇를 정점으로 한 새로운 권력 질서의 당위성을 표방하는 사상적 움직임이 전개되기도 했다. 동시에 이를 저지하기 위한 바쿠후의 강력한 탄

압으로 인해 호레키寶曆·메이와明和 사건[1]이 발생하기도 하는 등 정
치 변혁의 조짐이 태동하기도 했다.

　이와 함께 일본 근세 전반기와 구별되는 후반기의 주요한 특징
이라면 무엇보다 18세기 중·후반 이후 유럽의 과학 지식이 본격적
으로 일본에 유입되기 시작했다는 점이다. 이미 1543년(天文 12년)
포르투갈인이 종자도種子島에 소총을 전해주고, 또한 1549년(天文
18년) 최초의 기독교 포교가 이루어진 역사를 가지고 있는 일본은
이후 약 100여 년에 걸쳐 주로 네덜란드 상인들과의 접촉을 통해
선진적 서구 문물을 흡수했다. 비록 17세기 중반 이후 도쿠가와
바쿠후의 쇄국 정책으로 인해 서양 상인들과의 직접 교류가 제한
되었기는 하지만 상업의 발달과 더불어 서구 문물의 유입은 피할
수 없는 대세였다고 할 수 있다. 이러한 상황은 18세기 이후에도
지속되어 쇄국 체제 하에서 유일한 대외 무역 항구였던 나가사키長
崎를 통해 유럽의 발달된 천문학과 지리학 등이 주로 기독교 선교
사들과 서양 상인들을 통해 유입됨으로써 일본 사상가들이 세계에
대해 새롭게 인식할 수 있었다. 중국의 경우 명나라 말기에 선교사
를 중심으로 서구의 과학 지식이 한족 귀족 계층과 지식인들에게

---

1 호레키寶曆 사건이란 1758년(寶曆 8년) 의사로서 신도가神道家 출신의 타케우
　치 시키부(竹內武部)가 반막적反幕的 입장에서 천황의 궁정 신하들에게 천황
　의 정치적 임무를 강연한 것에 대해 바쿠후가 그를 체포하여 처벌했던 것을
　말하며, 메이와明和 사건이란 1767년(明和 4년) 역시 의사로서 타케우치 시키
　부(竹內武部)와 교분이 있었던 야마가타 다이니(山縣大貳)와 낭인 출신의 후지
　이 우몬(藤井石門)이 바쿠후의 무능력을 비판하고 천황 중심의 통일 국가 건
　설의 필요성을 주장했다는 이유로 바쿠후에 의해 사형을 당하고, 타케우치
　시키부(竹內武部) 역시 이들과 관련되어 있다는 구실로 유배 도중 사망했던
　사건을 말한다(井上淸, 차광수 역, 『일본의 역사 (상)』(서울: 大光書林, 1995), 403-
　404쪽 참조).

큰 영향을 미쳤으나 명의 멸망과 이민족 정권인 청의 성립, 그리고
이에 따른 민족적 대립과 배타적 화이 질서관의 고수 등으로 인해
서구 문물의 과감한 수용을 통한 근대적 사상 발전이 정체되었다.
한국의 경우에는 중화주의적 질서관의 고수로 인해 서구인들과의
직접 접촉이 불가능한 현실 속에서 주로 중국 여행을 경험한 소수
귀족 계층 출신 선각자에 의해 서구 문물의 수용이 이루어짐으로
써 사상의 대내적 전파라는 문제에서 근본적인 한계가 있었다. 이
에 비해 일본의 경우에는 지리적 특성과 문화적 후진성, 상업 활동
을 담당하는 쵸닌町人 계층의 발흥, 그리고 사상적 개방적인 피지배
계층 출신 사상가들의 적극적인 수용 자세 등으로 인해 서구의 발
달된 지식의 유입이 상대적으로 용이했다. 그 결과 세계관의 변화
와 그것의 대내적 전파라는 면에서 한국·중국과는 근본적으로 차
이가 생길 수밖에 없는 것이었다.

　이러한 점을 배경으로 특히 18세기 후반에 이르러서는 그동안
진행되어 왔던 선교사와 상인 중심의 서구 문물 수용 차원에서 벗
어나 네덜란드 어를 바탕으로 서양의 자연과학적 지식을 체계적으
로 연구하는 학문 분야로서의 난학蘭學이 나가사키長岐를 중심으로
성립되기에 이르렀다. 이와 같은 난학의 발전은 물론 일본에서 의
학·생물학 등 자연과학적 분야의 발전을 촉진시키기도 했다. 그러
나 무엇보다 그것이 전통적인 주자학 또는 유학의 당위적이고 추
리적인 논의에서 탈피하여 인간·자연·우주에 대한 객관적이고 실
증적인 접근을 가능하게 했다는 점과, 더 나아가 대내외적 차별 질
서관의 고수로 상징되는 현실 정치의 모순을 직시하고 그것을 극
복하기 위한 구체적인 정책 대안을 제시하는 토대가 되었다는 점
에서 중요한 정치사상적 의의가 있는 것이었다.

다음에서는 동아시아 전통의 반유학적 정치사상의 영향과 이전 개혁 사상의 전통과 함께 서구의 근대적 과학 지식의 적극적인 수용을 바탕으로 형성·전개되었던 19세기 전반기 일본 개혁 사상의 흐름과 특징과 성격을 양학 계열의 시바 코오칸司馬江漢, 그리고 난학파 와타나베 카잔渡邊華山과 다카노 쵸에이高野長英의 사상을 중심으로 규명해 보기로 하겠다.

제1절 시바 코오칸의 양학적 개혁 사상

1. 도입

구체적인 내용 검토에 앞서 19세기 전반기 일본 개혁 사상으로서 시바 코오칸[2] 사상 연구의 중요성을 간단히 언급하고자 한다.

먼저 시바 코오칸으로 대표되는 양학 계열 국가 개혁론의 혁신

---

2 시바 코오칸(司馬江漢, 1748-1818)의 이름(名)은 준峻, 자는 군옥君嶽이며 강한江漢·춘파루春波樓·서양도인西洋道人·불언不言·무언無言·도언桃言 등의 호가 있었다. 에도江戶의 쵸닌 집안에서 태어났으며 생의 대부분을 에도에서 활동했다. 16세부터 한학을 배웠으나 화가로서 1년여에 걸친 나가사키長崎 방문과 당시 난학의 대표적 인물들이었던 히라가 겐나이(平賀源內, 1728-1779), 마에노 료오타쿠(前野良澤, 1723-1803) 등과의 교류를 통해 난학을 중심으로 한 서양의 천문학·지리학·화법畵法 등을 습득한 뒤, 일생을 이러한 지식을 일반인과 당시 번주藩主들에게 전파하고 그들을 계몽시키는 데 주력한 인물로 평가된다(芳賀徹,「18世紀日本の知的戰士たち - 啓蒙の畵家江漢」,『日本の名著 22 - 杉田玄白·平賀源內·司馬江漢』(東京 : 中央公論社, 1971), 60-75쪽과 부록 연보 참조: 沼田次郎,「司馬江漢と蘭學」,『日本思想大系 64 - 洋學上』(東京: 岩波書店, 1976), 649-672쪽 참조).

적 특성을 들 수 있다. 본문에서 구체적으로 설명하겠지만 18세기 말부터 19세기 초 일본에서는 당시 일본이 처한 대내외적 위기 상황에 대하여 바쿠후幕府 권력權力 차원의 국가 개혁론으로부터 모토오리 노리나가(本居宣長: 1730-1801), 히라타 아츠타네(平田篤胤: 1776-1843)로 대표되는 국학國學 계열系列, 시바 코오칸과 혼다 토시아키(本多利明: 1744-1821) 등의 양학洋學 계열, 그리고 카이오 세이료오(海保靑陵: 1755-1817), 야마가타 반토(山片蟠桃: 1748-1821) 등으로 대표되는 자생적自生的 개혁론 등 다양한 정치적·사상적 대응 방식이 존재하였다. 이들 중 정치적 측면에서는 물론 바쿠후 권력이나 국학 계열, 또는 번주藩主의 보호 아래 개혁론을 전개했던 사상가들의 영향력이 더 강했던 것이 사실이다. 그러나 바쿠후 권력 개혁론의 체제 유지적 특성이나 국학 계열의 자민족自民族 중심적 특성, 그리고 자생적 개혁 사상들의 보수적 한계 등과는 대조적으로 시바 코오칸의 국가 개혁론은 현실에 대한 날카로운 비판과 객관적 인식을 바탕으로 정치사상적 측면에서 인간과 세계에 대한 새로운 인식의 변화를 수반한 아래로부터의 개혁론으로 평가할 수 있다. 특히 그의 개혁론이 차별差別과 위계位階가 지배적인 정치·사회구조 속에서 개체의 본연적 자유성自由性과 인간·계층·국가·민족·지역 등 개체간 관계의 평등성을 토대로 전개된 것이었다는 점에서 중요한 정치사상적 의미를 담고 있다고 판단된다.

두 번째는 시바 코오칸 국가 개혁론의 이론적 토대가 난학적蘭學的 지식뿐만 아니라 동아시아 전통 정치사상의 인식론에 상당 부분 근거하고 있다는 점이다. 그의 행적行蹟에서 보이듯이 시바 코오칸이 나가사키長崎를 통한 난학의 유입과 습득을 통해 인간과 세계에 대한 좀더 폭넓고 새로운 지식을 가지게 된 것은 잘 알려진 사실이

다. 그러나 그러한 새로운 지식을 혁신적 국가 개혁론으로 구체화
시킬 수 있었던 것은 개체의 본연적 자유성과 평등성을 주장하였
던 동아시아 전통의 반주자학反朱子學 내지는 반유학적反儒學的 인식
론을 시바 코오칸 스스로가 자신의 중요한 철학적 기초로 삼았기
때문이었다는 것이 필자의 판단이다. 특히 시바 코오칸 국가 개혁
론의 이론적 기초가 되는 욕구 주체로서의 인간간 동등성 논리, 개
체성 인정과 부각의 논리, 그리고 상대관相對觀의 활용 등은 동아시
아의 전통적인 기철학氣哲學과 노장적老莊的 인식론認識論을 원용援用[3]
하여 자신의 사상적 독창성을 가미한 것이라고 할 수 있다. 이러한
점에서 시바 코오칸의 국가 개혁론은 18세기 말부터 19세기 초라
는 시간적 범위에서 난학蘭學이라는 서구적 지식의 유입과 확대가
일본 전통의 자유·평등적 인식론과 결합하여 국가적 위기 극복의

---

3 시바 코오칸이 동아시아의 전통적인 기철학氣哲學과 노장적老莊的 인식론을
바탕으로 자신의 사상을 전개하였다는 점은 일본 학자들의 연구 결과에서도
지적되고 있는 사항이다. 일본 학자들은 시바 코오칸의 기철학에 대해서는
일본에서의 유물론적唯物論的 경향의 전통으로서, 그리고 노장적 인식론에
대하여는 시바 코오칸의 사상에서 보이는 허무주의적虛無主義的 경향의 근거
로서 지적하고 있다(이에 대해서는 藤原 暹, 「司馬江漢の思想-その實用主義と虛無主
義」, 『日本近世思想の研究』(京都: 法律文化史, 1971), 121-143쪽; 村岡典嗣, 「市井の哲
人司馬江漢」, 『司馬江漢の研究』(東京: 八坂書房, 1994), 154-175쪽; 岩崎允胤, 「蘭學周
邊の自由思想家-司馬江漢の場合」, 『日本近世思想史序説下』(東京: 新日本出版社, 1997),
320-351쪽 등 참조). 그러나 필자는 특히 노장적 인식론의 본질이 인간의 본연
적인 자유성과 개체간 상대적 평등성을 인정하는 데 있는 것으로 파악하고
있다. 따라서 본 논문에서 사용하는 '시바 코오칸의 노장적 인식론의 원용援
用'이란 시바 코오칸 인식론의 비실용성非實用的 또는 비실재성非實在性을 의
미하는 것이 아니라 시바 코오칸 국가 개혁론의 인식론적 토대가 인간을 포
함한 개체의 본연적 자유성와 상대적 평등성을 강조하는 전통적인 노장적
인식론에 뿌리를 두고 있다는 점을 의미하는 것이다.

방안으로 구체화되는 과정을 살펴볼 수 있는 계기가 될 수 있을 것
으로 생각된다.

2. 시대 배경

시바 코오칸의 구체적 활동 시기는 18세기 말부터 19세기 초에
이르는 기간이다. 이 시기는 바쿠한 체제幕藩體制로 대표되는 일본
의 봉건 질서가 대내적 모순 심화와 서구와의 직접 접촉이라는 대
외적 긴장 상태에 직면해서 그 한계를 표면적으로 노출시킨 시기
라고 할 수 있다. 즉 대내적으로는 18세기 초반 이후 급속히 진행
된 상품 경제의 발달이 전통적인 토지 중심의 생산 경제 구조를 토
대로 형성된 바쿠한 체제의 질서 자체를 지속적으로 위협하는 요
인이 되었다. 구체적으로 상품 경제의 발달이 가져온 사회적 부의
불평등 심화 현상으로 인한 바쿠후幕府와 한藩들의 재정난과 무사
계층과 농민 계층의 빈곤화, 그리고 소수 대상인층의 부의 독점이
라는 사회적 모순이 지속되었다. 이와 함께 각 지방에서 발생한 기
근·지진 등의 각종 자연 재해 또한 이러한 불안을 더욱 부채질했
다. 이와 같은 사회·경제적 불안정은 바쿠후 권력에 대한 직접적
인 정치적 비판과 저항·도전을 야기하기도 했으며 호레키寶曆·메
이와明和 사건으로 대표되는 정치권 내부로부터의 도전과 끊임없이
지속된 피지배 계층의 저항 운동, 즉 잇끼一揆는 그 결과였다.[4]

그러나 당시 일본이 당면하고 있던 대내적 위기 상황의 근본 원
인은 단순히 생산 구조의 변화나 자연 재해 등으로 인한 사회·경

---

4 北島正元 編, 『政治史 II』(東京: 山川出版社, 1979), 263-289쪽 참조.

제적 불안정으로만 설명될 수는 없는 것이었다. 그것은 다수 피지배 계층의 사회·경제적 이익보다는 그들로부터의 착취와 수탈, 그리고 피지배 계층의 희생을 전제로 유지되는 봉건 질서 자체의 모순에 기인한 것이었다. 또한 이는 그러한 봉건 체제를 강화·유지시키는 사상적 논거로서의 차별·불평등적 성격의 주자학적 정치 질서관이 초래한 모순이었다.

그럼에도 불구하고 바쿠후 권력은 이전의 교오호享保 개혁에서 보여 준 임시 방편의 개혁안을 제시하는 정도의 대응으로 당면한 위기를 극복하고자 했다. 소위 칸세이寬政 개혁이라고 불리는 18세기 후반의 바쿠후에 의한 개혁은 경제적으로는 상업 활동의 통제를 통한 농업 경제로 복귀하고, 사회적으로는 사치의 근절과 검약을 강조하며, 정치적·사상적으로는 주자학 이외의 모든 사상들을 배척하고 통제함으로써(寬政 異學의 禁) 봉건적 차별 질서를 유지하려는 시대 역행적인 것이었다.[5] 따라서 분카(文化, 1804-1817) 연간의 일시적 안정이라는 것도 결코 일본이 당면한 모순을 근본적으로 치유한 결과가 될 수 없었다. 19세기 초·중반 특히 1820년대 이후부터 메이지유신明治維新에 이르기까지의 일본의 대내적 위기 상황은 이를 잘 보여 주고 있다.

한편 18세기 후반과 19세기 초반은 이와 같은 대내적 모순 심화와 더불어 18세기 초반 이후 쇄국 체제를 유지해 온 일본에게 대외적 긴장 상태를 가져다 준 시기였다. 18세기 중반 이후 영국·프랑스 등의 서구 제국들과 동아시아에 인접한 전통적 강국인 러시아는 동아시아 특히 중국으로의 세력 확장과 경제적 이권 획득에

---

5 위의 책, 289-325쪽 참조.

주력하고 있었으며 일본도 예외일 수는 없었다. 그리하여 18세기 후반부터는 러시아·영국과의 직접 접촉이 이루어졌으며, 1792년 러시아 사절단의 방일訪日, 1797년 영국 군함의 북해도 출현, 1804년의 러시아 사절단의 나가사키 방문과 교역 요청, 러시아인들의 1806년과 1807년의 쿠릴열도와 사할린 침략, 1812년의 영국 선박의 나가사키에서의 함포 위협 사건 등은 그 대표적인 예이다. 이러한 서양 세력과의 직접 접촉은 나가사키를 통한 교역, 그것도 네덜란드 상인을 중심으로 한 교역만을 제한적으로 용인해 왔던 바쿠후가 위기 의식을 갖는 계기를 만들었다. 그러나 바쿠후의 대응은 쇄국 체제를 강화하는 것만으로 표현되었다. 1805년 러시아 사절단의 교역 요청을 거부하고 1825년에 이르러 이국선타불령異國船打拂令을 공포하여 쇄국양이鎖國攘夷를 추진한 것은 당시 바쿠후의 대응 양식을 잘 보여 주는 것이라고 하겠다.[6]

3. 대내외적 위기 상황에 대한 사상·정책적 대응 방식 개관

이상과 같은 당시 일본의 대내외적 위기 상황에 대한 사상·정책적 대응 방식은 오로지 바쿠후 권력의 유지·강화와 쇄국 체제에 공헌했던 정통 주자학적 논의를 제외하고 크게 다음과 같은 세 가지의 형태를 띠었던 것으로 보인다.

그 하나는 국학國學의 계열로서 모토오리 노리나가(本居宣長)와 히라타 아츠타네(平田篤胤)로 대표된다. 이들은 물론 개별 사상가로서

6 당시 일본이 처한 대외 환경에 대해서는 鹿島守之助, 『日本外交史』(東京: 鹿島研究所出版會, 1965), 13-26쪽을 참조 바람.

의 방법론적 주안점의 차이[7]를 보여 주었다 하더라도 공통적으로 유교·불교 등 기존의 동아시아 전통 사상을 배격하고 일본 전통의 신도오 사상神道思想을 바탕으로 일본 문화와 일본 민족의 우월성을 주장함으로써[8] 일본 중심의 배타적·수구적 민족주의를 고취시키는 사상적 역할을 담당했다. 다른 한편 이들은 텐노오天皇 – 쇼오군將軍 – 다이묘오大名로 이어지는 권력의 위임 관계와 대내적 신분의 차별을 신神의 뜻으로 파악하여 봉건 질서의 유지와 강화를 시인하는 입장[9]을 취함으로써 주자학 또는 유학적 정치 질서관을 답습하기도 했다. 이러한 점에서 18세기 후반과 19세기 초반의 국학國學 사상가들의 위기에 대한 대응은 궁극적으로 대내적 차별 질서를 유지하고 대외적으로는 중국 중심의 세계관을 철저한 자민족 중심의 세계관으로 전환시켜 민족적 단결을 바탕으로 외세 배격을 이루는 데 있었다고 하겠다.

두 번째의 사상적 대응은 양학洋學[10] 계열로서 히라가 겐나이(平賀

---

7 예를 들어 모토오리 노리나가는 주로 『고사기古事記』·『일본서기日本書記』 등 고전에 대한 문헌학적·언어학적 연구 방법을 통해 자신의 사상을 전개했던 것에 비해, 히라타 아츠타네는 철저히 신도오 사상을 축으로 하는 신학적 연구 방법을 취했다고 할 수 있다. 이에 관해서는 守本順一郎, 『日本思想史の課題と方法』(東京: 新日本出版社, 1975), 11-23쪽과 岩崎允胤, 「蘭學周邊の自由思想家-司馬江漢の場合」, 『日本近世思想史序說下』(東京: 新日本出版社, 1997), 87-156쪽을 참조 바람.

8 本居宣長, 『本居宣長全集』(東京: 筑摩書房, 1968), 卷十七, 古事記傳, 三大考, 297쪽; 平田篤胤, 靈能眞柱, 卷上, 相良亨 譯, 『日本の名著 24 – 平田篤胤·佐藤信淵·鈴木雅之』(東京: 中央公論社, 1972), 160쪽.

9 本居宣長, 앞의 책, 第八卷, 玉くしげ, 319쪽; 平田篤胤, 玉襷, 卷二, 田原嗣郎 校注, 『日本思想大系 36 – 平田篤胤·伴信友·大國隆正』(東京: 岩波書店, 1973), 250쪽.

10 본래 양학洋學이라고 하는 것은 에도 바쿠후江戶幕府 시대 유입·연구된 서

源內: 1728-1779), 마에노 료오타쿠(前野良澤: 1723-1803), 스기타 겜바쿠
(杉前玄白: 1733-1817) 등의 난학자蘭學者들과 이들과의 교류를 통해 습
득한 서구의 지식과 서양에 대한 폭넓은 이해를 바탕으로 위기 극
복의 정책 대안을 마련했던 혼다 토시아키(本多利明)와 시바 코오칸
(司馬江漢) 등이 대표자들이다.[11] 이들은 1774년 네덜란드 해부서解剖
書를 번역한 『해체신서解體新書』의 발간을 계기로 네덜란드 어의 습
득과 서구의 자연과학·의학·군사학·역사·지리에 관한 지식을 연

양 학술을 총칭하는 것으로서 여기에는 네덜란드뿐만 아니라 서양 선교사
를 통해 유입된 서구의 학문 모두가 포함된다. 그러나 18세기 중반 이후 네
덜란드 서적을 중심으로 한 서양학술연구가 당시 유일한 대외 창구였던 나
가사키長崎를 중심으로 전개됨으로써 양학은 곧 난학을 의미하는 것으로
인식되었다. 그리고 개항 이후에는 난학이 영국·프랑스계의 학문까지도
총괄적으로 포함하는 양학과 동일한 의미로 사용되었다(佐藤昌介, 「洋學の思
想的特質と封建批判論·海防論」, 『日本思想大系 64 – 洋學上』(東京: 岩波書店), 1976,
609쪽 참조).

11 그러나 혼다 토시아키와 시바 코오칸이 비록 동일한 양학 계열의 사상가이
며 특히 혼다 토시아키가 시바 코오칸으로부터 자연과학적 지식을 직접 흡
수했다는 점(本多利明, 西域物語, 上, 塚谷晃弘 校注, 『日本思想大系 24 – 海保青陵·本
多利明』(東京: 岩波書店), 1970, 90쪽)에서 양자 간의 사상적 연계성을 알 수 있
다 하더라도 이들의 국가 개혁론 사이에 근본적인 차이가 존재하는 것 또
한 사실이다. 가장 중요한 차이점은 혼다 토시아키의 경우 전통적인 일본
중심적 사고를 바탕으로 새로운 지식을 경쟁적 세계관으로 전환시켜 국가
주도하의 철저한 위로부터의 개혁을 통한 위기 극복을 요구했다는 데 있
다. 일본 중심적 사고와 국가 주도 하의 위로부터의 개혁은 혼다 토시아키
로 하여금 통일 국가로서의 전제군주적 정치 체제의 효율성(經世秘策, 卷上,
塚谷晃弘 校注, 위의 책, 20쪽)과 민족간·인종간·국가간 무한경쟁의 필요성(交
易論, 發端, 塚谷晃弘 校注, 위의 책, 166쪽)을 적극 주장하도록 했으며, 그것이
결국 개체간 차별성을 인정하는 토대 위에서 진행되었다는 점에서 개체성
의 상호존중을 통한 조화와 협력, 그리고 그러한 바탕 위에서의 공동체적
발전론을 제시한 시바 코오칸과는 다른 입장에 있었다고 할 수 있다.

구하여 인간·자연(우주)·세계에 관한 새로운 인식의 틀을 마련하는 데 결정적인 기여를 했다. 동시에 이들은 신지식을 바탕으로 당시 일본 사회의 후진성과 모순을 직시하고 바쿠후의 쇄국 정책과는 달리 적극적인 개방 정책을 통한 부국안민책富國安民策을 제시하는 등 활발한 활동을 전개했다. 양학 계열 사상가들이 단순히 학문적 차원의 연구를 넘어 당시의 정치·경제·사회·외교적 제모순을 언급하고 이를 극복하기 위한 대안으로서의 반막적反幕的 사상[12]과 혁신적 정책론을 전개했다는 점에서 당시로서는 가장 급진적인 형태의 사상이었다 할 수 있다. 이러한 양학 계열 사상가들의 급진성이 그 후 '만사蠻社의 옥獄'이라고 불리는 바쿠후의 난학자들에 대한 대탄압의 계기가 되었던 것이다. 그럼에도 불구하고 양학의 발전은 서구와의 직접 접촉이라는 객관적 상황과 더불어 당시 일본 지식인들이 인간과 자연 그리고 세계에 대한 인식을 확대하는 데 가장 중요한 공헌을 했고 이를 통해 그들이 다양한 형태의 개혁론 제시를 통한 위기 극복의 대안을 마련할 수 있었다 하겠다.

18세기 후반부터 19세기 초반까지 일본이 처한 대내외적 위기에 대한 세 번째 사상적 대응 양식은 카이오 세이료오(海保靑陵)와 야마가타 반토(山片蟠桃) 등으로 대표되는 자생적 개혁론[13]이라고 할

---

12 예외적으로 혼다 토시아키는 바쿠한 체제라는 분권적 정치 체제의 비효율성을 지적하고 중앙 집권적 정치 체제의 필요성을 적극 주장했다. 그렇다고 해서 그가 다른 여타 양학 계열 사상가들과 같이 반막(反幕 : 反封建)을 추구하거나 히라타 아츠타네(平田篤胤) 이후의 국학 계열 사상가들처럼 반막존황(反幕尊皇)을 지향한 것은 아니었고 오히려 바쿠후 권력을 정점으로 한 통일 국가로의 정치 체제의 재편을 요구했다. 즉 정치 체제의 재편을 통해 바쿠후 권력을 강화시키는 것이 그의 사상의 논리적 결과였던 것이다(이에 대해서는 經世秘策, 卷下, 塚谷晃弘 校注, 위의 책, 22, 25쪽 참조).

수 있다. 카이오 세이료오의 예를 들면 그는 당시를 왕도王道가 의
미가 없는 패도覇道의 시대, 즉 단지 이익(通利)을 놓고 경쟁하는 시
대[14]로 파악하고, 바쿠한 체제 내의 제한諸藩을 중심으로 한 재화의
생산과 이를 토대로 한 상업적 이윤 획득[15]을 통해 당면한 대내적
위기를 극복할 것을 요구했다. 이를 위해 그는 전통적인 유학적 입
장에서 벗어나 시대의 변천에 따른 변화와 개혁의 필연성을 자연
의 원리로 논증하고[16] 사회 내 모든 계층이 절약하고 검소하게 살
면서 생산 활동과 상업적 이윤 획득 과정에 참여할 것을 주장했
다.[17] 이처럼 카이로 세이료오는 양학적 지식(인성론·우주론·인식론 등)
에 크게 영향을 받지 않고 노장·불교 등 전통 사상을 독자적인 시
각으로 재구성·혼합하여[18] 정책 목표의 토대로 삼음으로써 앞의
두 가지 대응 양식과는 다른 방향성을 마련했던 것으로 보인다.

---

13 여기서 '자생적 개혁론'이라고 하는 것은 양학 계열이나 국학 계열의 학자
　　들과의 직접적인 접촉, 또는 그들로부터의 사상적 영향을 거의 받지 않은
　　채 주로 전통 사상의 독자적인 해석을 바탕으로 나름대로의 개혁 방안을
　　제시한 것을 의미한다. 다만 카이오 세이료오의 경우 당시 난학의 대표자
　　(桂川甫周)와 활발히 교류했다는 점으로 미루어 양학적洋學的 지식이 그의 사
　　상에 어느 정도 영향을 미친 것으로 볼 수 있다. 그럼에도 불구하고 카이오
　　세이료오의 사상 내용에서는 양학 계열의 학자들이 공통적으로 가지고 있
　　었던 인간·자연(우주)·세계에 대한 새로운 인식의 확대는 거의 보이고 있
　　지 않은 것이 사실이다.
14 海保青陵, 『海保青陵全集』(東京: 八千代出版社, 1976), 養心談, 411, 419쪽.
15 위의 책, 稽古談, 69쪽.
16 위의 책, 老子國字解, 809쪽.
17 위의 책, 稽古談, 22-23쪽.
18 이 점은 특히 카이오 세이료오가 『노자국자해老子國字解』라는 책을 지어 노
　　자의 『도덕경道德經』에 대한 비판적 주석을 통해 자신의 사상을 전개한 데
　　에서 잘 나타나 있다.

그럼에도 불구하고 이와 같은 위기 대응 양식이 궁극적으로 봉건적 차별 질서의 틀을 유지하는 범위 내에서 한藩들이 처해 있는 재정난을 타개하는 데 초점이 맞추어진 것이었다는 점에서 그 한계는 자명한 것이었다.[19] 즉 그가 비록 사상 내용에서 반유학적 전통 사상의 영향을 많이 받았으며 특히 사회 내에서의 군신 관계까지도 매매 관계로 파악하는[20] 혁신성을 보여 주었다 하더라도, 다수 피지배 계층의 생존권과 이익 확보라는 정치 목표를 설정하지 못했고 사상의 내용 면에서도 욕구 주체로서의 인간간 동등성과 독자적인 특성과 기능을 보유한 개체간의 상대적·기능적 평등성을 주장하는 데에까지 이르지는 못했다. 그리하여 결국 아래로부터의 근본적인 해결책이 아닌 위로부터의 개량적·일시적인 방안을 제시하는 데 그쳤다. 이런 점에서 서구 지식의 도입과 이에 따른 인식의 확대를 수반하지 못했던 당시의 '자생적 개혁론'은 개혁의 본질과 방향성에서 결코 철저한 대안이 될 수 없는 것이었다.[21]

이상에서와 같이 18세기 후반부터 19세기 초반까지 일본에서는 가장 보수적이고 폐쇄적인 국학國學 계열로부터 가장 개방적이고 혁신적인 양학洋學 계열에 이르기까지 당시의 대내외적 위기 상황

---

19 塚谷晃弘 校注, 앞의 책, 322쪽.

20 海保靑陵,『海保靑陵全集』, 稽古談, 8쪽.

21 이러한 측면은 야마가타 반토의 경우에도 동일하게 나타난다. 야마가타 반토 역시 적극적 개혁론을 통해 당시 센다이仙台 한藩의 재정난 타개에 크게 공헌했고, 인식론적 차원에서도 전통적인 유물론적 기철학을 중심으로 실증성과 과학성을 강조했다. 그럼에도 불구하고 사·농·공·상의 신분질서를 찬미하고 바쿠후의 쇄국 정책을 지지하는 등 봉건적 보수성을 유지했다는 점에서(岩崎允胤, 앞의 책, 239쪽) 그의 개혁론은 결코 평등론에 기초한 혁신적 대안이 될 수는 없는 것이라 하겠다.

에 대한 다양한 사상적 대응 방식이 존재했다. 이러한 각각의 대응 방식에서 나타난 특성들이 향후 전개된 일본의 정치 현실에 따른 사상적 대응의 토대가 되었다는 점에서 중요성이 있다. 다음에서 살펴볼 시바 코오칸의 국가 개혁론은 이와 같은 사상적 대응 방식 중 가장 혁신적인 것으로서 노장 사상과 기철학 등 동아시아 전통의 자유·평등적 인식론을 난학蘭學이라는 신지식과 결합시켜 위기 극복의 정책론으로 구체화한 것이었다.

4. 현실 인식과 정치 목표

시바 코오칸의 현실 인식은 당시 일본이 처한 현실, 즉 다수 피지배 계층의 빈곤화와 국가적 부의 고갈이 비생산적 공리공담과 무위도식만을 일삼고 있는 유학자와 승려들의 행태와, 일본의 과학적·기술적 후진성을 인식하지 못할 뿐더러 변화하는 세계 정세 속에서 물산(財貨)의 부족을 타개할 방편을 마련하지 못하고 오직 쇄국 정책만 고수하고 있는 바쿠후 권력의 무능함 때문이라고 보는 것이었다.

이러한 인식을 바탕으로 시바 코오칸은 일본의 모순적 현실을 다음과 같은 세 가지 방면으로 비판했다. 첫 번째는 유교·불교 등 기존 전통 사상의 허구성과 거기에 종사하는 사람들의 비생산적 행태였다. 그는 이에 대해 "석가와 공자가 실제로 세계를 일주—周하지 않았는데도 어떻게 자세한 것을 당연히 알고 있다고 할 수 있겠는가"[22]라고 하여 일본인의 인식에 영향력을 행사해 온 석가와

---

22 『獨笑妄言』, 須弥山論說, 『司馬江漢全集』(東京 : 八坂書房, 1993), 第二卷,

공자로 대표되는 불교와 유학의 허구성을 비판했다. 또한 "명리名
利를 버리고 몸을 숨겨 산 속에 은거하는 자가 있는데 이것은 국가
를 좀먹는 벌레(蟲)와 같은 것이다"[23]라는 극단적 표현을 동원하여
특히 승려들의 비생산성과 현실 도피를 비난했다.

두 번째는 이와 관련하여 유학과 불교에 심취되어 인간의 삶과
국가의 발전에 진정으로 필요한 객관적이고 실증적이며 과학적인
것에 어둡고 또한 그것을 기피하는 일본 사회의 전반적인 분위기
였다. 시바 코오칸이 "우리 나라 사람들은 자연 만물의 이理를 탐
구하는 것(窮理)만을 좋아하고 천문天文·지리地理 같은 것은 좋아하
지 않기 때문에 사고는 얕고 지식은 짧다"[24]고 한 것이나, "지동설
地動說 하나라도 제대로 알고 있는 일본인은 아직까지 두세 명에 불
과하다"[25]고 탄식한 것은 이 점을 보여 준다.

세 번째는 일본의 후진성을 인식하지 못한 당시의 지배 계층, 즉
바쿠후 권력의 무지와 시대착오적인 쇄국 정책이었다. 구체적으로
시바 코오칸은 먼저 일본이 해양 국가이면서도 항해술이 발전하지
못한 것을 서양인들이 비웃고 있다는 점[26]과 기술 발전이 유럽보다
훨씬 뒤쳐져 있다는 점[27]을 지적했다. 또한 "오늘날 구라파의 국가
들은 성리학(性理學: 朱子學이 아닌 자연과학적 지식을 의미)을 좋아하고 국
왕이 비용을 마련하여 큰 선박을 제조하며 강걸剛傑한 자를 선발해

14쪽.
23 『獨笑妄言』, 悟道害己, 위의 책, 第二卷, 22쪽.
24 『春波樓筆記』, 江漢後悔記, 위의 책, 第二卷, 53쪽.
25 『春波樓筆記』, 神と仏とを論ず, 위의 책, 第二卷, 89쪽.
26 『春波樓筆記』, 神と仏とを論ず, 위의 책, 第二卷, 79쪽.
27 『春波樓筆記』, 神と仏とを論ず, 위의 책, 第二卷, 89쪽.

서 국토에 대한 견문을 넓히고 있다"[28]고 하여 서양의 현실을 소개하고, 궁극적으로 일본이 수십 년 동안 바쿠후의 쇄국 정책 때문에 접촉할 수 있는 나라가 오직 네덜란드와 중국뿐이라는 점[29]을 들어 바쿠후 권력의 무지와 쇄국 정책을 우회적으로 비판했다.[30]

이상과 같은 시바 코오칸의 현실 인식은 당시의 시대 상황을 비추어볼 때 위기의 원인을 정확히 직시하는 객관적인 것이었다. 이처럼 시바 코오칸이 객관적 현실 인식을 할 수 있었던 것은 우선적으로 당시 급속히 유입되고 있었던 신지식, 즉 의학·천문학·지리학 등 양학적洋學的 지식을 적극 수용한 결과였다. 신지식의 유입과 수용이 시바 코오칸으로 하여금 일본의 후진성과 낙후성을 객관적으로 파악할 수 있게 하는 근거가 된 것이었다. 그러나 동시에 그가 당시의 유학자는 물론 바쿠후 권력에 대해서도 직접적인 비판을 가했다는 것은 시바 코오칸의 정치 목표가 결코 바쿠한 체제 유지의 정당성을 뒷받침하거나 또는 바쿠후 권력의 정당성을 부정하고 텐노오天皇 중심의 절대 군주 체제를 옹호하는 귀족 중심적 또는 지배 계층 중심적인 것이 아니었다는 사실을 보여 주는 것이기도 하다. 그와는 대조적으로 시바 코오칸의 정치 목표는 동등한 삶의 욕구 주체로서 사회의 모든 구성 요소가 각기 자신의 삶을 온전히 영위할 수 있도록 하고, 그것을 토대로 각기 자신의 독자성과 능력

---

28 『和蘭通舶』, 卷一, 五大洲總說, 위의 책, 第三卷, 158쪽.

29 『和蘭通舶』, 卷二, 위의 책, 第三卷, 163쪽.

30 이와 같은 우회적 비판뿐 아니라 시바 코오칸은 1792년 러시아 사절단이 나가사키長崎로 가는 도중 입항을 요구하자 개항장이 아니라는 이유로 입항을 거절한 백하번白河藩 번주藩主의 태도와 1805년 러시아 사절단의 통상요구를 거절한 바쿠후의 행태를 직접적으로 강하게 비판하기도 했다 (『春波樓筆記』, 神と仏とを論ず, 위의 책, 第二卷, 95-96쪽 참조).

을 발휘하여 공동체적 발전에 공헌하게 함으로써 궁극적으로 변화
하는 국제 정세 속에서 국가적 발전을 이룩해 내는 것이었다.

이와 같은 시바 코오칸의 정치 목표를 파악할 수 있는 근거는 계
층간 평등성을 강조한 그의 논의에서부터 잘 드러나 있다. 먼저 시
바 코오칸은 "귀하다고 하는 것은 천자·제후를 말하고 비천하다
고 하는 것은 농부·상공을 말하는 것이다. 그러나 하늘(天)의 입장
에서 보면 모두 동등한 인간이며 금수禽獸·어충魚虫이 아닌 것이다"
[31]라고 함으로써 인간의 본연적 동등성을 명확히 했다. 또한 다음
과 같이 고통 받는 다수 피지배 계층의 생존권 보장의 필요성을 역
설한 것도 그의 정치 목표의 성격을 뚜렷이 보여 주는 것이다.

> "위에 있는 자가 먼저 사치를 그만두고 불필요한 비용을 줄이며 민
> 民을 위하는 마음으로 농업을 번창하게 해주어야 한다. 그렇게 하면
> 아래에 있는 민의 생활이 윤택해질 것임은 자명하다. 의식주라도 만
> 족시키려고 하는 사람들을 보고 도적이라고 착각해서는 안 된다."[32]

이와 함께 시바 코오칸은 "업業이라고 하는 것은 사·농·공·상
모두, 다시 말해 귀한 자에게도 천한 자에게도 모두 동일하게 갖추
어져 있는 것으로서 동물과 충어虫魚에 이르기까지 먹을 것(食物)을
구하러 다니는 것은 각자 자신의 업業을 위한 것이다"[33]라고 하여
각각의 분업이 결국 자신의 삶을 유지하는 방편이라는 점을 강조
했다. 더욱이 그는 개미(蟻)의 예를 들어, 개미에는 대·중·소의 세

---

31 『和蘭天說』, 위의 책, 第三卷, 75쪽.
32 『春波樓筆記』, 貧福の論, 위의 책, 第二卷, 39-40쪽.
33 『獨笑妄言』, 須弥山論說, 위의 책, 第二卷, 15-16쪽.

종류가 있지만³⁴ 조그만 것(小蟻)이라도 먹을 것을 획득하는 역량과 지혜에서는 큰 것(大蟻)보다 우수한 것이 있고³⁵ 개미 사회에서는 서로의 협력과 조화에 의해 얻은 획득물은 개체이 사유私有가 아닌 전원의 공동 소유이며, 이것이 바로 의義라는 글자가 의蟻라는 글자가 될 수 있는 것³⁶이라고 함으로써, 각기 자신의 독자적 능력을 토대로 조화와 협력에 의해 공동체의 발전을 이루고 그 결과를 공동 소유·공동 분배하는 것이 정치의 본질이라는 점을 분명히 했다.

사·농·공·상은 모두 자신의 역할을 가지고 공동체적 생산 활동에 참여해야 하고 그 결과를 소수 지배층이 아닌 공동체의 모든 구성원이 평등하게 함께 나눠 가져야 한다는 이러한 시바 코오칸의 논리는 그의 정치 목표가 소수 지배 계층이 아닌 다수 피지배 계층의 이익과 배분적 공평을 바탕으로 한 공동체적 발전에 있음을 명확히 보여 준다고 하겠다. 이렇게 볼 때 시바 코오칸에게 국가 개혁의 주체는 소수의 지배 권력이 아니라 사회의 분업을 이루는 본연적으로 동등한 구성원 전체가 되는 것이며, 개혁의 방향은 구성원 모두에게 이익이 공평하게 분배되어 결국 국가 공동체 전체가 함께 발전하는 것이라고 볼 수 있다. 그런데 시바 코오칸이 이와 같은 정치 목표와 개혁 방법론의 정당성을 제시하기 위해서는 기존의 인간·계층·국가·민족 등 개체간 차별을 필연적인 자연의 원리로 규정함으로써 차별 질서의 확립과 유지에 공헌했던 유학적 전통에서 벗어나 개체간 관계의 평등성을 이론적으로 입증하는 것

---

34 『獨笑妄言』, 蟻道和尙談義, 위의 책, 第二卷, 10쪽.
35 『獨笑妄言』, 蟻道和尙談義, 위의 책, 第二卷, 11쪽.
36 『獨笑妄言』, 蟻道和尙談義, 위의 책, 第二卷, 11쪽.

이 요구되었다. 다음에서 살펴볼 시바 코오칸 국가 개혁론의 이론적 기초는 시바 코오칸 자신이 제시한 개혁의 목표를 달성하기 위한 이론적 논의로서, 전통적인 기철학과 노장적 상대관相對觀을 의학·지리학 등 당시 유입된 서구의 신지식과 결합한 것이다.

5. 국가 개혁론의 이론적 기초

1) 욕구 주체로서의 인간간 동등성 논리

시바 코오칸이 자신의 정치 목표를 달성하기 위해 전개한 첫 번째 이론적 논의는 욕구 주체로서의 인간간 동등성 논리였다. 그는 인간이 삶의 욕구 주체인 동시에 감각적 물욕物欲의 주체이며, 이러한 점에서 모든 인간은 사회 내 신분·직업의 차이에 관계없이 본질적으로 동등하다는 점을 밝힘으로써 인간간 평등성에 입각한 국가 개혁의 당위성을 주장했다. 이를 위해 그는 먼저 "위로는 천자天子·장군將軍으로부터 아래로는 사·농·공·상·비인(非人: 賤民)·걸식(乞食: 乞人)에 이르기까지 모두 인간이다"[37]라는 명제를 통해 봉건 사회에서 인간으로 간주되지 않는 천민과 걸인까지도 모두 같은 인간임을 주장하고, 이러한 인간은 먹지 않으면 하루도 살아갈 수 없으며 병이 없는 사람이라도 먹는 것을 중단하면 곧 죽을 수밖에 없는[38] 삶의 욕구 주체라고 했다. 이와 동시에 시바 코오칸은 생물生物의 하나로서 인간은 외물外物을 지각하는 감각기관과 그것을 인

---

37 『春波樓筆記』, 神と仏とを論ず, 위의 책, 第二卷, 87쪽.
38 『獨笑妄言』, 悟道害己, 위의 책, 第二卷, 23쪽.

지하는 뇌腦의 신경 작용에 의해서 신분적 귀천에 관계없이 모두 다양한 욕구를 가질 수밖에 없다는 점을 다음과 같이 설명했다.

> "눈에 사물이 투영되고 귀에 소리가 울리며 신경이 그것에 따라 외
> 계外界를 인지함으로써 물욕物欲·색욕色欲·음식욕飮食欲이 생겨난다. 모
> 든 인간은 귀천을 불문하고 그러한 욕구 때문에 조용하게 가만히 있
> 을 수 없게 된다. 그러나 이렇게 세 가지 욕망에 미혹된다고 하는 것
> 은 바로 살아 있는 것의 본질이 된다."[39]

여기서 물욕·색욕·음식욕은 곧 물리적·생리적 욕구를 의미한다. 시바 코오칸이 "인간은 100세가 되어도 욕념欲念이라는 것은 조금도 없어지지 않는다"[40]고 한 것이나, 명리名利를 버리고 자연에 은둔한다는 것은 곧 자연스러운 인간의 본성에 반反하는 것[41]이라고 함으로써 심리적 욕구까지 적극 인정한 것을 본다면, 그는 가장 근대적인 의미로서의 인간의 다양한 욕구를 모두 설명하고 그것을 인간의 본성적인 것으로서 용인한 것이었다.

시바 코오칸의 이러한 욕구 주체로서의 인간성 규정은, 욕구를 비본성적인 것으로 인식하고 인의예지의 차별 원리만을 인간의 본질로 파악하는 유학이나, 현실 도피에 의해서 욕구를 인위적으로 억제 또는 근절할 것을 요구하는 불교의 허구성을 비판하고 현실 사회 내에서의 적극적인 욕구 인정을 통해 다수 피지배 계층의 생존권과 이익 추구권을 확보하려는 그의 정치 목표를 반영한 것이

---

39 『春波樓筆記』, 江漢後悔記, 위의 책, 第二卷, 54쪽.
40 『春波樓筆記』, 人間感, 위의 책, 第二卷, 59쪽.
41 『獨笑妄言』, 名利一則, 위의 책, 第二卷, 7쪽.

기도 하다. 그러나 동시에 중요한 사실은, 그러한 논리를 입증하는 근거가 당시 네덜란드의 인체 해부서를 번역한 『해체신서』의 발간을 계기로 급속도로 확산되었던 서양의 의학적 지식이었다는 점이다. 즉 욕구 주체로서의 인간성 규정은 이미 전통적인 반주자학적 기철학을 전개한 일본 개혁 사상가들의 논의[42]에서도 두드러지게 나타나 인간의 본연적 평등성을 주창하는 논리로 표출되어왔지만, 그것을 시바 코오칸은 양학적洋學的 지식을 바탕으로 한층 더 과학적·실증적으로 규명했던 것이다. 이 점은 바로 난학의 유입과 더불어 전개된 인간에 대한 새로운 지식의 확대가 일본의 사상적 전통과 결합되는 모습을 보여 주는 것이라고 하겠다.

2) 개체성의 인정과 부각의 논리

시바 코오칸 국가 개혁론의 두 번째 이론적 토대로는 인간을 포

---

[42] 예를 들어 17세기 중·후반에 활동했던 야마가 소코(山鹿素行)는 "인간은 기氣를 통해서 형체를 부여받은 존재이기 때문에 욕구를 가지고 있다. 사지四支로서 움직이고 정지하는 것, 귀와 눈으로 보고 듣는 것, 희로애락을 느끼는 것, 먹고 마실 것을 찾고 남녀가 서로 좋아하는 것 등은 모두 자연적인 욕구이다"(『山鹿語類』, 卷二十三, 論義理, 論人必有情欲)라고 하여 인간을 욕구 주체로 규정했다. 또한 석문심학石門心學의 창시자로 알려진 이시다 바이간(石田梅岩)도 "성인이라 하더라도 인심(人心: 欲求)이 발發하지 않을 수 없다"(『石田先生語錄』, 第八一)는 말로써 인간의 욕구를 자연적인 본성으로 긍정했다. 일본 기철학의 집대성자로 평가되는 18세기 중·후반의 미우라 바이엔(三浦梅園) 역시 "무릇 인간은 입지 않고 먹지 않으면 얼어죽거나 굶어죽기 마련이며 이것이 바로 인간의 천성인 것"(『玄語』, 小冊, 人部, 給資)이며 또한 "좋아하고 싫어함으로써 정욕이 감응하는데 바로 이 좋아하고 싫어하는 것이 성性"(위의 책, 設施)이라고 함으로써 삶의 욕구 주체로서 인간성을 규정하는 인성론을 전개했다.

함한 국가·민족 등 모든 개체의 독자적 능력과 생존 방식을 인정하는 개체성의 인정과 부각의 논리를 들 수 있다. 이에 대해 시바 코오칸은 인간이 물리적·생리적·심리적 욕구를 가진 삶의 주체라는 점에서는 동일하지만 그럼에도 불구하고 모든 인간은 각기 자신만의 고유한 특성, 즉 개체성을 가지고 있다는 점에서 상이한 존재라는 점을 다음과 같이 설명했다.

> "이 지구상에는 도처에 인간이라고 하는 벌레(虫)가 살고 있고 그 수는 헤아릴 수 없을 정도로 많다. 각기 눈과 코 그리고 입이 있어서 모두 같은 것 같지만 실제로는 이것저것이 모두 달라서 그 생각하는 바도 같지 않다."[43]

시바 코오칸에게 이와 같은 개체성 인정과 부각의 논리는 특히 국제 질서관의 측면에서 민족간·지역간·국가간 동등성의 토대로 더욱 명확히 표현되고 있다. 구체적으로 시바 코오칸은 "우리 일본의 동쪽과 서쪽 주민의 기질氣質은 서로 다르다. 이렇게 일국—國이라도 각기 다른 점이 있는데 하물며 세계 각국의 국민성이 서로 다른 것은 당연한 것이다"[44]라고 함으로써 개체로서 지역·민족·국가에 거주하는 사람들의 독자적 특성이 존재한다는 점을 설명했다. 이와 더불어 그는 서양의 지리적 지식의 유입에 따른 확대된 세계관을 바탕으로 자신의 저서인 『화란천설和蘭天說』과 『화란통박和蘭痛迫』을 통해 세계 각 지역과 국가의 지리적 위치와 기후·풍토에 따

---

43 『獨笑妄言』, 獨笑妄言やくけん, 『司馬江漢全集』, 第二卷, 4쪽.
44 『春波樓筆記』, 神と仏とを論ず, 위의 책, 第二卷, 89쪽.

른 삶의 방식의 상이성相異性과 제도·문물의 차이점을 구체적으로 지적하기도 했다.

또한 시바 코오칸은 이러한 개체성의 인정 논리를 바탕으로 자민족 중심적 관점 또는 화이관華夷觀을 버리고, 지구상의 모든 국가와 민족을 동등체로 인식하는 평등적이고 개방적인 태도를 가질 것을 요구하기도 했다. 그가 러시아 사절단의 통상 요구를 거절한 바쿠후의 태도를 비난하면서 러시아를 이적夷狄으로 간주하지 말 것과 러시아의 왕도 왕인 이상 일본의 왕과 다를 것이 없다는 주장을 한 것45은 이러한 그의 인식을 반영한 것이라고 하겠다.

국가 개혁론과 관련해서 볼 때, 이와 같은 시바 코오칸의 개체성 인정과 부각의 논리는 대내적으로는 신분과 계층을 초월한 개인적 재능 활용의 바탕이 되며, 대외적으로는 쇄국 체제를 고수하고 있는 일본의 상황에서 대외 문물 특히 서구적 지식의 수용과 활용을 통한 국가 발전의 필요성과 당위성을 논증하는 중요한 근거라고 할 수 있다. 동시에 그것은 앞서 살펴본 욕구 주체로서의 인간간 동등성 논리와 함께 세계에 대한 지리적 지식을 중심으로 한 신지식의 유입이 전통적 인식론과 결합하여 국가 개혁의 이론적 토대를 이루는 과정을 나타내 주는 것이기도 하다.46

---

45 『春波樓筆記』, 神と仏とを論ず, 위의 책, 第二卷, 96쪽.
46 시바 코오칸 이전 일본의 개혁 사상에서의 개체성의 인정과 부각의 논리는 주로 이기론理氣論을 통해서 진행되었다. 그것은 이기론으로 대표되는 동아시아의 보편적인 논리 구조를 사용하지 않고서는 유학적 이기론이 강조하는 몰개체성沒個體性과 차별성을 효율적으로 극복할 수 없었기 때문이다. 예를 들어 18세기 중·후반에 활동했던 미우라 바이엔의 경우만 보더라도 "성性이 다르면 물物이 다르고 물이 다르면 이理가 다르며 이가 다르면 형形이 다르다. 이런 점에서 각각의 기氣는 각각의 이를 수반하고 각각의 이는

3) 자연에 대한 객관적 이해의 논리와 상대관相對觀의 활용

인간을 욕구 주체로 규정하고, 인간을 포함한 모든 개체의 독자성을 인정하는 논리를 통해 평등성과 개체성을 기초로 한 국가 개혁의 필요성을 제시한 시바 코오칸에게 인간과 자연에 대한 객관적 이해는 일본에 팽배해 있는 비과학적·비현실적 인식을 타파할 수 있는 중요한 근거가 되는 것이었다. 이와 관련하여 시바 코오칸은 먼저 생성론적 측면에서 인간을 포함한 우주 만물의 근원을 천지가 개벽할 때 생겨난[47] 수(水: 大地)와 화(火: 太陽)라는 두 가지 기氣의 운동 작용, 즉 기의 조화 작용으로 보는 명백한 기론氣論 중심의 입장을 견지했다.

그는 이에 대해 "무릇 천지는 화火와 수水가 활동할 수 있도록 하는 것으로서 이러한 두 가지의 기氣가 허공 중에 가득 차 있어 삼라만상을 생성하고 거기에서 생물이 활동하게 되는 것이다"[48]라고

각각의 물을 형성하는 것이다"(『玄語』, 地冊, 沒部, 機界之冊, 轉持, 入形理)라고 하여 기의 변천·조화 작용에 의해 무수히 형성되는 각 개체의 자존적 원리가 이라는 점을 설명함으로써 개체성을 부각시켰다. 그러나 18세기 말 이후 급속히 유입된 양학적洋學的 지식은 최소한 양학 계열 지식인들에게는 더 이상 이기론(구체적으로 理의 개념과 理와 氣의 관계)을 통해 개체성을 부각시킬 필요가 없을 정도로 개체성의 인정을 자연스러운 것으로 만들었다. 세계 각국에 대한 지리적 지식의 확대가 민족·지역·국가 등 모든 개체가 각기 고유한 자신만의 특성을 가지고 있다는 점을 분명히 알 수 있게 했기 때문이다. 이런 점에서 시바 코오칸의 개체성 인정의 논리에 이기론이 언급되지 않고 대신 세계 각 국가와 지역의 특성에 대한 소개가 집중되고 있는 것은 당연하다고 할 수 있다.

47 『和蘭通舶』, 卷一, 天象地理, 『司馬江漢全集』, 第三卷, 162쪽.

했다. 여기서 말하는 기氣란 조물자造物者로서[49] 눈에 보이지도 않고 귀에 들리지도 않으며 인간을 포함한 만물이 자신의 생활 속에서 뚜렷이 의식하고 감지하지 못하는 것[50]이라고 설명했다. 이와 더불어 그러한 기의 운동 작용에 의해서 생물(生物 : 生類)이 처음 생겨나게 되는 것을 기화氣化라고 했고 기화를 통해 생성된 생물이 남과 여, 암컷과 수컷의 교배에 의해 종족을 번식하는 것(卵生)을 생화生化라고 했다.[51] 끝으로 시바 코오칸은 "무릇 천지 간 만물은 인간도 초목도 모두 수와 화의 이기二氣로부터 생성되어 수화水火로 돌아가는 것이다"[52]라고 함으로써 인간을 포함한 모든 생물이 죽는 것을 기가 흩어져 다시 본래의 화기火氣와 수기水氣, 즉 자연의 처음 상태(虛)로 돌아가는 것으로 파악하는 기 불멸론氣不滅論을 전개했다.

이처럼 시바 코오칸이 우주 만물의 근원을 기氣의 운동 작용으로, 그리고 생물의 생성과 소멸을 기의 취산 작용聚散作用으로 파악한 것은, 차별 원리 즉 이理의 선재先在를 부정하여 차별 질서관의 모순을 극복하려는 정치적 목적을 달성하고 이와 함께 자연에 대한 객관적 이해의 바탕을 마련하려고 했던 전통적인 기론氣論 중심 개혁 사상가들의 논의[53]와 맥을 같이한다고 할 수 있다. 그럼에도

---

48 『獨笑妄言』, 獨笑妄言やくけん, 위의 책, 第二卷, 4쪽.

49 『獨笑妄言』, 蟻道和尚談義, 위의 책, 第二卷, 12쪽.

50 『獨笑妄言』, 天文悟話, 위의 책, 第二卷, 20쪽.

51 『獨笑妄言』, 解体接話, 위의 책, 第二卷, 24쪽.

52 『春波樓筆記』, 人間感, 위의 책, 第二卷, 63쪽.

53 예를 들어 일본의 대표적 혁신 사상가로 평가되는 18세기 중반의 안도 쇼에키는 기일원론氣一元論의 입장에서 "인간을 포함한 모든 사물은 일기(一氣: 一眞)의 진퇴 운동에 의해 생성된다"(『刊本 自然眞營道』, 卷一, 題号, 妙弁ノ論)고 했다. 또한 미우라 바이엔은 "모이면(聚) 생생生生하고 흩어지면(散) 화化한다. 취산생화聚散生化는 일기一氣가 통통通通하는 바이다. 취산은 기氣이며 생

불구하고 이전의 사상가들이 자연과학적 지식의 미비로 인해 구체
적이고 실증적인 면이 대체로 결여되었고 그 인식의 폭 또한 협소
했던 것에 비해 시바 코오칸은 양학적洋學的 지식 특히 서양의 의학
과 천문학적 지식을 바탕으로 실증적·객관적 태도를 유지할 수 있
었고, 그 인식의 폭을 자연계를 넘어서 지구를 포함한 우주의 범위
로까지 확대시킬 수 있었다. 그가 자신의 저서『화란천설』을 통해
서양의 천문학적 지식을 적극 소개하고 이것을 동아시아 전통의
기철학과 결합시킨 것은 이 점을 잘 보여 준다고 할 것이다.

　이와 같이 시바 코오칸이 양학적 지식을 바탕으로 기철학을 접
목시켜 인간과 우주 만물의 작용 원리에 대한 객관적 접근을 시도
했기 때문에, 그에게 동아시아 전통의 비과학적 신론神論과 귀신관,
그리고 인간의 운명을 자연 현상과 결합시켜 설명하는 모든 미신
적 논의는 부정될 수밖에 없는 것이었다. 구체적으로 그는 "무릇
인생의 길흉과 별(星)과는 아무 관련도 없다"[54]고 하여 미신을 부인
했다. 더 나아가 "중국과 우리 나라에서는 귀신의 존재를 논하는
사람들이 있는데 이것은 진실로 우론愚論에 지나지 않는다. 귀신이
라고 하는 것은 단적으로 말하면 화火와 수水의 두 가지의 기氣가
활동하는 것을 이르는 것일 뿐이다"[55]라고 하여 동아시아 전통의
신관神觀과 신도오 사상을 바탕으로 한 조상신 숭배론을 유물적唯物
的 기론氣論으로 대체시켰다. 이와 같은 시바 코오칸의 논리는 서구
의 과학 지식을 흡수하여 자연 현상과 인간의 길흉화복을 연관시

　화는 물物이다"(『玄語』, 天冊, 立部 本神, 造化, 用)라고 하여 일기의 취산 작용聚
　散作用에 의해 천지 만물이 생화生化의 원리를 갖게 된다는 점을 설명했다.
54『春波樓筆記』, 貧福の論,『司馬江漢全集』, 第二卷, 43쪽.
55『春波樓筆記』, 人間感, 위의 책, 第二卷, 71-72쪽.

키는 유학·불교·신도오 사상 등의 비과학적이고 비합리적인 측면
을 극복하려 했던 그의 의도를 잘 나타내 준다고 하겠다.

자연에 대한 객관적 이해의 논리와 관련하여 또 한 가지 지적할
수 있는 것은 시바 코오칸이 해부학·동물학·천문학 등 서양의 자
연과학적 지식을 바탕으로 인간을 포함한 만물의 동등성을 주장했
다는 점이다. 이에 대해 시바 코오칸은 "지구상의 수水와 토土로부
터 생성된 모든 것은 각기 마음이 있고 또한 그 근골筋骨 조직이 모
두 인간과 동일하다. 따라서 인간과 같이 음식을 먹음으로써 생명
을 유지하고 욕정을 가지고 있다"[56]고 하여 삶의 욕구 주체라는 점
에서 인간과 타개체他個體가 동등하다는 점을 밝혔다. 동시에 "모든
생물은 아무리 미소微小한 것이라도 신경神經이 활동하고 의식이 있
다"[57]고 하고, "아무리 작은 벌레라도 확실히 눈과 코와 귀와 팔다
리와 마음(心)이 갖추어져 있어서 조금이라도 인간과 다른 것이 없
는데 이것은 바로 궁리窮理의 결과로 밝혀진 것이다"[58]라고 함으로
써, 서양의 자연과학적 지식과 기물(器物: 현미경 등)의 유입을 통해
모든 생물이 각기 자신의 감각기관과 신경기관, 그리고 의식을 소
유하고 있다는 점에서도 동등하다는 점을 실증적·객관적으로 입
증했다. 특히 그가 위의 예문에서 언급한 것처럼 이러한 인간과 타
개체 간의 동등성을 밝힌 것이 궁리의 결과라고 했을 때, 그가 상
정하는 궁리는 결코 주자학에서와 같이 차별 원리에 대한 사변적·
추리적 접근을 의미하는 것이 아니라 객관적인 자연의 원리를 과
학적으로 입증하는 것을 뜻하는 것[59]이라고 할 수 있다. 이러한 점

---

56 『春波樓筆記』, 神と仏とを論ず, 위의 책, 第二卷, 88쪽.
57 『獨笑妄言』, 解体接話, 위의 책, 第二卷, 24쪽.
58 『獨笑妄言』, 獨笑妄言やくけん, 위의 책, 第二卷, 4쪽.

에서 시바 코오칸의 인간과 자연에 대한 이해의 논리는 매우 혁신적이라고 평가할 수 있을 것이다.

그러나 시바 코오칸은 단지 인간과 타 개체 간의 동등성을 입증하는 데 머무르지 않고 모든 개체가 각자의 독자적인 삶의 방식과 특성, 즉 자존성을 가지고 있다는 점에서 크기의 대소에 관계없이 상대적으로 평등하다는 점을 주장하기도 했다. 이를 위해 그는 "유사한 것이라도 실제로는 다르다"[60]는 전제 하에, 구체적으로 "복숭아나무에 사는 벌레를 도충桃虫이라고 하고 밤나무에 사는 벌레를 율충栗虫이라고 한다. 그리고 지구에 살고 있는 것을 인간이라고 한다"[61]고 하여 같은 벌레라도 삶의 방식에서는 각기 서로 다른 개체성을 가지고 있다는 점을 밝혔다. 이와 더불어 노장적 상대관[62]의

---

59 이와 관련하여 시바 코오칸은 서양의 자연과학적 지식이 일본의 주자학적 격물궁리格物窮理의 허구성을 극복할 것이라는 점을 다음과 같이 역설적으로 피력했다. "저 나라는 서쪽에 있고 우리 나라는 동쪽에 있어서 서로가 서로를 모르고 지내왔다. 그러나 지금 그들의 학문이 우리 나라에 미쳤으니 수천 년 이후에는 어찌 궁리격물窮理格物이 그들에게 멸망당하지 않겠는가."(『和蘭天說』, 和蘭天說跋, 위의 책, 第三卷, 77쪽).

60 『獨笑妄言』, 獨笑妄言やくけん, 위의 책, 第二卷, 4쪽.

61 『獨笑妄言』, 蟻道和尚談義, 위의 책, 第二卷, 13쪽.

62 일본 개혁 사상가들의 평등성 주장의 기초가 되는 상대적 관점은 동아시아 전통의 노장적 인식론의 영향으로 보인다. 노장老莊은 인간을 삶의 욕구 주체이며 자연계 내에서 자유롭게 자신의 독자적인 삶을 영위하는 방임의 존재로 인식했다("彼民有常性, 織而衣, 耕而食, 是謂同德, 一而不黨命曰天放", 『莊子』, 馬蹄). 그리고 "도(자연)의 입장에서 보면 사물에는 귀천이 없다. 사물이 자기 자신의 입장에서만 본다면 자신은 귀하게 여기고 다른 것은 천하게 여긴다. 그러나 귀천의 평가는 자기가 내리는 것이 아니다. 차별적인 입장에서 보면 작은 것에 비교해서 크다고 할 경우에 만물은 크지 않은 것이 없고 큰 것과 비교해서 작다고 할 경우에 만물은 작지 않은 것이 없다. 그리하여 천지가 싸라기만큼 작다는 것을 알고 짐승의 털이 산만큼 크다는 것을 안

입장에서 대소大小는 자신의 주관에 따라 결정되는 절대적인 것이
아니며 자연계 내에서는 영원히 큰 것도 영원히 작은 것도 없는 모
두 상대적인 존재라는 점을 다음과 같이 분명히 했다.

> "인간은 스스로를 크다고 생각하고 개미(蟻)도 마찬가지로 자기를
> 크다고 생각한다. 뿔(象牙)만을 보고 처음에는 소(牛)가 작은 것을 아는
> 것 같아도 절대적으로 큰 것은 없다는 것을 모르는 것이다."[63]

이와 같은 시바 코오칸이 제시한 상대관은 당시 일본 사회에 팽
배해 있던 절대적·고정적 관점에서 벗어나 인간·계층·민족·국가
등 모든 개체의 상대적 평등성을 강조하는 데 목적이 있었다고 할
수 있다. 비록 시바 코오칸이 이러한 상대관을 직접적으로 국가나
민족간 관계에 적용시키지는 않았으나, 이미 그의 인식 속에 지리
적 지식을 통한 세계관의 확대가 두드러져 있었다는 점과 상대관
의 활용이 시바 코오칸 이외의 개혁 사상가들의 논의[64]에서도 나타

다면 대소大小의 차이가 서로 상대적이라는 것을 알 것이다"("以道觀之, 物無
貴賤, 以物觀之, 自貴而相賤, 以俗觀之, 貴賤不在己, 以差觀之, 因其所大而大之, 則萬物
莫不大, 因其所小而小之, 則萬物莫不小, 知天地之爲稊米也, 知豪末之爲丘山也, 則差數覩
矣", 위의 책, 秋水)라고 함으로써 자유성과 독자성을 보유한 개체 간에는 차
별이란 존재할 수 없고 상대적 평등의 관계만이 형성되어 있다는 점을 강
조했다. 이와 관련하여 일본에서의 노장 사상의 전통과 영향을 다룬 최근
의 연구물로는 王廸, 『日本における老莊思想の受用』(東京: 國書刊行會,
2001)을 들 수 있다.

63 『獨笑妄言』, 蟻道和尙談義, 『司馬江漢全集』, 第二卷, 11쪽.

64 상대적 인식론은 18세기 후반 미우라 바이엔의 사상에서도 두드러지고 있
다. 그는 "나의 입장에서 땅을 보면 땅이 크고, 하늘의 입장에서 땅을 보면
땅이 작은 것이다. 또한 땅의 입장에서 나를 보면 나는 작고 모기(蚊)와 같
고, 작은 곤충의 입장에서 나를 보면 내가 큰 것이다. 이렇게 본다면 큰 것

난다는 점을 감안하면 상대관을 통한 개체간 평등성 주장은 시바 코오칸에게 당연하게 받아들여졌을 것으로 보인다. 이러한 상대관의 활용은 국가 개혁론의 측면에서 개체성 인정의 논리와 함께 평등성을 기초로 한 대외 개방과 문물 수용의 근거라는 점에서 중요한 가치를 지니는 것으로 판단된다.

이상과 같이 시바 코오칸의 국가 개혁론의 이론적 기초로서 욕구 주체로서의 인간성 규정, 인간과 국가·민족의 독자성, 즉 개체성의 인정, 그리고 인간과 자연에 대한 객관적 이해의 논리와 전통적 상대관의 활용 등을 논의해 보았다. 결론적으로 그의 국가 개혁론의 인식론적 본질은 개체간 관계의 평등성에 있다고 할 수 있다. 이러한 그의 인식론이 당시 급속히 유입되고 있었던 서구의 신지식을 통해 더욱 공고화·구체화되었던 것으로 보인다. 다음에서는 이와 같은 이론적 기초를 토대로 한 시바 코오칸 국가 개혁의 구체적 정책 대안을 특징적으로 살펴보기로 하겠다.

6. 국가 개혁의 정책론

앞서 살펴본 바와 같이 대내적으로는 소외 계층을 포함한 피지배 계층 중심의 평등관·개체관을 유지하고 대외적으로는 서구 문물의 우수성과 서양에 대한 객관적 이해를 바탕으로 일본의 후진성과 새로운 국제 질서의 재편을 인식하는 현실관·개방관을 가지고 있었던 시바 코오칸은 그의 정책론을 통해 이러한 인식을 다수

은 하늘로 끝나지 않으며 작은 것은 곤충으로 끝나지 않는 것이니 어찌 통색순역通塞順逆과 강약대소强弱大小가 미리 정해진 것이겠는가"(『玄語』, 小冊, 人部, 言動)라고 하여 상대관에 기초한 평등론을 제시했다.

피지배 계층의 생존권 보장과 국가적 생산력의 발전을 위한 정책
대안으로서 구체화했다. 이것을 몇 가지 방향으로 나누어 살펴보
면 다음과 같다.

첫째, 우선 시바 코오칸은 빈곤층·소외층을 포함하여 고통받는
다수 피지배 계층의 생존권 보호를 위한 정책의 필요성을 주장했
다. 이를 위해 시바 코오칸은 유럽 국가들에서 삼재三災란 질병과
병란兵亂, 기근饑饉을 말하는 것[65]이라고 하면서 일본에서도 이와 마
찬가지의 입장에서 풍년이 들었을 때 곡식을 비축하여 흉년과 기
근에 쌀값이 오르는 것을 막아야 한다는 정책 대안을 제시했다.[66]
이와 동시에 유럽의 예를 들어 의원·병원 등에서 사회적 빈곤층·
소외층에게까지도 치료와 투약을 하고 간병인을 제공해야 한다는
혁신적 주장을 간접적으로 전개하기도 했다.[67]

둘째, 시바 코오칸은 "그 국가에서는 아무리 재능이 있어도 농·
상·공의 집안에 태어나면 비천한 신분이 되어 그러한 재능을 천하
를 위해서 쓸 수 없고 제후·귀족의 집안에 태어나면 재능이 없어
도 등용되었다"[68]고 하여 일본의 과거 정권의 예를 들어 당시의 차
별적 인재 등용을 비판했다. 또한 "구라파 국가에서는 국민들 중에
재능이 있는 자는 왕에게 고하고 왕이 그 재능이 있는 바를 들어
그가 원하는 곳에서 일할 수 있도록 한다"[69]고 함으로써 신분에 구
애 없이 능력 있는 사람들을 등용하고 그들 개개인의 장점을 충분

65 『和蘭通舶』, 卷一, 五大洲總說, 『司馬江漢全集』, 第三卷, 155쪽.
66 『春波樓筆記』, 위의 책, 第二卷, 31-32쪽 참조.
67 『和蘭通舶』, 卷二, 위의 책, 第三卷, 참조.
68 『春波樓筆記』, 神と仏とを論ず, 위의 책, 第二卷, 78쪽.
69 『和蘭通舶』, 卷一, 五大洲總說, 위의 책, 第三卷, 154쪽.

히 발휘할 수 있도록 하는 제도적 장치의 마련을 촉구했다. 이와 함께 유럽의 국가들은 군郡마다 학교를 세워 수천 명을 교육시킨다는 점과 교육 내용에서 천문·물리 등 자연과학적 지식이 중점이 된다는 점[70]을 소개하여, 소수 귀족의 자제들만을 대상으로 주자학을 교육하는 당시의 교육 제도를 비판하고, 국민의 다수가 교육을 받을 수 있도록 하는 국민 개육國民皆育과 실제 생활, 국가적 발전을 위해 도움이 될 수 있는 실용적이고 과학적인 학문을 교육할 것을 주장하는 개방적이고 근대적인 교육론을 제창했다.

셋째, 시바 코오칸은 현실을 도피하여 무위도식하는 승려들의 행태를 비판하고,[71] 제도적으로 출가하는 것을 승인하지 않는다면 승려의 수가 자연히 감소할 것이라는 점[72]을 들어 종교인들의 비생산적 무위도식을 제도를 통해 막아야 한다고 주장했다. 그러나 그가 비록 승려의 경우만 언급했다 하더라도 "지금의 유학자들은 유학자들이 아니다. 자기 혼자도 제대로 처신하지 못하고 술만 많이 마시고 방탕을 일삼는다"[73]고 한 것으로 미루어 유학에 종사하는 지식인들까지도 비생산적이라는 측면에서 비판의 대상으로 삼음을 알 수 있다.

넷째, 국가 정책적 차원에서 시바 코오칸은 일본이 처한 물산物産의 부족을 타개하고 동시에 국가적 부의 획득을 위해 외국과의 교역에 힘쓸 것[74]과 이를 위한 바탕으로서 서양의 역법曆法, 항해술,

---

70 『和蘭通舶』, 卷一, 五大洲總說, 위의 책, 第三卷, 155쪽.
71 『獨笑妄言』, 悟道害己, 위의 책, 第二卷, 22쪽.
72 『春波樓筆記』, 人間感, 위의 책, 第二卷, 64쪽.
73 『春波樓筆記』, 神と仏とを論ず, 위의 책, 第二卷, 99쪽.
74 『春波樓筆記』, 貧福の論, 위의 책, 第二卷, 38-39쪽 참조.

선박 제조 기술 등의 흡수를 통해 일본의 학문적·기술적 후진성을
탈피할 것을 요구했다.[75] 그리고 이러한 목표를 달성하기 위해서는
무엇보다 현실적인 입장에서 쇄국 정책을 철회하고 적극적인 문호
개방 정책을 취할 것[76]을 역설했다.

다섯째, 이 밖에도 시바 코오칸은 개항장인 나가사키長崎와 대도
시(京都·江戶·奧羽 등) 사람들의 흡연 습관과 그 폐해를 법으로 저지할
것을 요구했다.[77] 또한 일본이 옛날부터 유학자를 중심으로 한자를
사용해 왔는데 실제로 세계에서 한자를 사용하는 국가는 중국을
제외하고 일본·고려·유구도琉球島의 3국에 불과하다는 점과 뜻글
자인 한자를 사용하여 음音을 다는 것이 불합리하다는 점[78]을 들어
서양의 언어와 세계 각국의 언어를 개방적으로 습득할 필요성을
우회적으로 주장하기도 했다. 서양 언어와 문자의 습득 문제는 서
양 문물의 우수성을 좀더 정확히 흡수하고 그것을 더욱 많은 사람
에게 전파·계몽할 목표를 가졌던 시바 코오칸에게 가장 기본적인
요소였다는 점에서 중요한 정책적 의미를 가진 것이었다.

이처럼 시바 코오칸의 정책론의 세부 내용은 상업적 교역을 통
한 국가적 부의 획득만을 가장 중요한 정책적 과제로 설정했던 여
타의 개혁 사상가들(예를 들어 혼다 토시아키나 카이오 세이료오 등)과는 다른
입장에서 다수 피지배 계층의 생활과 직결되는 것을 많이 지적했
고, 특히 아래로부터의 확고한 개혁의 토대 구축을 위해 교육 기회
와 시설의 확대, 언어·지식의 전파와 계몽 등의 필요성을 강조하

75 『和蘭通舶』, 卷二, 위의 책, 第三卷, 164쪽.
76 『春波樓筆記』, 神と仏とを論ず, 위의 책, 第二卷, 95-96쪽 참조.
77 『春波樓筆記』, 西洋天地開闢, 위의 책, 第二卷, 108-109쪽 참조.
78 『和蘭天說』, 凡例, 위의 책, 第三卷, 34-35쪽.

는 것이었다. 이와 같은 시바 코오칸 정책론의 구체적 내용이 앞서 살펴본 그의 객관적 현실 인식과 다수 피지배 계층의 권익 보호와 국가 공동체적 발전이라는 정치 목표, 그리고 평등성을 기초로 한 개혁의 이론적 토대 위에서 전개되었다는 측면에서 당시로서는 가장 근본적이고 철저한 개혁론이었다고 평가할 수 있을 것이다.

18세기 후반부터 19세기 초반까지 시바 코오칸으로 대표되는 이와 같은 근대적 인식론과 개혁의 방향은 서구 열강의 일본 침투가 노골화되고 이에 대처하는 바쿠후의 무능력으로 인해 정치적 혼란이 가중되는 상황 하에서, 바쿠후의 정책을 비판하고 나아가 일본 사회의 봉건성을 극복하려는 정치 목표를 제시함으로써, 바쿠후 권력으로부터 철저한 탄압을 받게 되었던 19세기 중반의 양학 계열 사상가들에게 이어졌다. 그 대표자가 다음에서 살펴볼 와타나베 카잔과 다카노 쵸에이였다.

제2절 난학파 와타나베 카잔과 다카노 쵸에이의 개혁 사상

1. 도입

와타나베 카잔[79]과 타카노 쵸에이[80]는 흔히 일본 막말幕末의 대표

---

79 와타나베 카잔(渡邊華山, 1793-1841)은 에도江戶의 무사 가문의 장자로 태어났다. 이름(名)은 정정定靜, 일반적으로는 등豋이라고 했다. 당시 무사들의 빈곤이 극심한 상황 하에서 생계를 유지하기 위해 화업畵業을 내직內職으로 삼았으며, 이후 당대의 대표적인 화가로 이름을 떨쳤다. 1818년경 전원번

적 계몽 사상가들로서 1830-40년대 양학적 지식을 바탕으로 바쿠

田原藩이 처한 재정 악화를 타개하기 위해 번정藩政 쇄신 운동을 전개했으나 보수파의 반발로 실패했다. 그 후 1832년부터 다시 번정藩政에 참여하여 여러 가지 급진적인 개혁안을 제시하고 그것을 실시하려고 했으나 역시 수구파의 저항으로 실패하자 회의를 느끼고 퇴역했다. 1832년 한藩의 해안을 담당하는 임무를 겸직하게 된 것을 계기로 해안 방비를 위해 난학蘭學을 연구하기 시작했으며, 당시의 대표적 난학자였던 다카노 쵸에이 등과 함께 난학 연구 모임인 상치회尙齒會에 참가, 양학적洋學的 지식의 흡수와 전파에 주력했다. 1839년 바쿠후의 대외 정책을 비판하는『신기론愼機論』등을 저술했다는 죄목으로 소위 '만사의 옥(蠻社の獄)'에 연루되어 다카노 쵸에이 등과 함께 투옥된 후 1841년 전원田原에서 자살했다. 19세기 중반 대표적인 양학 계열 정치 사상가로서 당시 일본이 처한 내우외환의 상황 하에서 양학적 지식을 통해 습득한 국제 정세에 대한 이해와 일본의 후진성에 대한 현실적 인식을 토대로 반봉건적 입장에서 바쿠후의 쇄국 정책을 비판하고 보국안민의 혁신적 정책론을 제시한 인물로 평가된다(佐藤昌介,「渡辺崋山と高野長英」,『日本思想大系 55 - 渡辺崋山·高野長英·佐久間象山·横井小楠·橋本左内』(東京: 岩波書店, 1971), 607-664쪽과 부록 연표 ; 佐藤昌介,「經世家崋山と科學者長英」,『日本の名著 25』(東京: 中央公論社, 1972), 9-80쪽과 부록 연표 참조).

80 다카노 쵸에이(高野長英, 1804-1850)는 오주奥州의 수택水澤에서 태어났다. 이름(名)은 양讓이고 가업인 의업醫業을 이어받아 의사가 되었다. 어려서부터 난학의 대가 스키다 겜바쿠(杉前玄白, 1733-1817)의 문인이었던 양부養父의 영향을 받아 난학에 관심을 가지게 되었고, 19세부터 난학을 연구하기 시작하여 22세 때에는 나가사키長崎에 체류하고 있던 네덜란드인 시볼트(Siebold, シ―ボルト)로부터 직접 난학을 배웠다. 그 후 의사의 직업을 가지고 강연과 번역·저술에 몰두하여 난학 보급에 주력했다. 1832년 와타나베 카잔 등과 함께 상치회尙齒會의 일원으로서 활약했으나 와타나베 카잔과 마찬가지로 당시의 바쿠후 정책을 적극 비판하는『몽물어夢物語』를 저술함으로써 '만사의 옥(蠻社の 獄)'에 연루되어 투옥되었다. 이후 탈옥하여 잠행潛行하면서 활동하다가 체포된 후 1850년 자살했다. 정통 난학자로서 서양의 의학지식을 바탕으로 신지식의 보급에 힘썼으며 와타나베 카잔과 사상적 동맹 관계를 형성하여 당시로서는 현실적이면서도 혁신적인 바쿠후 비판과 부국富國의 정책론을 전개한 인물로 평가된다(佐藤昌介, 앞의 책, 1971, 607-664쪽 및 부록 연표; 佐藤昌介, 앞의 책, 1972, 9-80쪽 및 부록 연표 참조).

후의 쇄국 정책을 비판함으로써 당시 바쿠후 권력으로부터 일대 정치적 탄압을 받았던 양학파의 일원으로 평가되고 있다.[81] 양자의 관계에 대해서 이전에는 초기부터 명확한 사상적 동맹 관계를 형성하고 활동하였다는 것이 정설定說이었다. 이것은 와타나베 카잔과 타카노 쵸에이가 '상치회尙齒會'라고 하는 양학(난학) 연구 모임을 결성, 격렬한 바쿠후 정책 비판을 수행함으로써 결국 '만사의 옥(蠻社の獄, 1839년)'에 연루되어 비극적 최후를 맞았다는 행적상의 공통점을 바탕으로 한 견해라고 할 수 있다. 그러나 근래의 연구에서는 첫째 와타나베 카잔이 학술 연구자적 측면보다는 경세가經世家적 성격이 강했던 반면 와타나베 카잔은 정통 난학 연구자로서 양자의 전문 영역이 서로 달랐다는 점, 둘째 '상치회'라는 모임 자체의 구성원과 성격이 기존의 논의에서처럼 난학적 지식인들만의 정치적 결사체가 아니었다는 점, 그리고 셋째 '만사의 옥'이라는 사건은 바쿠후의 양학 탄압이라는 것으로만 단순화할 수 없고 이면에 바쿠후 권력 내부의 보수파와 와타나베 카잔을 비롯한 개명파 간의 강렬한 정치적 갈등과 밀접한 관련이 있다는 점 등을 들어 양자의 사상적 동맹 관계에 의문을 제기하기도 하였다.[82] 이러한 문제제기와 그에 따른 실증적 연구 성과에 힘입어 최근에는 주로 와타나베 카잔과 타카노 쵸에이를 함께 다루기보다는 각각의 행적과 사상적 특성에 초점을 맞추는 개별적 연구[83]가 진행되어 왔다.[84]

---

81 石田一良, 成海俊·甘榮熙 譯, 『日本思想史槪論』(서울: J&C, 2003), 215쪽.
82 佐藤昌介, 『洋學史硏究序說』(東京: 岩波書店, 1964); 佐藤昌介, 『洋學史の研究』(東京: 中央公論社, 1980); 佐藤昌介, 『渡辺崋山』(東京: 吉川弘文館, 1986); 佐藤昌介, 『洋學史論考』(京都: 思文閣出版, 1993); 佐藤昌介, 『高野長英』(東京: 岩波書店, 1997).

  그러나 필자는 이와 같은 일본 학계의 연구 동향에도 불구하고
와타나베 카잔과 타카노 쵸에이의 사상을 이질성의 측면보다는 동
질성의 측면에서 분석하는 것이 더 큰 의미를 지니고 있다고 판단
하고 있다. 우선 양자의 전문 영역이 달랐다는 사실을 인정하더라
도 그들이 인적·사상적 교류를 통해 상호 보완성을 유지하면서 공
통의 정치적 문제의식과 양학적 지식을 바탕으로 한 개혁·개방적
처방을 제시한 19세기 전반기 일본의 대표적 양학파 지식인들이었
다는 점에 주목할 필요가 있다. 또한 문호 개방을 전후한 시기의
양학(난학)의 성격에 관해서 일본 학자들 내에서 봉건제 비판설封建
制批判說과 봉건제 보강설封建制補强說이 대립해 왔지만,[85] 최소한 와
타나베 카잔과 타카노 쵸에이는 일본적 봉건제를 보강하려는 의도

---

83 安藤五郎, 『日本近代教育思想の研究: 渡辺崋山の教育思想を中心として』
(東京: 學藝圖書, 1972); 川尻信夫, 『幕末におけるヨーロッパ學術受容の一
断面: 內田五觀と高野長英・佐久間象山』(東京: 東海大學出版會, 1982);
鶴見俊輔, 『高野長英』(東京: 朝日新聞社, 1985); 芳賀徹, 『渡辺崋山: 優し
い旅びと』(東京: 朝日新聞社, 1986); 西口克己, 『高野長英』(東京: 新日本
出版社, 1988); 日比野秀男, 『渡辺崋山: 秘められた海防思想』(東京: ぺりか
ん社, 1994); 加藤文三, 『渡辺崋山』(東京: 大月書店, 1996); 小澤耕一,
『渡辺崋山: 三河田原藩の周邊と畫論を中心に』(東京: 日本圖書センター,
1998); 鶴見俊輔, 『高野長英・夢野久作』(東京: 筑摩書房, 2001).

84 이에 반해 한국에서의 일본의 양학 수용과 의의, 또는 양학적 지식인들에
관한 연구는 매우 미진하다. 최근 발표된 연구 성과로는 송휘칠의 연구(송
휘칠, 「근세 일본의 쇄국 정책과 양학洋學수용」, 『日本思想』, 제3호(2001),
161-182쪽) 정도가 대표적이다. 근세 한국 정치사상사 연구에 있어 서학
西學의 영향에 대한 분석이 큰 중요성을 가지고 있는 만큼 일본의 근세 정
치사상사 연구에 있어서 양학이 차지하는 비중이 매우 크다는 점에서 이에
대한 좀더 활발한 연구가 요구된다고 하겠다.

85 岩崎允胤『日本近世思想史序說』(東京: 新日本出版社, 1997), 368-369쪽.

보다는 차별·위계적 봉건 체제의 모순을 직시하고 이를 평등적 정
치 질서관으로 극복하려 하였던 당시로서는 가장 급진적인 개혁·
개방론자들이었다. 이러한 점에서 양자는 동시대의 히라타 아츠타
네(平田篤胤)를 중심으로 텐노天–쇼오군將軍–다이묘오大名로 이어지는
권력의 위임 관계와 대내적 신분의 차별을 신神의 뜻으로 파악하여
봉건 질서의 유지와 강화를 시인하는 입장[86]을 취하였던 정통 국학
國學 계열의 사상가들은 물론이고, 봉건제 보강론의 차원에서 국학
과 양학적 지식을 혼합하여 군주(천황)의 절대 권력 하에서의 강력
한 통일 국가를 구상하였던[87] 사토오 노부히로(佐藤信淵: 1769-1850)
의 입장, 그리고 바쿠후 권력의 비호 하에 천문학 등 양학 연구를
진행하였던 여타 양학자(난학자)들과 구별되는 뚜렷한 공통의 정치
적 특징을 지니고 있다.[88] 더욱이 와타나베 카잔과 타카노 쵸에이
사상의 내용과 성격이 양학(난학)의 수용과 더불어 18세기 후반 이
후 급속히 진행된 일본적 정치 개혁론의 연장선상에 있음을 감안
하면 양자의 개혁·개방론에 대한 총체적 분석은 바쿠후 권력의 몰
락과 메이지유신明治維新으로 이어지는 근세 일본 정치 변동의 사상
적 단서를 제공하는 것이기도 하다.[89]

---

86 平田篤胤, 玉襷, 卷二, 田原嗣郎 校注, 『日本思想大系 36 – 平田篤胤·伴信
友·大國隆正』(東京: 岩波書店, 1973), 250쪽.

87 高橋磌一, 『開國への政治情勢』(東京: あゆみ出版, 1985), 132쪽.

88 일본 내에서의 이와 같은 정치적 입장의 분기와 그에 따른 다양한 사상 전
개의 양상들은 이미 18세기 후반 이후 두드러시기 시작했다. 이에 대한 구
체적 내용에 대해서는 김정호의 연구(김정호, 「신지식의 유입과 국가개혁의 정치
사상」, 『國際政治論叢』, 제42집 4호(2002), 281-302쪽)를 참조 바람.

89 필자는 막말幕末 일본의 정치 변동에는 다양한 요인이 결합되어 있었다는
사실을 인정하고 있다. 그러나 후쿠자와 유키치(福澤諭吉, 1835-1901)가 지

2. 시대 배경

와타나베 카잔과 다카노 쵸에이의 공통적 활동 시기는 텐포기天
保期, 좀더 구체적으로는 1830년대라고 할 수 있다. 물론 와타나베
카잔의 경우에는 이미 1810년대 후반부터 비교적 활발한 정치 활
동을 전개했고, 다카노 쵸에이의 경우에도 1840년대 말까지 저술
작업과 계몽 활동을 했지만, 그들이 사상적 동맹 관계를 형성하고
양학적 지식을 바탕으로 반막적反幕的, 나아가 반봉건적 사상을 전
개한 것은 1830년대의 10년간이라고 보는 것이 타당하다.[90]

이 시기는 국내적으로는 18세기 후반의 칸세이寬政 개혁 이후 분
카(文化, 1804-1817) 연간의 일시적 안정이 결국 봉건 체제 자체의 모
순을 해결하지 못한 일시적인 강압 정책의 결과였을 뿐이라는 점
을 명확히 보여 준 시기였다고 할 수 있다. 즉 칸세이 개혁이 추구

적했듯이 "1867년 일본이 단행한 메이지 유신과 왕정복고王政復古가 단순
히 수구적인 존왕양이파尊王攘夷派의 행동으로만 설명될 수 없고, 일본적 특
성에 기초하여 지속되어 온 반전제적反專制的 사상의 발전과 함께 서양문명
의 관념들이 그것을 촉진함으로써 이루어진 결과"(福澤諭吉, 『福澤全集』(東京:
國民圖書株式會社, 1926), 第4卷, 22-23쪽과 175쪽 참조)라고 한다면, 문호 개방
직전에 전개된 와타나베 카잔과 타카노 쵸에이의 양학적 지식을 바탕으로
한 개혁 개방론이 문호 개방을 전후한 일본의 정치 변동을 이해할 수 있는
중요한 근거가 될 수 있다고 판단하고 있다.

90 그럼에도 불구하고 바쿠후에 의한 양학 계열洋學系列 지식인에 대한 일대
탄압이었던 소위 '만사의 옥(蠻社の獄, 1839)'이 발생한 직후 바쿠후가 다시
시대 역행적 개혁인 텐포 개혁(天保改革, 1841-1843)을 실시했다는 점과,
1840년 아편 전쟁 이후 동아시아 국제 환경이 더욱 급격히 변동했다는 점
등을 고려했을 때, 이들의 시대적 배경을 1840년대까지 확대시키는 것이
필요할 것으로 보인다.

했던 바쿠한幕藩의 재정 악화를 막기 위한 상품 경제로부터 자연 경
제로의 전환, 농민들의 토지 이탈 억제 정책, 그리고 바쿠후 권력
의 강화를 위한 '이학의 금(異學の禁)' 등 시대 역행적인 정책으로는
소수에 의한 부의 독점과 관리층의 수탈 그리고 기근 등 자연 재해
에 따른 피지배 계층의 빈곤화와 이에 따른 바쿠후와 한藩들의 재
정 궁핍을 저지할 수는 없었다. 더욱이 지배층의 사치 풍조가 만연
한 상태[91]에서 피지배층에게만 절약과 검소를 강요하는 것은 그 자
체가 모순이었다. 이러한 지배층의 무사안일과 현실 유지적인 태
도로 말미암아 바쿠한 체제는 그 후 1833년 오우奧羽 지방에서의
흉작과 기근, 1834년의 전국적인 기근, 1836년의 소위 텐포 대기
근天保大饑饉이라고 하는 자연 재해의 발생과 계속되는 흉작[92]에 따
른 쌀값 폭등, 다수 피지배 계층의 빈곤화의 가속, 그 결과로서의
전국적인 규모의 피지배 계층들의 저항[93]이라는 체제 내부로부터

---

91 예를 들어 11대 쇼오군은 첩 40명에 자녀 55명(남아 28명, 여아 27명)이었고
이 중 13명만이 성장했다고 하니(津田秀夫, 『日本の歷史 22 - 天保改革』(東京 : 小
學館, 1975), 23쪽 참조), 당시 쇼오군을 위시한 지배층의 호사한 생활을 가히
짐작할 수 있다.

92 구체적으로 평균작을 100%로 보았을 때 1836년(天保 7년) 당시 일본 각지
의 작황은 오기내五畿內 45%, 동해도東海道 45%, 동북도東北道 45%, 관팔
주關八州 30-40%, 오주奧州 28%, 우주羽州 40%, 북륙도北陸道 55%, 산음
도山陰道 22%, 산양도山陽道 55%, 남해도南海道 55%, 서해도西海道 50%
등 평균 42.4%에 불과했다는 점(위의 책, 215쪽 도표 참조)을 볼 때 당시 전국
적인 흉작이 얼마나 심각했는가를 알 수 있다.

93 1833년 오우奧羽 지방에 흉작이 발생한 것을 계기로 진경津輕과 에도江戸에
서 빈민층이 봉기하여 부유층을 공격하는 일이 일어났고, 1835년에는 미
농美濃에서의 잇끼一揆와 추전번秋田藩에서의 부상富商 공격이 발생했다. 특
히 1836-1837년간에는 반란과 폭동이 전국적인 규모로 확대되었는데, 바
쿠후의 중요 군사거점 지역을 한때 마비시켰던 갑주甲州와 삼하三河에서의

의 위기 상황에 직면할 수밖에 없었다.

이와 같은 대내적 위기 상황과 더불어 이 시기는 대외적으로도 국가 방위의 측면에서 위기감이 고조되던 시기였다. 즉 이미 18세기 말 이후 러시아와 영국을 중심으로 한 서구 열강이 일본에 직접 접촉을 해 온 것에 긴장한 바쿠후는 1825년 이국선타불령異國船打拂令을 공포하여 쇄국 정책을 유지할 것을 천명했다. 그럼에도 불구하고 이 시기 국제 정세의 변화는 바쿠후로 하여금 서구 열강의 침투에 대해 방어할 필요성을 느끼지 않을 수 없도록 했다. 특히 1838년 나가사키의 네덜란드 상관장商館長이 전달한 소식, 즉 영국의 선박이 곧 일본 표류민들의 송환을 구실로 내항來航하여 통상 요구를 할 것이라는 정보는 바쿠후로 하여금 대내적 불안과 더불어 대외적 압박감을 가지게 하는 계기가 되었다.

중요한 것은 바쿠후가 이와 같은 대외적 압박감이 대내적 불안과 무관하지 않다는 인식을 하고 있었다는 점이다. 구체적으로 당시 기근 등 자연 재해와 국가적 부의 고갈에 대한 대책을 마련하지 못했던 바쿠후와 지배층으로서는 대외적 압박에 대해서마저 무력함을 노출시킬 수는 없다고 인식했던 것으로 보인다. 이러한 측면에서 지속적으로 양학적 지식을 연구·전파하면서 반봉건적 입장에서 바쿠후의 대내외 정책을 비판하고 대외 개방을 요구하는 양

폭동과, 쌀값 폭등과 관리의 무능·수탈 그리고 관리들과 결탁한 특권 상인에 의해 고통받는 피지배 계층을 구하겠다는 구호 하에 오시오 헤이하치로 大塩平八郞를 중심으로 오사카大坂에서 일으킨 무장봉기와 그것에 영향을 받은 비후備後의 삼원三原·장주번長州藩·월후越後의 백기柏崎·섭진능세군攝津能勢郡 등지에서의 폭동과 습격 사건은 그 대표적인 것이다(위의 책, 215-230쪽과 保坂 智, 「內憂外患の危機感はいつから生まれたか」, 靑木 美智男·保坂 智 編, 『爭点日本の歷史 - 近世編』(東京: 新人物往來社, 1991, 299-302쪽 참조).

학 계열 지식인들은 바쿠후로 하여금 자신의 무능력을 대내외에 공개하는 것과 다름없다고 인식하게 했다. 따라서 그들의 논의가 바쿠한 체제 자체에 대한 도전으로 인식되었을 여지가 충분히 있다고 보인다. 이것은 바쿠후 권력이 한편으로는 대내적으로 빈발하는 잇끼一揆를 무력으로 진압하고, 1839년 '만사의 옥(蠻社の獄)'을 통해 당시 활발한 활동을 전개하고 있던 다수의 난학자蘭學者와 양학 계열 사상가들을 철저히 억압하면서, 다른 한편으로 대외적 쇄국 정책과 해안 방위에 역점을 두었던 것에 잘 나타나 있다.

이처럼 바쿠후 권력은 당시의 대내외적 위기가 바쿠한 체제 성립 후 지속되어 온 봉건적 차별 질서 자체에 있다는 점을 인식하지 못하고, 또 다시 강력한 탄압 정책과 억압 정책을 통해 이를 극복하려고 하는 구태의연한 모습을 보여 주었다. 바쿠후가 '만사의 옥' 이후 1841-1843년간 실시한 텐포天保 개혁의 내용은 난학의 탄압 강화, 도당徒黨을 금지하는 등의 피지배 계층에 대한 억압 강화, 상공업 억제와 자연 경제로의 인위적 회귀, 주자학적 차별 질서관을 바탕으로 한 바쿠후 권력의 강화 등 이전의 개혁과 대등소이한 시대 역행적인 것이었다. 이와 함께 1840년 아편전쟁 이래 중국 대륙에 대한 서구 열강의 이권 침투가 가속화하고 있다는 상황에 직면하여 1825년의 이국선타불령을 철회하고 1842년 이국선타불금지령異國船打拂禁止令를 공포했다는 점은 바쿠후의 무능력을 표출한 것으로서, 이는 바쿠한 체제라는 일본적 봉건 질서의 와해를 촉진하는 계기가 될 뿐이었다.

이상에서와 같이 와타나베 카잔과 다카노 쵸에이가 활동했던 1830-1840년대는 대내외적으로 급격한 정치적 변동의 기운이 고조되던 시기였다. 이러한 상황 하에서 냉철한 현실 인식을 바탕으로 고통받는 다수 피지배 계층의 생존권을 확보하고 변화하는 국제 정세 속에서 국가적 독립과 발전을 이룩하려는 정치 목표를 가지고 반봉건적 개혁 사상을 전개했던 인물이 와타나베 카잔과 다카노 쵸에이였다.

3. 현실관과 정치 목표

와타나베 카잔과 다카노 쵸에이는 공통적으로 당시 일본이 처한 대내외적 상황을 국가 존폐를 결정할 수 있을 정도의 급박한 위기로 인식하고 있었다. 그들이 제시한 위기의 내용은 대내적으로는 기근 등 자연 재해로 인한 피지배 계층의 빈곤과 피폐, 소수의 부의 독점으로 인한 극심한 사회·경제적 불평등 현상, 그리고 이에 따른 피지배 계층의 반발이었다. 그리고 대외적으로는 국제 정세의 변화에 대한 무지와 국제적 고립화에 따른 국가 안보의 위협과 국가적 경쟁력의 약화였다. 먼저 그들은 대내적 위기 상황에 대해 "계이(癸己: 天保 4년, 1833)년 이래 연속적으로 기근이 발생하여 도하(都下: 江戶)에서까지도 굶어죽는 사람이 생겼으니 지방의 실정은 상상하고도 남음이 있다"[94]고 하고, "근년에 기근이 일어나 인심이 불안해지고, 부유한 사람은 더욱 부유해지는 반면 가난한 사람은 더욱 더 가난해지는 상황이 전개됨으로써 빈곤한 피지배 계층들이 이곳저곳에서 소요(騷擾: 一揆: 暴動)를 일으키게 되었으니 세상이 참으로 근심스럽다"[95]고 했다. 그리고 대외적 위기에 대해서는 "현재

---

94 高野長英, 蠻社遭厄小記, 佐藤昌介 校注, 『日本思想大系 55 - 渡辺崋山·高野長英·佐久間象山·橫井小楠·橋本左內』(東京: 岩波書店, 1971), 190쪽.
95 高野長英, わすれがたみ(別名, 鳥の鳴音), 위의 책, 179쪽.

의 (일본은) 개구리(蛙)가 우물 안에 안주하여 작고 협소한 자신의 세계에 만족하는 것이나 뱁새(鷦)가 큰 새(大鳥)를 보고 비웃는 것과 같은 상황이다"[96]라고 하면서 "서양인의 입장에서 보면 우리 나라는 거리에 버려져 있는 고기(肉)와 같을 것이다"[97]라는 말로써 당시 일본이 처한 위기를 날카롭게 표현했다.

중요한 점은 와타나베 카잔과 다카노 쵸에이가 이와 같은 위기의 원인을 철저히 반反지배 계층적 입장에서 파악했다는 사실이다. 즉 그들은 일본이 당면한 대내외적 상황이 근본적으로 바쿠후 권력의 무능과 편협성, 그리고 유학자들의 고루한 인식에 있다는 점을 분명히 했다. 구체적으로 그들은 먼저 세계는 항상 변화하고 있는 것이며,[98] 천하의 흥망성쇠는 필연의 법칙으로서 영화榮華가 오래되면 반드시 쇠퇴하는 것[99]이라는 변천관을 제시했다. 이에 따라 변화된 세계에 대한 내용으로서 현재 세계에서 가장 발달된 과학 지식과 제도, 군사력을 가지고 있으며 가장 앞선 경제력과 정보력을 보유하여 세계의 패권을 차지하고 있는 것이 바로 서구 열강이라는 점을 지적했다. 와타나베 카잔은 이에 대해 "서양인은 제諸 외국外國의 정세를 살피고 지리를 탐구하며 유럽 국가들 상호 간에 동맹을 결성하여 정보를 교환함으로써 세계를 자유롭게 지배·조종하고 있다"[100]고 하고, 또한 "서양인은 세계를 하나로 보아 표면적으로 동인(同仁: 平等)의 원리를 선포하여 함부로 무력을 사용하지

---

96 渡辺崋山, 再稿西洋事情書, 위의 책, 49쪽.
97 渡辺崋山, 愼機論, 위의 책, 69쪽.
98 渡辺崋山, 鴃舌小記·鴃舌或問, 鴃舌或問 序, 위의 책, 79쪽.
99 渡辺崋山, 愼機論, 위의 책, 71쪽.
100 渡辺崋山, 外國事情書, 위의 책, 31쪽.

않으면서도 전세계를 지배하고 있다"[101]고 했다. 다카노 쵸에이 역시 "서양의 국가에서는 객관적으로 사물의 이치를 궁구窮究하기 위한 방법으로서 천문·지리·측량·역법·지도·기계 등에 이르기까지 전문 분야를 나누고, 그것을 다시 더 세밀한 분야로 나눔으로써 새로운 학문이 계속 발명되고 있다"[102]고 하여 서양의 학문적 발전과 전 세계적 범위에서의 패권적 지위 확보의 현상을 설명했다. 그러나 그들이 이러한 사실을 밝힌 것은 우선적으로 중국 중심의 세계관이나 일본 중심적인 차별 질서관 또는 자국 중심적인 이적관夷狄觀을 탈피하여 세계에 대한 좀더 객관적인 이해를 획득할 수 있는 인식 전환의 필요성을 제시하기 위해서였다. 이런 점에서 와타나베 카잔은 노장적 인식론[103]을 원용하여 일국一國만을 천하로 보아 거기에 안주하는 것과 같은 협소한 인식에서 벗어나 천하를 가지고 천하를 보는 인식의 중요성을 강조했다.[104] 동시에 "고대의 이적夷狄은 고대의 이적이고 근대의 이적은 근대의 이적이다. 이와 같이 이적이라는 것은 양자간에 그 내용을 달리하므로 과거의 이적관夷狄觀을 가지고 오늘의 이적을 제어할 수는 없는 것이다"[105]라고 함으로써 전통적인 동아시아적 화이 질서관의 무의미성을 지적하기도 했다.[106] 그렇다면 그들이 요구하는 인식 전환의 목적은 무엇

---

101 渡辺崋山, 再稿西洋事情書, 위의 책, 51쪽.

102 高野長英, 漢洋內景說, 阿知波五郎 外 譯, 『日本の名著 25 - 渡辺崋山·高野長英』(東京: 中央公論社, 1972), 261쪽.

103 "以身觀身, 以家觀家, 以鄕觀鄕, 以國觀國, 以天下觀天下(『道德經』, 五十四章)."

104 渡辺崋山, 外國事情書, 佐藤昌介 校注, 앞의 책, 22쪽.

105 渡辺崋山, 外國事情書, 위의 책, 19쪽.

106 와타나베 카잔은 또한 이러한 입장에서 서양인의 말을 빌려 "서양에서는

인가? 와타나베 카잔과 다카노 쵸에이에게 그것은 서양에 대한 맹목적인 동경憧憬이나 흠모欽慕가 아니라 일본의 후진성과 서양의 발전적 측면을 인식하고, 그러한 발전적 측면을 개방적으로 흡수함으로써 궁극적으로 다수 피지배 계층의 생존권과 이익 추구권을 확보하는 데 있었다. 이는 평등한 개체로서의 개별 인간이 가진 능력을 발휘할 수 있게 하여 국가적 발전을 이룸으로써 서구 열강의 위협에 주체적으로 대응할 수 있도록 하기 위한 것이었다.[107]

그럼에도 불구하고 현실의 일본은 이와는 반대로 여전히 유학적 차별 질서관과 대외적 배타 의식이 강하게 존재하는 사회였다. 그리고 그것의 구체적 형태가 바로 바쿠후 권력을 중심으로 한 지배 계층의 철저한 쇄국 정책과 평등성·개방성을 지향하는 난학蘭學의 탄압이었다. 이러한 측면에서 와타나베 카잔과 다카노 쵸에이로

어떤 나라(일본을 의미)와 같이 자국을 존귀하게 여기고 외국을 멸시하여 스스로 귀와 눈을 닫고 마치 우물 안 개구리와 같이 독선獨善에 빠지는 폐풍弊風은 없다(渡辺崋山, 鴃舌小記·鴃舌或問, 鴃舌或問, 위의 책, 83쪽)"고 하여 일본의 현실을 우회적으로 표현하기도 했다.

107 이 점은 와타나베 카잔과 다카노 쵸에이의 정치 목표, 정책론의 방향과 밀접한 관련이 있다. 와타나베 카잔이 그의 『격설혹문鴃舌或問』에서 서양인의 말을 빌려 대내적으로는 일본에 걸식(乞食: 乞人)과 화재가 세계에서 가장 많다는 점(渡辺崋山, 위의 책, 87-88쪽)을 지적하고, 『신기론愼機論』에서는 서양의 교육은 철저히 개인의 개성個性을 바탕으로 하며 자신이 선택하는 학문과 직업에 귀천의 차별이 없다는 점을 설명한 것(渡辺崋山, 愼機論, 위의 책, 69쪽), 그리고 다카노 쵸에이가 『만사조액소기蠻社遭厄小記』에서 당시의 일본이 국가 안보의 핵심인 무비武備를 최우선 과제로 하지 않고 다만 자신의 욕구 충족을 위한 사치에만 몰두하고 있다는 점을 비판하고(高野長英, 蠻社遭厄小記, 위의 책, 200쪽), 또한 『지피일조知彼一助』에서 쇄국 정책을 폐지하고 개항하는 것이 풍요롭고 강한 국가가 될 수 있는 길임을 역설한 것(高野長英, 知彼一助, 卷一, 阿知波五郎 外 譯, 앞의 책, 352쪽) 등은 이들의 정치 목표와 정책론의 방향성을 가늠해 볼 수 있는 것이라고 할 수 있다.

대표되는 당시 양학 계열 지식인들의 비판은 바쿠후의 정치 행태
와 바쿠후의 권력을 확고히 하기 위한 사상적 토대로서의 유학의
관념적이고 추리적인 속성에 집중될 수밖에 없는 것이었다. 먼저
바쿠후의 정치 행태에 관해서 양자는 공통적으로 정책론으로서의
쇄국鎖國과 난학 탄압, 그리고 인식론으로서의 차별관과 폐쇄관을
강력히 비판했다. 구체적으로 와타나베 카잔은 "서구 열강을 이적
夷狄이라고 경시하는 것은 망인(妄人: 盲人)이 뿔(象)의 일부만을 가지
고 전체를 상상하는 것과 같다"[108]고 하여 서양에 대한 인식의 편
협성을 비판했다. 또한 "우리 나라가 쇄국 정책에 안주하고 있는
것은 매우 위험한 것으로서 진실로 기우杞憂에 지나지 않는 것이 아
니다"[109]라고 함으로써 쇄국 정책이 초래할 위험성을 자각하지 못
하는 현실을 지적했다. 이와 같은 전반적인 사회적 분위기에 대한
평가와 함께 그는 바쿠후로 대표되는 당시의 지배층에 대해서는
비판의 강도를 훨씬 높여 "오늘날 지배자층이 그 직분을 다한다는
명목 하에 옛날의 예를 따라 장군將軍, 제후諸, 사士라는 이름을 만
들고 그들 사이의 경계를 형성하게 했으니, 이것은 활물세계活物世
界를 사물死物로 다스리는 것과 같다고 하지 않을 수 없다"[110]고 하
여 바쿠한 체제라는 봉건적 위계 질서를 고수하는 것이 현실 모순
의 근본 원인이라는 점을 분명히 했다. 또 다음과 같이 정책적 차
원에서 행해지고 있는 난학 탄압에 대해서는 그 부당성과 함께 억
압적 방법을 동원하여 계속 난학을 탄압할 경우 피지배 계층이 각
성하여 바쿠후 타도의 봉기를 일으킬 수 있다는 혁신적 주장을 전

---

108 渡辺崋山, 再稿西洋事情書, 佐藤昌介 校注, 앞의 책, 51쪽.
109 渡辺崋山, 再稿西洋事情書, 위의 책, 49쪽.
110 渡辺崋山, 退役願書之稿, 위의 책, 104쪽.

개하기도 했다.

> "양설洋說로부터 추측해보았을 때 국가에서 우려되는 것은 해외의 문제이다. 그럼에도 불구하고 강권强權을 발동하여 양설을 금지시킨다면 재야인在野人의 눈은 양설에 더욱 더 밝아질 것이고 위정자는 더욱 더 해외 사정에 어두워질 수밖에 없다. 위(上)가 시세에 어둡고 아래(下)가 밝아진다면 위가 이것을 혐오하여 탄압을 가할수록 아래는 그것에 저항하여 폭동을 일으키게 될 것이며 그 장래는 대략적으로 예측될 수 있다."[111]

와타나베 카잔의 이와 같은 비판과 주장은 당시 양학 계열 지식인들의 의식이 정권 타도 수준으로까지 진행되고 있음을 보여 주는 것이다. 이는 또한 상대적으로 바쿠후 권력이 강권 통치를 통하지 않고는 지위를 유지할 수 없을 정도로 약화되고 있었음을 보여 주는 것이라고 하겠다.

다카노 쵸에이 역시 "의로운 자는 재물이 없고 재물이 있는 자는 의롭지 않으며, 기쁨(안일함)을 함께 하는 자는 많고 근심을 나누는 자는 적은 것이 세간의 습성이다"[112]라고 하고, 또한 "태평太平이 오래 지속된 결과 배우는 것은 오직 음식·의복·거택居宅 등에 대한 사치뿐이고 국가 안위의 필수 요소인 무비武備를 중요하게 생각하지 않는다. 가끔 무비의 필요성을 제기하는 자가 있으면 제거시키거나 물러나게 하는 것이 지금의 세상이다."[113]라고 함으로써, 오

---

111 渡辺崋山, 獄中書簡, 鈴木春山宛, 天保十年六月九日, 阿知波五郎 外 譯, 앞의 책, 166쪽.
112 高野長英, わすれがたみ, 佐藤昌介 校注, 앞의 책, 176쪽.

로지 개인적 부의 축적이나 사치만을 위하고 국가적 안위에는 무
관심한 당시 지배층의 안이한 태도를 비판했다. 이와 함께 바쿠후
의 대외 정책에 대해서도 "우리 나라에서는 예를 들어 (교역을 원하는)
영국의 희망이 전달되었어도 그것을 허가하지 않는다. 단지 영국
을 해적으로 간주하여 만일 영국 선박이 일본 근해에 접근하면 유
무有無를 막론하고 공격하는 것(打拂)으로 되어 있다. 세계 중에 이
렇게 외국의 선박을 취급하는 나라는 없다"[114]고 하여 바쿠후의 무
지와 쇄국 정책의 불합리성을 지적했다. 특히 자신 스스로가 난학
자의 일원으로서 바쿠후의 난학 탄압에 대해서는 난학(蘭學: 蠻學)이
유용급무有用急務의 실학實學[115]이며, 난학자들이 그것을 배우는 것
은 난학의 이론이 사실에 근거하고 있고, 따라서 실제에 이롭게 쓰
일 수 있기 때문인데 이들을 서양을 흠모하고 서양에 복종하는 인
물들이라는 명목하에 탄압하는 것은 잘못이라는[116] 점을 들어 더욱
강력한 비판의 입장을 견지했다.

이처럼 와타나베 카잔과 다카노 쵸에이는 피지배 계층의 생존권
조차도 해결하지 못하고 국가 안위의 문제에 비현실적으로 대처하
는 바쿠후와 지배층의 무능과, 이것을 극복할 수 있는 대안으로서
의 양학洋學의 수용과 개국 정책으로의 전환을 거부하고 탄압하는
바쿠후 권력의 보수적 인식과 정치 행태를 직설적으로 비난했다.
특히 난학을 탄압하면 할수록 피지배 계층들의 의식이 자각되어
결국 정권 타도 봉기로 나아갈 것이라는 경고는 당시 양학 계열 지

---

113 高野長英, 蠻社遭厄小記, 위의 책, 200쪽.
114 高野長英, 戊戌夢物語, 위의 책, 166쪽.
115 高野長英, 蠻社遭厄小記, 위의 책, 189쪽.
116 高野長英, わすれがたみ, 위의 책, 182쪽.

식인들의 급진적 성격을 잘 나타내 주는 것이라 하겠다.

　다음으로 와타나베 카잔과 다카노 쵸에이는 이와 같은 바쿠후의 무능력과 폐쇄적 인식이 근본적으로 유학의 대내외적 차별 질서관과 그것을 고집하는 유학자들에서 비롯되었다는 판단을 바탕으로 유학적 사고의 모순을 지적했다. 이에 대해 와타나베 카잔은 "당산(唐山: 中國)의 관념적이고 명확성 없는 학풍學風의 영향으로 고상하고 내용이 없는 학문이 융성한 결과, 마침내 이성理性이 약화되어 마치 우물 안 개구리와 같은 협소한 견해에 빠져들게 되었다"[117]고 하여 유학의 관념적이고 추리적이며 당위적인 속성을 맹목적으로 추종해 왔던 일본의 학문적 전통의 특징을 언급한 뒤, 이에 따라 정치를 담당하는 유신儒臣들의 시야도 협소하여 큰 것을 버리고 작은 것만을 취하고 있다[118]고 비판했다. 이와 함께 그는 "중국의 이적제어론夷狄制御論이나 우리 나라의 신풍설(神風說: 신도오 사상을 바탕으로 한 일본 우월주의)도 모두 신뢰할 만한 것이 없다"[119]고 함으로써 유학과 신도오 사상의 대외적 차별관이 국가이익에 도움이 될 수 없는 것임을 분명히 했다.

　다카노 쵸에이는 좀더 학문적인 입장에서 유학과 난학을 대비시키면서 난학의 우수성, 바쿠후와 보수적 유학자들의 난학 기피현상을 다음과 같이 표현했다.

　　"최근에 난학이 어느 정도 개척되어 의학은 물론 천문·지리·병법·공기工技에 이르기까지 난학파로서 일가一家를 이룬 자가 생겨났다.

---

117 渡辺崋山, 愼機論, 위의 책, 72쪽.
118 渡辺崋山, 崋山口書, 阿知波五郎 外 譯, 앞의 책, 191쪽.
119 渡辺崋山, 再稿西洋事情書, 佐藤昌介 校注, 앞의 책, 50쪽.

그 중에는 마음이 비뚤어져 사기꾼과 같은 사람도 있어서 그 때문에 난학을 증오하는 사람들이 있는 것 같다. 또한 그러한 경우가 아닌데도 불구하고 난학을 이단의 설로 취급하여 무비판적으로 멸시하고 아예 그것에 귀기울이지 않으며, 난학자들의 논의를 익살꾼의 이야기라고 생각하는 사람도 있다. 서양의 지리학은 만국의 치란治亂·흥폐興廢·인정人情·세태世態를 상세히 연구하는 학문으로 근래에는 학식이 있는 자들도 왕왕 난학에 경도되어 어떤 이는 유학에서 탈피하여 난학에 들어오기도 한다. 이와는 반대로 그러한 이유 때문에 난학을 증오하고 시기하는 사람도 있다."[120]

이상과 같은 와타나베 카잔과 다카노 쵸에이의 언급은 난학이 그 학문의 대상과 목표에서 유학적 원리에 반대하는 것이라는 점과 그러한 유학적 차별관을 극복할 수 있는 유일한 대안 학문이라는 점을 명확하게 밝힌 것이라고 하겠다.

이러한 철저한 현실 인식을 지니고 있었던 와타나베 카잔과 다카노 쵸에이였기에 그들의 정치 목표는 결코 다수 피지배 계층의 희생과 복종을 전제로 하는 유학적 차별 질서 강화나 소수 지배 계층의 기득권 수호에 있지 않았다. 그와는 반대로 인간의 자유성·평등성·독자성을 인정하는 토대 위에서 공동체적 발전을 이룩하는 것이 될 수밖에 없었다. 이는 무엇보다 다수 피지배 계층의 삶을 풍요롭게 하고 독자성을 지닌 동등한 개체로서 개인이 가지고 있는 재능을 자유롭게 펼칠 수 있도록 하는 것을 정치의 본질로 인식하는 양자의 태도에 잘 나타나 있다. 다카노 쵸에이가 당시 세계

---

120 高野長英, わすれがたみ, 위의 책, 173-174쪽.

에서 가장 강력한 국가로 인식되던 영국의 경우를 들어 공기工技를 연구하고 무술을 연마하며, 민民을 부강하게 하고, 국가를 강하게 만드는 것을 제일의 정치 목표라고 한 것[121]과, 와타나베 카잔이 역시 서양의 예를 통해 인재 양성을 정치의 기본으로 삼아야 하며 그러한 정치가 행해질 수 있기 위해서는 국민이 생활에 궁핍을 느끼지 않고 스스로 각자의 재능을 개발하여 그 역할을 다할 수 있도록 해야 한다는 점을 밝힌 것[122]은 이와 같은 그들의 인식을 반영한 것이다. 특히 와타나베 카잔이 서양에서는 국왕이라는 것은 하나의 직업명職業名에 불과하고, 교육과 연구를 위해 학교를 세우는 것이 정치의 근본이 되며, 이런 점에서 학교의 발전은 중국 등과는 비교가 되지 않는다고 한 것[123]으로 미루어, 이미 그들이 유학의 신분적 차별관을 완전히 벗어나 사회 내에서의 기능적·직업적 평등을 지향하고 있었음을 알 수 있다. 또한 교육의 중요성을 강조함으로써 그들의 정치 목표가 국가 또는 소수 선각자 중심의 위로부터의 개혁이 아니라 국민의 자각과 개인적 능력의 극대화를 바탕으로 한 아래로부터의 개혁, 즉 진정한 의미의 개명진보開明進步를 욕구하고 있었다는 점도 파악할 수 있다.

이처럼 와타나베 카잔과 다카노 쵸에이로 대표되는 양학 계열 사상가들의 정치의 본질과 정치 목표에 관한 논의는 비록 서양의 예를 들어 자신들의 주장을 간접적으로 표출한 것이기는 하지만, 대내적으로 피지배 계층의 생존권과 이익 추구권을 확보하고 대외적으로 국가의 독립과 자존성을 확보하려고 했던 반주자학적 개혁

---

121 高野長英, 戊戌夢物語, 위의 책, 162쪽.
122 渡辺崋山, 鴃舌小記·鴃說或問, 鴃說或問, 위의 책, 83쪽.
123 渡辺崋山, 再稿西洋事情書, 위의 책, 47쪽.

사상의 전통이 반유학을 표방하는 단계로까지 발전된 것을 의미한다는 점에서 중요한 사상적 가치가 있다.

4. 정치 목표 달성의 이론적 기초

와타나베 카잔과 다카노 쵸에이의 인성론과 우주론의 내용은 정치 현실관이나 정책론에 비해 상대적으로 내용이 빈약하다. 그것은 이들이 바쿠후의 정치적 탄압이 가속화되는 상황 속에서 한편으로 양학적 지식의 피지배 계층 전파와 계몽에 주력하고, 다른 한편으로 바쿠후의 인식과 대내외 정책을 비판하는 데 몰두할 수밖에 없었다는 사실에 기인하는 것이기도 하다. 이와 함께 양학적洋學的 지식의 수용으로 인간·자연·우주에 대해 객관적·실증적·과학적인 분석이 이미 이루어진 상황 하에서 서구의 과학 지식을 적극적으로 소개하는 것 이외에 독자적인 인성론과 우주론을 전개할 필요성을 느끼지 못했을 것으로 생각된다. 그럼에도 불구하고 그들이 인간·자연·우주에 대한 서구의 지식을 소개하면서도 그 가운데 동아시아 전통의 반유학적 논의들을 인식의 틀로 삼고 있다는 점을 간과해서는 안 될 것이다. 다음에서는 이러한 측면을 중심으로 와타나베 카잔과 다카노 쵸에이의 인성론과 우주론을 간단히 살펴보고자 한다.

인성론에서 그들은 인간이 동등한 삶의 욕구 주체이며 각기 고유한 독자성을 보유한 평등한 개체라는 점을 부각시켰다. 먼저 다카노 쵸에이는 "인간의 정情은 안락을 좋아하고 신고辛苦를 싫어하며 부귀를 좋아하고 빈천을 싫어한다"[124]고 하여 인간의 행복한 삶의 욕구를 적극 인정하는 입장을 취했다. 이와 함께 의사이며 난학자로서 그는 인간 해부를 통해 형성된 서구의 실증적·과학적 의학 지식을 바탕으로, 모든 인간은 응체凝體와 유체流體, 그리고 활력活力과 신력神力이라는 이체二體·이력二力으로 이루어져 있다[125]고 했다. 구체적으로 응체란 물질이 응고하여 일체一體를 낳고 형태를 이루는 것으로서 인간의 제기제장諸器諸臟을 말하며, 유체란 유동전회流動轉廻하여 물物에 따라 이동하며 그 형形을 변화시키는 것으로서 인간에게는 혈액血液을 말한다고 했다. 그리고 활력이란 인간 신체의 제기제액諸器諸液을 영위·운동하게 하여 쇠탈부패衰脫腐敗를 막아 주는 힘이며, 신력이란 정신으로부터 나온 힘으로 통증과 한열寒熱을 알고 성색취미聲色臭味를 분별하며 사려호악思慮好惡의 정情을 발동시키는 주체라고 설명했다.[126] 이것을 간단히 표현하면 인간은 동일한 신체 구조와 각기 스스로의 지각·감각 능력, 그리고 호악好惡의 기호嗜好를 가진 동등한 삶의 욕구 주체라는 것이다. 시바 코오칸의 경우와 마찬가지로 주자학 도입 이후 지속적으로 전개되어 온 반주자학적 내지는 반유학적 개혁 사상가들의 인성론의 내용이 이들에 이르러 더 과학적이고 실증적으로 입증되고 있는 것이다.

와타나베 카잔과 다카노 쵸에이는 삶의 욕구 주체로서의 인간의 본연적 동등성만을 증명하는 데 머무르지 않고 모든 인간이 각기 자신만의 고유한 독자성, 즉 개체성을 지니고 있다는 점도 분명히 밝혔다. 다카노 쵸에이는 이 점에 대해 "비록 인간은 같은 구조를 가지고 있다는 점에서는 같지만, 그 형상에 대소大小·출몰出沒·횡사橫斜·곡직曲直의 차이가 있으며, 조직 집성組織集成에도 소밀疏密·

124 高野長英, 知彼一助, 卷一, 阿知波五郎 外 譯, 앞의 책, 355쪽.
125 高野長英, 西說医原樞要, 卷一, 佐藤昌介 校注, 앞의 책, 221쪽.
126 高野長英, 西說医原樞要, 卷一, 위의 책.

유인柔靭·경연硬軟·이장弛張의 차이가 있다. 이것을 보았을 때 천만 인이 있으면 천만 인 모두가 각기 다르다는 것을 알 수 있다"[127]고 했다. 또한 인간이라면 누구든지 일강일약—强—弱이 있으며,[128] 특히 인간에 따라 천연두에 강한 성性, 미독(黴毒: 性病)에 걸리지 않는 성, 매운 것과 썩은 것(葷辛)을 기피하는 성, 어육魚肉을 싫어하는 성 등 천태만상의 성이 있다[129]고 하는 등 주로 의학적인 지식을 바탕으로 인간성의 다양성을 입증했다. 그리고 와타나베 카잔은 서양의 교육이 오로지 인간이 각기 보유한 개성, 즉 개체성個體性의 실현에 그 목적을 두고 있다는 점을 밝힘으로써 인간이 모두 자신만의 고유한 개체성을 가진 존재임을 분명히 했다.

와타나베 카잔과 다카노 쵸에이는 이러한 개체성을 가진 개별 인간들 사이에는 차별이란 있을 수 없으며 단지 기능적·상대적 동등성만이 존재한다고 보았다. 와타나베 카잔이 서양의 교육 제도에서 인간이 자신의 개성에 따라 지망하는 학문과 직업에는 귀천의 차별이 없다는 점[130]과 서양에서는 국왕이라는 것도 하나의 직업명에 불과하다는 점[131]을 들어 인간 사이의 기능적 평등성을 밝힌 것은 그 예라 할 수 있다. 또한 다카노 쵸에이가 신체 구조와 연령, 성별, 지역적 풍토와 습성에 따라 인간은 각기 다른 속성을 가지게 되며, 따라서 이것(此)의 일반적 특징을 가지고 저것(彼)의 일반적 특징과 비교하면 각기 상호간에 고유한 특성을 가진 존재라

---

127 高野長英, 西說医原樞要, 卷一, 위의 책, 230쪽.
128 高野長英, 西說医原樞要, 卷一, 위의 책.
129 高野長英, 西說医原樞要, 卷一, 위의 책, 232-233쪽.
130 渡辺崋山, 愼機論, 위의 책, 69쪽.
131 渡辺崋山, 再稿西洋事情書, 위의 책, 47쪽.

는 점을 파악할 수 있다[132]고 한 것 역시 개체간 상대적 동등성을
인정하는 그들의 태도를 잘 보여 주는 것이라 하겠다.

이처럼 와타나베 카잔과 다카노 쵸에이는 인성론에서 인간 사이
의 본질적 동등성과 기능적·상대적 평등성이 존재한다는 것을 노
장적 인식론과 양학적 지식을 바탕으로 규명했다. 이러한 측면은
다음에서 살펴볼 그들의 우주론에도 동일하게 나타나 있다.

먼저 생성론적 측면에서 와타나베 카잔과 다카노 쵸에이는 해부
학을 비롯한 서구의 자연과학적 지식을 바탕으로 인간을 포함한
만물의 근원이 물질이라는 점과, 이러한 물질로 이루어진 모든 개
체는 삶을 영위하는 기본 구조가 본질적으로 동일하다는 점을 밝
혔다. 와타나베 카잔이 "기氣라고 하는 것은 천지 만물을 생성하는
단일한 주체이다"[133]라고 한 것과, 다카노 쵸에이가 활물活物은 크
게 동물과 식물로 구분된다고 하면서[134] "동물과 식물을 비교·검
토해보면 그 생육 및 영양의 기구機構는 대체로 동일하다"[135]고 한
것은 이에 대한 설명이라고 할 것이다. 즉 물질에 의해 구성된 모
든 개체는 각각이 자신의 삶을 유지하기 위해 필요한 기관과 조직
을 보유한 동등한 삶의 욕구 주체라는 점을 밝히고 있는 것이다.

그러나 인간을 포함한 모든 개체는 욕구 주체라는 점에서는 동
일하지만 그 형태에 따라서 각자 삶의 방식을 달리하는 개체성을
보유한 존재라는 것이 그들의 설명이다. 구체적으로 인간이 직립

---

132 高野長英, 西説医原樞要, 卷一, 위의 책, 230쪽.
133 渡辺崋山, 崋山書簡, 繪事御返事 二, 天保十一年十一月三日, 위의 책, 151
쪽.
134 高野長英, 西説医原樞要, 卷一, 위의 책, 218쪽.
135 高野長英, 遠西水質論, 阿知波五郎 外 譯, 앞의 책, 312쪽.

하여 두 발로 걷는 반면 짐승은 네 발을 사용한다거나,[136] 동물에는
있는 지각·감각 능력의 주체인 신력神力이 식물에는 없다거나,[137]
지식·사고·판단력·기억력을 담당하는 영식靈識이 인간에게만 있
다거나[138] 하는 것은 개체간을 구별해 주는 고유한 특성이 된다는
것이다. 중요한 점은 이러한 구별이 자연적으로 이루어진 것일 뿐
그것이 개체간에 강약·대소·귀천과 같은 절대적 차별의 근거가 될
수 없다는 것이다. 오히려 모든 개체는 각각의 독자적 특성과 영역
을 가지면서도 그들 상호 간에는 자연계의 조화를 유지시키는 주
체로서의 기능적 평등성이 존재한다는 것이 와타나베 카잔과 다카
노 쵸에이의 입장이다. 다카노 쵸에이가 인간이 직립 활동을 함으
로써 네 발을 사용하는 짐승들에 비해 위험과 피해가 많은 것은 자
연의 원리에 위배되는 것이 아니라 하늘이 인간에게 부여한 자연
스러운 것[139]이라는 주장을 통해 인간 우위의 절대관을 부정한 것
과, "자연계의 만물을 해부하는 것은 궁리窮理의 일단一端을 발견하
여 자연계의 조화의 비밀을 연구하는 데 있다. 인체의 장기臟器를
예로 들면 그 중에 하나라도 무용無用한 것이 없으며 어떤 것이라도
쓰임이 있다"[140]고 한 것은 개체간의 기능적 평등성이 자연의 원리
임을 과학적·실증적으로 입증한 것이라고 할 수 있다.

　와타나베 카잔과 다카노 쵸에이는 이처럼 독자성을 바탕으로 한
동등한 개체간의 기능적 조화를 자연의 원리로 논증했다. 다음에

---

136 高野長英, 西說医原樞要, 佐燈昌介 校注, 앞의 책, 230쪽.
137 高野長英, 西說医原樞要, 위의 책, 231쪽.
138 高野長英, 西說医原樞要, 위의 책, 219쪽.
139 高野長英, 西說医原樞要, 위의 책, 220쪽.
140 高野長英, 漢洋內景說, 阿知波五郎 外 譯, 앞의 책, 263쪽.

서 살펴볼 그들의 국내와 국제 질서관은 이와 같은 동등성과 조화의 원리를 바탕으로 개체로서의 인간과 계층, 그리고 국가·민족간 관계를 구체적으로 규정한 것이었다.

5. 국내·국제 질서관

먼저 국내 질서관의 측면에서 와타나베 카잔과 다카노 쵸에이는 앞서 살펴본 바와 같이 서양의 예를 들어 국왕은 정치를 담당하는 하나의 직업명에 불과하며 그 직업의 구체적 내용은 국민이 스스로 각자의 재능을 개발할 수 있도록 하는 데 있다고 했다. 또한 그러한 재능 개발, 즉 교육은 반드시 인간이 각기 가지고 있는 개성을 바탕으로 해야 하며, 개성에 근거해서 개인이 지망한 학문과 직업에는 귀천의 차별이 있을 수 없다고 했다. 이렇게 볼 때 이들의 국내 질서관이 철저히 신분적 차별을 부인하고 개체성과 평등성을 지향하고 있는 것임을 알 수 있다. 이와 더불어 와타나베 카잔이 서양에서는 각각의 독자성에 따라서 직업적 역할을 갖도록 하는 것 이외에 빈곤층을 위한 빈자원貧者院과 병원, 그리고 특히 여성들을 위한 여학원女學院을 운영하고 있음을 지적하면서,[141] 하물며 죄인에 대해서도 양생養生을 가장 중요하게 생각하고 올바른 판결을 위해 노력하며 옥의獄医의 선택에서도 최선을 다한다는 점[142]을 들어 인권 문제까지도 거론한 것은 그들이 추구하는 개체성과 평등성의 범위가 동아시아의 전통적인 사·농·공·상의 범위를 넘어서

---

141 渡辺崋山, 外國事情書, 佐藤昌介 校注, 앞의 책, 25쪽.
142 渡辺崋山, 慎舌小記·慎舌或問, 慎舌或問, 위의 책, 91쪽.

소외 계층을 포함한 사회의 모든 구성원을 대상으로 했다는 점을
보여 준다. 앞서 논의한 시바 코오칸 역시 걸인乞人까지도 포함하는
사회적 소외 계층의 개체로서의 존엄성을 인정했다는 점을 상기한
다면, 당시 양학 계열 지식인들이 국내 질서관의 측면에서 가지고
있었던 사상적 진보성을 쉽게 이해할 수 있을 것이다.

그렇다면 세계적 범위에서 국가간·민족간 관계를 논의하는 국
제 질서관의 측면에서 와타나베 카잔과 다카노 쵸에이는 어떠한
입장을 취했는가? 앞서 살펴본 바와 같이 바쿠후의 쇄국 정책과
중화주의적 또는 일본 중심적 화이 질서관을 비판하면서 세계에
대한 새로운 인식과 이에 따른 구체적 실천 방안으로서 개방 정책
을 공통적으로 요구했다는 점에서, 그들이 이미 동아시아 전통의
대외적 차별 질서관에서 탈피하여 평등적 국제 질서관을 추구하고
있었음을 알 수 있다. 그러나 동시에 이들이 당시 서구 중심적 국
제 질서의 구축을 인정하고 있었다는 것 또한 사실이다. 그것은 와
타나베 카잔과 다카노 쵸에이가 자신들의 논의 속에서 서구 문명
과 서구 민족의 우수성과 우월성을 지적하고, 상대적으로 비非서구
지역의 후진성을 언급하고 있는 것에 잘 나타나 있다. 그럼에도 불
구하고 이것이 와타나베 카잔과 다카노 쵸에이가 개체로서의 국가
간·민족간 본질적 차별성을 용인하는 근거라고 보기는 어렵다. 그
보다는 일본이 처한 대내외적 위기를 극복하여 민족 또는 국가의
독립성을 유지하기 위해서는 서구의 강력함을 인정하는 바탕 위에
서 그들의 장점을 수용하려는 태도가 중요하다는 현실 인식을 바
탕으로 하고 있다고 보는 것이 타당하다. 와타나베 카잔이 "세계의
5분의 4가 정치적·문화적(政敎)으로 유럽의 지배를 받고 있는 것은
모두 서구 열강들 간의 우근분흥(憂勤憤興: 생존경쟁) 때문이다"[143]라

고 하고, 서양 제국이 외국의 영토를 침탈하고 국경을 넓히며 세력을 확대시킨 것은 민족성이 짐승과 같다는 것만으로는 설명될 수 없고 그들이 각기 독립하여 스스로 세력의 확대를 꾀한 것의 필연적인 결과라는 점을 강조함으로써[144] 서구의 공격적 태도를 비난하면서도 현실을 인정하는 입장을 보인 것은 이러한 그들의 인식을 반영하는 것이라고 하겠다. 개체간 독자성을 바탕으로 한 조화로운 발전은 무엇보다 자신이 속한 국가와 민족의 부강과 독립을 전제로 해야 한다는 이와 같은 와타나베 카잔과 다카노 쵸에이의 현실주의적 태도는 대외적 측면에서의 그들의 부국강병富國强兵의 정책론으로 구체화되었다.

이러한 측면에서 마지막으로 와타나베 카잔과 다카노 쵸에이의 개혁적 정책론의 특징과 내용을 간단히 살펴보면 다음과 같다.

6. 현실 개혁의 실천론

현실 개혁의 실천론과 관련하여 첫째, 와타나베 카잔과 다카노 쵸에이는 피지배 계층의 생존·생활권을 신장하는 동시에 서구 열강의 위협에 대처하여 국가적 독립을 유지하기 위한 정부 차원의 현실적 대책 마련을 가장 중요한 정책 과제로 삼았다. 그들은 이를 위해 대내적으로는 지배 계층의 사치와 불필요한 비용을 줄여 이것을 국방비로 사용할 것을 주장했다. 또한 대외적으로는 쇄국 정책을 포기하고 적극적인 대외 개방 정책을 전개함으로써 경제적인

---

143 渡辺崋山, 慎舌小記·慎舌或問, 慎舌或問, 위의 책, 88쪽.
144 渡辺崋山, 外國事情書, 위의 책, 27쪽.

측면에서 외국과의 교역을 통해 부富를 획득하고, 군사 기술적 측
면에서는 서구 열강의 발달된 기술과 병제兵制를 수용하여 일본의
취약성을 보완할 것을 강력히 요구했다. 이에 대해 와타나베 카잔
은 "서양 제국에서는 마치 금과 보석을 소중하게 여기는 것처럼 인
간을 귀중하게 생각한다. 그래서 인간에게 쓸모없는 일을 시키지
않으며 국왕·대신이라도 평시에는 아주 작은 숫자의 종자從者만을
데리고 다닌다. 이것은 또한 무용無用한 비용을 검약하는 취지이기
도 하다"[145]고 하여 인간 존중과 절약의 차원에서 지배 계층이 인
력과 비용을 함부로 낭비하지 말 것을 요구했다. 또한 다카노 쵸에
이는 "인간의 정情은 안락을 좋아하고 신고辛苦를 싫어하며 부귀를
좋아하고 빈천貧賤을 싫어한다"[146]고 함으로써 모든 인간의 본성을
바탕으로 한 이익 추구권을 확보할 수 있는 방안 마련의 필요성을
제시했다. 그들은 또한 적敵의 사정을 모르고는 국가 방위의 대책
을 세울 수가 없다[147]는 점과 일본이 군선軍船의 준비도 미비하고
대포도 없으며 해군을 보유하고 있지 않다[148]는 현실을 들어 이에
대한 대비책 마련의 시급성을 강조했다.

　와타나베 카잔과 다카노 쵸에이는 이와 같은 문제 제기에 그치
지 않고 구체적 정책 대안을 제시했다. 와타나베 카잔이 국방력의
강화를 위해 군사학교軍事學校를 개설해 놓고 있는 서양의 경우를
소개한 것[149]과, 다카노 쵸에이가 "국가를 부유하게 하고 국민을

---

145 渡辺崋山, 外國事情書, 위의 책.
146 高野長英, 知彼一助, 阿知波五郎 外 譯, 앞의 책, 355쪽.
147 渡辺崋山, 愼機論, 佐藤昌介 校注, 앞의 책, 66쪽.
148 渡辺崋山, 外國事情書, 위의 책, 29쪽.
149 渡辺崋山, 外國事情書, 위의 책, 26쪽.

풍요롭게 하는 중요한 방책이 바로 무역이다"[150]라고 하여, 특히 일본과 유사한 환경의 네덜란드의 경우를 들어 개방 정책을 통한 국가간 교역의 중요성과 방법을 밝힌 것, 그리고 그가 자신의『지피일조知彼一助』에서 영국과 프랑스의 병제兵制·군비軍費·군사력 등의 현황과 그것의 강점을 자세히 설명한 것[151]은 이와 같은 대안의 내용이라고 볼 수 있다.

둘째, 그들은 이러한 국방·무역 등 정부 차원의 정책과 더불어 평등한 기능체로서 인간 개개인의 독자성을 인정하는 바탕 위에서 여성이나 빈곤층과 같은 소외 계층까지도 포함하는 국민 개육國民皆育의 교육 정책을 통한 국민적 힘의 확보의 필요성을 인식하고 이를 뒷받침할 제도적 장치를 요구했다. 특히 와타나베 카잔은 서양의 발달된 교육 제도를 비교적 자세히 소개하여 자신의 교육적 정책론의 방향을 제시했다. 구체적으로 그는 서양에서는 5-6세경부터 학교에 입학시켜 자신의 재능을 계발하고 이를 바탕으로 일정한 수준에 오를 때까지 학업을 지속하며 여기에 드는 학비는 정부가 부담한다고 하고, 새로운 연구가 완성될 때까지는 2-3대가 지나더라도 국가가 지속적으로 책임을 져서 생활에 어려움을 느끼지 않도록 한다[152]고 하여 인재 양성과 학문 연구, 신지식 계발에서 국가 정책적 차원에서의 적극적 지원이 필요하다는 점을 역설했다. 이와 함께 서양에는 교학(教學: 神學)·정학(政學: 法學)·의학·물리학의 4학四學과 예학藝學을 교육하는 학교 이외에도 여학원女學院·빈자원

---

150 高野長英, 知彼一助, 卷一, 阿知波五郎 外 譯, 앞의 책, 357쪽.
151 高野長英, 知彼一助, 卷一, 英國の最近の兵制および事情·形勢 와 フランス國現在の兵制および事情·形勢, 위의 책, 360-368쪽 참조.
152 渡辺崋山, 慎舌小記·慎舌或問, 慎舌或問, 佐藤昌介 校注, 앞의 책, 83쪽.

貧者院·병원·유학원幼學院 등이 있다고 함으로써[153] 교육 대상의 폭을 사회의 모든 계층으로 확대시켜야 한다는 입장을 견지했다.

이와 같은 교육 정책의 중요성 강조는 이미 시바 코오칸에게서도 명확히 드러났듯이 양학 계열 사상가들이 개혁의 방법에서 단순히 국가적 차원에서의 서구의 군사 기술이나 과학 기술의 수용을 통한 소수에 의한 철저한 위로부터의 개혁을 지양하고, 더 근본적인 차원에서 국민 모두가 교육 기회를 얻어 지식을 습득·확충함으로써 이들이 정부의 개혁 정책을 뒷받침할 수 있는 토대가 되어야 한다는, 즉 아래로부터의 개혁을 지향하고 있었음을 보여 주는 것이라고 할 수 있다. 이 점은 동시대 서구 문물의 유입과 더불어 중국의 개혁 사상이 가지고 있던 동도서기적東道西器的 또는 중체서용적中體西用的 인식을 바탕으로 한 개혁 방법과는 본질적인 차이라고 볼 수 있을 것이다.

셋째, 이와 더불어 와타나베 카잔은 서구 제국들이 정부 주도하에 인쇄 기관을 두고 인쇄물을 발행하여 국가간의 정보를 교환하고 세계에 대한 지식의 폭을 넓히고 있다는 점을 소개함으로써[154] 계몽적 지식 전파와 공유의 필요성을 강조했다. 당시의 양학 계열의 지식인들이 서구 지식을 피지배 계층에게 전파하기에 주력했다는 점과, 위의 교육 정책론에서 살펴보았듯이 전 국민의 지식 확대를 요구했다는 점으로 미루어볼 때, 이러한 소개는 그들이 이미 대중 계몽의 중요성을 인식하고 있었다는 점을 보여 주는 것이라고 할 수 있다. 이러한 점에서 19세기 후반 문호 개방기 일본 명육사

---

153 渡辺崋山, 再稿西洋事情書, 위의 책, 47쪽.
154 渡辺崋山, 外國事情書, 위의 책, 28쪽 참조.

明六社의 지식인들이 신문 등을 통해 개명진보開明進步의 당위성을 역설하여 국민의 자각과 참여를 이끌어내려고 했던 인식의 토대는 바로 이러한 19세기 중반 양학 계열 지식인들의 입장과 그 맥을 같이한다고 할 것이다.

이상에서 살펴본 바와 같이 19세기 중반 와타나베 카잔과 다카노 쵸에이로 대표되는 양학 계열 지식인들의 정치사상은 개혁의 목표와 내용 그리고 방법에서 이전의 개혁 사상가들보다 훨씬 진전된 형태를 보여 주었다. 즉 다수 피지배 계층의 생존권과 이익 추구권을 보호하고 이를 바탕으로 국가의 독립과 발전을 정치 목표로 삼은 것은 같다. 그러나 더욱 확대된 세계에 대한 새로운 인식을 토대로 당시 바쿠후의 쇄국 정책과 유학적 차별 질서관에 대한 근본적 비판을 수행했다는 점과, 단순히 서구의 과학·군사 기술만의 수용이 아니라 교육 제도로 대표되는 서구 문명의 진정한 강점을 흡수하여 피지배 계층의 계몽과 지식 획득을 추구했다는 점에서 그 사상적 깊이와 철저성이 두드러졌다고 평가할 수 있다.

지금까지 19세기 전반기 동아시아 3국에서 전개된 개혁 사상의 특징을 내용을 중심으로 요약해서 비교해 보면 다음과 같다.

첫째, 한국의 경우 실학적 개혁 사상가들의 공통적 특징은 주자학적 통치 질서관이 초래한 모순을 직시하고 이를 극복하여 부국안민富國安民을 이루려는 정치 목표 하에서, 대내적으로 욕구 주체로서 사회 내 개인간의 본연적 동등성과 계층간의 기능적 동등성을 강조하고, 대외적으로 국가간 독자성과 상대적 평등성을 논리적으로 입증하려는 것이었다. 그리고 그러한 사상 전개에서 사상가들이 각기 보유한 독창성과 함께 동아시아 전통의 반유학적 정치사상인 묵가 사상의 생산·평등관과 노장 사상의 변천관, 개체관과 상대관, 그리고 사물에 대한 객관적 이해와 응용을 가능하게 한 서구 과학지식의 수용이 중요한 사상적 토대를 형성했다고 볼 수 있다. 그럼에도 불구하고 한국의 개혁 사상은 공통적으로, 첫째로 혁신적 정치론에도 불구하고 봉건적 도덕 질서와 정치 체제 자체의 변동을 요구하는 데까지 이르지 못했고, 둘째로 피지배 계층의 계몽과 그들의 사회 개혁을 위한 적극적 역할에 대한 인식 없이 주로 위로부터의 정책론적 개혁에 치중했으며, 셋째로 그에 따라 사회 내 광범위한 지지를 획득하지 못한 채 여전히 주자학적 차별 질서관에 몰두하고 있던 보수 세력의 저항을 극복할 토대를 마련하지 못했다는 점에서 한계가 있는 것이기도 했다.

둘째, 중국의 경우 공자진과 위원의 사상은 그것이 반주자학을 지향했다는 점과 당시 자국이 처한 대내외적 위기에 직면에서 집권층의 안일한 태도를 비판하고 나름대로의 개혁론을 전개했다는 점에서는 한국·일본의 개혁 사상과 공통점이 있었다. 그러나 소수 만주족의 다수 한족에 대한 지배권 확립과 이에 대한 한족 지식인층의 뿌리깊은 저항 의식의 존재라는 중국 고유의 정치·사회·역사적 상황과, 자신이 속한 귀족 계층의 이익 반영과 제왕권적 권위 질서의 유지라는 정치 목표로 말미암아 유학적 차별관에 대한 근본적인 회의와 비판을 결여한 보수성을 가진 사상이었다고 볼 수 있다. 특히 서구 문물의 유입에도 인간과 세계에 대한 어떠한 인식의 변화도 수반하지 못한 채 단지 유학적 차별관의 고수를 전제로 한 위로부터의 인적·법적·제도적 개혁에 치중했다는 점은 중국 사상가들이 추구한 개혁의 목적과 방법에 근본적인 한계가 있음을 보여 주는 것이라고 할 수 있다. 다만 위원의 경우 『해국도지海國圖

志』를 저술하여 당시 서구 열강의 중국 침략이 본격적으로 진행되는 시점에서 청조 지배층의 고립적이고 폐쇄적인 대외 정책에서 벗어나 서구의 선박과 무기 제조 기술을 수용할 것을 요구하는 등 세계에 대한 인식을 확대하는 계기를 마련한 것으로 평가할 수 있다. 그러나 그것 역시 한국·일본에서와 같이 국가간 관계의 평등성을 지향하거나 또는 서구에 대한 자국의 상대적 후진성을 적극 인정하는 현실주의적 입장에서 도출된 것이 아니라, 중국 중심의 질서관을 유지하는 바탕 위에서 서구의 군사적·기술적 측면만을 흡수하여 서구 열강을 물리치겠다는 중체서용적中體西用的·동도서기적東道西器的 태도에 기인한 것이었다는 점에서 근본적인 세계관의 변화였다고 할 수는 없는 것이었다.

셋째, 일본의 경우 이미 통치 질서관으로서의 주자학이 도입된 이후 주자학의 차별관에 반대하여 피지배 계층의 이익을 반영하려는 반주자학적인 사상의 흐름이 존재했다는 것과, 특히 서구 문물의 유입 이후 변화된 정치 현실과 세계관의 확대에 의해 사상적 내용 면에서 유학의 차별관 자체에 대한 회의와 비판이 이루어졌다는 점에서는 한국과 같았다. 또한 그러한 회의와 비판적 인식의 근거가 동아시아의 전통적인 반유학적 정치사상인 노장 사상의 인식론을 기초로 한 것이라는 점도 한국의 후기 개혁 사상가들과 공통점이다. 그러나 개혁의 목표·내용·범위·방법 면에서 일본의 개혁 사상가들은 중국은 물론 한국의 개혁 사상가들과는 근본적인 차이점이 있었다. 특히 서구에 대한 해박한 지식과 이해를 바탕으로 전개되었던 현실주의적이고 혁신적인 정책론과 정치 권력 자체에 대한 철저한 비판, 그리고 피지배 계층에 대한 계몽과 교육을 통한 아래로부터의 개혁의 토대 마련 주장 등은 이미 그들이 봉건 질서의 틀을 완전히 탈피하고 있었음을 보여 주는 것이었다. 이와 같은 일본 개혁 사상의 특징은 바쿠한 체제幕藩體制라는 일본적 봉건 질서 자체의 분권적 특성과 바쿠후 권력의 정당성 면에서의 취약성, 그리고 사상적 다양성의 존재로 인한 주자학적 통치 질서관의 상대적 약화 등에 기인한 것이기도 하다. 또한 서구 지식 특히 난학蘭學을 직접 접촉할 수 있었던 지리적 환경, 정치 권력으로부터 비교적 자유로운 입장에서 사상 연구에 몰두할 수 있었던 사회적 환경, 그리고 봉건 질서의 모순을 직접 경험할 수 있었던 사상가들의 신분적 다양성 등도 그 중요한 원인이 되었던 것으로 볼 수 있다.

　결론적으로 서구 열강에 의한 강제적 문호 개방과 이권 침탈이 본격적으로 이루어지기 직전 서구 문물의 동아시아 유입이라는 보편적 상황 하에서 전개되었던 19세기 전반 한국·중국·일본의 개혁 사상은 19세기 후반 문호 개방 이후 3국에서 진행된 개혁·개방 사상의 방향성과 본질을 가늠하는 토대가 된다는 점에서 중요성이 있다고 하겠다. 특히 동아시아라는 보편성 속에서 한국·중국·일본이라는 특수성에 따라 형성된 이와 같은 개혁 사상의 공통점과 차이점은 19세기 후반 이후 3국의 발전 정도와 향후 미래를 결정하는 근본적 요인이었다고 평가할 수 있을 것이다.

제2부

19세기 후반기 동아시아 3국의 개혁·개방 사상

제4장 19세기 후반 한국 개혁·개방 사상의 특성

1876년 조선이 일본에 요구에 응하여 개국開國을 결정하고 최초의 근대적 조약인 조일수호조약朝日修好條約을 체결한 것은 장기간에 걸친 쇄국 체제의 종말과 함께 세계 질서로의 편입을 의미하는 중요한 사건이었다. 그것은 또한 조선에게 있어 일본을 포함한 서구 열강의 예고된 침탈에 적절히 대처하면서 국가의 독립과 발전을 이룩해 나가야 할 과제와 기회를 부여한 것이기도 하였다. 그럼에도 불구하고 이른바 '개화기開化期' 또는 '문호 개방기門戶開放期'[1]라

---

1 일반적으로 '개화기'라 함은 개국으로부터 시작하여 1910년 한일합방韓日合邦 이전까지 전개되었던 국권 회복 운동기를 포함하는 것(姜在彦 著, 鄭昌烈 譯, 『韓國의 開化思想』(서울: 비봉출판사, 1981), 213쪽; 李光麟, 『開化派와 開化思想 硏究』(서울: 일조각, 1989), 39쪽; 金雲泰, 「韓末 開化思想과 그 運動의 展開」, 韓國政治外交史學會 編, 『朝鮮朝 政治思想硏究』(서울: 平民社, 1987), 149-158쪽 등 참조)이라고 할 수 있다. 그러나 여기서 말하는 개화기 또는 문호 개방기는 19세기 말까지만을 의미하는 것임을 밝혀 둔다. 이것은 이 책의 주제가 19세기 동아시아 3국 개방·개혁 사상의 연원과 그것의 사상적 성격과 의미를 비교·분석하는 데 있기 때문이다. 따라서 비교 대상에 있어 실제로 보편적 상황 하에서 한국·중국·일본 3국 개방·개혁 사상의 특성을 파악할 수 있는 것에 한정될 수밖에 없다는 점에 주목하였다. 이러한 관점에서 3국의 국가적 발전 과정의 결과가 명확히 드러났던 20세기 초반을 논의에서 제외시키고 공통적으로 개혁·개방에 주력하였던 문호 개방 이후 19세기 말까지를 연구 범위로 설정하였다.

고 불리는 19세기 후반 한국이 처한 대내외적 상황은 19세기 초반 이후 지속되어 온 집권층 내부의 권력 투쟁, 중간 관리 계층의 부패와 수탈, 소수에 의한 부의 독점, 그리고 이에 따른 다수 피지배 계층의 빈곤과 유민화, 그 결과로서의 민중의 대규모 저항 등 본질적으로 주자학적 차별 질서관이 초래한 대내적 모순이 극에 다다랐고, 대외적으로는 일본을 비롯한 서구 열강들이 이권 침탈, 영향력 확보, 또는 대외 팽창의 전초기지로서 한국에 대한 야심을 드러내고 있던 이른바 내우외환內憂外患의 위기 상황에서 벗어나지 못하고 있었다고 볼 수 있다. 특히 개국開國과 개화開化의 필요성과 당위성을 인식하였던 소수 선각자들을 제외하고는 세계 정세의 변화에 무지하여 유학적 폐쇄관·차별관을 고수하려는 보수 세력과, 다수 민중의 생존권과 이익 추구권 보호와 이를 바탕으로 한 국가적 독립과 발전에는 아랑곳하지 않고 오로지 정권 유지 차원에서 개국을 주장하고 개국 이후에는 사대주의적事大主義的 외교 노선을 지속한 집권 수구 세력의 행태는 문호 개방 이후 20여 년간의 중요한 기회를 결국 상실하게 만드는 가장 중요한 원인으로 작용하였다.

　이와는 대조적으로 이 시기에 전개되었던 동학운동東學運動으로 대표되는 민중 차원에서의 자생적自生的 저항 운동과 이를 뒷받침해 주었던 동학사상東學思想, 그리고 지식인 중심의 근대적 변혁 사상인 개화 사상開化思想의 태동과 이를 바탕으로 전개된 개화 운동은 문호 개방기 한국이 처한 현실을 극복하고자 하는 가장 혁신적인 사상적·운동적 대안이었다는 점에서 중요한 가치를 가진 것이었다. 그러나 동학사상과 동학운동의 경우 그것이 민중 지향적 성격과 대내적 평등 질서관의 구상, 그리고 강한 민족주의적 경향을 내포하였다는 측면에서 근대성을 지닌 것이었다 하더라도 서구의 과학 지식, 서양의 문물과 제도의 수용을 통한 인간과 세계에 대한 새로운 인식 폭의 확대가 결여되어 있었고 또한 이와 관련하여 당시 다수 민중 계층의 생활 안정과 국가적 생산력의 발전을 위한 구체적 정책 대안을 제시하지 못했다는 점에서 한계를 가질 수밖에 없었다. 반면 개화 사상과 개화 운동은 사상가들 자신이 정치의 중심에 있었고, 일본과 서양에 대한 견문見聞을 통하여 이전보다 확대된 인식을 가지고 있었으며, 이를 바탕으로 구체적이고 실천적인 개혁 방안을 제시하였다는 점에서 동학사상이나 동학운동과는 구별되는 것이었다. 그러나 이들 역시 사상적 혁신성과 실천적 개혁론에도 불구하고 내재적 한계(개혁 방법 등)와 외부적 요인(집권 수구파의 반발과 열강들의 간섭 등)으로 인해 결국 실패하였으며 이로써 한국의 개방·개혁 사상은 사실상 종말을 맞이하고 열강의 이권 침탈지로서 그리고 결국 일본의 식민지로 전락하게 되는 과정을 밟게 되었던 것이 이 시기의 특징이었다.

　이러한 점을 바탕으로 다음에서는 19세기 후반 문호 개방기 한국의 개혁·개방 사상의 내용으로서 먼저 자생적 개혁론이라 할 수 있는 동학사상의 내용을 살펴보고, 유길준(兪吉濬: 1856-1914), 김옥균(金玉均: 1851-1890), 박영효(朴泳孝: 1861-1939) 등 개화 사상가들의 사상 내용을 검토하고자 한다. 특히 이들이 주자학 도입 이후 반주자학反朱子學 나아가 반유학反儒學을 지향하며 전개된 한국적 개혁론과 어떠한 사상적 관련성을 가지고 있는지, 그들의 인식의 토대는 무엇인지 그리고 발전적 측면과 한계는 무엇인지에 초점을 맞추어 논의를 진행하고자 한다.

제1절 동학의 자생적 사회 변혁 사상

1. 도입

동학사상의 내용을 구체적으로 살펴보기에 앞서 동학사상 연구와 관련된 필자의 몇 가지 관점을 먼저 서술하고자 한다.

주지하다시피 지금까지 동학에 관한 학계의 연구는 실로 단일 주제로서는 최대의 연구 업적을 냈다고 할 만큼 매우 풍부하다. 동학사상 연구의 경우에도 그것의 사상적 연원을 다양한 시각에서 분석하는 시도로부터 나아가 시대를 초월하는 인류 미래 발전의 정신적 대안으로서의 가치를 규명하려는 많은 귀중한 연구들이 진행되어 왔다고 할 수 있다. 이와 함께 동학혁명과의 관련성에 주목하여 그것의 이론적 근간으로서 동학사상의 변혁론적 가치를 조명한 연구물도 다수 발표되었다.[2] 그럼에도 불구하고 동학사상을 정치사상적 측면에서 묵학墨學이나 노장 사상老莊思想 등 전통적인 반유학적反儒學的 정치사상이나 이전 반주자학적 내지는 반유학적 개혁 사상과의 이론적 유사성과 차별성을 구체적으로 분석한 연구는 상대적으로 부족한 것으로 판단된다. 이런 점에서 필자의 동학사상에 대한 접근은 기존 연구의 성과를 바탕으로 하되, 유학 이외의 동아시아 제 전통 정치사상의 존재와 한국 개혁 사상의 흐름이라는 좀더 거시적인 차원에서 분석을 시도하려는 것이다.

---

2 동학사상의 연구 현황에 대해서는 오문환, 「동학사상의 연구현황」, 동학학회 편, 『동학학보』, 제3호(2002), 175-242쪽을 참조 바람.

동학사상 연구와 관련하여 필자는 구체적으로 두 가지의 상호 관련된 관점을 가지고 있다. 하나는 '보국안민輔國安民 포덕천하布德天下 광제창생廣濟蒼生'이라는 동학 창도의 목적이나 '교정일치敎政一致'를 천도교天道敎의 특징으로 보았던 의암 손병희[3]에게서도 잘 나타나 있듯이, 동학사상이 기본적으로 정치적 성격을 강하게 내포한 '종교 정치사상宗敎政治思想'[4]이라는 점이다. 이것은 우선적으로 동학이라는 종교의 창시가 19세기 말 조선이 처했던 외우내환外憂內患의 정치·경제·사회적 상황을 반영하고 있기 때문이다. 이와 같은 상황 하에서 동학은 고통 받는 당시 조선의 피지배 계층에게 차별·불평등과 억압·빈곤, 그리고 외세의 경제적·문화·종교적 침략이라는 모순적 현실을 극복하고 평등성을 기초로 한 신세계新世界의 도래를 기약할 수 있는 정신적 토대로서의 역할을 하였던 것이다. 이와 같이 동학이 종교적 형식을 포함한 정치사상적 특성을 가지고 있기 때문에 동학사상에 대한 연구는 기본적으로 정치사상적 시각과 방법론을 가지고 파악하지 않으면 안 된다는 것이 필자의 판단이다.

두 번째는 정치사상적 시각을 중심으로 본 동학사상은 무엇보다 사회 변혁론의 특징을 두드러지게 보여 주고 있다는 점이다. 구체적으로 동학사상은 조선 사회의 변혁을 정치 목표로 설정하고, 이러한 정치 목표를 달성하기 위해 변혁의 필연성을 우주의 원리로 논증하며(宇宙論), 변혁 주체로서의 인간의 본질을 해명하고(人間論), 그러한 인간의 개인적·사회적 실천 행위를 제시하는(實踐論) 등, 변

---

3 李敦化, 『天道敎創建史』, 第三編, 第十章, 共同傳受心法, 政敎一致, 67쪽 참조.
4 신일철, 『동학사상의 이해』(서울: 사회비평사, 1995), 36쪽 참조.

혁의 대상과 목적 또는 방향, 주체, 방법을 포괄하는 '사회 변혁적 정치사상'의 특성을 갖추고 있다. 물론 초기 창도기의 동학사상에 나타난 봉건적 특성이나 변혁 이후의 구체적 정치 사회 체제의 구상이 결여되어 있다는 점을 들어 동학사상이 가지는 봉건적 한계를 지적하는 경향이 존재하는 것이 사실이다. 그러나 그것은 동학사상 자체의 한계라기보다는 군주 체제君主體制를 대치할 새로운 정치 체제를 구상하는 것이 불가능할 정도로 성숙되지 못했던 조선의 상황과 더불어 새로운 체제 또는 질서에 대한 인식의 폭을 확대시킬 수 없었던 동학 주도 세력의 신분적身分的 제약 등 환경적 요인에 기인한 바가 크다. 따라서 이와 같은 환경적 제약을 충분히 인정하는 범위 내에서 동학사상에 대한 평가가 이루어져야 서양과는 다른 동아시아, 특히 한국적 사회 변혁론의 사상적 특성이 도출될 수 있을 것이라고 판단된다.

이와 같은 논점을 바탕으로 다음에서는 1대 교주敎主 최제우(水雲 崔濟愚: 1824-1864), 2대 교주 최시형(海月 崔時亨: 1827-1898), 3대 교주 손병희(義庵 孫秉熙: 1861-1922)의 사상을 중심으로 19세기 후반 자생적 사회 변혁론으로서의 동학사상의 시기적 발전 과정과 보편적 특성, 그리고 의의와 한계를 분석해 보기로 하겠다.

2. 현실 인식과 정치 목표

전술한 바와 같이 동학은 19세기 중·후반 조선이 처한 대내외적 혼란을 배경으로 창도되었다. 이와 같은 상황을 최제우, 최시형, 손병희가 어떻게 인식했느냐 하는 현실 인식의 문제는 동학사상의 정치 목표를 파악할 수 있는 근거가 된다. 먼저 최제우의 경우 당시 혼란의 주된 요인은 무엇보다 서세동점西勢東漸에 의한 국가적 위기 상황이었다. 최제우가 안민安民을 중요하게 생각한 것은 사실[5]이지만 『동경대전東經大全』과 『용담유사龍潭遺詞』에서 표출한 당시의 현실에 대한 논의는 주로 종교로서의 서학西學의 침투와 일본이나 서구 열강의 동아시아 침탈에 대한 우려를 표현[6]하는 데 집중되었다고 볼 수 있다. 그에 반해 최제우는 주자학적 차별 질서관에서 파생된 사회적 불평등이나 지배 계층의 피지배 계층에 대한 억압과 수탈에 대해서는 직접적인 언급을 거의 하지 않았다. 오히려 삼강오륜三綱五倫의 유교적 풍속이 쇠퇴하고 있음[7]을 표현함으로써 유학적 사회 질서 자체를 시인하는 입장을 취하였다.

유학적 차별 질서를 모순적 현실의 주요한 원인으로 지적한 것은 2대 교주 최시형이었다. 최시형은 "우리나라에는 두 가지 큰 폐해가 있으니, 그 하나는 적서嫡庶 간의 차별이고 다른 하나는 반상班常 간의 차별이다. 적서를 차별하는 것은 가정이 망하는 근원이고, 반상을 차별하는 것은 국가가 망하는 근본이다"[8]라고 하여 유학적 차별 질서관을 비판하였다. 최시형이 사회적 차별을 모순적 현실의 원인으로 보았다면 3대 교주 손병희는 "오늘의 우리 동양은 군君은 민民을 마치 노예같이 보며, 민은 군을 범(虎)처럼 두려워하고

---

5 "我國惡疾滿世, 民無四時之安, 是亦傷害之數也(『東經大全』, 布德文)."
6 "又有怪違之說, 崩騰于世間, 西洋之人, 德成立德, 及其造化, 無事不成, 攻鬪干戈, 無人在前, 中國消滅, 豈可無脣亡之患耶(위의 책, 論學文)."
7 "강산구경 다 던지고 인심풍속 살펴보니 부자유친 군신유의 부부유별 장유유서 있지만은 인심풍속 괴이하다(『龍潭遺詞』, 勸學歌)."
8 "我國之內, 有兩大弊風, 一則, 嫡庶之別, 次則, 班常之別, 嫡庶之別, 亡家之本, 班常之別, 亡國之本, 此是吾國內, 痼疾也(『天道敎經典』, 海月神師法說, 難疑問答, 布德)."

있으니 이것은 사나운 정치(苛政)의 압제壓制라고 할 수 있다"[9]고 하여 보다 직접적으로 군민君民 간의 차별을 비판하면서 민民을 경시하는 정치 자체를 근본 문제로 지적하였다.

이처럼 최제우-최시형-손병희의 활동기를 거치면서 형성된 동학사상의 현실 인식은 초기 1대 교주 활동기에는 주로 외세外勢 침략의 위험성을 강조하였고 2, 3대 교주 활동기에는 유학을 기본으로 하는 봉건적 차별 질서 자체를 조선과 피지배 민民이 당하고 있는 고통적 현실의 주요 원인으로 보는 것이었다. 동학사상이 이와 같이 기본적으로 반외세反外勢·반차별反差別의 현실 인식을 토대로 한 것이었으므로 그것의 정치 목표가 평등 질서관을 기초로 한 사회 변혁을 통하여 위기에 처한 국가를 구하고 도탄에 빠진 다수 피지배 계층을 구원하는 것이 됨은 당연한 논리적 귀결이었다.

동학사상의 평등 질서관 지향은 특히 정치론적 측면에서 군민 관계에 관한 논의에서 두드러진다. 그러나 제1대 교주인 최제우는 자신의 신분적 배경과 시대적 제약 때문에 군민 관계에 있어 기본적으로 유학의 차별적 군민 관계를 인정하는 보수성을 보여 주었다. 구체적으로 최제우는 세도 정치로 대표되는 당시 지배 계층의 수탈과 억압에 대해서는 현실의 빈천자貧賤者인 피지배 계층의 입장에서 부귀자富貴者로서의 전환의 필연성을 표현[10]하였지만, 현실 군주의 덕德을 칭송하고 지속적인 충성을 강조[11]하는 등 최소한 군

---

9 "今我東洋則, 不然, 君視民而如奴隷, 民視君而虎威, 此則苛政之壓制也(위의 책, 義庵聖師法說, 明理傳, 創世原因章)."

10 "부귀자는 공경이요 빈천자는 백성이라 우리 또한 초야에 자라나서 유의유식 귀공자는 앙망불급 안일넌가 ⋯ 우리라 무슨 팔자 고진감내 없을소냐 홍진비래 무섭더라 한탄말고 지내보세(『龍潭遺詞』, 安心歌)."

주권 자체에 대해서는 회의나 비판을 제시하지 못하였다. 더욱이 군주권의 존재 근거에 대해서도 최초의 군주가 한울님의 조화라는 것[12] 이외에 구체적인 언급이 없는 것이 사실이다.

이러한 최제우 정치론의 보수성은 2대 교주 최시형에 이르러서 발전적으로 극복되어 간다. 최시형은 현실 군주에 대한 칭송이나 충성의 표현을 전혀 사용하지 않았으며, 오히려 전술한 바와 같은 사회적 불평등의 모순 지적과 함께 "사람은 한울이라 평등平等이오 차별差別이 없나니 사람이 인위人爲로서 귀천貴賤을 분별分別함은 곧 천의天意에 어기는 것이니 제군諸君은 일체귀천一切貴賤의 차별差別을 철폐하야 선사先師의 뜻을 잇기로 맹서盟誓하라"[13]는 표현을 통하여 무차별의 평등 질서를 요구하였다.

이처럼 최시형이 사회적 평등관을 표출하였으면서도 군민 관계에 대해서 직접적인 언급을 하지 않은 것에 비해 3대 교주 손병희는 사회적 평등 질서관은 물론 '군주란 강자強者가 약자弱者를 괴롭히고 침탈하는 상황을 막기 위하여 다수가 추대하여 선택된 인간일 뿐'[14]이라는 소위 군주 추대론君主推戴論을 제시함으로써 군민 관계의 본질적 평등성을 주장하는 데까지 이르렀다. 이처럼 동학사상은 정치론적 측면에서 창도 초기의 소극적 현실 부정에서 적극적 평등론으로 발전하였음을 알 수 있다. 창도 초기 최제우가 가졌

---

11 "先祖之忠義, 節有餘於龍山, 吾王之盛德, 歲復回於壬丙(『東經大全』, 修德文)."

12 "然而爲世, 作之君作之師, 君者, 以法造之, 師者, 以禮敎之, 君無傳位之君, 而法綱何受, 師無受訓之師, 而禮義安效, 不知也不知也(위의 책, 不然其然)."

13 『天道敎創健史』, 第二編, 第二章, 道統承受, 7쪽.

14 "强弱撲奪之弊, 次次興焉, 天命所在, 亦不無矯求之方, 故, 群生之中, 意見初發, 衆目中, 拔萃之人, 擇立爲長(『天道敎經典』, 義菴聖師法說, 明理傳, 創世原因章)."

던 제약을 감안하면 최시형과 손병희의 정치적 입장은 동학사상의 정치 목표와 혁신적 특성을 파악할 수 있는 중요한 근거가 된다.

여기서 지적할 수 있는 것은 이와 같은 동학사상 정치론의 발전 과정이 군주권의 절대성이나 신분 질서의 선천적 차별성을 강조하는 유학적 정치론에 반대하였던 동아시아 전통의 반유학적反儒學的 정치사상과 조선조 개혁 사상의 정치론과 매우 유사하다는 점이다. 예를 들어 "옛날에 하나님과 귀신이 나라와 도읍을 건설하고 우두머리를 세웠던 것은 그에게 높은 작위를 주고 많은 녹을 주어 부귀하게 놀며 편히 지내라는 것이 아니었다. 그것은 백성들을 이롭게 해 주고 재해를 없애 주며, 가난하고 외로운 사람들을 부귀하게 해 주고 위태로운 것을 편안하게 해 주며, 어지러운 것을 다스리라는 것이었다"[15]고 하여 군주권의 존재 근거를 유학에서와 같이 하늘로부터 부여받은 절대적·영구적 지배자가 아니라 평등한 개체로서 다수 인간의 이익을 확대하는 데 필요한 기능적 존재라고 본 묵자墨子의 논의와 같은 맥락이라고 볼 수 있다. 또한 "임금된 자라도 그에게서 민심이 떠나면 하루 저녁을 지나지 않아 필부匹夫가 될 것이니 군주와 필부 사이에는 아주 작은 차이밖에 존재하지 않는다. 따라서 군주된 자는 백성을 수탈하지 않고 백성에게 이익을 줄 수 있도록 항상 삼가야 한다"[16]고 한 조선 초기 김시습金時習이나 "군주와 신하가 된다는 것은 그 변화가 무궁하기 때문에 반드시 지킬 수 있는 것이 아니다"[17]라고 했던 중기의 박세당朴世堂,

---

15 "古者上帝鬼神之建設國都, 立正長也, 非高爵, 厚其祿, 富貴佚而錯之也, 將以爲萬民興利除害, 富貴貧寡, 安危治亂也(『墨子』, 尙同中篇)."

16 "民心離散, 則不待一夕, 而爲匹夫, 君主匹夫之間, 不啻毫釐之相隔, 可不愼哉(『梅月堂全集』, 梅月堂集, 卷二十, 義, 愛民義)."

"우리나라가 처음 생겼을 때에는 군장君長이 없었다. 신인神人이 태백산의 단목檀木 아래에 내려와 사람들이 그를 군주에 추대하여 단군檀君이라고 불렀다"[18]라고 하여 정치권력의 근거를 인민人民의 추대에 의한 것으로 파악한 북학파北學派 홍대용洪大容, 그리고 "천자天子라는 자리는 군중群衆의 추대에 의해서 형성된 것이다. 군중의 추대에 의해서 이루어진 것이기 때문에 군중이 추대하지 않는다면 그 자리가 있을 수 없는 것이다"[19]라고 하고 또 김시습과 같이 "천자天子란 한 발만 내려서면 필부匹夫에 불과하다"[20]고 하여 군주 추대론을 넘어서 폭군 방벌론까지 제시했던 후기 실학파 정약용丁若鏞의 정치론과 근본적으로 같은 입장이라고 할 수 있다.

이것은 비록 종교적 특성을 가지고 있고, 또 양자兩者 간의 명확한 인적人的·사상적思想的 연계성을 밝힐 수는 없다 하더라도 조선조 개혁 사상의 연속선상에서 동학사상을 규정할 수 있는 근거가 된다는 점에서 중요성을 가지고 있다. 그러나 다른 한편 비록 이전의 개혁 사상가들이 정치론의 측면에서 다수 피지배 계층의 입장에서 현실 개혁의 필요성을 요구하였다 하더라도 군신 체제君臣體制나 신분 질서 자체를 부정하지 못하였던 한계성을 가지고 있었음에 비해 동학사상은 현실 개혁을 넘어서 현실 변혁을 요구하는 한층 발전적인 측면을 보여 주었다는 점에서 동학사상의 발전적 측

---

17 "爲君臣其變無窮, 則其不可只守(『西溪全書』, 上, 南華經註解, 卷五, 外篇, 徐無鬼, 第二十四)."

18 "東方初無君長, 有神人降于太白山檀木下, 推以爲君, 號曰檀君(『湛軒書』, 下, 外集, 卷二, 杭傳尺牘, 乾淨衕筆談上)."

19 "天子者, 衆推之而成者也, 夫衆推之而成, 亦衆不推之而不成(『丁茶山全書』, 上, 與猶堂全書, 第一集, 卷十一, 詩文集, 論, 湯論)."

20 "天子欹一下堂則匹夫也(『與猶堂全書』, 第二集, 孟子要義, 卷二)."

면 또한 이해할 수 있다.

다음에서는 이와 같이 평등 질서관을 기초로 한 사회 변혁을 정치 목표로 설정한 동학사상이 그와 같은 정치 목표를 달성하기 위하여 전개하였던 이론적 논의들을 살펴보기로 하겠다.

3. 사회 변혁론의 이론적 기초

1) 변천·변화의 우주론

전통적으로 조선조 정치사상사에 있어 모순적 현실을 극복하려는 개혁 사상가들은 불변不變·고정固定의 차별 원리(太極=理)의 선재先在와 그것에 의해 생성된 음양陰陽의 차별을 강조[21]하는 유학적 우주론에 반대하였다. 대신에 그들은 우주 현상, 즉 자연 변화를 기존의 삶이 소멸하고 새로운 삶이 창조됨으로써 끊임없이 생성과 소멸이 이루어지는 생멸生滅 현상으로 보았다. 생성은 반드시 소멸을 수반하며 자연 현상에서 영원한 지속이란 없다는 것이 개혁 사상가들의 논리였다. 이러한 생성과 소멸이라는 자연 변화의 근거를 기氣라 하였고, 기를 변화의 근저로 하는 이기론理氣論을 전개하였다.[22] 이것은 무엇보다 현실 개혁 또는 변혁의 주장을 직접 언급할 수 없었던 시대적 제약을 안고 있었던 사상가들에게 생성과 소

---

21 "太極只是天地萬物之理, 在天地言, 則天地中有太極, 在萬物言, 則萬物各有太極, 未有天地之先, 畢竟是先有此理, 動而生陽, 亦只是理, 靜而生陰中, 亦只是理(『朱子語類』, 卷一, 理氣上)."; "未有這事, 先有這理, 如未有君臣, 已先有君臣之理, 未有父子, 已先有父子之理(위의 책, 卷九十五)."

22 김만규, 『한국의 정치사상』(서울: 현문사, 1999), 114-115쪽 참조.

멸의 끊임없는 순환·반복의 우주론이 체제 유지 또는 지배권 유지를 목표로 전개된 보수파의 논리를 극복하고 모순적 현실의 개혁 또는 변혁의 필연성을 논증할 수 있는 가장 중요한 이론적 수단이었기 때문이다.

예를 들어 초기 세조 집권의 부당성에 항거하고 민民 중심中心의 현실 개혁을 요구하였던 김시습金時習은 "천지天地사이에는 오직 하나의 기(一氣)가 존재하여 음양 변화陰陽變化의 근원으로 작용한다"[23] 고 하고 또 존재 원리인 태극이 음양을 낳는다는 주자학적 우주론에 반대하여 "태극太極은 무극無極이니 태극은 원래 극이 없다. 태극이 곧 음양陰陽이고 음양이 곧 태극이다. 주자학에서와 같이 음양 이외에 따로 태극이 존재한다고 한다면 음양이라고 할 수 없고, 태극 속에 따로 음양이 존재한다고 한다면 이를 태극이라고 할 수 없다. 음陰이면서 양陽이고 양陽이면서 음陰이며, 운동(動) 가운데 정지함(靜)이 있고 정지한 가운데 운동이 있으니, 이렇게 극이 없는 무극의 원리가 곧 태극이다"[24]고 하였다. 김시습은 나아가 "해가 지면 달이 뜨게 마련이니, 해와 달이 교체함으로써 밤과 낮이 이루어진다. 추위가 가면 더위가 오는 것이니, 추위와 더위가 서로 밀어냄으로써 한 해가 이루어진다. 하늘이 어찌 이것을 말하겠는가? 네 계절의 움직임에 따라 만물萬物이 생성되는 것은 곧 자연 원리인 태극太極 때문이다"[25]라고 하여 우주의 본질을 자연의 끊임없는 음

---

23 "天地之間, 唯一氣橐籥耳(『梅月堂全集』, 梅月堂集, 卷二十, 說, 鬼神說)."
24 "太極者, 無極也, 太極本無極也, 太極, 陰陽也, 陰陽, 太極也, … 陰陽外別有太極, 則不能陰陽, 太極裏別有陰陽, 則不可曰太極, 陰而陽, 陽而陰, 動而靜, 靜而動, 其理之无極者, 太極也(위의 책, 太極說)."
25 "日往則月來, 日月代明, 而晝夜成焉, 寒往則署來, 寒署相推, 而歲功成焉,

양의 교체 변화 현상으로 파악하였다. 또한 중종 반정中宗反正 이후 피지배 계층의 생존권에는 아랑곳하지 않고 권력 투쟁에만 몰두한 지배 계층을 비판하였던 서경덕徐敬德 역시 "바깥이 없는 것을 태허太虛라 하고, 처음이 없는 것을 기氣라고 하니 태허太虛는 바로 기氣가 가득차 있는 것을 의미한다. 태허가 원래 무궁無窮하므로 기氣 또한 무궁하다. 이처럼 기氣의 근원은 처음에는 하나(一)이지만 이미 운동력을 갖추고 있기 때문에 둘(二)을 포함하고 있다. 둘(二)를 포함하고 있기 때문에 그것은 개폐開閉와 동정動靜, 그리고 생극生克의 운동이 없을 수 없다"[26]고 하여 변화운동의 주체로서 일기一氣를 상정하고, 기에 의해 생성된 음양陰陽의 끊임없는 순환·유행이 우주의 원리[27]라는 점을 밝혔다.

이 밖에도 임진 왜란 직전 내우외환의 위기 상황을 변통론變通論을 통하여 극복하려 했던 이이李珥[28]로부터 중기의 대표적 반주자 학자反朱子學者로 평가되고 있는 박세당朴世堂[29]에 이르기까지 조선의 초·중기 개혁 사상가들은 변천·변화의 우주론 전개하였다. 또한

天何言哉, 四時行百物生者, 唯一太極也(위의 책)."

26 "無外曰太虛, 無始者曰氣, 虛卽氣也, 虛本無窮, 氣亦無窮, 氣之源其初一也, 旣曰氣一便涵二, 太虛爲一其中涵二, 旣二也, 斯不能闔闢無動靜無生克也(『花潭先生文集』, 雜著, 理氣說)."

27 "一陰一陽一動一靜, 此本非兩事, 只是天之一事, 陰陽一用動靜一機, 此所以流行循環, 不能自已者也(위의 책, 復其見天地之心說)."

28 "大抵陰陽兩端, 循環不已, 本無其始, 陰盡則陽生, 陽盡則陰生(『栗谷全書』, 卷九, 書, 答朴和叔)."

29 "吾於其所不然而不然之有所然有所可, 物之情也, 無不然無不可, 天之理也(『西溪全書』, 上, 南華經註解, 卷一, 內篇, 齊物論第二).";"太極以言至高, 六極以言至下, 不爲高, 不爲深, 則自本自根, 而無範圍之可見矣, 不爲久, 不爲老, 則自古固存 而無始終之可言矣(위의 책, 大宗師第六)."

박지원朴趾源이나 최한기崔漢綺와 같은 후기 실학 사상가들도 일음—
陰·일양—陽의 불변적 차별을 우주 원리로 규정하는 유학의 고정적
이고 절대적인 우주론을 부정하고 기일원론氣—元論의 입장[30]에서
음양陰陽의 변천·변화, 즉 생성과 소멸의 끊임없는 교체·변화를 자
연의 원리[31]로 보았다. 이처럼 조선조 개혁 사상가들은 전통적인
기철학氣哲學을 원용하여 개혁의 필연성을 논증하였다.

  이와 같은 조선조 개혁 사상 우주론의 특성은 동학사상에서도
유사하게 전개되고 있다. 앞서 살펴본 바와 같이 동학사상 역시 모
순적 사회의 변혁이라는 정치 목표를 가지고 있었기 때문에 이를
이론적으로 당위화할 필요성이 요구되었기 때문이다. 먼저 최제우
의 경우 "지기至氣란 허령창창虛靈蒼蒼하여 간섭하지 않는 것이 없고
명命하지 않는 것이 없다. 그러나 형상이 있는 것 같으면서도 표현
하기 어렵고, 들을 수 있는 것 같으면서도 보기 어려운 것으로서
이것 역시 혼원渾元의 일기—氣이다"[32]라고 하여 본체론적 측면에서
기론氣論의 입장을 따르고 있다. 최시형 역시 "우주에 가득 찬 것은
혼원渾元의 일기—氣이다"[33]라고 함으로써 최제우의 논리를 그대로
인용하면서, 동시에 "기라는 것은 천지天地, 귀신鬼神, 조화造化, 현

---

30 "萬物之生, 何莫非氣也(『燕巖集』, 卷二, 烟湘閣選本, 書, 答任亨五論元道書).";"天
地生成人物, 只是氣也, 動靜呼吸, 飮食作用, 無非氣也(『明南樓叢書』, 二, 人政,
卷十, 敎人門三, 不知運化)."

31 "陰陽者一氣之消息也(『燕巖集』, 卷十四, 別集, 熱河日記, 關內程史, 虎叱).";"地月
日星, 循環之理, 冷熱乾濕, 發作之由, 生長衰老, 承順之方, 參合而提要曰運
化(『明南樓叢書』, 二, 人政, 卷九, 敎人門二, 敷運化乎宇內)."

32 "至氣者, 虛靈蒼蒼, 無事干涉, 無事不命, 然而如形而難狀, 如聞而難見, 是
亦渾元, 之一氣也(『東經大全』, 論學文)."

33 "宇宙間, 充滿者, 都是渾元之一氣也(『天道敎經典』, 海月神師法說, 誠敬信)."

묘玄妙를 모두 합한 이름이다"[34]라고 하여 좀더 구체적으로 기일원론의 입장을 취하였다.

그러나 다른 한편 동학사상의 경우 일기의 존재와 기능을 인정하면서도 기에 의해 생성된 만물의 변천·변화 운동에 대해서는 구체적으로 설명하지 않았다. 대신 '사시성쇠四時盛衰의 원리가 모두 천주(天主=한울님)의 조화'[35]라고 한 수운의 말에서도 알 수 있듯이 자연 변화의 근거를 천주론天主論으로서 설명하였다.

그렇다면 동학사상에서의 사회 변혁의 필연성은 무엇으로 논증되는가? 그것은 만물의 생성과 소멸, 변천과 변화를 자연의 원리로 규정[36]한 노장 사상老莊思想의 자연관과 시운관時運觀의 결합을 통해 전개되고 있다. 이는 최제우가 "천운天運이 순환하여 가서 돌아오지 않는 것(無往不復)이 없으니…"[37]라고 하여 순환론적 자연관을 시운관과 결합시킨 것[38]이나, 최시형이 "낮이 밝고 밤이 어두운 것은 하루의 변화이고, 달이 차고 지는 것은 한 달의 변화이며, 추위와 더위 그리고 따뜻함과 시원함은 일년의 변화이다. 변하기도 하

---

34 "氣者, 天地鬼神造化玄妙之摠名, 都是一氣也(위의 책, 理氣分析)."

35 "春秋迭代, 四時盛衰, 不遷不易, 是亦, 天主造化之迹, 昭然于天下也(『東經大全』, 布德文)."

36 "萬物一齊, 孰短孰長, 道無終始, 物有死生, 不恃其成, 一虛一滿, 不位乎其形, 年不可擧, 時不可止, 消息盈虛, 終則有始, 是所以語大義之方, 論萬物之理也, 物之生也, 若驟若馳, 無動而不變, 無時而不移(『莊子』, 外篇, 秋水)."

37 『龍潭遺詞』, 敎訓歌.

38 '가서 돌아오지 않은 것이 없다'는 무왕불복無往不復의 논리는 의암이 정치 변화의 필요성을 강조한 부분("今若一變其政, 敬天命而順民心, 養人才而達其技, 郁郁乎文風, 燦然復明於世, 則無往不復之理, 可得而致矣」, 『天道敎經典』, 義菴聖師法說, 明理傳, 創世原因章)에서도 나타난다. 이를 통해 볼 때 변천·변화의 우주론과 시운관이 동학 사회 변혁론의 핵심적인 이론적 논거라는 점을 알 수 있다.

지만 변하지 않고, 움직였다가 다시 정지하며, 정지했다가 다시 움직이는 것은 이기理氣의 움직임이고, 때에 따라 변하고 움직이고 정지하는 것은 자연自然의 도道이다"[39]라고 함으로써 이전 개혁 사상과 동일한 논리 구조를 바탕으로 시운관을 활용하여 사회 변혁의 당위성을 설명한 것에도 잘 나타나 있다. 최시형은 특히 성쇠명암盛衰明暗은 천도天道의 운運이고 흥망길흉興亡吉凶은 인도人道의 운運[40]이라는 논리로 개벽開闢의 신세계 도래의 필연성을 설명하였다.

이처럼 동학사상은 노장 사상, 조선조의 개혁 사상가들과 사상적 연맥을 형성하면서도 시운관이라는 형식을 첨가함으로써 현실 변혁을 통한 후천개벽後天開闢의 지상천국地上天國의 필연적 도래를 강하게 주창할 수 있었다. 이 점에 있어 동학사상의 우주론은 이전 개혁 사상가들의 이론적 추상성을 계승·극복하여 현실적 변혁론의 모습을 갖출 수 있게 된 것이라고 평가할 수 있을 것이다.

2) 평등적 변혁 주체로서의 인성론

동학의 사회 변혁론의 두 번째 이론적 기초로는 사회 변혁의 실질적 주체로서의 인간에 대한 논의이다. 앞서 살펴본 바와 같이 현실 변혁은 필연의 원리이기는 하지만 그러한 원리가 현실화·구체

---

39 "晝夜明暗, 一日之變, 晦望盈虧, 一月之變, 寒暑溫涼, 一年之變, 變而不變, 動而復靜, 靜而復動, 是理氣之變動也, 有時而動, 有時而靜, 是自然之道(위의 책, 海月神師法說, 開闢運數)."

40 "盛而久則衰, 衰而久則盛, 明而久則暗, 暗而久則明, 盛衰明暗, 是天道之運也, 興而後亡, 亡而後興, 吉而後凶, 凶而後吉, 興亡吉凶, 是人道之運也(위의 책)."

화되기 위해서는 무엇보다 인간의 주체적 의지와 노력이 필수적이
라는 것이 동학사상의 핵심이기 때문이다. 따라서 동학사상은 무
엇보다 인간이 모순적 사회를 변혁하여 새로운 세계를 열 수 있는
개인적·사회적 노력에 많은 부분을 할애하고 있다고 할 수 있다.

그러나 이와 함께 정치사상적 측면에서 중요하게 지적될 수 있
는 것은 동학사상은 사회의 변혁이 결코 특정 개인이나 소수 선각
자가 아니라 모든 인간에 의하여 이루어져야 한다고 본다는 점이
며, 이와 같은 인식에는 모든 인간의 본연적·기능적 동등성에 대
한 인정이 전제되고 있다는 사실이다. 동학사상의 인간론이 동아
시아 전통 정치사상과 조선조 개혁 사상의 인성론과 맺는 사상적
연맥점은 바로 인간 자체를 바라보는 이와 같은 평등적 인식이라
할 수 있으며, 여기에 동학사상은 이전 개혁 사상가들이 언급하지
못하였던 좀더 혁신적인 내용을 전개함으로써 사상적 발전을 이룩
하였던 것이라고 할 수 있다. 다음에서는 이러한 내용을 두 가지로
나누어 설명해 보기로 하겠다.

(1) 삶의 욕구 주체로서의 인간간 동등성 논리

동학사상이 파악하는 인간이란 우선 기본적으로 삶의 욕구 주체
로서 각자의 고유한 독자적 능력, 즉 개체성을 지닌 존재이다. 삶
의 욕구 주체로서의 인간성 규정은 특히 최시형에게서 뚜렷이 나
타나고 있는데 그는 "인간은 모두 시천주侍天主의 영기靈氣를 받고
살아가는 것이다. 인간이 먹으려고 하는 마음은 곧 한울님(天主)이
감응하는 마음이고, 먹으려고 하는 기氣는 곧 한울님이 감응하는
기운이며, 맛있는 것을 먹으려는 것은 한울님이 감응하는 정情이

다. 따라서 인간이 먹지 않으려고 하는 것은 한울님과 감응하지 않
는 것이다"[41]라고 하여 인간에게 있어 무엇보다 중요한 것이 식食
의 욕구라고 하였다. 이와 함께 최시형은 "모든 인간은 태어나는
것으로서만 인간이 되는 것이 아니라 오곡백과의 영양분을 얻어
활동할 수 있는 것이므로 오곡은 천지의 고기(腴)와 같다"[42]는 논리
로 인간이 본연적으로 동등한 삶의 욕구 주체라는 점을 밝혔다.

이와 같은 삶의 욕구 주체로서의 인간성 규정은 동아시아와 조
선조 정치사상사에 있어 대단히 중요한 의미를 가지고 있다. 전통
적으로 개혁 사상가들은 생산 계층과 비생산 계층의 선천적 차별
을 주장[43]하고 차별 질서의 유지를 위한 방편으로서 지배 계층의
피지배 계층에 대한 시혜적施惠的 차원의 의식주 제공만을 중요시[44]
하였던 유학적 차별관과는 달리, 인간을 신분의 귀천貴賤·고하高下
에 관계없이 모두 의식주의 기본 생활을 통하여 삶을 영위하는 주
체로 규정함으로써 고통받는 피지배 계층의 생존권을 보장하려고
하였다. 이러한 점은 우선 "무릇 오곡五穀이란 백성들에게 존귀한
것이다. … 그러므로 먹을 것에 대하여는 힘써 노력하지 않을 수
없고, 땅에 대해서는 힘써 경작하지 않을 수 없으며, 쓰는 것에 대
해서는 절약하지 않을 수 없는 것이다"[45]라고 하여 인간의 삶과 관

---

41 "人皆以侍天主之靈氣生活者也, 人之欲食之念, 卽天主感應之心也, 欲食之
氣, 卽天主感應之氣也, 人之甘食, 是天主感應之情也, 人之無欲食之念, 是
天主不感應之理也(위의 책, 難疑問答, 向我設位)."

42 『神師聖師法說』, 海月神師法說, 其他.

43 "或勞心或勞力, 勞心者治人, 勞力者治於人, 治於人者食人, 治人者食於人,
天下之通義也(『孟子』, 滕文公上, 四)."

44 "曰無恒産而有恒心者, 惟士爲能, 若民則無恒産, 因無恒心(위의 책, 梁惠王,
七)."

련된 식화殖貨의 중요성을 강조하였던 묵자墨子나, "사람들은 모두 일정한 본성(常性)을 가지고 있어 옷을 지어 입고 농사 지어 먹는다. 이것을 동덕同德이라 한다"[46]고 함으로써 모든 인간이 삶의 욕구 주체라는 점에서 동등하다고 보았던 노장 사상의 인성론에서 발견되는 요소이다. 또한 조선조 개혁 사상에 있어서도 "인간이라면 누구든지 식화植貨를 욕구하며, 또 인간이라면 누구든지 이익을 추구하려 한다"[47]고 하였던 김시습金時習이나, "배고플 때 먹으려 하는 것, 목마를 때 마시려 하는 것, 추울 때 입으려 하는 것, 가려울 때 긁으려 하는 것 등은 성인聖人이라도 면할 수 없는 것이다"[48]라고 하였던 이이李珥, 그리고 박세당朴世堂,[49] 박제가朴齊家,[50] 최한기崔漢綺[51]와 같은 실학 사상가들이 다수 피지배 계층의 온전한 삶의 보호라는 정치적 입장에서 인간을 본연적으로 동등한 삶의 욕구 주체로 규정하였던 것이다.

동학사상에 있어서도 식食의 중요성은 바로 농민 계층을 주도 세력으로 성장한 동학의 정치적 입장과 무관하지 않은 것으로 보인다. 이런 점에서 삶의 욕구 주체로서의 인간성 규정은 동학사상과

---

45 "凡五穀者, 民之所仰也, … 故食不可不務, 地不可不力也, 用不可不節也(『墨子』, 七患篇)."

46 "彼民有常性, 織而衣, 耕而食, 是謂同德(『莊子』, 外篇, 馬蹄)."

47 "且人孰不欲植貨也, 人孰不欲求利也(『梅月堂全集』, 梅月堂集, 卷二十, 說, 生財說)."

48 "聖人之血氣與人同耳, 飢欲食, 渴欲飲, 寒欲衣, 癢欲搔, 亦所不免(『栗谷全書』, 卷十, 書, 答成浩原)."

49 "善不善, 如寒暖飢飽, 及凡係一身之所疾苦所便安者, 皆是也(『西溪全書』, 下, 孟子思辨錄, 告子上)."

50 "天下之延年益壽, 無過於五穀(『北學議』, 外篇, 祈天永命)."

51 "人各有飲食之事, 又各有飲食之欲(『明南樓叢書』, 一, 神氣通, 卷二, 口通, 饑飽與人同)."

전통적 개혁 사상과의 정치적·인식론적 관련성을 보여 주는 논거
가 될 수 있을 것이다. 그러나 다른 한편 이전 개혁 사상가들, 특히
홍대용이나 최한기와 같은 후기 실학 사상가들이 국가 발전론의
입장에서 이기욕까지도 인간의 본성으로 인정하였던 것[52]에 비하
여 동학사상은 인간의 물욕物慾을 자연적인 것으로 인정하면서도
인간의 이기욕 추구가 인간의 조화로운 삶을 해칠 수 있다는 공익
公益의 입장에서 긍정적으로 인식하지 않았다[53]는 차이를 보여 주
었던 것[54] 또한 사실이다. 이것은 무엇보다 자연이 부여한 공동체
적 삶의 중요성을 강조하는 동학사상 본래의 종교 정치사상적 특
성과 무관하지 않은 것으로 보인다. 이 점에 대해서는 실천론에서
좀더 자세히 다루기로 하겠다.

(2) 개체성個體性 부각의 논리

동학사상 인간론의 또 다른 특징은 개체성 부각의 논리이다. 개

---

52 "人之生世也, 願慾無極, 華美之奉, 靡曼之色, 崇高之位, 煇赫之權, 珍怪之
物, 詭異之觀, 人皆慕之(『湛軒書』, 內集, 補遺 醫山問答)."; "人皆有財色名利之
慾(『明南樓叢書』, 二, 人政, 卷八, 敎人門一, 行事敎)."

53 "내 또한 오장五臟이 있거니 어찌 물욕物慾을 모르리오만은 그러나 내 이를
하지 않는 것은 한울을 양양養하지 못할까 두려워하노라(『天道敎創建史』, 第二
編, 第二章, 道統承受)."

54 이와는 달리 후기 실학 사상가들 중에서도 박지원이나 정약용 등은 인간의
무한정한 이기욕利己欲의 인정이 결국 특정 개인이나 계층의 사욕私慾을 합
리화할 수 있다는 인식 하에 동학사상과 마찬가지로 부정적인 견해("挐攫而
不恥, 甚者呼錢爲兄, 求將殺妻, 則不可復論於倫常之道矣", 『燕巖集』, 卷十四, 別集, 熱河
日記, 關內程史, 虎叱; "民之生也, 不能無慾, 循其慾而充之, 放辟邪侈無不爲己", 『與猶堂
全書』, 第二集, 中庸自箴, 卷一)를 피력하기도 하였다.

별 사상가에 따라 약간의 차이를 보이지만 동아시아와 조선조 개혁 사상의 전통에 있어서 개체성의 문제는 기본적으로 크게 다음과 같은 세 가지 방향으로 진행되었던 것으로 보인다. 하나는 인人·물物 동등성의 입장에서 인간을 포함한 모든 개체가 갖는 고유한 독자성을 인정하는 것이고, 두 번째는 인간간 평등성의 입장에서 인간 개개인이 가진 고유한 기능 또는 장점을 인정하는 것이다. 그리고 세 번째는 개체의 독자성을 적극 인정하는 전제 위에서 타개체에 대한 인간의 우월성을 동시에 인정하여 인간의 주체성을 부각시키는 것이다. 첫 번째의 관점은 자연계 내에서의 인간과 타개체 간의 조화를 중요시하는 입장을 반영하는 것이고, 두 번째의 관점은 개체로서의 개인 또는 계층의 기능을 적극 활용하여 국가적 생산력의 발전을 이룩하려는 입장을 반영하는 것이다. 또한 세 번째는 특히 후기 실학 사상가 정약용의 논리에 두드러지는 것으로서 자연을 인간의 이용 대상으로 인식하여 국가 발전의 토대로 삼으려는 입장을 반영하는 것이다.

예를 들어 인간을 포함한 모든 개체가 자신의 고유한 자성自性을 가지고 있으며, 그러한 자성을 지닌 각 개체들이 자연계 내에서 조화롭게 존재하는 것을 자연적 질서로 인식[55]했던 노장老莊이나, "인간의 성性은 사물의 성性이 아니며, 개(犬)의 성性이 소(牛)의 성性은 아닌 것이다. 이것은 이른바 모든 개체가 각각 그 성性이 다르기 때문이다"[56]라고 하였던 이이李珥, 그리고 이이와 동일한 논리를 가지

---

55 "留動而生物, 物成生理, 謂之形, 形體保神, 各有儀則謂之性"(『莊子』, 外篇, 天地); "夫至德之世, 同與禽獸居, 族與萬物並(위의 책, 馬蹄)."

56 "雖曰一理, 而人性, 非物之性, 犬之性, 非牛之性, 此所謂各一其性者也(『栗谷全書』, 卷十, 書, 答成浩原)."

고 인人·물物 간 상대적 평등론의 입장[57]에서 모든 개체의 독자성을 인정하였던 홍대용洪大容,[58] 최한기崔漢綺[59] 같은 후기 실학 사상가들의 논의는 전자前者의 특징을 보여 주는 것이라고 할 수 있다.

개체성 문제와 관련하여 인간 동등성의 관점에서 인간 개개인 또는 계층의 기능적 독자성을 부각시켜 국가 발전을 이룩하려는 입장은 특히 후기 실학가들의 논의에서 두드러지고 있다. 홍대용은 이기론理氣論 등을 통해서는 인간 개개인의 독자적 능력을 부각시키는 논리를 전개하지 않았으나 구체적인 정책론에 있어서는 신분身分에 관계없이 사회 내 모든 인간 개개인의 능력의 인정과 활용을 주장[60]한 바 있고, 박지원朴趾源은 사농공상士農工商의 기능적 독자성과 그 들 사이의 평등성[61]을 주장하였다. 또한 최한기는 모든 인간은 신분에 관계없이 각기 자신만의 고유한 장점을 보유하고

---

57 "以人視物, 人貴而物賤, 以物視人, 物貴而人賤, 自天而視之, 人與物均也"(『潭軒書』, 內集, 補遺 毉山問答); "自天所命而視之則, 虎與人乃物之一也, 自天地生物之仁而論之則, 虎與蝗蠶蜂蟻與人, 並畜而不可相悖也(『燕巖集』, 卷十四, 別集, 熱河日記, 關內程史, 虎叱)."

58 "人有人之理, 物有物之理(『潭軒書』, 內集, 卷一, 心性問)."

59 "物有物之氣理, 我有我之氣理(『明南樓叢書』, 一, 推測錄, 卷二, 推氣測理, 推測如眶)."; "人之性, 非牛馬之性, 牛馬之性, 非草木之性(위의 책, 卷五, 推己測人, 推測異用)."

60 "面中子弟, 八歲以上, 感聚而教之, … 擧其最而以次升之, 至于大學, … 凡人品有高下, 材有長短, 因其高下, 而舍短而用長, 則天下無全棄之才, 面中之教, 其志高而才多者, 升之於上而用於朝, 其質鈍而庸鄙者, 歸之於下而用於野, 其巧思而敏手者, 歸之於工, 其通利而好貨者, 歸之於賈問, 其好謀而有勇者, 歸之於武, 瞽者以卜, 宮者以閽, 以至於暗聾跛躄, 莫不各有所事(『潭軒書』, 內集, 補遺, 林下經綸)."

61 "余曰, 中國四民, 雖各分業, 卻無貴賤(『燕巖集』, 卷十一, 別集, 熱河日記, 盛京雜識, 商樓筆談)."

있으며,[62] 따라서 그와 같은 인간 개개인의 독자성은 귀천貴賤·빈부貧富를 구별할 수 없다"[63]고 하여 계층을 넘어서는 인간간 기능적 평등성을 주장하였다.

　마지막으로 세 번째 유형의 대표자로서 정약용은 "천지만물天地萬物의 이치는 각기 그 만물萬物의 신상(身上=形體)에 있는 것이니, 어찌 다 나에게 갖추어져 있겠는가? 개(犬)는 개의 이가 있고 소(牛)는 소의 이가 있는 것이다"[64]라고 함으로써 이전 개혁 사상가들과 동일하게 인간을 포함한 만물이 각자의 현실적 형태에 따라 각기 다른 자존적 원리, 즉 개체성을 보유하고 있음을 밝혔다. 동시에 그는 "(초목이나 금수와는 달리) 인간만이 태어날 때부터 영명靈明한 것을 부여받아 만류萬類를 초월해 만물萬物을 이용할 수 있다"[65]라고 하여 자연 이용자로서의 인간의 주체성을 좀더 강하게 역설하였다.

　개체성 부각의 논리와 관련하여 동학사상은 위의 세 가지 전통적 개혁 사상의 개체성 논리를 모두 포함하고 있다는 특징을 가지고 있다. 우선 인人·물物 동등성의 입장에서 인간을 포함한 모든 개체가 갖는 고유한 독자성의 인정과 인간을 포함한 자연계 모든 개체간의 조화를 강조하는 측면은 최시형과 손병희의 논의에서 보이고 있다. 이에 대하여 먼저 최시형은 "천지만물天地萬物이 모두 시천주侍天主 아님이 없다"[66]고 하여 인간을 포함한 모든 개체의 본연적

---

62 "人各有長(『明南樓叢書』, 二, 人政, 卷四, 測人門四, 行事, 將來事測人測)."
63 "天生才智, 本無限於貴賤貧富(위의 책, 卷十五, 選人門二, 薦擧格式)."
64 "天地萬物之理, 各在萬物身上, 安得皆備於我, 犬有犬之理, 牛有牛之理(『與猶堂全書』, 第二集, 孟子要義, 卷二)."
65 "人則不然, 天上萬民, 各於胚胎之初, 賦此靈明, 超越萬類, 亨用萬物(위의 책, 中庸講義, 卷一)."
66 "天地萬物, 皆莫非侍天主也(『天道敎經典』, 海月神師法說, 靈符呪文)."

동등성을 인정하는 동시에 '동질적同質的 기화氣化'와 이질적異質的 기화氣化'라는 표현으로 인간과 타 개체個體의 자존적 특성을 설명하는 한편 '이천식천以天食天'과 '인오동포人吾同胞 물오동포物吾同胞'의 개념을 통해 개체간 조화의 필요성을 역설[67]하였다. 손병희 또한 "(인간을 포함한) 만물은 일기一氣에서 시작되어 각각의 형태와 그에 따른 본성을 지니게 된다"[68]고 하여 만물의 개체성을 인정하였다. 특히 "나(인간)와 만물이 각기 본성을 얻어 각기 도道를 지키고 각기 직분을 얻으니 나를 기쁘게 하고 물物을 기쁘게 하는 것이 어찌 극락세極樂世가 아니겠는가"[69]라고 하여 자신만의 고유한 자성自性을 가진 모든 개체 사이의 조화를 설명하였다.

다음으로 인간간 평등성을 기초로 인간 개개인의 장점과 능력을 적극 활용하여 국가 발전의 기반으로 삼으려는 입장에서 전개된 후기 실학 사상가들의 개체성 부각 논리는 특히 최시형에게서 동일하게 전개되고 있다. 최시형은 다음과 같이 모든 인간의 독자적 능력을 인정하고 그것을 국가 발전에 활용할 것을 주장하고 있다.

> "썩어서 버릴 사람이란 한 명도 없는 것이니 한 사람을 한 번 버리면 큰 일에 해害가 된다. 쓰는 일에 있어 인간은 모두 각기 자신만의 고유한 특기와 능력을 가지고 있는 것이니 이를 택하여 적재적소適材適所에 활용하면 이루지 못하는 것이 없는 것이다."[70]

---

67 『神師聖師法說』, 海月神師法說, 三敬과 以天食天 참조.
68 "於天萬物始一氣, 各有成形各有性(『天道教經典』, 義菴聖師法說, 詩文, 偶吟)."
69 "我我物物, 各遂其性, 各守其道, 各得其分, 喜喜我, 喜喜物, 豈非極樂世界乎(위의 책, 無體法經, 眞心不染, 後經(二))."
70 "人無一人捨朽 一人一捨, 毀害大事, 用事, 人皆有特技專能, 擇定於適材適

마지막으로 정약용의 개체성 논리에서 보이는 인간 우위의 주체성 강조의 논리는 동학사상 전체에 일관되게 나타나고 있는 내용이다. 이에 대하여 먼저 최제우는 『용담유사』 도덕가에서 만물萬物 생성 이후에 가장 어리석은 것이 금수禽獸이고 가장 신령最靈한 것이 사람[71]이라고 하였고, 최시형 역시 같은 입장에서 "만물 중에서 가장 신령한 것이 인간이니 따라서 인간은 만물의 주主가 된다"[72]고 하여 인간 우위의 입장을 명확히 표출하였다.

이것은 앞서 살펴본 개체성에 관한 두 가지 입장과 일면 상충되는 것으로 보일 수도 있다. 그러나 동학사상이 모순적 사회를 변혁하고자 하는 강한 정치적 입장을 가지고 있고, 그러한 사회 변혁의 주체가 바로 현실의 인간이라는 측면에서 이와 같은 인간 우위의 입장은 인간의 주체적 의지, 즉 주체성을 강조하려는 동학사상 본래의 사상적 목표와 매우 밀접한 관계가 있다고 판단된다. 즉 인간을 포함한 만물의 개체성을 인정하고, 이들 사이의 조화와 협력을 강조하면서도 동시에 현실 변혁의 실질적 주체로서 인간의 가치와 독자성을 더욱 부각시킬 필요가 있었다고 볼 수 있다. 이런 점에서 동학사상은 타 개체에 대한 인간의 우위를 설명하는 것을 넘어서 인간 개개인이 곧 하늘이라는 논리를 통하여 최고의 존재로서 인간을 규정하는 데에 이르게 된다. 최시형의 '인시천人是天'과 '천즉아天卽我 아즉천 我卽天', 그리고 손병희의 '인내천人乃天'은 이와 같은 동학사상의 발전적 특징을 함축하는 것이라고 할 수 있다.

所則, 無不成功者, 未之有也(위의 책, 海月神師法說, 難疑問答, 吾道之運)."
71 『龍潭遺詞』, 道德歌.
72 『神師聖師法說』, 海月神師法說, 其他.

이상에서와 같이 동학사상의 개체성 부각의 논리는 전통적인 노장사상의 인식론과 이전 개혁 사상가들의 개체성 논리를 모두 포함하는 완결적인 논리 구조를 가지고 있는 동시에 그것을 더욱 발전시켜 사회 변혁의 주체로서의 인간의 주체적 능력과 독자성을 부각시킨 것이라고 평가할 수 있다.

4. 사회 변혁의 실천론

동학 사회 변혁론의 세 번째 이론적 기초는 실천론이다. 국가와 민족, 그리고 피지배 민民이 당면한 모순적 위기의 극복을 정치 목표로 설정하고, 이러한 정치 목표를 달성하기 위한 이론적 논의로서 현실 변혁의 당위성을 우주의 원리로 논증하며, 현실 변혁의 주체로서 인간간 평등성과 인간의 주체적 노력을 강조한 동학사상은 변혁 주체로서의 인간의 실천적 노력의 방법론을 제시하는 데 사상적 노력을 기울였다.

필자는 동학사상이 제시한 실천론의 핵심이 궁극적으로 개체간 평등성을 기초로 개인 차원에서 타 개체와의 조화, 협력, 상애相愛를 통해 차별과 배타, 독선, 이기利己의 현실을 극복하는 데 있는 것으로 보고 있다. 조화와 협력, 상애相愛의 실천론이 동아시아 전통의 인식론과 도덕론道德論의 기본 바탕이라는 점에서 이것은 동학사상의 이전 사상과의 연관성을 파악할 수 있는 또 다른 요소이기도 한다. 구체적으로 개체간 조화와 협력, 상애相愛의 실천론은 유학 사상, 노장 사상, 묵가 사상 등 동아시아 전통 정치사상 도덕론의 공통적인 요소이다. 그러나 유학 사상이 개체간 차별[73]을 전제로 한 조화와 협력을 강조하는 것이었다면, 노장 사상과 묵학은 평등성을 기초로 한 것이었다는 점에서 양자 간에는 근본적인 차이가 있다. 따라서 비록 동학사상 실천론의 내용 중 많은 부분이 유학적 용어를 사용하고 있고, 특히 수운에게서 유학적 보수성이 나타나 있다 하더라도 동학사상이 근본적으로 개체간 동등성의 입장에서 전개된 것이라는 점에서 유학의 사상적 영향이 강하다고는 볼 수 없다. 오히려 앞에서 살펴본 것처럼 인人·물物의 개체성을 인정하고 상대적인 관점에서 본질적으로 동등한 개체[74]간의 자연계 내에서의 조화와 협력, 그리고 이를 위한 인간의 무위무욕無爲無欲의 자세의 필요성[75]을 제시한 노장 사상과, 직접 생산의 중요성을 강조하고 서로 사랑하라는 겸애兼愛의 실천 당위를 제시[76]한 묵학의 실천론과 밀접한 사상적 관련을 가지고 있다고 볼 수 있다.[77]

---

73 "唯上知與下愚不移(『論語』, 陽貨, 三)."; "生而知之者上也, 學而知之者次也, 困而學之又其次也, 困而不學, 民斯爲下矣(위의 책, 季氏, 九)."; "或勞心或勞力, 勞心者治人, 勞力者治於人, 治於人者食人, 治人者食於人, 天下之通義也(『孟子』, 滕文公上, 四)."; "親親之殺, 尊賢之等, 禮所生也(『中庸』, 二十章)."

74 "以道觀之, 物無貴賤, 以物觀之, 自貴而相賤, 以俗觀之, 貴賤不在己, 以差觀之, 因其所大而大之, 則萬物莫不大, 因其所小而小之, 則萬物莫不小, 知天地之爲稊米也, 知豪末之爲丘山也, 則差數覩矣(『莊子』, 外篇, 秋水)."

75 "不尙賢, 使民不爭, 不貴難得之貨, 使民不爲盜, 不見可欲, 使民心不亂, 是以, 聖人之治, 虛其心, 實其腹, 弱其志, 强其骨, 常使民, 無知無欲, 使夫知者, 不敢爲也, 爲無爲則無不治(『道德經』, 三章)."

76 "視人之國, 若視其國, 視人之家, 若視其家, 視人之身, 若視其身(『墨子』, 兼愛中篇)."; "夫愛人者, 人必從而愛之, 利人者, 人必從而利之, 惡人者, 人必從而惡之, 害人者人必從而害之(위의 책)."

77 앞서 설명한 우주론이나 인간론과는 달리 실천론의 측면에서 동학사상과 조선조 개혁 사상과의 사상적 연관성은 그다지 크지 않은 것으로 보인다. 이것은 '이론적'인 측면에서는 매우 혁신적 논의를 전개하였음에도 도덕론에 있어서 유학적 틀을 벗어나지 못하였던 이전 개혁 사상가들의 한계에 기인한 것이라고 할 수 있다.

구체적으로 이와 같은 점은 상대의 입장에서 나를 보라는 노장 사상의 인식론[78]과 유사한 입장에서 표현된 최제우의 '오심즉여심吾心卽汝心'과 최시형의 물물천物物天 사사천事事天, 경천敬天·경인敬人·경물敬物의 삼경 사상三敬思想에 잘 표현되고 있다. 이와 함께 최시형이 "사람이 거저 놀고 있으면 한울님이 싫어하신다"[79]고 하여 생산의 중요성을 역설하고, 의암이 서로 사랑하고 도와주는 것이 큰 도(大道)이기 때문에 그것을 실천하면 반드시 그에 대한 하늘의 보답이 있을 것[80]이라고 하여 상애相愛·상조相助의 실천론을 제시한 것은 묵자의 겸애兼愛의 실천론과 같은 맥락이라고 하겠다. 이러한 평등성을 기초로 한 조화와 협력, 상애相愛의 필요성을 모든 인간이 자각하여 무욕無欲의 자세를 갖게 될 때(無爲而化) '동귀일체'同歸一體를 이루어 비로소 지상천국地上天國의 새로운 세계가 도래할 수 있다는 것이 동학사상 실천론의 핵심인 것이다.

이상의 실천론에서 알 수 있듯이 동학사상이 기본적으로 종교적 성격을 내포하고 있다는 점에서 서구의 사회 변혁론과 같이 군주 체제를 대치할 특정한 정치·사회 체제를 지향하는 제도적 변혁을 요구하지는 못하였던 것은 사실이다. 오히려 종교적 차원에서 흔히 언급되는 만민萬民 평등을 기초로 한 조화와 협력, 상애相愛의 실천을 통한 이상사회의 출현을 지향하는, 상대적으로 매우 추상적

---

78 "以身觀身, 以家觀家, 以鄕觀鄕, 以國觀國, 以天下觀天下(『道德經』, 五十四章)."

79 『天道敎創建史』, 第二編, 第六章, 布德 降書 敎說一般.

80 "人必相愛, 大道必得, 念念思之, 我愛衆生, 衆去天路, 靈橋必成, 衆生我愛, 我去天路, 靈橋必成, 眷眷相愛, 必有得果, 性心身三端, 相助相愛, 大道大宗(『天道敎經典』, 義庵聖師法說, 無體法經, 神通考)."

인 방법론만을 제시하였을 뿐이다. 그러나 그러한 추상성은 동학 사상 자체의 한계로 지적할 수 없는 부분이고, 유학적 질서관을 바탕으로 전개된 봉건적 왕권 체제의 장기화의 결과라고 볼 수 있다. 이러한 점에서 동학사상의 실천론에 내포된 평등과 조화, 협력, 그리고 상애의 가치관은 오랜 기간 서서히 전개되어 온 동아시아적 개혁론의 가치관을 포괄하여 새로운 이상세계를 지향하는 혁신적 인 것이었다는 판단을 내리기에 충분하다. 특히 기존의 연구에서 많이 지적되고 있는 것처럼 동학사상의 이와 같은 인식론과 실천 론이 오늘의 인류, 그리고 미래의 세계를 위한 사상적 대안이 되기 에 충분한 것이라는 점에서 매우 가치 있는 것이라고 평가할 수 있 을 것이다.

결론적으로 볼 때, 19세기 자생적自生的 개혁론으로서의 동학사 상은 비록 명확한 인적人的·사상적思想的 연관성이 보이지는 않지 만, 동학사상의 정치 목표와 이론적 논의가 전통적인 반유학적反儒 學的 정치사상과 조선조 개혁 사상의 논의와 유사한 측면을 많이 가 지고 있다는 점에서 동아시아적, 또는 한국적 개혁 사상으로서의 보편성을 지니고 있다고 볼 수 있다. 이와 함께 동학사상에는 종교 정치사상으로서의 특수성과, 개혁의 차원을 넘어서 사회 변혁론으 로서의 사상적 혁신성도 발견된다. 이러한 점에서 동학사상은 조 선조 개혁 사상의 완성인 동시에 한국적 민주주의 전통의 특성을 잘 보여 주고 있다는 평가를 내리기에 충분한 가치를 가진 것이다.

제2절 유길준의 온건 개화 사상

1. 시대 배경

유길준兪吉濬[81]이 활동했던 1880년대와 1890년대는 대내적으로

---

[81] 유길준(兪吉濬, 1856-1914)의 호號는 구당矩堂이다. 양반 가문 출신으로 초기 10년간은 유학 중심의 한학漢學을 배웠으나, 15세 무렵(1870년) 당시 개국파開國派로서 개화 사상의 선구자로 평가되는 북학파北學派 박지원朴趾源의 손자 박규수朴珪壽를 알게 되고, 20세(1875년) 때에는 김옥균金玉均·박영효朴泳孝·서광범徐光範·김윤식金允植 등과 함께 그에게 직접 지도를 받게 됨으로써 과거 공부를 지양하고 외국어와 국제법 등 시무학時務學에 주력하게 되었다고 한다. 그러나 무엇보다 그에게 세계에 대한 인식의 폭을 확대시켜 준 것은 일본과 미국에서의 유학 생활을 통해 서양 지식과 서양의 발전상을 직접 경험할 수 있게 된 데에 기인한 것이었다고 볼 수 있다. 즉 유길준은 26세(1881년)에 김윤식金允植·어윤중魚允中 등 신사유람단紳士遊覽團의 수행원으로 일본을 방문하였고, 최초의 일본 유학생으로서 다음 해까지 일본 개명 진보 사상의 대표자였던 후쿠자와 유키치(福澤諭吉)가 운영했던 동경東京의 경응의숙慶應義塾에서 후쿠자와의 지도를 받으면서 서양 학문, 서양인과의 접촉을 통해 신지식新知識을 습득했다. 또 28세(1883)에는 조미수호통상조약朝美修好通商條約 이후 파견된 보빙사報聘使 수행원의 자격으로 미국을 방문, 민영익閔泳翊의 도움으로 한국인으로서는 역시 최초의 미국 유학 생활과 유럽 견문을 마치고 다음 해 귀국했다. 그 후 7년여 동안은 보수파에 의해 연금 생활을 하였고, 이 시기에 그동안 일본과 미국 유학에서 얻은 지식과 자신의 사상을 접목시킨 『서유견문西遊見聞』을 집필하는 등 저술 활동에 몰두했다. 그리고 1892년 연금이 해제된 후 1894년부터 1896년까지 김홍집·김윤식·어윤중 등과 함께 갑오경장甲午更張의 주도적 인물로 활약했다(李光麟, 『韓國開化思想硏究』(서울: 일조각, 1979), 46-56쪽; 柳永益, 『甲午更張硏究』(서울: 일조각, 1990), 90-129쪽; 정용화, 『문명의 정치사상: 유길준과 근대 한국』(서울: 문학과지성사, 2004), 59-110쪽 등 참조). 이와 같이 유길준은 당시로서는 드물게 일본과 미국에서의 유학 생활과 유럽 견문을 통해 선진적 지

는 다수 피지배 계층의 삶을 저해하는 대내적 모순이 더욱 심화되는 가운데 이에 반발하는 민중적 저항이 더욱 극렬해짐으로써 사회적 불안이 가중되던 시기였다. 동시에 국가적 독립성을 위협하는 대외적 위기가 한층 고조되는 상황 속에서 그러한 모순과 위기를 해결할 의지와 능력을 결여한 채 오직 정치 권력의 획득·유지에만 혈안이 되어 있던 집권층의 분열과 무능력이 명확히 표출되었던 시기였다고 할 수 있다. 그러나 이와 같은 상황은 단지 이 시기에만 한정된 것은 아니었다. 그것은 주자학적 통치 질서관의 도입 이후 대내적으로는 귀족 계층의 비생산성과 생산 계층의 희생을 전제로 한 경제 구조, 개체성을 부정하고 사농공상의 철저한 신분적 차별만을 강요하는 사회 구조, 그리고 지배계급 내 분파성分派性을 조장하는 장자 상습에 바탕으로 한 중앙 집권적 정치 구조와, 대외적으로는 국가와 민족의 독자성과 평등성을 인정하지 않고 화이華夷의 차별관과 사대주의적 외교 노선을 고정화시킨 유학적 차

식을 직접 획득할 수 있는 기회를 가지고 있었다. 이러한 점이 그의 사상 형성에 중요한 역할을 하였던 것이라고 볼 수 있다. 그러나 동시에 첫째, 박규수의 사망 이후 그가 김옥균·박영효 등과 비록 접촉은 유지했을지 모르지만, 사상적·운동적 유대 관계를 형성하지 않았다는 점, 둘째, 그의 일본과 미국 유학 생활을 지원해 준 인물이 바로 당시 보수파의 실력자였으며, 갑신정변甲申政變 때 개화파의 주 공격 대상인 민영익이었다는 점, 그리고 셋째, 그가 역시 보수파로서 민영익과 절친했고, 갑신정변 때 피살된 한규직韓圭稷의 동생 한규설韓圭卨의 집에서 보호 차원의 연금 생활을 하며 저술 작업을 하였다는 점은 그의 정치적 성향과 관련하여 시사해 주는 바가 크다고 하겠다. 이렇듯 유길준은 행적 면에서 근대적 지식의 폭넓은 획득·수용과 함께 갑신정변 주도 세력들과의 일정한 거리 유지, 보수파와의 각별한 정치적 관계 형성이라는 상호 대립적 요인들을 보여 주었다. 이와 같은 대립적 요소가 그의 현실 인식과 사상, 그리고 정책 대안에 복합적으로 반영되고 있음은 다음에서 살펴볼 그의 정치사상 속에 뚜렷이 나타난다.

별관과 폐쇄관이 초래한 결과물이었다. 이러한 유학적 차별관과 폐쇄관이 서구 열강의 개방 압력과 이권 침탈이라는 역사상 유례없는 충격에 직면하여 스스로의 한계를 드러낼 수밖에 없는 것은 당연한 것이었다. 따라서 당시 한국이 처한 모순과 위기의 극복 방향은 무엇보다 모순과 위기의 근본 원인이 유학적 차별관과 폐쇄관에 있음을 현실적으로 직시하면서 개체관과 평등관 그리고 개방관을 바탕으로 부국강병富國强兵·보국안민保國安民의 정책 대안을 제시하고 그것을 실천하는 것이어야 했다. 그럼에도 불구하고 1880년대와 1890년대 한국의 상황은 여전히 유학적 사고가 지배적이었고, 그와 반대되는 사상 정책적 대안들이 수구 세력에 의해 거세당하는 형국形局이 반복되고 있을 뿐이었다.

이와 같은 현실에 직면하여 한편으로는 인간과 세계에 대한 확대된 인식을 바탕으로 다수 피지배 계층의 생존권을 보호하고 국가의 독립과 발전을 위한 실천적 정책 대안을 제시하면서도, 다른 한편으로 정치 권력 자체에 대한 근본적인 회의와 비판의 입장을 견지하지 못함으로써 결국 시대가 요구한 총체적인 사회 변혁론을 구상하는 데까지는 이르지 못했던 인물이 개화파 유길준이었다.

2. 현실관과 정치 목표

유길준은 당시 한국이 처한 대내외적 위기를 위기로 인식하는 현실관을 가지고 있었다. 그는 1883년 고종高宗에게 올린 상소上疏를 통해 당시 한국이 국가의 자립을 위태롭게 할 정도의 총체적인 위기 상황에 놓여 있다는 점과, 특히 모든 것에 기초가 되는 내정(內政=內治)이 위기의 본원本源이라는 점을 다음과 같이 지적했다.

"외교外交를 잘 하기 위해서는 먼저 내정內政에 힘써야 한다. 내정에 힘쓰지 않고 외교를 잘 할 수는 없는 것이다. 현재 세계 각국은 상호 간에 조약을 체결하여 겉으로는 친목親睦을 도모한다는 명분 하에 상업적 교역을 확대시키고 있지만, 다른 한편으로 자신의 부富를 확충하고 병정兵政을 신장伸張시켜 스스로를 지키는 데 노력하고 있다. 따라서 내정이 바르지 않으면 다른 사람들이 국가로 인정해 주지 않고, 외교에 신뢰가 없으면 다른 사람들이 우방友邦이라고 하지 않으며, 병정兵政과 상무商務가 발전되지 못하면 국가는 빈곤해지고 취약해지며, 결국 자립自立을 유지할 수가 없는 것이다. … 그런데 우리나라는 내정과 외교, 상무와 병정이 모두 취약한 상태이다"[82]

유길준은 이러한 대내적 위기의 근본 원인이 시대의 변천에 따른 사상적 변화에 무지하거나 또는 그것의 필요성을 의식적으로 회피하고, 더 나아가 아예 인정조차 하지 않는 집권 세력과 일반 국민의 보수적 태도에 있다고 보았다. 동시에 그 결과로서의 피지배 민중 계층의 생존권과 국가적 독립성에 대한 위협과 사회·경제적 저발전을 지속시키는 구태의연한 제도의 고수, 그리고 이를 극복할 수 있는 각종 발전된 제도적 장치의 결여에 있다고 판단했다. 구체적으로 이에 대하여 유길준은 인사人事의 발단은 사상思想에서

---

82 "善外交者, 先修內政, 內政不修, 何以外交, 現今宇內各國, 通章結約, 以表親睦, 而必廣商務, 以謀自富, 必張兵政, 以固自守, 是故內修不善, 人不謂國, 外交無信, 人不與友, 兵政商務, 廢而不擧, 國貧且弱, 難以自立, … 今惟我國家之內政, 未可謂盡善矣, 外交未可謂盡實矣, 而商務兵政, 可謂掃地矣(『兪吉濬全書 IV - 政治經濟編』(서울: 일조각, 1971), 言事疏, 63쪽)."

유래한 것이며, 사상의 근원은 시대의 수요需要. 즉 시대적 요구로
부터 도출된 것으로서 옛날의 공자孔子의 도덕 정치도 시대의 수요
였고 후세의 법률에 의한 정치도 시대의 수요였다는 점에서 모두
각각 그 시대인時代人의 사상인 것[83]이라는 인식을 제시했다. 이와
같은 인식을 토대로 그는 오늘의 시대는 부국강병富國强兵, 구체적
으로 농업의 진흥振興과 공업의 정밀, 상업의 발전 그리고 군사적
기용器用에 이르기까지 기술技術에 의하지 않은 것이 없고, 더욱이
스스로 그것이 부족하다고 느끼는 경우 끊임없이 그것의 발전을
위해 노력하는 것을 필요로 하는 시대, 즉 기술 정치技術政治가 요구
되는 시대임에도 불구하고 그러한 변화를 아는 사람이 적다[84]고 개
탄했다. 또한 그는 자신의 의식주衣食住조차 해결하지 못하면서도
평생 동안 시험 공부에만 몰두하게 하여 사회적 비생산 계급을 양
산하고, 결국 그 대가로써 시험에 통과하여 관리가 된 후에 피지배
계층을 착취하는 탐관오리貪官汚吏를 재생산하게 만드는 과거제科擧
制의 폐해를 지적[85]하기도 했다. 이와 함께 부익부 빈익빈富益富 貧益

---

83 "人事之起端, 由於思想, 而思想之源, 出於時代之需要焉, … 由是觀之, 昔者
道德之政治, 亦時代之需要, 後來法令之政治, 亦時代之需要, 而亦皆時代人
之思想(위의 책, 時代思想, 284쪽)."

84 "以至農事之振興也, 工業之精妙也, 商道之發展也, 及文事武備之器用也, 無
一不出於技術, 而猶且自視不足, 維日求進 勸勉之, 將勵之, 靡有其極, 歐天
下之民, 而歸之技術之中, 故今日時日時代之需要, 此也, 則思想, 亦此也, 顧
吾同胞, 有足以上人者乎, 道德之治己壤, 而法令之治後人, 至若技術之治,
則知其名者, 亦鮮矣(위의 책, 285쪽)."

85 "夫科擧之法可罷也, 當日則有一日之害, 留一年則有一年之害矣, 今惟我國
家之貧弱, 亦由有科擧之故也, … 終身研研之工, 所望不過一及第進士之間
而已, 至其一身衣食之原, 諸無方向, 飢契寒着, 俱價他人, 幸而得一科, 則九
族生輝, 不得則老轉窮乏, 是以父母之教子也, 勸之以科擧之文, 而惟恐不及,

貧 현상이 두드러진 가운데 무위도식無爲徒食하는 양반 계층의 비생
산성이 국가적 생산력의 약화를 가져오는 주요 원인이라는 점을
다음과 같이 밝히기도 했다.

> "앉아서 손톱 끝으로 물을 퉁기며 평생을 한가하게 놀면서 보내는
> 자는 대대로 물려받은 재화가 창고에 산같이 쌓여 있다 하더라도 일
> 개 걸인乞人과 같은 자이니 가련한 인생인 것이다. 이러한 자는 그 해害
> 가 자기에게만 머무르지 않고 그 나라에 미치는 것으로서 유의유식遊
> 衣遊食하는 자는 곧 백물百物의 도적이라고 할 수 있다. 이와 같은 사람
> 들이 많으면 국가가 빈약貧弱해지는 것은 당연한 것이니 어찌 한심하
> 다고 하지 않겠는가?"[86]

이와 더불어 유길준이 서양과 비교하여 우리나라의 아이들이 나
쁜 옷, 나쁜 음식조차 없어서 기한飢寒을 면하지 못하고 있고, 교육
을 받지 못하여 자기 이름조차 쓰지 못하며, 질병에 시달려 어려서
죽는 아이들이 많다는 점을 지적하면서, 이것은 서양이 가지고 있
는 각종 발전적 제도가 우리에게는 없기 때문이라고 한 것[87]은 그

親戚朋友之相勵相勉, 亦不過於是硯面筆頭, 安得有豊足之樂哉, 其害所歸之
局, 卽可矜之農民, 而貪官贓吏從是而出, 土豪盜賊綠此而起, 是朝家所以取
人之道, 以來成獘, 士民重虛名而輕案利, 上下相安, 馴致今日之習也(위의 책,
言事疏, 66-67쪽)."

86 "爪末水롤 坐彈ㅎ고 平生을 閒送ㅎᄂ 者ᄂ 世傳ㅎᄂ 倉積이 如山ㅎ야도 一
介乞人과 同호 者니 可憐호 人生이라 若是호 者ᄂ 其害가 一身에 不止ㅎ고
其國에 歸ㅎ야 一介 遊衣遊食ㅎᄂ 人으로 百物의 盜賊이니 如此호 者 多ㅎ
면 其國의 貧弱홈은 議論을 不俟ㅎ야 著明호 者라 엇디 爲ㅎ야 寒心호 者가
非此리오(『兪吉濬全書』, 西遊見聞, 第十一編, 生涯求ㅎᄂ 方道, 305-306쪽)."

가 선진적先進的 제도의 결여를 국가적 저발전의 주요한 원인으로
파악하고 있음을 보여 주는 것이라고 하겠다.

그렇다면 이와 같은 대내적 모순을 극복하기 위한 기본 방향은
무엇인가? 이는 유길준의 정치 목표를 이해할 수 있는 핵심 사항
으로서 개화開化에 대한 그의 설명, 즉 개화를 인식하는 태도에 뚜
렷이 나타나고 있다.

먼저 유길준은 개화를 '인간의 모든 일이 지극히 선善하고 매우
아름다운 경지에 이르는 것'[88]으로 규정하였다. 구체적으로 오륜五
倫의 행실行實을 돈독히 하여 인간의 도리를 아는 것, 학문을 연구
하여 만물의 이치를 밝히는 것, 국가의 정치를 정대正大하게 하여
백성이 태평을 누리도록 하는 것, 법률을 공평하게 하여 백성이 억
울한 일이 없도록 하는 것, 기계의 제도를 편리하게 하여 인간에게
이롭게 쓰이도록 하는 것, 물품의 제작을 정밀하게 하여 인간의 생
을 후厚하게 하고 거칠고 조잡한 일이 없도록 하는 것 등[89]이 그 내

---

87 "他邦의 幼稺는 衣의 寒溫과 食의 飢飽를 均適히 ᄒᆞ야 撫育ᄒᆞᄂᆞᆫ 樂이 極臻ᄒᆞ
거ᄂᆞᆯ 我邦의 幼稺는 惡衣惡食도 無ᄒᆞᆫ 者가 多ᄒᆞ야 飢寒을 不免ᄒᆞ고 他邦의
幼稺는 學校에 出入ᄒᆞ야 敎誨ᄒᆞᄂᆞᆫ 規模가 具備ᄒᆞ거ᄂᆞᆯ 我邦의 幼稺는 敎育의
疎略홈으로 自己의 姓名도 不記ᄒᆞᄂᆞᆫ 者가 多홀뿐더러 他邦의 子女는 養生ᄒᆞ
ᄂᆞᆫ 規則이 整備홈으로 疾病의 灾厄이 少ᄒᆞ거ᄂᆞᆯ 我邦의 子女는 各病에 受傷
ᄒᆞ야 初年의 夭折ᄒᆞᄂᆞᆫ 者가 多ᄒᆞ고…(위의 책, 孩嬰撫育ᄒᆞᄂᆞᆫ 規模, 346쪽)."

88 "大槩 開化라 ᄒᆞᄂᆞᆫ 者는 人間의 千事萬物이 至善極美ᄒᆞᆫ 境域에 抵홈을 謂홈
이니…(위의 책, 第十四編, 開化의 等級, 395쪽)."

89 "五倫의 行實을 純篤히 ᄒᆞ야 人이 道理를 知호 則 此ᄂᆞᆫ 行實의 開化며 人이
學術을 窮究ᄒᆞ야 萬物의 理致를 格호 則 此ᄂᆞᆫ 學術의 開化며 國家의 政治를
正大히 ᄒᆞ야 百姓이 泰平호 樂이 有호 者ᄂᆞᆫ 政治의 開化며 法律을 公平히 ᄒᆞ
야 百姓이 冤抑호 事가 無호 者ᄂᆞᆫ 法律의 開化며 機械의 制度를 便利히 ᄒᆞ
야 人의 用을 利ᄒᆞ게 호 者ᄂᆞᆫ 機械의 開化며 物品의 制造를 精緊히 ᄒᆞ야 人
의 生을 厚히 ᄒᆞ고 荒麤호 事가 無ᄒᆞᄂᆞᆫ 者ᄂᆞᆫ 物品의 開化니 此屢條의 開化를

용으로 제시됐다. 그는 또한 천하 고금天下古今의 어떤 나라든지 이
와 같은 내용을 가진 개화에 완벽하게 도달한 국가는 없으며,[90] 다
만 한 국가에 개화한 사람이 많은가, 반개화反開化한 사람이 많은
가, 아니면 미개화未開化한 사람이 많은가에 따라 개화국開化國과 반
개화국反開化國, 그리고 미개화국未開化國으로 구분할 수 있다[91]고 했
다. 그리고 여기서 개화한 사람이란 모든 일과 사물을 궁구窮究하고
경영經營하여 항상 새로워지기를 지향하고, 진취적 기상을 유지하
고 나태함이 없으며, 귀천貴賤·강약强弱의 차별 없이 다른 사람을
대하고, 국민들과 합심하여 개화를 위해 노력하는 사람을 말하고,
반개화한 사람이란 이와는 달리 사물을 궁구하거나 경영하는 데
힘쓰지 않고 고식적姑息的인 태도만을 유지하며, 자신만을 높이고
귀천貴賤·강약强弱의 차별로 타인을 대하고, 국가적 개화에는 무관
심한 채 오직 자기의 이익만을 추구하는 사람을 말하며, 미개화한
사람이란 아예 개화라는 것에 무지하고 기강紀綱과 예법禮法 조차
없는 가장 불쌍한 사람을 이르는 것[92]이라고 설명했다.

이렇게 볼 때 유길준에게 개화란 결국 오륜五倫으로 대표되는 동
아시아의 전통적인 정치 사회적 규범을 유지하는 범위 내에서 인
간으로서의 법적法的 권리權利의 평등성을 확보하고 사회적 비생산
성을 타파하는 동시에 제도와 과학기술적 측면에서의 지속적인 발

습ᄒᆞᆫ 然後에 開化의 具備ᄒᆞᆫ 者라 始謂ᄒᆞᆯ디라(위의 책, 395-396쪽)."

90 "天下古今의 何國을 顧考ᄒᆞᆼ든지 開化의 極臻ᄒᆞᆫ 境에 至ᄒᆞᆫ 者ᄂᆞᆫ 無ᄒᆞ나…(위
의 책)."

91 "其人民의 開化ᄒᆞᄂᆞᆫ 者가 多ᄒᆞ면 開化ᄒᆞᄂᆞᆫ 國이며 半開化ᄒᆞᆫ 者가 多ᄒᆞ면 半
開化ᄒᆞᆫ 國이며 未開化ᄒᆞᆫ 者가 多ᄒᆞ면 未開化ᄒᆞᆫ 國이니…(위의 책, 398쪽)."

92 위의 책, 396-397쪽 참조.

전적 변화를 이루어 내는 것이라고 볼 수 있다. 이와 같은 관점에서 본다면 유길준은 특히 군신 질서君臣秩序를 근간으로 하는 유학의 차별적 계층 질서 자체에 대한 근본적인 인식의 변화 여부가 개화의 정도를 가늠하는 기준이 되는 것이 아니라, 군신君臣 간 그리고 군민君民 간 위계적 계층 질서의 불가피성을 인정하는 토대 위에서 인간의 자유권과 평등권에 기초한 법적·제도적 발전 여부만을 개화의 기준으로 설정한 것이라고 할 수 있다.

그렇다면 문제는 인간의 본연적 자유·평등권의 인정과 군신 질서로 대표되는 차별적 계층 질서의 존속이라는 상호 모순된 측면에 대해 유길준이 과연 어떠한 입장을 취했는가 하는 것이다. 즉 인간의 자유권과 평등권이 침해되었을 경우 군신君臣 관계의 근본적 변화가 있을 수 있느냐가 그의 개화론開化論의 본질을 이해할 수 있는 중요한 요소가 되는 것이다. 이에 대해 유길준은 먼저 다음과 같이 계층간 선천적 차별의 논리를 일단 부정하고 인간의 본연적 평등성을 적극 인정하는 입장을 취했다.

"인간이 천지 사이에서 태어나 인간이 되는 이치로 보면, 인간에게는 상인上人도 없고 하인下人도 없는 것이니 천자天子도 인간이고 필부匹夫도 역시 같은 인간인 것이다. 천자·필부라고 하는 것은 인간 세상의 법률과 기강紀綱에 의해 세워진 지위의 구별이며, 이러한 지위에 따라 각각의 칭호稱號가 달라지고 이로써 귀천貴賤·존비尊卑의 계층이 생긴 것이다. 그럼에도 불구하고 이것이 인간으로서의 본연적 권리의 유무有無를 의미하는 것은 아니다."93

---

93 "人이 天地間에 生ᄒᆞ야 各其人이 되ᄂᆞᆫ 理로 視ᄒᆞ면 人上人도 無ᄒᆞ고 人下人

그러나 그는 동시에 한국의 경우에 군주 세습제君主世襲制가 가장
적합한 제도라는 점을 강력히 주장하면서,[94] 다음과 같이 제왕권의
영속성永續性과 절대성絶對性을 적극 옹호하는 입장을 명확히 했다.

"국가의 규모規模가 천만년을 경과하여도 변하지 않는 것이 있고
또 시세時勢에 따라 변개變改하는 것도 있으니, 변하지 않는 것이란 군
주가 인민의 위(上)에 위치하여 정부를 설치하는 제도와 또 국가의 태
평을 도모하는 대권大權이며, 인민은 군주를 위하여 충성을 다하고 그
정부의 명령에 복종하는 일이다. 이러한 것들은 해와 달같이 밝으며,
천지와 더불어 장구長久한 것으로서 인간의 힘으로는 변화시킬 수 없
는 것이다. 다만 정부의 일만은 대소를 막론하고 시세에 따라 변할 수
있는 것이다."[95]

도 無ㅎ니 天子도 人이오 匹夫도 亦人이로ᄃᆡ 天子라 謂홈과 匹夫라 謂홈이
人世의 法律大紀로 乃地位의 區別을 立홈인則 此ᄂᆞᆫ 遵照ㅎ야 其次序의 設
行홈으로 地位의 等分이 各其 占有ᄒᆞᆫ 層度로 名號가 附成ㅎᄂᆞ니 尊卑貴賤
의 階級이 始分홈이라 然則 地位도 其當然ᄒᆞᆫ 通義가 自有ᄒᆞᆯᄃᆡ니 其權利의
無홈이 奈何로 其可ㅎ리오(위의 책, 第四編, 人民의 權利, 134-135쪽)."

94 "合衆國의 大統領을 選擇ㅎᄂᆞᆫ 法이 有ㅎ니 泰西學士 中에 其法을 取用홈이
可ㅎ다 ㅎᄂᆞᆫ 議論을 倡出ㅎᄂᆞᆫ 者가 有ㅎᄂᆞ 此ᄂᆞᆫ 事勢에 未達하며 風俗에 甚
昧ㅎ야 童穉의 戲談에도 不及ᄒᆞᆯ 뿐더러 政府의 始初ᄒᆞᆫ 制度가 彼此의 殊異
홈이 有ㅎ니 此議ᄂᆞᆫ 主倡ㅎᄂᆞᆫ 者ᄂᆞᆫ 帝王政府의 罪人이라 稱ㅎ야도 其責을
難逃ᄒᆞᆯᄃᆡ라(위의 책, 第五編, 政府의 始初, 159-160쪽)."

95 "大槩 國家의 規模가 千萬年을 經過ㅎ야도 不變ᄒᆞᆫ 者가 有ㅎ고 又 時勢를
隨ㅎ야 變改ᄒᆞᆫ 者도 有ㅎ니 其不變ᄒᆞᆯ 者ᄂᆞᆫ 人君이 人民의 上에 立ㅎ야 政府
를 設實ㅎᄂᆞᆫ 制度와 又 其泰平을 圖成ㅎᄂᆞᆫ 大權이며 人民은 人君을 爲ㅎ야
其忠誠을 盡ㅎ고 又 其政府의 命令을 服從ㅎᄂᆞᆫ 事니 此ᄂᆞᆫ 人生의 大紀라 日
月又치 明ㅎ며 天地로 더브러 長久ㅎ야 人力으로 遷動ㅎ기 不可ᄒᆞᆫ 者어니

결국 당시의 대내적 모순이 피지배 계층의 생존권과 이익권 확보, 그리고 국가의 독립 유지와 발전은 아랑곳하지 않고 단지 정치 권력을 둘러싼 갈등에만 몰두하였던 집권층의 행태와 그것을 뒷받침 해주는 주자학적 권위 질서였음을 상기한다면, 이와 같은 유길준의 인식은 그의 날카로운 현실 비판적 태도에도 불구하고 개량적 한계를 벗어나지 못한 것이라고 평가할 수 있을 것이다.

이러한 한계는 개화의 방법과 관련하여 수구당守舊黨의 보수적 태도는 물론, 소위 갑신정변甲申政變의 주체인 개화당開化黨의 급진적 변혁 방법을 비판하는 그의 태도에서도 뚜렷이 드러나고 있다. 먼저 그는 개화하는 과정은 국가적 특수성에 따라 다를 수밖에 없으며,[96] 실상實狀의 개화, 즉 진정한 개화란 특정 국가의 처지와 시세에 합당해야 한다[97]는 인식 하에, 개화당(開化黨＝甲申政變 주도세력)의 경우에는 외국의 것만을 좋다고 하고 자신의 것은 무조건 나쁘다고 본다는 점에서 개화의 죄인罪人이며, 수구당(守舊黨＝집권 보수파)의 경우에는 폐쇄관·차별관에 기초하여 외국인이면 무조건 이적夷狄이라고 하고 또 외국의 문물은 무용無用한 것으로, 외국의 문자는 천주학天主學이라고 비판하여 취하지 않으며, 오직 자기 자신만이 천하 제일天下第一인 것처럼 생각하는 배타성과 고루함을 보인다는

와 政府의 事務는 大小를 無論ᄒ고 時를 隨ᄒ야 變易ᄒᄂ 者니…(위의 책, 161-162쪽)."

96 "人民의 習尙과 邦國의 規模를 隨ᄒ야 其差異홈도 亦生ᄒᄂ니 此는 開化ᄒᄂ 軌程의 不一흔 由어니와…(위의 책, 第十四編, 開化의 等級, 395쪽)."

97 "實狀開化라 ᄒᄂ 者는 事物의 理致와 根本을 窮究ᄒ며 考諒ᄒ야 其國의 處地와 時勢애 合當케 ᄒᄂ 者며…(위의 책, 400쪽)."

점에서 개화의 수적(讎敵=怨讐)이라고[98] 비판했다.[99] 이러한 비판을 바탕으로 유길준은 "오늘의 형세를 참작하여 피차彼此의 사정을 비교함으로써 그 장점을 취하고 단점은 버리는 것이 개화의 방법이다"[100]라고 하고, 또 "개화하는 일이란 타인의 장기를 취할 뿐만 아니라 자기의 훌륭하고 아름다운 것을 보전하는 데에도 그 목적이 있다"[101]고 함으로써 그가 전개한 개방·개혁론이 점진적漸進的·중도적中途的·개량적改良的 입장에 서 있음[102]을 보여 주었다.

---

98 "過호 者는 毫末의 分別도 無호고 外國이면 盡善호다 호야 自己의 國에는 如何호 事物이든지 不美호다 호며 其甚호기에 至호야는 外國의 景況을 稱道호야 自己의 國을 慢侮호는 弊俗도 有호니 此는 開化黨이라 謂호나 此豈開化黨이리오 其實은 開化의 罪人이며 不及호 者는 頑固호 性稟으로 事物의 分界가 無호고 外國人이면 夷狄이라 호고 外國物이면 無用件이라 호고 外國文字는 天主學이라 호야 敢히 就近호지 못호며 自己의 身이 天下의 第一인 듯 自處호나 甚호기에 至호야는 避居호는 者도 有호니 此는 守舊黨이라 謂호나 此豈守舊黨이리오 其實은 開化의 讎敵이니(위의 책, 402쪽)."

99 유길준은 이와 같이 소위 급진 개화파와 보수파 모두에 대해 비판을 가했으나, 급속하게 국가를 위태롭게 할 수 있다는 점에서 오히려 수구파보다는 급진 개화파의 폐해가 더 크다고 함으로써("然호나 開化호는 道에 至호야는 過호 者의 弊害가 不及호 者에서 甚호니 其故는 無他라 過호 者는 其國을 危케홈이 速호고 不及호 者는 其國을 危케 홈이 遲홈이라", 위의 책), 갑신정변 주도 세력의 개혁 방법에 대해 더욱 철저한 비판의 입장을 견지했다.

100 "古今의 形勢를 斟酌호며 彼此의 事情을 比較호야 其長을 取호고 其短을 捨홈이 開化호는 者의 大道라(위의 책, 398쪽)."

101 "開化호는 事가 他人의 長技를 取할 뿐 아니오 自己의 善美호 者는 保守호기에도 在호니…(위의 책, 401쪽)."

102 유길준이 "반드시 중도적인 입장을 가진 자가 있어 지나친 것은 억제시켜 조절하며, 부족한 것은 장려함으로써 타인의 장기(長技)를 흡수하고 자신의 훌륭한 것을 지켜 처지와 시세에 응한 연후에 국민과 국가를 보전해서 개화의 큰 공을 세워야 한다"("必然히 得中호 者가 有호야 過호 者를 調制호며 不及호 者를 勸勉호야 他의 長技를 取호고 自己의 善事를 守호야 處地와 時勢를 應호 然後에 民國을 保全호야 開化의 大功을 奏호리니…", 위의 책, 402쪽)라고 한 것은 그의

물론 유길준이 개화 과정의 보편성을 부정하고 특수성을 강조하며, 무분별한 서구 문물의 수용보다는 취사선택의 필요성을 강력히 제시한 것은 오늘의 입장에서 보면 일면 타당성을 가진 태도였다고 평가할 수도 있을 것이다. 그러나 앞에서 언급한 것처럼 문호 개방기 당시의 한국 사회가 총체적인 위기 상황에 놓여 있었고, 또 그가 한국적 특수성으로서 반드시 유지하여야 할 것으로 제시한 것이 결국 제왕권적 권위 질서였다는 점을 상기할 때, 이러한 입장은 집권 보수 세력과 각별한 관계에 있었던 그의 사상적·정치적 한계를 보여 주는 것이라고 할 수 있다. 즉 대내외적 위기로 국가의 독립성 유지 자체가 위태로운 급박한 당시의 상황에서 바람직한 태도란 곧 자국의 후진적이고 저발전적 상태를 솔직히 인정하면서 동시에 가장 효과적이고 신속하게 개방·개혁을 이루어 내는 것이었다는 점을 유길준은 인식하지 못하고 있었던 것이다. 이것은 앞서 살펴본 일본 양학洋學 계열 사상가들의 인식과 비교해 볼 때 시사하는 점이 많다고 하겠다.

이와 관련하여 개화에 관한 유길준의 논의는 곧 그의 정치 목표가 제왕권의 유지를 전제로 한 범위 내에서 법적·제도적 개혁을 통해 당면한 대내외적 위기를 극복하는 데 있었음을 나타내 주는 것이기도 하다. 그러나 다른 한편 유길준이 비록 정치 질서 자체에 대한 근본적인 비판을 수행하지 않고 오히려 급진적 변혁을 요구했던 갑신정변甲申政變 주도 세력의 개혁·개방론을 비난하는 입장에 서 있었다 하더라도, 그의 인식이 문호 개방기 동아시아 3국에서 공통적으로 나타났던 중체서용론中體西用的 또는 동도서기론東道

이러한 입장을 잘 나타내 주고 있는 것이라고 볼 수 있다.

西器論을 전개한 사상가들과 일치한다고는 볼 수 없다는 점에 유의
할 필요가 있다. 즉 중체서용론 또는 동도서기론적 입장은 군주권
의 유지뿐만 아니라 지배 계층의 입장에서 사회 내 계층적 차별 질
서와 대외적 화이 질서관華夷秩序觀의 공고화를 근간으로 단지 서구
의 군사기술 또는 부국富國 수단手段의 수용만을 통해 위기 극복과
국가 발전을 이룩할 것을 주장함으로써 인간·세계에 대한 유학적
인식으로부터의 근본적인 변화를 수반하지 못한 것이었다고 할 수
있다. 반면 유길준의 입장은 정부의 역할이 명확히 소외 계층까지
포함하는 모든 국민의 법적 권리, 즉 자유권과 평등권을 보장하는
동시에 개체성을 바탕으로 한 능력 발휘를 가능하게 하며, 또한 다
수 피지배 계층의 생존권은 물론 이익 추구권까지도 보호해야 하
고, 대외적으로는 국가간 원만한 관계를 유지하여 국가적 위기를
초래하지 말고 국가적 독립성을 지속적으로 보전하는 데 있다는
점을 강조하는 등 근본적으로 평등관平等觀과 개방관開放觀을 토대로
하는 근대적인 것이었다. 이러한 점은 그가 "무릇 국가에 정부를
설치하는 것은 백성을 위한 것이며, 따라서 정부의 모든 일이 사실
은 백성의 일을 대행代行하는 것에 불과하다"103고 하면서, "관리官
吏라는 것은 군주의 명령을 받아 수중에 정부의 권한을 장악하고
있다는 점에서 권력을 마음대로 휘두르고 방자放恣하여 자신의 사
욕만을 추구한다면 그 권한이 무한할 것 같으나 사실 국가에 관리
를 두는 것은 백성을 위한 것이다"104라고 하여 민民 중심의 입장을

---

103 "夫國家에 政府를 眞ᄒ기는 百姓을 爲홈이니 然혼 故로 政府의 凡百事爲가
　　實狀은 百姓의 事務를 代行홈이라(위의 책, 第七編, 人民의 納稅ᄒᄂ 分義, 216
　　쪽)."
104 "任官ᄒᄂ 者로 議論ᄒ면 其身上에 人君의 命令을 奉受ᄒ고 其手中에 政府

명확히 했던 것에 잘 드러나 있다. 이와 함께 서양인의 말을 빌려, 정체政體의 다양성에도 불구하고 문명 개화文明開化의 보편적인 정치에 관한 6가지 요소로서, 첫째, 지위地位와 문벌門閥의 관계없이 각기 자신이 원하는 직업을 가질 수 있게 하고 그 직업 간에는 차별을 두지 않게 한다는 자유 임의自由任意, 둘째, 종교의 자유를 허용하는 종교 신복宗敎信服, 셋째, 기술과 문학을 권장하여 새로운 물건을 개발하는 길을 열어 주는 것, 넷째, 학교를 세워 인민을 교육하는 것, 다섯째, 정치적 일관성을 유지하는 보임안온保任安穩, 여섯째, 인민의 굶주림과 추위, 질병과 고통을 구제하는 것 등을 제시한 것[105]에서도 잘 나타나 있다. 특히 유길준이 정부의 가장 중요한 임무가 인민으로 하여금 각자의 능력과 재능을 발휘하여 의식주衣食住의 안정을 바탕으로 평안하게 생계를 유지하게 하는 데 있다고 하면서,[106] 여기에 부모 없는 어린 아이, 집 없는 늙은 홀아비나 과부, 걸식乞食하는 병신病身, 생업이 없는 병든 사람, 교육 받지 못한 빈민貧民 등 소외 계층과 빈곤층을 포함시킨 것[107]은 그의 피지배

의 權勢를 掌握ㅎ니 其權柄을 擅專ㅎ고 威令을 放恣ㅎ야 自己의 私慾을 濟홀딘더 其威權이 無限홀디나 然ㅎ나 國家에 官을 建홈은 百姓을 爲홈이라…(위의 책, 第十一編, 生涯求ㅎ는 方道, 306쪽).〞

105 〝文明開化의 政治는 六條의 要訣에 不出ㅎ다 ㅎ니 今 其六條를 記ㅎ노라 … 第一條 自由任意 … 第二條 宗敎信服 … 第三條 技術과 文學을 勵ㅎ야 新物의 發造ㅎ는 路를 開홈 … 第四條 學校를 建ㅎ야 人民을 敎育홈 … 第五條 保任安穩 … 第六條 人民의 飢寒疾苦ㅎ 救濟ㅎ는 事…(위의 책, 第五編, 政府의 治制, 173-174쪽).〞

106 〝最緊要혼 一大條는 人民으로 ㅎ여곰 各其力을 勞ㅎ며 才를 窮ㅎ야 其衣服飮食居處의 一切活計를 供辨ㅎ게 ㅎ고 些少의 攪動이라도 勿行ㅎ야 自然혼 樂이 有ㅎ게 홀ㄸ롬이오…(위의 책, 第六編, 政府의 職分, 176쪽).〞

107 〝其救濟ㅎ는 條目을 議ㅎ건더 父母업는 幼穉와 室家업는 老鰥寡와 乞食ㅎ

계층적 입장을 뚜렷이 보여 주는 것이라고 하겠다. 더욱이 그가 "여자를 교육시키는 것이 무엇보다 중요하다. 평시라도 여자가 학식이 있으면 힘을 쓰는 노동을 하지 않아도 능히 이루는 바가 많은 것은 남자가 행하는 것을 여자도 역시 능히 행할 수 있다는 것과 따라서 그 공功이 남자에게 못지않다는 것을 보여 주는 것이다"[108] 라고 함으로써 전통적인 유학의 남녀 차별관差別觀을 부정하면서 사회 내 개체로서 여성의 역할과 능력을 적극 인정하고, 그것을 발휘할 수 있도록 교육시켜야 한다고 주장한 것 또한 유길준 정치론의 혁신성을 잘 나타내 주고 있는 것이라고 볼 수 있을 것이다.

이상과 같은 논의들을 종합해 볼 때, 결국 유길준의 정치 목표는 제왕권적 권위 질서라는 동아시아 전통의 권력 체제에 대한 근본적 변동 없이, 그러나 그것을 제외한 모든 측면에서는 유학적 차별 질서관에서 탈피하여 다수 피지배 계층의 생존권과 이익권을 보호하고, 국민 개개인의 자유성·평등성·개체성을 인정하는 토대 위에 서구의 선진 제도와 문물의 수용을 통해 이를 뒷받침할 법적·제도적 장치를 마련함으로써 점진적인 대내적 개혁, 즉 개화開化를 이룩하려는 것이었다고 볼 수 있다. 유길준의 정치 목표에서 보이는 이와 같은 전근대적前近代的 측면과 근대적近代的 측면의 혼합은 그의 전全 사상思想을 통해 지속되었다. 다음에서 살펴볼 인성론人性論과 도덕론道德論, 그리고 대내외 질서관對內外秩序觀 등 이론적 기초

눈 病身과 生涯업눈 病民과 教育업눈 貧民이라…(위의 책, 第八編, 政府의 民稅費用ᄒᆞ눈 事務, 241-242쪽)."

108 "故로 女子를 教홈이 要緊홈이며 平時라도 女子가 學識이 有ᄒᆞ면 力役의 勞를 不須ᄒᆞ야도 能就ᄒᆞ눈 事가 多홈은 男子의 行ᄒᆞ눈 者눈 女子도 亦能ᄒᆞ야 其功이 男子에게 不讓ᄒᆞ눈지라…(위의 책, 第十五編, 女子待接ᄒᆞ눈 禮貌, 428쪽)."

의 내용들은 이러한 두 가지 상반된 측면의 바탕이 되는 인식의 본질이 무엇인지를 명확히 보여 주고 있다.

3. 온건 개화 사상의 이론적 기초

1) 인성론

인성론과 관련하여 유길준은 계층 또는 개인의 사회적 지위, 현우賢愚·귀천貴賤·빈부貧富·강약强弱의 차이에 따라 각기 상이한 권리상의 차별이 선천적으로 존재한다는 유학의 차별적 인성론을 부정하고, 모든 인간이 자유롭고 평등하게 자신의 삶을 영위해 나갈 수 있는 권리를 부여받은 욕구 주체라는 점에서 본질적으로 등등한 개체임[109]을 다음과 같이 강력히 주장했다.

> "무릇 인간이 세상을 살아감에 있어 인간으로서 가지는 권리權利는 현우賢愚·귀천貴賤·빈부貧富·강약强弱의 차별이 없는 것이니 이것은 천하에 공평하고 가장 정대正大한 원리이다. 대중大衆이 이러한 원리에 의존하여 보편적 본성本性을 향유하는 것임에도 어떤 사람은 인간이 인간 되는 권리는 개개인에 따라 일정한 것이 이미 정해져 있다고 하니 이는 하나만 알고 둘은 모르는 것이다. 인간이 세상에 태어난 후에 점

---

109 유길준은 "천지天地의 이기理氣를 받아 생물로서의 자유를 얻었다는 점에서는 인간과 금수禽獸가 동일하다"("天地의 理氣를 受ᄒ야 生物의 自由를 得홈은 人과 禽獸의 同然ᄒ 者로디", 위의 책, 第四編, 人民의 權利, 135쪽)고 하여 자유로운 욕구 주체로서의 개체간 본질적 등등성의 범위를 자연계 전체로 확대시키기도 했다.

유하는 지위는 인간이 만든 구별에 불과한 것이고 타고난 권리는 하
늘로부터 부여받은 공도公道이므로, 인간이 인간 되는 이치는 천자天子
로부터 필부匹夫에 이르기까지 조금의 차이도 있을 수 없다."[110]

그에게 인간이 가지는 보편적 본성이란 곧 '차별 받지 않는 삶의
자유의지'라고 할 수 있으며, 하늘로부터 부여받은 권리란 바로 이
러한 삶의 자유의지를 추구할 수 있는 권리, 즉 자유권自由權인 것
이었다. 유길준은 이에 대해 "자유란 무슨 일이든지 마음이 좋아하
는 바를 따라 행하는 데 있어 굽혀지거나 구속받는다는 생각(思慮)
이 없는 것을 말하는 것이다."[111]라고 하여, 자유를 억압과 구속이
없는 상태로 규정함으로써 인간이 자유의지의 주체임을 명확히 했
다. 또한 그는 이러한 자유권의 내용으로 신명身命의 자유, 재산財産
의 자유, 영업營業의 자유, 집회集會의 자유, 언사言詞의 자유 등을 제
시했다.[112]

그러나 무엇보다 유길준 사상의 근대적 측면은 이러한 개별적
자유권에 대한 구체적 설명에 있다. 구체적으로 그는 "신명身命의
권리란 하늘로부터 부여받은 정리正理이다. 생명과 육체肢體를 보호

---

110 "凡 人이 世에 生ᄒᆞᆷ애 人되ᄂᆞᆫ 權利ᄂᆞᆫ 賢愚貴賤貧富强弱의 分別이 無ᄒᆞ니
此ᄂᆞᆫ 世間의 大公至正ᄒᆞᆫ 原理라 大衆이 是ᄅᆞᆯ 依ᄒᆞ야 其性을 各遂ᄒᆞᄂᆞᆯ 或人
이 謂ᄒᆞ되 人의 人되ᄂᆞᆫ 權利ᄅᆞᆯ 各其人을 隨ᄒᆞ야 各其 一定ᄒᆞᆫ 者가 有ᄒᆞ다
하니 此ᄂᆞᆫ 但其一을 知ᄒᆞ고 其二ᄂᆞᆫ 未知ᄒᆞᄂᆞᆫ 者라 人의 生世ᄒᆞᆫ 後에 占有
ᄒᆞᆫ地位ᄂᆞᆫ 人作ᄒᆞᆫ 區別이오 亨存ᄒᆞᆫ 權利ᄂᆞᆫ 天授ᄒᆞᆫ 公道니 人의 人되ᄂᆞᆫ 理ᄂᆞᆫ
天子로브터 匹夫에 達ᄒᆞ야 豪釐의 差殊가 本無ᄒᆞᆫ 故로…(위의 책, 134쪽)."
111 "自由ᄂᆞᆫ 其心의 所好하ᄂᆞᆫ디로 何事든지 從ᄒᆞ야 窮屈拘碍ᄒᆞᄂᆞᆫ 思慮의 無ᄒᆞᆷ
을 謂ᄒᆞᆷ이로되 (위의 책, 129쪽)."
112 위의 책, 137-138쪽 참조.

하여 안녕安寧과 건강을 누린다는 것은 인간의 지극한 즐거움이니 불법적인 행동으로 인간의 머리털 하나 손가락 하나라도 상해傷害를 입히는 자는 하늘이 부여한 자연의 원리를 위배한 것이기 때문에 다른 사람으로부터 그러한 일을 당하는 것도 불가不可하다."[113] 고 하고, 더 나아가 "만승萬乘의 권위로도 법으로써 인간을 처벌하는 것 이외에 다른 방법이란 있을 수 없으며 죄를 범하지 않은 사람에게는 그 머리털 하나라도 건드릴 수 없는 것이다."[114]라고 함으로써, 신명의 자유, 즉 인간의 생존권이 모든 인간에게 무차별적無差別的으로 부여된 보편적인 권리임을 설명했다. 또한 재산의 권리에 대해서는 법률에 위배되는 경우, 즉 타인의 재산을 강제로 빼앗는 경우를 제외하고는 설사 어떠한 사업이 전 국민의 보편적 이익을 위한 것이라고 하여도 그것이 개인의 사유물에 해로움을 주는 경우에는 시행할 수 없다고 하여,[115] 사유권私有權 즉, 재산권 보호의 당위성을 주장하기도 했다. 이와 함께 영업의 권리를 설명함에 있어서는 사농공상이라는 직업상의 차별을 두지 않고 누구나 자신이 육체적·정신적 노력을 기울인 만큼의 이익을 추구할 권리를 가지고 있다[116]고 했으며, 이 밖에 종교·집회·언론의 자유 등

---

113 "身命의 權利를 論ㅎ건디 人生의 重大호 天授正理라 生命及肢體를 保護ㅎ야 安寧健康를 福을 亨受홈은 人間의 快樂이니 不法호 擧措로 人의 一髮一指라도 害傷ㅎ는 者는 天然호 道를 背戾홈인 故로 亦人에게 此事를 受홈도 不可ㅎ지라…(위의 책, 139쪽)."

114 "萬乘의 威로도 法으로 人을 刑ㅎ기 外에는 他道가 更無ㅎ야 不犯호 人은 其毫髮이라도 搖動ㅎ기 不能ㅎ니…(위의 책, 140쪽)."

115 "盖 人의 私有호 物을 國法으로 保守케 홈은 至大호 惠澤이라 妨害를 不可ㅎ기에 不止ㅎ고 極臻히 保護ㅎ야 秋毫도 侵犯홈이 有ㅎ면 不可ㅎ니 全國人民의 普同호 大利를 作ㅎ는 事件이 有ㅎ야도 一人의 私有를 害홀딘디 行ㅎ기 不敢호 者라…(위의 책, 141쪽)."

근대적 의미의 자유권을 설명하기도 했다. 이는 인성론적 측면에서의 유길준 사상의 혁신성을 보여 주는 것이라고 하겠다.

　이러한 인간의 보편적 권리로서의 자유권의 인정과 더불어 중요한 점은 그러한 자유권을 인정하는 바탕에 이미 개체로서 인간 개개인의 독자성과 능력을 적극 인정하는 인식이 내포되어 있다는 것이다. 예를 들어 유길준이 "인간은 국법國法에 어긋나지 않는 범위 내에서 각자의 재능에 따라 좋아하는 일을 영위할 수 있고 그러한 것에 있어서 타인의 억압과 방해를 받지 않아야 한다"[117]고 하여 개별 개체의 능력의 극대화를 위한 자유권의 보호를 역설한 것이나, "한 사람이 두 가지 일을 겸하기 어렵기 때문에 이 사람이 있는 것으로써 저 사람의 없는 것을 보충해 주고 저 사람의 있는 것으로써 이 사람의 없는 것을 도와주는 것이다"[118]라고 함으로써, 인간 각자가 지니고 있는 장단점長短點의 상호 보완을 강조한 것은 개체의 독자성을 인식하는 그의 입장을 보여 주는 것이라고 하겠다. 이와 함께 인간의 재능이 무궁무진無窮無盡하다는 점[119]을 지적하면서 인간의 노력 여하에 따라 반개화半開化 또는 미개화未開化에

---

116 "各基才의 能ᄒ디로 其心의 樂ᄒ 바롤 營逐ᄒ야 他人의 抑遏과 妨碍롤 不受ᄒᄂ지라 士農工商의 業에 貴賤의 區分을 不立ᄒ며 爾我의 事功을 各治ᄒ야 心勞와 力役의 獲致ᄒᄂ 利益을 享受ᄒᄂ니…(위의 책, 142쪽)."

117 "國法에 不違ᄒᄂ 시ᄂ 各基才의 能ᄒ디로 其心의 樂ᄒ 바ᄂ 營逐ᄒ야 他人의 抑遏과 妨碍롤 不受ᄒᄂ지라…(위의 책)."

118 "一人이 二事롤 兼ᄒ기 有難ᄒ 故로 此의 有ᄒᄂ 바롤 擧ᄒ야 彼의 無ᄒ 바롤 補ᄒ며 彼의 有ᄒ 바롤 取ᄒ야 此의 無ᄒ 바롤 助ᄒᄂ니…(위의 책, 第十一編, 生涯求ᄒᄂ 方道, 315쪽)."

119 "盖 人의 才操ᄂ 窮盡홈이 無ᄒ거니와…(위의 책, 第十四編, 開化의 等級, 401쪽)."

서 개화로 발전할 수 있다는 점[120]을 제시한 것이나, 특히 "여자가 남자와 다르다고는 하나 역시 인간이다"[121]라고 하여 남녀의 개체성의 차이와 능력 면에서의 동등성을 역설하고, 또 서양의 예를 들어 맹인盲人과 아인(啞人=벙어리) 등 신체적 결함을 가지고 있는 사람이라도 교육 여하에 따라 각자가 가지고 있는 능력을 충분히 발휘할 수 있다[122]고 한 것 등은 개체로서 인간이 각기 가지고 있는 독자적 능력의 존재를 확신하는 유길준의 태도를 나타내 주는 것이라고 볼 수 있다.[123]

---

120 "勉勵ㅎ기룰 不已ㅎ면 半開化혼 者와 未開化혼 者라도 開化ㅎᄂ 者의 闊域에 至ㅎᄂ니…(위의 책, 397쪽)."

121 "女子가 男子와 有異ㅎ다 ㅎ나 亦人이라.(위의 책, 第十五編, 女子待接ㅎᄂ 禮貌, 428쪽)."

122 위의 책, 第十七編, 盲人院과 啞人院, 468-470쪽 참조.

123 주목할 점은 유길준이 서양의 맹인원盲人院을 설명하면서 맹인들이 종사하는 일이 경문經文을 외우거나 점술占術을 익히는 것이 아니라 물품物品을 제조하는 데 있으며, 그 능력이 오히려 정상인보다 뛰어나다는 것을 언급했다는 점("其活計ᄂ 經文을 誦ㅎ거나 卜筮룰 司홈 아니라 卽物品製造룰ᄂ 事라 … 盲人院에 往觀ㅎ더니 其敎師가 盲人의 製作혼 物品을 示ㅎ고 工夫ㅎᄂ 次序룰 談ㅎ거ᄂᆯ 詳細히 考覽혼則 其手段의 精巧홈과 制度의 善美홈이 雙眸朗 然혼 者의 才技에 不讓할 뿐더러 學習ㅎᄂ 精神은 反勝ㅎ다 謂ㅎᄂ지라", 위의 책, 468쪽)이다. 이것은 인간의 독자성을 적극 인정하는 토대 위에 각자에게 맞는 교육과 생계수단을 제공하여 그것을 국가적 생산력 발전의 토대로 삼아야 한다("面中子弟, 八歲以上, 感聚而敎之, … 擧其最而以次升之, 至于大學, … 凡人品有高下, 材有長短, 因其高下, 而舍短而用長, 則天下無全棄之才, 面中之敎, 其志高而才多者, 升之於上而用於朝, 其質鈍而庸鄙者, 歸之於下而用於野, 其巧思而敏手者, 歸之工, 其通利而好貨者, 歸之於賈問, 其好謀而有勇者, 歸之於武, 瞽者以卜, 宮者以闍, 以至於喑聾跛躄, 莫不各有所事,『湛軒書』, 內集, 補遺, 林下經綸)고 주장한 북학파 담헌 홍대용의 논리와 본질적인 면에서 일맥상통하는 것이라고 볼 수 있다. 그러나 홍대용이 맹인에게는 점쟁이의 일자리를 주어야 한다고 주장한 반면, 유길준은 맹인 역시 제조업에 종사할 수 있음을 자신의 견문을 통하여 확인하였다는 사

　이상에서와 같이 유길준은 인성론을 통하여 인간이 삶의 자유의
지를 가진 동등한 욕구 주체라는 점과 모든 인간이 각각의 독자성
을 지닌 상대적 평등체라는 점을 명확히 밝혔다. 비록 그가 서양에
서의 유학留學과 견문을 통하여 얻은 지식을 바탕으로 인간의 법적
권리를 언급하고 근대적 의미의 자유권의 내용을 제시하기는 하였
지만, 그의 인식의 근저에 개체의 자유성과 독자성을 강조했던 한
국의 전통적인 반주자학적反朱子學的 개혁 사상가들의 논의가 자리
잡고 있었음을 부정할 수는 없다.[124] 이는 개혁 사상으로서의 실학
사상과 개화 사상 간의 인적·사상적 연계에 관한 기존 연구[125]를
통해서도 충분히 입증되어 왔다. 이와 같은 내재적인 사상적 발전
의 바탕 위에 서구의 발달된 문물을 직접 경험하고 접촉함으로써

　실에서 18세기 후반과 19세기 후반의 인식 범위의 차이를 알 수 있다.

124 자유성·개체성·동등성을 특징으로 하는 한국의 반주자학적 개혁 사상가
　들의 인성론에 관해서는 김정호, 『근세 동아시아의 개혁사상』(서울: 논
　형, 2003), 제3장 1절과 4장 1절을 참조바람.

125 예를 들어 김한식 교수는 개화 사상의 특징으로 첫째, 민족 주체 의식의
　고취, 둘째, 이용후생利用厚生과 무실역행務實力行의 방법론 표방, 셋째, 국
　제 관계에 대한 안목의 확대, 넷째, 문호 개방의 제창, 다섯째 민중 참여
　범위의 확대, 여섯째, 상공商工의 장려 등을 들고 이러한 내용이 실학사상
　과 일치하고 있다는 점과 사상적 인맥人脈에 있어서도 실학사상과 개화
　사상은 연계되어 있다고 보고 있다(金漢植, 「實學思想에 대한 現代的 照明」, 韓
　國政治外交史學會編, 『朝鮮朝 政治思想硏究』(서울: 平民社, 1987), 132-133쪽 참조).
　김만규 교수 또한 후생안민厚生安民과 개명진보開明進步의 지향이라는 측
　면에서 실학사상과 개화 사상은 사상적 연계성을 지니고 있다고 평가한
　다(金萬圭, 「朝鮮朝末 宗敎的 社會運動의 政治思想」, 仁荷大學校 社會科學硏究所 編,
　『社會科學硏究所論文集』, 第9輯, 1990, 33쪽 참조). 이 밖에도 강재언 교수는 실
　학과 개화 사상의 접목점으로 실사구시적實事求是的 태도와 중화주의적中
　華主義的 세계관의 탈피를 지적하고 있다(姜在彦, 『朝鮮の開化思想』(東京: 岩波
　書店, 1980), 121-126쪽 참조).

인간에 대한 인식의 폭을 확대시킬 수 있었던 유길준을 비롯한 개화 사상가들에 이르러 그것을 설명하는 내용이 더욱 정밀·구체화되고 또 범위도 확대된 것이라고 볼 수 있는 것이다. 이런 점에서 유길준의 인성론은 한국적 개혁 사상의 발전과정을 보여 주는 것이라고 평가할 수 있다.

그러나 이와 같은 혁신적革新的 인성론에도 불구하고 유길준의 주요한 정치 목표 중의 하나가 한국적 정체政體와 사회적 규범, 즉 제왕권적 권위 질서와 사회적 오륜五倫 질서의 유지에 있었다는 점에서, 자유로운 삶의 욕구 주체로서 인간이 가지는 천부적天賦的 자연권의 법적 제한과 더불어 모든 인간이 취해야 할 당위적 인식과 행위규범을 제시하지 않을 수 없었는데 이것이 그의 도덕론道德論의 핵심이었다.

2) 도덕론

유길준 도덕론의 출발점은 인간이 혼자서는 삶을 영위할 수 없다는 인식으로부터 시작된다. 그는 이에 대하여 "천지天地 사이에 다른 사람이 없고 오직 자기 자신만이 존재한다면 사물을 영위하는 것이 어디에서 유래하겠는가?"[126]라고 하고, 또 "인간이 높이 날아 멀리 도망가서(高飛遠走) 혼자 살 수 없어서 무리를 지어 화합하면서 만사萬事를 영위하고 교접交接하는 것이란 마치 실絲이 뒤 엉켜 있는 것이나 고슴도치(蝟)가 모여 있는 것과 같다"[127]고 하였다.

---

126 "天地間에 他人이 無ᄒ고 自己의 身이 獨存ᄒ면 事物의 營爲가 何處에 起來ᄒ리오(『兪吉濬全書 I』, 西遊見聞, 第四編, 人世의 競爭, 153쪽)."

즉 인간은 일체의 억압과 구속을 받지 않고 자신의 욕구를 충족시키며, 또한 자신이 원하는 바를 실행할 수 있는 삶의 자유의지체自由意志體인 동시에 반드시 타인과의 교류 또는 접촉을 통해서만이 비로소 온전한 삶을 유지할 수 있는 존재로 상정되는 것이다. 이러한 점에서 인간은 개인적 차원에서의 각자의 천부적天賦的 자유권의 행사와 타 개체와의 관계로 특징 지워지는 사회적 차원에서의 공통체의 유지라는 두 가지의 목표를 만족시켜야만 하는 존재라고 할 수 있는 것이다. 유길준이 의미하는 법률이 필요한 것은 바로 인간이라면 누구든지 가질 수밖에 없는 이러한 두 가지 목표를 조화시킬 당위성에 기인하는 것이었다. 그가 "법률을 정하여 타인의 권리를 방해하는 사람을 죄를 주는 것은 그 범죄자의 천부天賦의 자유를 제한하는 듯하지만, 사실은 처세處世하는 자유를 크게 증가시키는 것이다. … 그러므로 정부가 입법立法하는 취지는 인민人民으로 하여금 각기 자신의 일신을 보존하고 그것으로써 처세處世하는 자유를 이루게 하여 천하의 보편적 이익을 도모하는 데 있다"[128]고 한 것은 이 점을 설명한 것이라고 하겠다.

  그렇다면 인간이 이와 같은 취지 하에 성립된 법률을 준수하기 위한 구체적 인식과 행위 규범은 무엇인가? 유길준에게 그 내용은

---

127 "高飛遠走ᄒ야 獨處ᄒ기 不能ᄒ고 林蔥ᄒ 羣生이 熙穰ᄒᄂ 中間에 芸然雜居ᄒ니 千萬般事物의 營逐과 交接이 絲의 棼홈과 蝟의 集홈이라(위의 책, 第十編, 法律의 公道, 283쪽)."

128 "法律을 設ᄒ야 人을 妨害ᄒᄂ 者의 罪롤 禁制홈이 其犯者 一身의 天賦ᄒ 自由ᄂ 減減ᄒᄂ 듯ᄒ나 其實은 處世ᄒᄂ 自由롤 大增홈이어니와 … 然ᄒ 故로 政府의 立法ᄒᄂ 大要ᄂ 人民으로 ᄒ여곰 各其 一身을 自持ᄒ고 因ᄒ 야 處世ᄒᄂ 自由롤 合成홈으로 天下의 普同ᄒ 大利롤 謨ᄒ기에 在홈이라 (위의 책, 第四編, 人民의 權利, 132-133쪽)."

크게 두 가지로 나누어질 수 있다. 그 하나는 인간 사이의 본질적 동등성과 상대적 평등성을 기초로 자신의 권리가 중요한 만큼 타인의 권리도 중요하다는 인식과 상호 간의 장점을 수용하여 서로 도움을 주며 조화롭게 살아가야 한다는 인식, 그리고 자타自他의 구별 없이 서로를 사랑해야 한다는 인식이며, 다른 하나는 법률의 제정권과 집행권을 가진 군주君主와 국가에 대한 충성과 사랑, 즉 충군애국忠君愛國의 태도와 유학적 오륜 질서五倫秩序의 유지이다.

먼저 전자前에 관하여 유길준은 "자기의 권리를 중요하게 생각하는 사람은 타인他人의 권리 역시 중요하게 생각하여 감히 침범하지 못한다"129고 함으로써, '자신을 미루어 남을 보라(以身觀身)'는 노장적 상대관을 기초로 타인의 권리를 존중할 당위성을 역설했다. 또 "세상 사람들이 상호 간에 교류하는 도道란 비록 가족 내에서의 친애親愛와 자정慈情에 비하여 피차彼此의 차별은 있겠지만, 완급緩急을 막론하고 서로 도우면서 우락憂樂을 함께 하여 현실의 어려움을 극복하고 대중大衆의 이익을 보전하는 것이다"130라고 하여 조화와 협력을 강조했다. 이와 함께 "같은 국가의 사람일 경우 일가一家의 분별分別로 보면 피아彼我의 구별이 있으나, 합하여 일국一國으로 논하면 비록 타인이라 하더라도 아무런 구별이 없는 것이다"131라는 주장을 통하여 자타自他의 차별 없이 서로를 아끼고 사

---

129 "自己의 權利를 愛惜ᄒᆞᄂᆞᆫ 者ᄂᆞᆫ 他人의 權利를 顧護ᄒᆞ야 敢히 侵犯ᄒᆞ지 못ᄒᆞ
ᄂᆞᆫ지라(위의 책, 133쪽)."

130 "世人의 結交ᄒᆞᄂᆞᆫ 道ᄂᆞᆫ 家族間의 親愛慈情에 比ᄒᆞ야 彼此의 差別은 固有ᄒᆞ
나 緩急에 相救ᄒᆞ고 憂樂을 與同ᄒᆞ야 現世의 光景을 節ᄒᆞ고 大衆의 福祿
을 保ᄒᆞᄂᆞᆫ 者라(위의 책, 人世의 競爭, 153쪽)."

131 "同國人이 各其 一家의 分別로 視ᄒᆞ면 彼我의 分이 有ᄒᆞ나 合ᄒᆞ야 一國으
로 議論ᄒᆞ면 雖他人이라도 同室의 義가 有ᄒᆞ지라(위의 책, 第十二編, 孩嬰撫育

랑할 것을 요구했다. 유길준 도덕론의 이러한 측면은 인성론과 함께 국가간 관계를 바라보는 그의 인식의 기초가 되는 것이기도 하지만, 무엇보다 개인간個人間·가족간家族間·계층간階層間 차별을 당위로 설정하는 전통적인 유학의 도덕론을 강하게 부정하는 것이라는 점에서 중요성을 지닌 것이었다고 할 것이다.

그러나 동시에 유길준은 인간 사이의 조화와 협력 그리고 사랑이 결국 공동체의 유지·발전을 그 목표로 한다는 인식 하에, 사회 내 모든 인간이 상호간의 본질적 동등성과 상대적 평등성을 인정하는 토대 위에서 서로를 존중하는 태도와 더불어 공동체, 즉 국가와 현실의 지배권자인 군주君主에 대한 충성과 절대 복종의 태도를 가져야 한다는 점을 역설했다. 이에 대해 그는 먼저 "사회 내에서 인간 사이의 욕구 추구 경쟁을 조종하며 습속을 제제帝制하여 서로를 침범하지 못하게 하는 경계를 명확히 설정하고, 상호 간에 침탈하지 못하는 조목條目을 엄정하게 세워 윤리와 기강紀綱을 바르게 하며, 풍속을 바로잡는 것은 필부匹夫의 사력私力으로는 불가능한 것으로 오직 반드시 공중公衆의 존경을 받는 자에 의해서만이 가능한 것이다. 따라서 법률의 권리는 군주君主에게만 있는 것이다"[132] 라고 하고, 또 "법은 천하天下의 법이요 한 사람의 법이 아니지만 천하의 모든 사람이 각자 자신의 의지대로 집행하면 분란紛亂이 일어날 수밖에 없으므로 군주가 큰 지위를 가지고 대권大權을 행사하여

ᄒᆞᄂᆞᆫ 規模, 344쪽)."

132 "其競爭을 操縱ᄒᆞ며 習尙을 帝制ᄒᆞ야 莫相犯ᄒᆞᄂᆞᆫ 界域을 明定ᄒᆞ고 母相奪ᄒᆞᄂᆞᆫ 科條를 嚴立ᄒᆞ야 倫紀를 是正ᄒᆞ며 俗趣를 是糾ᄒᆞ기ᄂᆞᆫ 匹夫의 私力으로 不能ᄒᆞᆫ 者오 必公衆의 同尊ᄒᆞᄂᆞᆫ 者라야 可ᄒᆞᆫ 故로…(위의 책, 第十編, 法律의 公道, 283쪽)."

그 국가를 주재主宰하는 것이다"[133]라고 함으로써, 법률의 제정권과 집행권의 유일 주체唯一主體로서의 군주권君主權의 정당성을 강조했다. 유길준은 또한 "일국一國을 가지고 일가一家에 비유하면 군주는 아버지요 인민人民은 자식이다"[134]라고 하여, 군부 일체君父一體의 유학적 사고를 바탕으로 한 동아시아 전통의 의식을 바탕으로 국가의 선량한 백성百姓으로서 국민 모두가 윗사람을 섬기는(事長) 데 있어 공경恭敬하는 태도를 가지고 임금을 섬기는(事君) 데 있어 충성忠誠을 다해야 한다는 것[135]을 당위도當爲道로 설정하기도 했다.

이렇게 유길준이 도덕론의 측면에서 한편으로 인간간 관계에 있어서는 유학의 차별관을 부정하는 혁신적 내용을 제시하면서도, 다른 한편으로 국가는 곧 군주이며 따라서 국가에 대한 충성이 군주에 대한 충성을 의미하는 것이라는 유학적 군신관君臣觀을 고수하는 보수적 한계를 보여 준 것은 무엇보다 군주권의 영속성·절대성을 다시 한 번 강조하여 당시 갑신정변甲申政變 주도 세력의 급진적 변혁론을 반대하고 점진적 사회 개혁과 개방을 이루려고 하였던 그의 정치 목표를 반영한 것이라고 볼 수 있다. 이 점은 그가 "정부의 규모가 견고할수록 그 국가의 역사가 장구長久한 것인데 만약 일조一朝의 어리석은 생각으로 만세萬世의 큰 기초를 동요시키

---

133 "法은 天下의 法이오 一人의 法이 아니로딕 天下의 人人이 各執호則 紛亂 흔 弊를 不勝홀 故로 王者가 天下의 大位에 居호며 天下의 大權을 執호야 各其一國을 主帝홈이어놀…(위의 책, 284-285쪽)."

134 "今一國을 擧호야 一家에 比喻홀딘딕 人君은 其父요 人民은 其子라(위의 책, 第七編, 人民의 納稅호는 分義, 218쪽)."

135 "大槩 文學을 崇尙호며 言行을 飭勵호야 事長호는 道에 恭敬호는 性理롤 守홈과 事君호는 道에 忠誠호는 分義를 修호야 國家의 良善흔 百姓되기는 每人의 乏同흔 者라(위의 책, 第十四編, 商賈의 大道, 388쪽)."

는 자가 있으면 그것은 정부의 법을 문란紊亂하게 하는 데 그치지 않고 무군無君의 역신逆臣이며 무부無父의 패자悖子라는 죄를 면치 못할 것이다"[136]라고 한 데서도 잘 드러나고 있다고 하겠다.

이와 같은 정치 목표를 기초로 한 보수적 한계에도 불구하고, 유길준이 본질적으로 반유학反儒學의 입장에서 전개하였던 인성론과 도덕론에서 보이는 근대적 인식이 다음에서 논의할 그의 대내외 질서관을 통하여 더욱 확대되고 또 구체화되었다는 점에 주목할 필요가 있다.

3) 국내 · 국제 질서관

먼저 국내 질서관의 측면에서 유길준은 모든 인간이 천부天賦의 자유권을 가지고 있다는 점에서 평등하며, 이러한 자유권을 바탕으로 한 동등성은 현실 사회 질서 내에서 귀천貴賤 · 빈부貧富 · 강약强弱 · 대소大小의 차이에도 불구하고 지속된다는 것을 분명히 했다. 또한 그럼으로써 인간이 자신의 능력과 기호嗜好에 따라 자유롭게 선택하는, 사 · 농 · 공 · 상으로 대표되는 직업 사이에 차별이란 원천적으로 존재할 수 없다는 것이 유길준의 입장이었다. 구체적으로 유길준은 우선적으로 "인간이 천지 사이에서 태어나 인간이 되는 이치로 보면 인간에게는 상인上人도 없고 하인下人도 없는 것이니, 천자天子도 인간이고 필부匹夫도 역시 같은 인간인 것이다. 천자 · 필

---

136 "其政府의 規模가 堅確할 수록 其國家의 歷年이 久遠ᄒᆞᆯ디오 萬若 一朝의 愚見으로 萬世의 大基ᄅᆞᆯ 搖動ᄒᆞᄂᆞᆫ 者가 有ᄒᆞ면 政府의 法을 紊亂ᄒᆞ기에 不止ᄒᆞ고 無君ᄒᆞᆫ 逆臣과 無父ᄒᆞᆫ 悖子의 罪ᄅᆞᆯ 未免ᄒᆞᆯ디라(위의 책, 第五編, 政府의 始初, 159쪽)."

부라고 하는 것은 인간 세상의 법률과 기강紀綱에 의해 세워진 지위
의 구별이며, 이러한 지위에 따라 각각의 칭호稱號가 달라지고 이로
써귀천貴賤·존비尊卑의 계급이 생긴 것이다. 그럼에도 불구하고 이
것이 인간으로서의 본연적 권리의 유무有無를 의미하는 것은 아니
다"137라고 하여 인간의 본질적 평등성을 강조했다. 이와 함께 "인
간이면 누구나 사농공상이라는 직업상의 차별을 두지 않고 자신이
육체적·정신적 노력을 기울인 만큼의 이익을 추구할 권리를 가지
고 있다"138고 하고, 또 국가의 법률은 지위나 문벌門閥의 차별을 두
지 않고 각기 자신이 좋아하는 바를 쫓아 사士가 되고 싶은 사람은
사士가 되고 농공상이 되고 싶은 사람은 자기가 원하는 대로 농부
또는 상공인이 될 수 있는 권리를 보호하는 데 목적이 있다139고 함
으로써 전통적인 유학적 차별 질서관을 부정하고 근대적 평등 질
서관을 욕구하는 그의 입장을 명확히 보여 주었다. 물론 그는 "한
국가에서 최상最上의 지위를 점유한 자가 군주이며, 최대最大의 권
력을 가지고 있는 자도 군주이다"140라고 하면서, 군민君民이 함께

---

137 "人이 天地間에 生ᄒ야 各其人이 되ᄂᆞᆫ 理로 視ᄒ면 人上人도 無ᄒ고 人下
人도 無ᄒ니 天子도 人이오 匹夫도 亦人이로ᄃᆡ 天子라 謂홈과 匹夫라 謂
홈이 人世의 法律大紀로 乃地位의 區別을 立홈인則 此ᄅᆞᆯ 遵照ᄒ야 其次序
의 設行홈으로 地位의 等分이 各其 占有호 層度로 名號가 附成ᄒᄂᆞ니 尊
卑貴賤의 階級이 始分홈이라 然則 地位도 其當然호 通義가 自有홀디니 其
權利의 無홈이 奈何로 其可ᄒ리오(위의 책, 第四編, 人民의 權利, 134-135쪽)."
138 "各基才의 能ᄒᄃᆡ로 其心의 樂호 바ᄅᆞᆯ 營逐ᄒ야 他人의 抑遏과 妨碍ᄅᆞᆯ 不受
ᄒᄂᆞᆫ지라 士農工商의 業에 貴賤의 區分을 不立ᄒ며 爾我의 事功을 各治ᄒ
야 心勞와 力役의 獲致ᄒᄂᆞᆫ 利益을 享受ᄒᄂᆞ니…(위의 책, 142쪽)."
139 "人民이 各其所好ᄅᆞᆯ 從事ᄒ야 士ᄅᆞᆯ 好ᄒᄂᆞᆫ 者ᄂᆞᆫ 士가 되고 農을 好ᄒᄂᆞᆫ 者ᄂᆞᆫ
農이 되며 工商을 好ᄒᄂᆞᆫ 者ᄂᆞᆫ 工商이 되야 士農工商의 間에 地位의 區別을
不立ᄒ고 本來門閥을 不論ᄒᄂᆞᆫ 故로…(위의 책, 第五編, 政府의 治制, 173쪽)."

다스리는(共治) 정체政體가 가장 좋은 제도이기는 하지만,[141] 인민人
民의 지식이 부족한 국가는 그 인민에게 국정 참여권國政參與權을 주
어서는 안 된다[142]고 함으로써, 결국 현 단계에서 군민 관계君民關係
의 차별성만큼은 반드시 지속되어야 한다는 우민관愚民觀을 기초로
한 귀족 중심적 입장을 고수하는 한계를 보여 주기도 했다. 그럼에
도 불구하고 한국의 전통적 개혁 사상에서 도출되었던 사·농·공·
상士農工商 간의 직업적 평등성 주장[143]을 모든 국민에게 직업 선택

---

140 "其國의 最上位로 占호 者는 其君主며 最大權을 執호 者도 其君主라(위의
책, 第三編, 我邦의 權利, 105쪽)."

141 "各國의 政體를 相較호건딘 君民의 共治호는 者가 最美호 規模라 호니…(위
의 책, 第五編, 政府의 種類, 171쪽)."

142 "人民의 知識이 不足호 國은 卒然히 其人民에게 國政參涉호는 權을 許홈이
不可호는 者라(위의 책, 172쪽)."

143 예를 들어 18세기 말에 활동했던 박지원과 박제가는 사회적으로 사농공상
士農工商이라는 분업에 종사하는 인간 사이에 기능적 동등성이 존재함을
밝히거나("余曰, 中國四民, 雖各分業, 都無貴賤",『燕巖集』, 卷十一, 熱河日記, 盛京雜
識, 商樓筆談), 또는 모든 인간은 자신의 역할(직분=기능)을 수행하는 과정에
서 다수에게 이익을 주고 국가 발전에 도움이 되느냐 여부에 따라 귀천
貴賤의 구별이 있을 뿐 그들 사이의 선천적인 귀천의 차별은 존재하지 않
는다는 점("先王之辨貴賤也, 亦皆先實用而後文具",『貞蕤集附北學議』, 北學議, 內編,
車)을 들어 개체간의 독자성에 바탕을 둔 기능적 동등성을 주장했다. 19세
기 초반의 정약용 역시 사농공상 사이의 직업적 상이성相異性만을 강조할
뿐 신분상의 차별을 인정하지 않는 분업상의 기능적 평등질서관을 제시
("先王之意, 非欲使天下之民均皆得田, 乃欲使天下之民均皆受職, 受職以農者治田, 受職
以工者治器, 商者治貨, 牧者治獸, 虞者治材, 嬪者治織, 使各以其職得食",『與猶堂全書』,
第五集, 政法集, 經世遺表, 卷六, 地官修制, 田制五;"農者得田, 不爲農者不得之, 農者得
穀, 不爲農者不得之, 工以其器易, 商以其貨易, 無傷也, … 士也何人, 士何爲游手遊足, 呑
人之士, 食人力哉, 夫其有士之遊也, 故地利不盡闢也, 知遊之不可以得穀也, 則亦將轉而
綠南畝矣", 위의 책, 第一集, 詩文集, 論, 田論五)하기도 했다. 또한 19세기 중·후
반의 최한기는 모든 인간은 신분에 관계없이 각기 자신만의 고유한 장점

의 자율권이 부여되어 있다는 논리로까지 발전시켰다는 점과, 여자가 남자와 다르기는 하지만 역시 인간이라는 점에서는 동등하며, 여자도 교육 여하에 따라서 남자만큼의 능력을 발휘할 수 있다는 주장[144]을 통해 전통적인 남존여비男尊女卑의 차별관 타파는 물론 이전의 개혁 사상가들이 언급하지 못했던 여성의 개체성 인정과 그것을 토대로 국가적 생산력의 제고提高를 위한 여성 인력 활용의 필요성을 제기하였다는 점에서 유길준의 국내 질서관이 사상적 발전을 이룩한 것이었음은 분명하다고 할 수 있을 것이다.

다음으로 유길준은 이와 같은 평등적 국내 질서관의 토대로서의 인간의 자유성과 개체성을 바탕으로 한 상대적 동등성 주장을 국가간 관계로 확대·적용했는데 이것이 그의 국제 질서관의 내용이다. 구체적으로 유길준은 인간이 타인에 의해 억압받고 구속받지 않는 삶의 자유의지체인 것처럼 국가도 역시 스스로의 독자성을 가지고 타국으로부터 간섭받지 않으면서 독립을 유지하고 발전을 이룩해 나가는 권리를 가진 주체라는 점을 다음과 같이 표현했다.

"일국一國은 비유하자면 한 집안(一家)이 그 집의 일을 스스로 결정하

을 보유하고 있다("人各有長", 『明南樓叢書』, 二, 人政, 卷四, 測人門四, 行事, 將來事 測人測)는 전제 위에 "인간에게는 원래 사농공상士農工商이라는 신분적 구별은 없는 것이다("人生原無士農工商之定限", 위의 책, 三, 人政, 卷二十五, 用人門 六, 工商通運化)"라고 하여 사회 내 계층간의 신분적 차별을 완전히 거부하는 입장을 취했다.

144 "女子가 男子와 有異ᄒ다 ᄒ나 亦人이라."(『兪吉濬全書 L』, 西遊見聞, 第十五編, 女子待接ᄒᄂ 禮貌, 428쪽); "故로 女子를 敎홈이 要緊홈이며 平時라도 女子가 學識이 有ᄒ면 力役의 勞를 不須ᄒ야도 能就ᄒᄂ 事가 多홈은 男子의 行ᄒᄂ 者를 女子도 亦能ᄒ야 其功이 男子에게 不讓ᄒᄂ지라(위의 책)."

고 다른 집의 간섭을 허용하지 않으며, 또 한 사람(一人)이 자신이 하고
자 하는 것을 자유롭게 행하는 데 있어서 타인의 지휘를 받지 않는 것
과 같은 권리, 즉 주권主權을 가지고 있다. 이러한 주권은 크게 두 가지
로 나누어 볼 수 있는데, 그 하나는 대내적인 것으로서 국가 내의 일
체의 정치와 법령을 정부가 스스로 정하고 준수하는 입헌적立憲的 권리
이며, 다른 하나는 대외적인 것으로서 독립과 평등의 원리로써 외국
과의 교섭을 지속해 나가는 권리이다."[145]

이처럼 모든 국가는 각기 대내적 자율성과 함께 대외적 독립성
과 평등성이라는 보편적 권리, 다시 말해 주권主權을 보유하고 있다
는 점에서 본질적으로 동등하며, 이렇게 보았을 때 현실의 강약强弱
과 대소大小의 차이에 관계없이 국가간에는 각기 상대적인 입장에
서 상호 무차별無差別의 관계가 성립되어 있다는 것이 유길준의 입
장이었다. 그는 이 점에 대하여 "대국大國도 일국一國이고 소국小國
도 일국一國이기 때문에 국가 위에 국가가 없고 국가 밑에 국가가
없는 것이다. 이처럼 일국一國이 국가 되는 권리는 피차彼此가 동일
한 것으로 조금의 차별도 없는 것이다"[146]라고 했다. 이와 같은 유

---

145 "一國을 比ᄒ건딕 一家와 同ᄒ야 其家의 事務ᄂ 其家가 自主ᄒ야 他家의
干涉홈을 不許ᄒ고 又一人과 同ᄒ야 其人의 行止ᄂ 其人이 自由ᄒ야 他人
의 指揮를 不受홈과 一樣이니 我邦의 權利도 亦然ᄒ지라 此權利ᄂ 二種에
分ᄒ야 一曰 內用ᄒᄂ 主權이니 國中의 一切 政治及法令이 其政府의 立憲
을 自遵홈이오 二曰 外行ᄒᄂ 主權이니 獨立과 平等의 原理로 外國의 交涉
을 保守홈이라(위의 책, 第三編, 我邦의 權利, 105쪽)."

146 "大國도 一國이오 小國도 一國이라 國上에 國이 更無ᄒ고 國下에 國이 亦
無ᄒ야 一國의 國되ᄂ 權利ᄂ 彼此의 同然ᄒ 地位로 分毫의 差殊가 不生ᄒ
지라…(위의 책, 108쪽)."

길준의 평등적 국제 질서관 주장은 서구 문물의 도입 이후 유학의 차별적 대외 질서관에서 탈피하여 노장적 상대관을 바탕으로 중국 중심의 화이 질서관華夷秩序觀에 근본적 비판을 가했던 후기 실학 사상가들의 논의[147]를 계승하는 한편, 만국공법萬國公法의 전파 등에 의하여 형성된 세계 정세와 국제 관계에 대한 더욱 폭넓은 인식의 확대를 보여 주는 것이라고 할 수 있다.

이와 더불어 유길준의 국제 질서관에서 주목할 것은 그가 단순히 국가간 관계의 평등성만을 당위적으로 설명하는 데 그치지 않고 당시 한국이 처한 현실을 적극 반영하는 논리를 전개하였다는

---

[147] 예를 들어 북학파의 대표자인 홍대용은 "중국은 서양에 대해서 경도의 차이가 1백 80도에 이르는데 중국 사람은 중국을 세상의 중심(正界)으로 삼고 서양을 변방(倒界)으로 여기며 서양 사람은 서양을 세상의 중심으로 삼고 중국을 변방으로 여긴다. 그러나 사실에 있어서 세상 어디에 사는 사람이거나를 막론하고 지역에 따라 다 자기나라를 중심으로 여기는 것은 마찬가지이니 세계를 가로로 보거나 세로로 보거나 변방이란 없고 모든 나라가 세상의 중심이다"("中國之於西洋, 經度之差, 至于一百八十, 中國之人, 以中國爲正界, 以西洋爲倒界, 西洋之人, 以西洋爲正界, 以中國爲倒界, 其實戴天履地, 隨界皆然, 無橫無倒, 均是正界", 『湛軒書』, 上, 內集, 補遺 毉山問答)라고 하여 천문학적 지식과 상대관을 토대로 국가·민족·지역간 평등성을 주장했다. 정약용 또한 "나는 소위 중국中國이라는 것이 어떻게 중中이 되는지 모르겠고 동국東國이라는 것이 어떻게 동東이 되는지 모르겠다. … 무릇 이미 동서남북東西南北의 중심이 되면 중국中國이 아닌 곳이 없으니 이른바 동국東國이라는 것이 어디에 있겠는가? 또한 무릇 이미 중국中國 아닌 곳이 없으니 이른바 중국이라는 것이 또 어디에 있겠는가?"("其所謂中國者, 吾不知其爲中, 而所謂東國者, 吾不知其爲東也, … 夫旣得東西南北之中, 則無所往而非中國, 烏覩所謂東國哉, 夫旣無所往而非中國, 烏覩所謂中國哉", 『與猶堂全書』, 第一集, 詩文集, 序, 送韓校理致應使燕序)라는 주장을 통하여 전통적인 중국 중심의 화이 질서관華夷秩序觀에서 탈피하여 모든 국가가 관점에 따라 중심이 될 수 있으며 이러한 점에서 국가간에는 본연적 평등성이 존재함을 밝혔다.

점이다. 구체적으로 그는 만국 공법학자萬國公法學者의 말을 빌려 때에 따라 약소국이 강대국의 명령에 복종하거나 공물貢物을 바치기는 하지만, 이것은 결코 강대국이 약소국을 지배할 권리가 있다거나 약소국이 강대국의 속국屬國이라는 것을 의미하는 것이 아니라 단지 강대국의 침략을 두려워하여 그렇게 하는 것뿐이고, 따라서 강대국은 항상 존귀하고 약소국은 항상 비천하지만 약소국 역시 하나의 독립 주권을 가진 국가임에는 틀림없다는 점[148]을 들어 조선이 전통적으로 중국과 조공 관계朝貢關係를 맺어 옴으로써 청淸 스스로 조선을 속국으로 여기거나, 또는 조선이 타국으로부터 청淸의 속국처럼 인식되는 것을 불식시키고, 비록 약소국이기는 하지만 조선 역시 하나의 독립 주권국임을 명확히 하려는 그의 의도를 보여 주었다. 유길준은 더 나아가 이와 같은 한국의 처지를 극복하기 위해서는 무엇보다 대내적으로는 국민들이 모두 국가의 권리를 사守死守할 필요성을 인식하도록 교육을 통한 개화에 전념해야 하며,[149] 대외적으로는 현실적 외교 노선을 견지해야 함[150]을 역설하

---

148 "弱小國이 其獨立을 保存홈은 强大國의 意旨를 顧望ㅎ야 蠶食ㅎ는 侵伐을 恐懼ㅎ는 者라 是를 恐懼ㅎ는 故로 其明言 或暗指ㅎ는 有時 命令을 服從ㅎ나 然ㅎ나 其命令과 服從이 稀濶혼 者니 此를 由ㅎ야는 强大國이 弱小國을 統轄ㅎ는 權力도 不生ㅎ고 弱小國이 强大國에 附屬ㅎ는 關係도 不起ㅎ는지라 又此命令홈과 服從홈은 姑舍ㅎ고 强大國은 恒常 尊重ㅎ며 弱小國은 恒常 卑亞ㅎ야도 弱小國이 亦一獨立主權이 政治라 强大國이 統轄權의 執有홈이 不能ㅎ야 弱小國에 命令ㅎ는 正例도 無ㅎ고 服從ㅎ는 正例도 無혼즉 弱小國이 雖其獨立을 保守ㅎ기와 防備ㅎ기에 不能ㅎ야도 事實과 習慣으로 强大國에 附屬홈이 無ㅎ다ㅎ니…(『兪吉濬全書 I』, 西遊見聞, 第三編, 我邦의 權利, 110-111쪽)."

149 "人民이 各其 自己權利의 貴重홈을 受혼 然後에 其國權利의 貴重홈도 亦 知ㅎ야 死守ㅎ기를 誓ㅎ느니 此는 敎育으로 開導ㅎ야 其實效를 奏홈이오…

기도 했다. 이러한 점들은 결국 조선을 둘러싸고 중국·일본을 포함한 열강의 치열한 각축이 가속화되고 있는 상황 하에서 무엇보다 조선의 독립성을 유지시키려는 그의 정치 목표를 반영한 것이라고 할 수 있을 것이다.

4. 현실 개혁의 정책론

마지막으로 살펴볼 유길준의 개혁 정책론은 19세기 후반 문호 개방기의 한국적 개혁·개방론, 즉 개화 사상의 대표자로서 앞에서 논의한 그의 인간·사회·국가와 세계에 대한 인식의 근대적 측면을 구체화한 것이라는 점과, 그것이 당시 한국이 처한 대내·외적 위기를 극복하기 위한 가장 혁신적 정책 대안의 하나였다는 점에서

(위의 책, 第四編, 人民의 權利, 149쪽).”

150 국가 독립을 유지하기 위한 외교 노선으로서 유길준은, 갑신정변甲申政變 이듬해인 1885년에 중립론中立論을 제시하였다(『兪吉濬全書 Ⅳ』, 政治經濟編, 外交論, 中立論, 319-328쪽 참조). 일면 그의 제안은 청淸의 후원과 주도로 조선의 중립을 이루려고 하였다는 점에서 사대주의적事大主義的 발상이며, 1840년대 이후 서구 열강의 이권 침탈지로 전락하고 있던 청淸의 세력 약화를 인식하지 못했다는 점에서 비현실적인 것이라고 비판받을 수도 있다. 그러나 본문에서 살펴본 것처럼, 그가 국가간 관계의 평등성을 명확히 주장하였을 뿐만 아니라, 조공 관계가 곧 속국을 의미하는 것이 아니라고 하여 조선의 자주권을 적극 인정하였다는 점에서, 그것이 결코 모화 사상 慕華思想을 기초로 한 것이라고는 할 수 없을 것이다. 오히려 당시 조선이 자강自强을 이루지 못했고, 또 조선을 둘러싼 국제 관계의 역학 구도 속에서 가장 위협적인 존재가 러시아와 일본이었다는 점을 감안한다면, 유길준이 유럽에서의 벨기에와 불가리아 경우를 예로 들어 우선적으로 청淸의 주도 하에 조선의 중립을 이룸으로써 국가적 독립을 유지하려 하였다는 것은 어떤 면에서 현실적인 외교 전략이었다고도 평가할 수 있을 것이다.

중요한 것이었다. 이를 몇 가지로 나누어 검토하면 다음과 같다.

첫째, 유길준은 인간·국가 등 모든 개체의 독자성과 능력을 인정하는 인식의 바탕 위에 그것을 국가 발전의 토대로 승화시킬 수 있도록 하기 위한 가장 근본적인 실천 방법으로서 국민 개육國民皆育의 필요성을 역설했다. 구체적으로 그는 먼저 "세상에서 가장 급한 일은 학교를 설치하여 인민을 교육시키는 것이다"[151]라고 하고, 또 "국가의 빈부貧富·강약強弱·치란治亂·존망存亡이 그 인민에 대한 교육의 높고 낮음과 있고 없음에 달려 있다"[152]고 하여 교육의 중요성을 상기시켰다. 이러한 인식을 토대로 유길준은 도덕 교육道德教育과 재예 교육才藝教育, 그리고 공업 교육工業教育의 세 가지를 교육의 내용으로 제시하고,[153] 이러한 교육을 효과적으로 수행하기 위하여 학교 등의 교육 시설과 가난하지만 능력 있는 사람들을 위한 교육 기회의 확충 등에 많은 비용을 투자할 것[154]을 주장했다.

유길준의 교육론과 관련하여 중요한 점은 그가 서양식 교육 제도·교육 과정·교육 내용 등에 대해 비교적 상세하게 설명한 것[155]이나, 또는 교육에 대한 정부 지출의 효율적 투입에 대해 논의한 것[156] 이외에도, 경쟁 교육競爭教育, 즉 학생들을 상중하上中下로 나누

---

151 "天下의 急務는 學校를 設ᄒ기에 莫先하니…(위의 책, 第三編, 人民의 教育, 120쪽)."

152 "邦國의 貧富強弱治亂存亡이 其人民敎育의 高下有無에 在훈 者라(위의 책, 127쪽)."

153 "教育ᄒᄂᆫ 大法에 名目을 分홈이 可하니 一曰 道德의 教育이며 二曰 才藝의 教育이며 三曰 工業의 敎育이라(위의 책)."

154 위의 책, 124-127쪽 참조.

155 위의 책, 第九編, 教育ᄒᄂᆫ 制度, 253-261쪽 및 第十三編, 學業ᄒᄂᆫ 條目, 367-378쪽 참조.

어 경쟁하게 함으로써 교육의 효과를 올려야 한다는 점을 제시한
것[157]에서 찾아볼 수 있다. 이 점은 인간·국가간의 경쟁을 발전의
근원으로 파악하는 그의 인식[158]을 반영한 것으로, 그것의 필요성
은 논외論外로 하더라도, 유길준과 마찬가지로 서구의 교육 제도·
교육 내용·교육 이념 등을 적극 소개함으로써 궁극적으로 일본의
교육 개혁을 구상하였던 19세기 중반 일본 양학洋學 계열 사상가들
의 교육론에서조차 찾아볼 수 없는 독창적인 것이라고 할 수 있다.

---

156 위의 책, 第八編, 政府의 民稅費用ᄒᆞᄂᆞᆫ 事務, 229-238쪽 참조.

157 "學校의 上中下 三等次序ᄅᆞᆯ 定ᄒᆞ고 下等의 書生이 行實을 端正히 ᄒᆞ고 學
業을 勸懇히 ᄒᆞᄂᆞᆫ 者가 有ᄒᆞ거든 中等에 升ᄒᆞ고 又中等의 書生이 其行實과
學業이 衆에 出ᄒᆞ거든 上等에 升홈이 可ᄒᆞ니 誠如此 ᄒᆞ면 下等의 書生을
勸ᄒᆞ야 敎育을 穩全히 홈이오 又書生의 才操有無로 學費分排ᄒᆞ기에 甚히
便利ᄒᆞ야 名實이 相稱ᄒᆞ리니 然ᄒᆞᆫ 故로 書生의 行實과 工夫로 其等級을 定
ᄒᆞᄂᆞᆫ 道가 亦可홈이라(위의 책, 235-235쪽)."

158 유길준은 "인간이 살아가는 데 있어 모든 일이 경쟁競爭에 의존하지 않는
것이 없다. 크게는 국가의 일로부터 작게는 개인이나 한 집안의 일에 이르
기까지 모두 경쟁을 발전의 원동력原動力으로 삼는 것이다. 만일 일생一生
에 이러한 경쟁이 없으면 무엇으로 지덕智德과 행복幸福을 추구하며, 국가
에 경쟁이 없으면 무엇으로 광위光威와 부강富强을 증진시킬 수 있겠는
가?"("大凡 人生의 萬事가 競爭을 依持ᄒᆞ지 아니ᄒᆞᆫ 者가 업스니 大ᄒᆞ則 天下國家의 事
로붓터 小ᄒᆞ칙 一身一家의 事에 이르히 悉皆競爭을 因ᄒᆞ야 始能進步ᄒᆞᄂᆞᆫ 者이라 萬一 人
生이 競爭ᄒᆞᄂᆞᆫ 바가 업스면 何物노써 其智德과 幸福을 崇進함을 得ᄒᆞ며 國家가 競爭ᄒᆞᄂᆞᆫ
바가 업스면 何物노써 其光威와 富强을 增進함을 得ᄒᆞ리오", 『兪吉濬全書 Ⅳ』, 政治經濟
編, 競爭論, 47쪽)라고 하여, 개체간 경쟁競爭을 진보進步의 근원적 요소로 파
악하는 인식을 보여 주었다. 이것은 유길준이 자신의 도덕론을 통하여 개
체간 조화와 협력을 주장한 것과 일면 상충相衝되는 것처럼 보이지만, 사
실 그의 경쟁에 대한 강조는 현실의 극복을 통한 발전을 욕구하는 그의 정
치목표를 바탕으로 개체간 갈등보다는 조화와 협력의 전제하에 개인은 물
론 국가적 차원에서 모든 개체가 진보를 이루려는 의욕을 갖추고, 또 이를
위해 노력할 것을 당위적으로 요구한 것이라고 할 수 있다.

이와 함께 앞에서도 언급했지만, 여성의 능력을 충분히 인식하여 여성 교육의 필요성을 강조한 것[159]이라든지, 맹인과 벙어리(啞人) 등 신체 불구자들도 단순히 일자리를 주는 차원에서 벗어나 직업 교육을 시켜 생산 활동에 참여시킬 것을 요구한 것[160] 등은 차별 없이 모든 개인의 독자적 능력을 바탕으로 한 개육皆育을 통하여 국가적 발전을 이룩하려는 유길준의 입장을 잘 보여 주고 있는 것이라고 하겠다.

이와 같이 교육과 직접적으로 관련된 것 이외에도 유길준은 국민의 지식과 견문을 넓혀 줄 수 있는 수단으로서 서양의 사례를 들어 박람회博覽會와 박물관博物館·박물원博物園의 기능을 소개하기도 했다.[161] 특히 그가 "세계의 물정物情을 상세히 두루 알고 자기의 견문을 넓혀 처세하는 도道를 연마鍊磨하는 데에는 신문新聞의 공이 크다"[162]고 하고, 또 정부 정책의 신속한 대국민對國民 전달, 정책 비판과 국민의 대정부對政府 의사 반영, 그리고 국민적 통합의 기능을 수행하여 개화開化에 큰 도움이 되는 것으로 신문의 역할을 강조한 것[163]은 유길준이 위로부터의 개혁과 함께 국민 계몽을 통한 아래로부터의 개혁 역시 분명하게 염두 해 두고 있었음을 보여 주는 중요한 측면이라고 할 수 있다.

둘째, 유길준은 국내 개혁과 국가 방위에 요구되는 비용 마련의

159『兪吉濬全書 I』, 西遊見聞, 第十五編, 女子待接ᄒᆞᄂᆞ 禮貌, 428쪽 참조.
160 위의 책, 第十七編, 盲人院 및 啞人院, 468-470쪽 참조.
161 위의 책, 471-474쪽 참조.
162 "世界의 物情을 洞知ᄒᆞ며 自己의 見聞을 博ᄒᆞ야 處世ᄒᆞᄂᆞ 道를 鍊磨ᄒᆞ기롤 新聞紙의 功이 亦多ᄒᆞᆯ 듯…(위의 책, 新聞紙, 478쪽)."
163 위의 책, 477-482쪽 참조.

가장 중요한 수단으로서 교역을 통한 이익 확보를 제시하고, 그러
기 위해서는 무엇보다 상업 활동을 촉진시킬 수 있는 국가 주도의
제도적 장치가 마련되어야 한다는 점을 역설했다. 구체적으로 그
는 상업이란 국가의 중요한 정사政事이며,[164] 상인商人은 나라를 지
키는 장수將帥나 정치를 담당하는 재상宰相과 같이 중요한 지위에
있는 것[165]이라고 하면서, 이러한 상인의 상업 활동을 보호하기 위
한 정부의 조치로서 재물을 획득하는 규모를 법률로 엄격히 정하
여 지나친 사욕 추구를 막고, 다른 한편으로 도로道路를 닦아 상품
의 수송을 편리하게 해 주는 것이 중요하다[166]고 했다. 이와 함께
유길준은 병선兵船의 수로 대표되는 해군력海軍力을 증강시켜 국가
방위를 하기 위해서는 인민의 세금이 필요하지만, 국가에 상업이
발전하면 그 비용을 들인 만큼의 효과를 얻을 수 있으며, 따라서
상업이 발달하지 못한 국가는 해군력 역시 강대할 수가 없다[167]고
하여 상업의 발달이 결국 국가적 이익 획득은 물론 국가 방위의 필

---

164 "商賈는 國家의 大政이라…(위의 책, 第十四編, 商賈의 大道, 382쪽)."

165 "國中의 商賈가 能히 當然호 道理로 其業을 行ᄒ야 人民을 便利케 ᄒ고 國
家를 富饒케 ᄒ면 其功이 守邦ᄒ는 將帥에 比肩ᄒ고 其德이 治民ᄒ는 宰相
에 同齒ᄒ야 正大호 地位와 光明호 事業으로 男兒의 經綸이오 大丈夫의 生
涯니…(위의 책, 390쪽)."

166 "政府의 商賈保護ᄒ는 道는 人民의 財物與受ᄒ는 規模를 信實케함과 物品
輸運ᄒ는 方道를 便利케 함애 在ᄒ니 與受ᄒ는 規模는 法律을 嚴明히 守ᄒ
기에 在하고 輸運ᄒ는 方道는 道路를 修平ᄒ기에 不過ᄒ지라(위의 책, 382
쪽)."

167 "兵船의 數가 各國의 異同이 有ᄒ니 其支費는 亦人民의 稅中으로 從出ᄒ는
者이나 然ᄒ나 國中의 商賈가 蓄殖ᄒ면 足히 其費用호 效驗을 獲ᄒ는지라
然호 故로 商賈의 不盛호 邦國은 海軍力도 强大ᄒ기 不能호더(위의 책, 第九
編, 養兵ᄒ는 制度, 275쪽)."

수 요건이라는 점을 강조하기도 했다.

셋째, 이와 관련하여 유길준은 구체적인 국가 안보 유지의 방안으로서 서양의 양병養兵 제도를 구체적으로 설명하고, 이를 바탕으로 국민 개병國民皆兵의 당위성을 제시했으며, 동시에 국경의 방비를 튼튼히 하여 외국의 침입을 방위할 것을 다음과 같이 주장했다.

"양병養兵하는 도道는 매우 중대한 것으로서 반드시 일정한 법으로써 하고 조금이라도 사사로운 감정이 개입되어서는 안 되는 것이다. 따라서 모든 국민이 빈부貧富·귀천貴賤을 막론하고 군사 훈련에 통달하여 국가의 유사시에 백성마다 군사 아닌 자가 없어야 하며, 그 장수將帥되는 자는 반드시 공부工夫가 있은 연후에 그 직책을 수행해야 하는 것이다."168 "변방邊方의 지리를 측량하여 성벽을 쌓고 해안의 요충지를 살펴 포대를 구축하는 등의 방비하는 제도를 정밀하게 하며, 병기와 식량을 항상 저축하여 부족함이 없게 한다면 외국인이 감히 넘보지 못할 것이다."169

넷째, 유길준은 빈곤층의 생존권을 보장하고 그들을 국가적 생산력 제고提高에 투입할 것을 강력히 요구했다. 그는 먼저 빈민 구

---

168 "養兵ᄒᄂᆫ 道가 如此히 重大ᄒᆞ야 一定ᄒᆞᆫ 法으로 必以ᄒᆞ고 些少라도 私情을 不容ᄒᆞᄂᆫ 故로 國人의 貧富貴賤을 無論ᄒᆞ고 軍士의 組練에 通達ᄒᆞ야 若國家의 有事ᄒᆞᆫ 時를 當ᄒᆞ면 百姓마다 軍士아닌 者가 無홈이오 又其將帥되ᄂᆫ 者인則 必然其工夫가 有ᄒᆞᆫ 然後에 其職責을 堪當ᄒᆞᆯ디라(위의 책, 270쪽)."
169 "邊激의 地理를 測量ᄒᆞ야 城堡를 起ᄒᆞ며 海隘의 要衝을 考驗ᄒᆞ야 砲臺를 築ᄒᆞ야 防備ᄒᆞᄂᆫ 制度를 縝密히 ᄒᆞ며 兵器와 糧食을 恒常 貯蓄ᄒᆞ야 乏絶ᄒᆞᆫ 欵이 無ᄒᆞ면 外人의 窺覬ᄒᆞᄂᆫ 惡萌이 斷ᄒᆞᆯ디오(위의 책, 第八編, 政府의 民稅費用ᄒᆞᄂᆫ 事務, 243쪽)."

제貧民救濟에 정부가 적극적으로 관여할 필요성을 주장하면서,[170] 그 대상으로 부모 없는 어린아이와 집 없는 늙은 홀아비와 과부, 걸식乞食하는 병신과 생업이 없는 병든 사람, 그리고 교육받지 못한 빈민을 제시했다.[171] 또한 노인원老人院·유아원幼兒院·고아원孤兒院·기아원棄兒院 등 서양의 빈민 구제 기관의 현황을 소개하여[172] 이들 사회적 소외 계층과 빈곤층을 구제하기 위한 제도적 장치의 마련을 촉구하기도 했다. 그러나 유길준은 단순히 빈민 구제의 당위성만을 제기하는 데 그치지 않고 빈민들 중에도 각자 자신만의 기술을 가지고 있거나 또는 교육시키기만 하면 능력을 가질 수 있는 사람도 있을 것[173]이라는 인식 하에, 근본적인 해결책으로서 궁민窮民으로 하여금 생업生業을 정하게 하여 자신의 최대한의 능력을 발휘할 수 있도록 기회를 부여해야 한다고 주장하고, 이것이 결국 경제적으로도 효율적인 대안이라는 점[174]을 밝힘으로써 더욱 진전된 의미의 빈민 구제책을 제시했다. 이것은 유길준이 인간의 개체성을 바탕으로 한 무한한 잠재력을 인정하고 있다는 점을 보여 주는 것이며, 인성론을 통해 보여 준 그의 인식의 확대를 반영하는 것이라

---

170 "第五 窮民救濟ㅎㄴ 事 此事로 因ㅎ야 國家의 費財홈은 仁政의 當然ㅎ 者로디 政府의 不得已ㅎ 者라(위의 책, 241쪽)."

171 "其救濟ㅎㄴ 條目을 議ㅎ건디 父母업ㄴ 幼穉와 室家업ㄴ 老鰥寡와 乞食ㅎㄴ 病身과 生涯업ㄴ 病民과 敎育업ㄴ 貧民이라(위의 책, 241-242쪽)."

172 위의 책, 第十七編, 貧院, 459-460쪽 참조.

173 "他人의 救濟를 仰ㅎㄴ 者라도 一齊 病廢ㅎ 人이 아니라 其中에 力役을 供ㅎ 者도 有ㅎ며 才巧를 通ㅎ 者도 有ㅎ고 又此二者를 皆不能ㅎ 者라도 敎誨ㅎ면 足히 能ㅎ 者도 有ㅎ리니(위의 책, 第八編, 政府의 民稅費用ㅎㄴ 事務, 242쪽)."

174 "窮民의 業을 定ㅎ야 各其才力을 盡ㅎ게 홈이 仁慈ㅎ 主意라 謂홀 뿐더러 實狀은 經濟의 妙法이라(위의 책)."

고 볼 수 있을 것이다.

다섯째, 국내의 제도적 개혁론으로서 유길준은 사회적 비생산성을 조장하는 과거 제도를 폐지하고 전 국민을 대상으로 교육을 실시하여 그 중에 뛰어난 인물들을 등용할 수 있게 하는 인재 등용책人才登用策의 실시,[175] 상권商權의 유지·강화를 위한 상회사법商會社法의 마련,[176] 정부의 재정 부족을 막기 위한 국채國債의 발행,[177] 도조법賭租法을 통한 토지 제도의 개선,[178] 조세금납화租稅金納化와 세금 부과 기준의 정확성과 신중성을 통한 세제稅制의 개선,[179] 그리고 균일하고 정교한 화폐의 제작과 사용[180] 등을 요구했다. 이와 같은 근대적 제도 개혁론 중에서도 특히 그가 정부가 국민에게 세금을 부과하는 데 있어 유의할 점으로 첫째, 기준액 이하의 재산과 의복 과 침구류, 그리고 농작용과 식용으로 기르는 가축에 대해서는 부과하지 말 것, 둘째, 일용품日用品에 대해서는 과세하지 말고, 하더라도 지극히 경미하게 할 것, 셋째, 어떠한 물건이든지 생활에 불필요한 것이나, 사치품에 대해서는 지극히 무겁게 과세할 것 등[181]을 구체적으로 제시하였다는 점에 주목할 필요가 있다. 이는 사

---

175 『兪吉濬全書 IV』, 政治經濟編, 上疏文, 言事疏, 67쪽 참조.

176 위의 책, 經濟改革論, 商會規則, 89-103쪽 참조.

177 위의 책, 國債種類, 105-124쪽 참조.

178 위의 책, 地制議, 135-178쪽 참조.

179 위의 책, 稅制議, 179-196쪽 참조.

180 『兪吉濬全書 I』, 西遊見聞, 第十編, 貨幣의 大本, 277-282쪽 참조.

181 "第一 人民의 財産에 收稅ᄒᆞᄂᆞᆫ 準限을 立ᄒᆞ야 百兩으로 限ᄒᆞ든지 千兩으로 限ᄒᆞ든지 基準限 以下의 財産에ᄂᆞᆫ 稅를 不課ᄒᆞ고 又衣服과 衾枕의 種類로 브터 農作ᄒᆞ기와 宰食ᄒᆞ기 爲ᄒᆞ야 飼育ᄒᆞᄂᆞᆫ 牛馬羊 等 畜物에도 稅를 不加ᄒᆞᄂᆞᆫ 事 第二 人生의 日用ᄒᆞᄂᆞᆫ 物品에 最緊ᄒᆞᆫ 種類ᄂᆞᆫ 無稅홈이 可ᄒᆞ나 然ᄒᆞ나 已ᄒᆞ기 不獲ᄒᆞ야 課收홀딘딕 極輕히 磨鍊홈이 可ᄒᆞᆫ 事 第三 如何ᄒᆞᆫ 物品

회적으로 부익부 빈익빈 현상이 더욱 심해지고, 이에 따라 빈곤층이 확산되는 상황 속에서 유길준의 정치적 입장이 귀족 계층과 부유층의 이익을 보전하는 데 있지 않고 다수 피지배 계층의 생존권 보호에 있었음을 보여 주는 중요한 단서라고 할 수 있을 것이다.

마지막으로 여섯째, 유길준은 일본과 러시아를 비롯한 서구 열강들의 대조선對朝鮮 침략 의도가 노골화되는 가운데 이를 극복하기 위한 외교적 방안 마련의 필요성을 제시했다. 구체적으로 이미 그의 국제 질서관에서 언급했던 것처럼 유길준은 유럽 중립국의 예를 들어 청淸의 도움을 받아 조선을 중립화하는 방안을 마련할 것을 요구했다.[182] 또한 일본과 러시아가 조선을 두고 전쟁을 벌인다면 조선은 반드시 망할 것이라는 판단 하에, 그것을 저지하기 위해서는 세력 균형 정책을 통하여 일본과 러시아가 서로 견제하도록 하는 것이 최선이며, 이러한 정책을 수행하려면 먼저 국내 개혁에 힘쓰지 않을 수 없다고 했다. 그는 또 만일 전쟁이 발발할 경우 전쟁터를 만주 방면으로 유도하는 동시에 일본과 연합하며, 예비 사단을 평안도와 함경도의 요충지에 배치하여 수비에 힘쓰는 동시에 러시아 영토에 조선인을 거주시켜 이를 활용할 것을 제시하기도 했다.[183] 이와 같은 유길준의 대외 정책은 당시 청淸과 일본의

이든지 人生의 日用에 不緊한 者와 奢侈는 種類는 政府의 意로 任하야 其 稅를 極重히 課하야도 可한 事」(위의 책, 第七編, 收稅하는 法規, 207쪽)."

182 『兪吉濬全書 IV』, 政治經濟編, 中立論, 外交論, 319-328쪽 참조.

183 "一, 朝鮮之命, 在於日露. 二, 日露 若因朝鮮之事, 而至開戰, 朝鮮其亡. 三, 故朝鮮宜任調和之責, 勿使日露, 至於干戈, 相見爲保國上策. 四, 欲爲此, 則朝鮮不可不先行改革. 五, 若日露至於未免開戰, 則朝鮮務移其戰爭於滿洲方面. 六, 此時朝鮮 宜與日本聯合, 傾國力相助, 勿觀其怒. 七, 不可不豫備師團兵於平安咸境二道之要衝, 而且可自任朝鮮域內兵站之役. 八, 露領

의도를 올바로 파악하지 못하고 단지 러시아만을 주적主敵으로 삼아 양국에 의지하여 국가의 독립을 유지하려 하였다는 점에서 외세 의존적이라는 비판을 받을 수도 있다. 하지만 보수 세력의 폐쇄적·공격적 대외관과 국내 개혁에는 무관심한 채 오로지 자신들의 권력 유지를 위하여 철저한 사대주의적 행태만을 지속하고 있던 집권 수구 세력의 무능과 무기력이 지배적인 상황 하에서 그나마 현실의 문제점을 비교적 정확히 인식하고, 실천 가능한 대안으로 대처하려 하였던 것이라고 보는 것이 더 타당하다고 하겠다.

이상에서 19세기 후반 문호 개방기 갑신정변의 주체 세력과는 다른 정치적 지향성을 가지고 당시 한국이 직면한 대내외적 위기를 극복하기 위한 개혁·개방 사상을 전개하였던 개화 사상가 유길준의 정치사상을 살펴보았다. 결론적으로 유길준의 정치사상은 한편으로 서양에서의 유학 생활과 유럽에서의 견문을 통해 습득한 서구 문물의 우수성을 폭넓게 수용하여 철저한 국내 개혁을 이루는 것을 지향했음에도 불구하고, 다른 한편으로 당시 집권 세력과의 개인적 유대관계와 자신의 사상적 정향에 기인하여 결국 무능한 정치권력 자체에 대한 회의와 비판을 결여하게 됨으로써, 근본적인 변혁론으로까지는 발전하지 못한 한계를 가진 것이었다고 평가할 수 있다.

그럼에도 불구하고, 그의 사상은 통치 질서관으로서 주자학이 도입된 이후 지속적으로 전개되어 왔던 한국의 반주자학反朱子學, 나아가 반유학적反儒學的 개혁 사상가들의 사상적 전통을 계승하는

諸地移居朝鮮之民, 宜稱加撫輯, 使爲我用, 九, 以此以彼間, 今日之政府諸人, 不能任此大事, 故宜斷行斥退(위의 책, 政治改革論, 保國之策, 260쪽).”

동시에 그것의 한계를 극복하는 발전적인 것이었다는 점에서 중요한 가치를 내포한 것이기도 했다. 즉, 정치 권력을 둘러싼 지배 계층 내의 갈등과 생산 계층과 비 생산 계층 간의 차별의 당위화와, 이것을 규범화하는 사회적 윤리 질서, 그리고 중국 중심의 비현실적인 화이 질서관華夷秩序觀의 고수 등에 기인한 대내외적 모순을 정확히 인식·비판하고, 고통 받는 다수 피지배 계층의 생존권을 보호하며, 궁극적으로 국가적 독립과 발전을 이루려는 정치 목표를 설정하였다는 사실은 그가 이전의 개혁 사상가들의 연속선상에 있다는 점을 보여 주는 것이었다. 또한 이와 같은 정치 목표 하에서 생산관과 평등관, 그리고 개방관을 기초로 한 서구 지식의 흡수를 통해 욕구 주체로서의 인간간 본연적 동등성과 개체성 인정을 바탕으로 한 인간간·인간과 타 개체 간·국가간·민족간 상대적·기능적 평등성을 주장하는 인성론과 도덕론, 그리고 대내외 질서관을 제시하였다는 점도 특히 후기 실학파 정치사상과의 중요한 연관성을 나타내 주는 것이었다고 할 수 있다.

이와는 달리 개화 사상가로서의 유길준의 사상은 첫째, 평등한 삶의 자유 의지체로서 인간과 국가의 천부적天賦的 권리를 적극 인정하였다는 점, 둘째, 독자성을 가진 개체로서 여성·신체 불구자·빈곤층으로 대표되는 사회적 소외계층까지 포함하여 모든 인간의 능력을 최대한 발휘시킬 수 있게 하기 위한 제도적 장치의 마련을 욕구하였다는 점, 셋째, 단순한 위로부터의 개혁만을 지향한 것이 아니라 국민의 계몽을 통한 아래로부터의 개혁의 필요성을 인식하고 있었다는 점, 그리고 서구 문물과 제도의 수용 폭과 깊이에 있어 이전의 개혁 사상가들과는 비교할 수 없을 정도로 넓고 깊었다는 점에서 한층 진일보한 것이었다고 평가할 수 있을 것이다.

다음에서는 갑신정변의 주체로서 유길준과는 다른 정치적 입장으로 19세기 후반 한국의 개혁·개방 사상을 주도했던 개화 사상가 김옥균金玉均과 박영효朴永孝의 정치사상을 검토함으로써 유길준 사상과의 이동점異同点을 규명하고 그 의미를 평가해 보겠다.

제3절 김옥균과 박영효의 급진 개화 사상

1. 도입

김옥균[184]과 박영효[185]는 한국의 문호 개방기, 즉 1870년대 후반

---

184 김옥균(金玉均, 1851-1894)의 자字는 백온伯溫, 호號는 고우古愚 또는 고균古筠이었으며 두타거사頭陀居士라는 별호別號를 사용하기도 했다. 6세 때 먼 친척의 양자養子가 되고, 15세 때부터 21세 되는 해까지 양부養父가 강원도 양양부사讓陽府使로 재직함에 따라 그곳에 머무르면서 강릉에 있는 송담서원松潭書院에서 공부했는데, 이때 율곡학栗谷學에 심취하였다고 한다. 22세(1872년)에 알성문과謁聖文科에 장원급제하여 사헌부司憲府 지평持平이 되었고, 24세(1874년)에는 홍문관弘文館 교리校理에 임명되었다. 이 시기부터 박규수朴珪壽·유홍기劉鴻基 등 초기 개화 사상가들로부터 지도를 받기 시작했으며, 박영효朴泳孝·서광범徐光範·서재필徐載弼 등과 함께 승려僧侶 이동인李東仁과 접촉하고 그에게서 큰 사상적 영향을 받았다고 한다. 29세(1879년)에 개화당開化黨을 조직하여 개화 운동에 본격적으로 참여하기 시작했으며, 그 후 수 차례에 걸친 일본 방문과 일본 지식인들과의 교류를 통하여 조선 사회의 변혁의 필요성을 인식하고 34세(1884년) 때 갑신정변甲申政變을 일으켰으나 3일 만에 실패했다. 이후 일본 정부의 냉대 속에서 불우한 망명 생활을 지속하다가 1894년 조선 정부가 보낸 자객刺客 홍종우洪種宇에 의해 상해上海에서 살해되었다. 19세기 후반 문호 개방기 한국의 소위 급진 개화파를 이끌며 혁신적인 개혁·개방 사상을 전개한 인물로 평가되고 있다(李光麟, 「金玉均全集 解題」, 韓國學文獻研究所編, 『金玉均全集』(서울:

이후 1890년대 초반까지 상호 간에 사상·운동적 동맹 관계를 형성하면서 당시 한국 사회 내에서 가장 혁신적인 개혁·개방 사상을 전개하였던 정치가이자 사상가들이었다. 이들은 공통적으로 한국이 당면한 대내외적 위기를 직시하고 점진적·개량적 개혁으로는 위기 극복에 한계가 있음을 명확히 인식했다. 그리하여 급진적·근본적 개혁의 필요성을 강력히 주장하였고, 이를 갑신정변(甲申政變, 1884)이라는 정치적 사건을 통하여 실천하려고 했다. 갑신정변의 발생과 실패가 갖는 역사적 의미의 중요성은 물론 간과할 수 없는 것이기는 하지만, 이들이 갑신정변을 전후하여 일관되게 전개한 개혁·개방 사상, 즉 개화 사상의 내용과 성격 또한 정치사상사적 측면에서 중요한 가치를 가진 것이라고 할 수 있다.

이러한 점을 감안하여 다음에서는 갑신정변 자체에 대한 논의보다는 김옥균과 박영효가 전개하였던 개화사상을 중심으로 소위 문

亞細亞文化社, 1979), v-vii쪽 및 金玉均 外 著, 李民樹 外 譯, 『韓國의 近代思想』(서울: 三省出版社, 1981), 附錄 金玉均 年譜, 584-58쪽 참조).

185 박영효(朴永孝, 1861-1939)의 호號는 춘고春皐이며 13세(1873년) 때 철종의 딸 영혜옹주永惠翁主와 결혼하여 금릉위錦陵尉가 되었다. 1870년대 후반부터 김옥균金玉均·서광범徐光範·홍영식洪英植·서재필徐載弼등과 함께 개화당開化黨을 결성, 개화 운동에 전력을 다했으며 1882년(高宗 19年)에 수신사修信使로 일본에 다녀온 후 1884년 급진 개화파가 단행한 갑신정변甲申政變의 주체로서 큰 역할을 했다. 갑신정변 실패 후 일본으로 망명하였고, 1894년에 귀국하여 내무대신內務大臣으로서 갑오경장甲午更張 후기의 개혁을 이끌었으며, 이후 이어진 정치적 사건들로 인하여 망명과 귀국 그리고 유배流配 생활을 했다. 한일 합방韓日合邦 이후에는 후작侯爵의 칭호를 받고 중추원中樞院 고문顧問으로 활동하기도 했다. 김옥균과 함께 문호 개방기 한국의 변혁사상을 전개하였던 개혁·개방 운동의 대표적 인물로 평가되고 있다(金玉均 外, 『한국의 명논설』(서울: 민성사, 1993), 49쪽과 月刊『新東亞』編輯室 編, 『近代韓國名論說集』(서울: 東亞日報社, 1979), 1쪽 참조).

호 개방기 급진 개화파 정치사상의 내용과 의의를 검토하고자 한
다. 개화 사상가라는 공통점과 온건穩健·급진急進의 차별성이 갖는
정치사상적 의미를 좀더 명확히 파악하기 위하여 앞서 언급한 유
길준의 사상과 비교하는 방법이 첨가될 것임을 미리 밝혀 둔다.

2. 현실 인식과 정치 목표

먼저 김옥균과 박영효의 정치사상은 문호 개방기 당시의 대내외
적 상황을 다수 피지배 계층의 생존권과 국가적 독립성이 치유될
수 없을 정도로 크게 위협받는 국가 존폐國家存廢의 위기로 인식하
는 현실관現實觀으로부터 출발한다. 그들에게 있어 위기의 원인과
내용은 급변하는 국제 정세의 변화에 대한 인식 부족으로 말미암
아 서구 열강의 위협에 적절히 대처하지 못하면서도 정치 권력의
획득·유지에만 몰두하고 있던 집권 수구 세력의 무능과 무지, 다
수 피지배 계층에 대한 제도적 수탈과 착취에 여념이 없었던 양반
관료 세력의 부패로 인한 빈곤, 그리고 한국의 후진성을 솔직히 인
정하는 바탕 위에서 서양과 일본의 제도적·과학기술적·학문적 우
수성을 흡수하여 국가 발전의 토대로 삼아야 한다는 개방적 인식
과 이를 구체화할 수 있는 혁신적 정책 대안의 부재에 있었다.

구체적으로 김옥균은 국가간 약육강식弱肉强食을 특징으로 하는
당시의 국제 정세의 특성과 그것이 한국에 미칠 영향을 전혀 인식
하지 못한 채, 대외적으로는 오직 대청對淸 사대주의事大主義 외교 노
선만을 고수하면서 대내적으로는 권력 투쟁만을 일삼는 집권층의
태도를 강력히 비판했다. 그는 이에 대하여 갑신정변 이후 일본 망
명 중에 고종高宗에게 보낸 상소문上疏文을 통해 1885년 영국의 거

문도巨文島 점령 사건에 대하여 국왕國王과 정부 관료들이 아무런 대처 방안을 가지고 있지 못했다는 점과, 심지어 영국이라는 나라에 대해서조차 알지 못하는 당시 조선의 무지함을 지적했다.[186] 동시에 그러한 일이 영국에만 한정된 것이 아니라 당시의 국제 정세를 반영한 것으로서, 러시아·프랑스·독일 등 다른 열강들로 하여금 대조선對朝鮮 영토 침략을 자극하는 계기가 되어 결국 국가의 존망存亡에 큰 영향을 미칠 사안임에도 불구하고, 국가적 안위安危를 오로지 청淸에게만 의존하려고 하고 자신들은 매관매직賣官賣職과 당파싸움에만 몰두하는 집권 수구파의 행태를 비판했다.[187] 박영효

---

[186] "今에 天下의 形勢가 日로 變하고 日로 換하여 瞬時라도 安心키 不可하오니 全羅道三島 卽 巨文島는 이미 英國의 奪한 바 되어 前事의 覆轍이 玆에 在하니 陛下는 써 如何타 하나이까. 在朝의 諸臣은 果然 何計가 있나이까. 今日의 朝鮮國에서 英國의 名을 知하는 者가 果然 幾人이나 되나이까. 設令 在朝의 諸臣이라도 英國이 何處에 在하냐 問하면 茫然하여 答키 不能한 者 - 往ケ 皆然하오니 此를 譬하면 或物이 來하여 我의 肢體를 咬하여도 그 苦痛을 感치 못할 뿐 아니라 何物이 我를 咬함인지도 不知함과 如한 바 그 國家의 存亡을 論함이 病人이 夢을 說함과 如함은 足히 怪事라 할 것이 없나이다(『金玉均全集』(서울: 亞細亞文化社, 1979), 池運永事件糾彈上疏文, 143-144쪽)."

[187] "이제 英國이 露國과 交戰할 事가 有함을 恐하여 一港을 占領하면 露國도 또한 英國과 交戰할 事가 有함을 恐하여 一港을 占領할 것은 火를 觀함보담 明하오이다. 僥倖으로 天下無事하여 英露가 東洋에 相爭하는 事가 없다할지라도 陛下는 試하여 身을 英佛獨露의 君이 되사 此를 思하소서. 萬若 玆에 一國이 있는데 我가 此를 取하여도 毫末도 抵抗할 者가 없다면 陛下는 果然 此를 如何히 하고자 하리이까. 今日 朝鮮이 卽是라. 그런데 在朝의 諸臣이 一策의 國家를 維持할 者가 없고 오즉 賣官賄賂를 是事하여 國民을 殘虐하고 人을 任호대 賢愚를 不問하고 誰는 大院君의 黨派라 誰는 金玉均의 黨派라 하여 兒戱와 같은 言으로써 取捨를 行함에 不過하니 이것이 어찌 國家의 長計이오니까(위의 책, 144-145쪽)."

역시 김옥균과 같은 입장에서 약육강식이 당시 국제 정세를 규정하는 속성이며, 이러한 상황에서 전개될 수 있는 서구 열강의 조선을 비롯한 아시아 지역 침투의 위험성을 경고하면서 이를 정확히 인식하지도 못하고 또 그것에 적절히 대처할 능력마저 없는 정부의 무사안일하고 무기력한 태도를 다음과 같이 개탄했다.

"오늘날 세계의 정세는 마치 옛날의 전국 시대戰國時代와 같아서 무력만을 앞세워 강자가 약자를 병합하고 큰 것이 작은 것을 삼켜 버리는 형세이다 … 비록 만국공법萬國公法과 세력 균형론이 있으나 국가가 자립자존自立自存할 수 있는 능력이 없으면 반드시 침탈당하여 유지할 수가 없으니 공법공의公法公義도 믿을 수가 없는 것이다. 유럽의 문명 강대국文明强大國들도 패망하는 상황에서 아시아의 미개 약소국未開弱小國들은 오죽 하겠는가 … 그럼에도 불구하고 아시아 민족은 이에 대처하려는 과감한 용기도 없이 다만 안일安逸한 태도만을 견지하고 있다 … 만일 타국에게 점령당하는 일이 발생하여도 부끄러움을 모르고 화란禍亂이 장차 극에 달할 것을 깨닫지 못한다면, 이것은 정부의 잘못이지 인민의 잘못은 아닌 것이다."[188]

이와 같은 국제 정세의 변화에 대한 집권층의 인식 부족이 초래

---

[188] "方今宇內萬國, 猶昔之戰國也, 一以兵勢爲雄, 强者幷其弱, 大者呑其小, … 雖有萬國公法, 均勢公義, 然國無自立自存之力, 則必削裂, 不得維持, 公法公義, 素不足以爲恃也, 以歐洲文明强大之國, 亦見敗亡, 況亞洲未開弱小之邦乎, … 然亞洲之族 懶惰無恥, 苟苟偸生, 絶無果敢之氣, 是臣所以寒心歎息者也, … 雖見領於他, 而不知爲恥, 禍亂將至, 而不能覺, 此政府之過也, 非人民之過也(『近代韓國名論說集』(서울: 東亞日報社, 1979), 開化에 대한 上疏, 16쪽)."

한 국가 독립의 위기 상황에 대한 비판과 함께 김옥균과 박영효는 대내적 측면에서 피지배 계층의 생존권을 유린하는 양반 관료 귀족들의 행태에 대해서도 다음과 같이 격렬한 비난을 가했다.

"인민人民이 한 가지 물건을 제작하면 양반 관리兩班官吏들이 이것을 빼앗아 가고, 백성이 열심히 노력해서 조금이라도 모아 두는 것이 있으면 양반 관리들이 와서 약탈해 간다. 이런 상황에서 인민들은 '스스로의 노력으로 경작하여 생활해 나가려고 하면 양반 관리가 그 이익을 착취해 가고 심지어는 생명까지 빼앗으려고 하니 차라리 농공상農工商의 직업을 그만두어 위험을 면하는 편이 났다'고 말한다. 이 때문에 유식遊食하는 민民이 전국에 가득 차 국력이 날로 소모되기에 이르렀다."[189]

"(오늘의 조선의 양반관리들은) 단지 자기 자신의 가문家門이나 일족一族의 부귀富貴만을 바라고 종사宗社와 서민(庶民=黎民)의 안위安危는 전혀 생각하지 않으며, 오직 민民의 고혈膏血을 빨고 국가의 재물을 도적질하여 자기 것으로 만들며, 충성스럽고 양심적인 사람들을 배척하고 망령되게 무고한 인민들을 해치는 것을 낙樂으로 삼는다. 또한 뇌물賂物이 공공연하게 행해지고 관직이 공공연하게 매매됨으로써 상하上下가

---

[189] "人民이 一物을 製하면 兩班官吏의 輩가 此를 橫奪하고 百姓이 辛苦하여 銖鎰를 積하면 兩班官吏等이 來하여 此를 掠取하는 故로 人民은 말하되 自力으로 自作하여 衣食코자 하는 時는 兩班官吏가 그 利를 吸收할 뿐 만 아니라 甚함에 至하여는 貴重한 生命을 失할 慮가 有하니 차라리 農工商의 諸業을 棄하여 危를 免함만 같지 못하다 하여 이에 遊食의 民이 全國에 充滿하여 國力이 日로 消耗에 歸함에 至하였나이다(『金玉均全集』, 池運永事件 糾彈上疏, 147쪽)."

모두 재물을 탐하고 공사公私의 일이 병폐并廢되었다. 국민의 피를 빨고
국가의 재물을 훔친 자만이 태수太守의 관직을 얻을 수 있고 충성스럽
고 양심적인 사람들(忠良)을 배척하고 무고한 인민들을 해친 자만이 재
상宰相의 지위에 오를 수 있다. 이렇게 되니 백성들은 언덕과 구렁텅이
로 던져져 사방으로 흩어지고 부모·형제·처자식을 보지 못한 채 혹은
굶어죽거나, 얼어죽거나, 한恨이 맺혀 죽거나, 의약醫藥이 없어 병들어
죽거나, 죄가 없는 데도 벌을 받아 죽거나, 굶주림과 추위를 못 이겨
도적盜賊이 되었다가 피살被殺되기도 한다."[190]

이처럼 김옥균과 박영효가 다수 피지배 민중들의 생활권을 신장
시키기는커녕 오히려 그들에 대한 착취와 수탈을 통해 일신一身과
자신이 속한 일족의 부귀영화를 추구하는 당시 조선 양반 관료 사
회의 행태와 이를 조장하는 각종 제도적 폐해를 강력히 비난한 것
은 당시의 대내적 모순의 원인이 지배 계층 자체에 있다고 보는 양
자의 인식을 보여 주는 것이라고 할 수 있다.

대내적 모순에 대한 지적과 더불어 김옥균과 박영효는 개화 사
상가로서 세계에 대한 폭넓은 지식을 바탕으로 당시 조선의 상황
을 서양 또는 일본과 대비시켜 설명함으로써 조선 사회의 후진성後
進性과 대내적 개혁의 결여를 비판하기도 했다. 먼저 김옥균은 수

---

190 "但顧身家門族之富貴, 而不雇宗社黎民之安危, 唆民膏血, 盜竊國財, 以爲
私, 屛斥忠良, 忘殺無辜, 以爲快, 賄賂公行, 而官位公賣, 上下貪財, 而公私
幷廢, 能唆民血, 竊國財者, 官至太守, 能斥忠良, 殺無辜者, 位進宰相, 而百
姓轉乎丘壑, 散離四方, 父母兄弟妻子, 不得相見, 或餓死, 或凍死, 或寃恨
而恚死, 或無醫藥而病死, 或無罪而受刑戮, 或困飢寒爲盜而被殺(『近代韓國名
論說集』, 開化에 대한 上疏, 12쪽)."

십 년 동안 생활 환경의 후진성으로 인해 전염병이 확산되어 특히 생산의 주체인 장정壯丁들이 많이 희생됨에도 불구하고 정확한 원인을 파악하지 못한 채 주술呪術로써 이를 해결하려고 하거나 아니면 아무 대책 없이 전염병이 사라지기만을 기다리는 상황을 지적하면서,191 "현재 구미歐米 각국들은 많은 기술 부문 중에서도 특히 의학醫學 분야를 가장 중요한 것으로 간주하는데 그것은 의학이 곧 생명과 관련된 것이기 때문이다. 그런데 우리나라는 관청에서 민가民家의 마당에 이르기까지 물이 넘쳐 도랑(하수도)이 막힘으로써 더러운 냄새가 코를 찔러 견디기 어려우니 실로 외국의 비웃음을 받을 만한 일이다"192라고 하여 의학적 지식의 결핍으로 인한 사회적 저발전의 예를 들어 조선의 후진적 측면을 표현하였다. 박영효는 좀 더 거시적巨視的인 차원에서 비슷한 객관적 조건에도 불구하고 서구 문물의 과감한 수용을 통해 개명開明과 부국강병富國强兵을 이룩한 일본에 비하여 조선은 여전히 폐쇄성에 기인한 후진적 저발전의 상태에 머물러 있다는 점을 다음과 같이 지적했다.

"인접한 한 국가(일본을 지칭)는 같은 아시아 민족으로서 같은 우로雨露의 혜택과 일월日月의 빛을 받았고, 우리나라와 비교해서 토지의 대소大小나 물산物産의 다소多少에 있어서 차이가 없음에도 오직 일을 행하

---

191 "數十年來, 怪疾癘疫, 盛行於夏秋之間, 一人雖患, 傳染至於千百, 死亡相踵率, 多廐役之壯丁, 此非但由於居處不潔飮食無節, 染穢之物, 堆積街衢, 毒氣之所, 攻偏受已, 當此之時, 其或富厚尊貴, 稍知攝養者, 焦焉如座洪爐中, 祈禳呪符, 無所不至(『金玉均全集』, 治道略論, 5쪽)."

192 "現今歐米各邦, 技術之科目甚多, 惟醫業置之第一等, 以爲生民之命所關係也, 我國自公廳, 以逮民居門庭, 沮洳溝道遊塞, 熏穢之逼人, 有掩鼻不堪之歎, 實爲外邦所譏頃者(위의 책, 5-6쪽)."

는 데 있어서 우리와는 달라서 이미 개명開明의 도道를 이루었고 문예文
藝와 무비武備가 융성하여 부유하고 강한 나라가 되어 가고 있다. 그런
데 우리나라는 아직도 어리석은 수준에 머물러 있어서 마치 미치광이
나 바보 또는 주정뱅이처럼 세상 돌아가는 일들을 분별하지 못함으로
써 남에게 모욕侮辱을 받고 있으니 정말로 창피한 일이다."[193]

　이와 같은 김옥균과 박영효의 현실관은, 앞서 살펴본 유길준의
그것과 비교해 볼 때, 개화 사상가로서의 공통된 현실 인식에도 불
구하고 비판의 주안점에 있어서는 상이한 점이 보이고 있다. 구체
적으로 당시 조선이 총체적 위기 상황에 놓여있었다는 점과 그 위
기의 원인이 집권 세력과 보수 세력, 그리고 일반 국민들의 변화하
는 세계에 대한 새로운 인식의 결여와 그로 인한 피지배 계층의 생
활 안정과 국가적 발전, 즉 개화開化를 이룩할 수 있는 각종 제도적
장치의 부재에 있었다는 점을 지적한 것에 있어서는 공통된 현실
인식을 가지고 있었다고 할 수 있다. 그러나 유길준이 수구 세력의
친청親淸 사대주의 외교 노선에 대한 직접적 비판을 하지 않고, 또
과거 제도의 폐해와 유의유식遊衣遊食하는 양반 계급의 비생산성을
강력히 비판하면서도 매관매직賣官賣職과 친족 정치親族政治 등 양반
관료 사회의 구조적 모순에 대해서는 구체적 언급을 삼갔으며, 특
히 군주의 무능에 대해서는 일체 비난의 표현을 쓰지 않았던 것에

---

193 "且　有一國, 以同類之人, 同沾雨露之澤, 被日月之光, 而比我邦, 壤地無甚
大小之別, 物産亦無豊少之異, 而只行事有別, 彼已就開明之道, 修文藝, 治
武備, 幾與富強之國, 同馳, 而我尙在蒙昧之中, 如痴如愚, 如醉如狂, 不變
世界之事, 而自取侮辱於天下, 此無恥之甚也(『近代韓國名論說集』, 開化에 대한
上疏, 13쪽)."

비해 김옥균과 박영효는 이에 대한 강력한 비판을 제기했다.

이러한 양자 간의 공통점과 차이점은 개혁·개방의 방향과 속도에 관한 김옥균·박영효의 전반적인 논의를 통해서도 두드러지게 나타나고 있다. 즉 개화 사상가의 공통된 특징으로서 김옥균과 박영효도 기본적으로 유길준과 같이 대외적 개방과 대내적 개혁을 개화開化를 주요 내용으로 설정하고, 그것의 구체적 요소로서 평화적 대외 관계의 공고화鞏固化, 교육을 통한 국민 의식의 고양高揚, 정치의 효율성과 민생 안정, 국가적 생산력 발전을 위한 각종 법적·제도적 장치의 마련, 그리고 국방력의 강화를 통한 국가적 독립성의 유지 등을 제시했다. 김옥균이 "오직 밖으로는 널리 구미歐米각국과 신의信義로써 친교親交하고 안으로는 정치를 개혁하여 우매愚昧한 인민을 교육하되 문명文明의 도道로써 하며, 상업商業을 발전시켜 재정財政을 정비하고 양병養兵하여 국가를 보위하는 것은 어려운 일이 아니다"[194]고 한 것과, 박영효가 세계에 대한 인식의 확대, 법질서의 정비, 경제의 활성화, 양생養生의 제도 마련, 국방력의 강화, 국민에 대한 교육, 정치 개혁, 그리고 국민의 자유권 행사 보호 등을 개혁·개방의 방향으로 제시한 것[195]은 이 점을 나타내 주는 것이라고 하겠다.

---

194 "오즉 外로는 널히 歐美各國과 信義로써 親交하고 內로는 政略을 改革하여 愚昧의 人民을 教호대 文明의 道로써 하고 商業을 興起하여 財政을 整理하고 또 兵을 養함도 難事가 아니오니(『金玉均全集』, 池運永事件糾彈上疏文, 146쪽)."

195 "一曰, 宇內之形勢, 二曰, 興法紀安民國, 三曰, 經濟以潤民國, 四曰, 養生以健殖人民, 五曰, 治武備, 保民護國, 六曰, 教民才德文藝以治本, 七曰, 正政治, 使民國有定, 八曰, 使民得當分之自由, 以養元氣(『近代韓國名論說集』, 開化에 대한 上疏, 12-23쪽)."

이렇게 개화의 방향성에서는 양자 간에 비교적 같은 측면을 많이 보여 주고 있음에도 개화의 속도에 관해서는 유길준이 급진 개화파의 노선을 철저히 반대하는 입장에서 점진적 개혁·개방의 당위성을 주장한 것과는 달리 김옥균과 박영효는 급속한 개혁·개방의 필요성을 적극 주장했다. "속담에 '때(時)는 지금이요 지금이 아니면 다시 때가 없다'고 하였다. 만일 해야 할 일을 하루 지체하면 하루 만큼의 해害가 생기고 하루 빨리 하면 그만큼의 이익을 얻게 되는 것이니 어찌 시일을 지체하여 이익을 버리고 해를 취하겠는가? 이 것은 무지無智가 심한 것이다"[196]라고 한 박영효의 말에서도 알 수 있듯이, 김옥균과 박영효로 대표되는 소위 급진 개화파는 유길준의 인식과는 달리 급속한 개화만이 위기 극복과 국가 발전을 위한 가장 현실적인 대안적 방향이라는 점을 분명히 하였던 것이다.

이와 관련하여 또 한 가지 지적할 수 있는 것은 유길준이 개화의 상대성相對性, 즉 개화 과정의 국가마다의 독자성과 차이를 강조하면서 한국의 경우에는 유학적 오륜 질서五倫秩序의 유지를 의미하는 행실行實의 개화를 개화의 주요한 내용 중 하나로 제시하고, 또 변해야 할 것과 변하지 않을 것이 있다고 하여 인간과 세계에 대한 확대된 인식을 바탕으로 한 법적·제도적 변화의 필요성을 강조하면서도, 제왕권적帝王權的 권위 질서 자체를 불변적인 것으로 파악한 것에 비해, 김옥균과 박영효는 개화의 상대성이나 군주권의 영속성을 주장하는 논리를 전혀 언급하지 않았다는 점이다. 오히려

---

196 "諺云, 時者, 今時也, 今時之外, 更無今時, 若事當行, 而遲一日, 則有一日之害, 速一日, 則有一日之利, 何可虛延時日, 自拗我利, 而取害乎, 此無智之甚也(위의 책, 13쪽)."

그들은 공통적으로 조선의 후진성을 적극 인정하는 입장에서 이미 발전을 이룩한 서구와 일본의 경우를 들어 좀더 철저하고 근본적인 개혁·개방의 당위성을 역설하였던 것이며, 이러한 인식을 가진 그들로서는 제왕권 유지·강화론이 국가 발전의 기본 토대가 될 수는 없는 것이었다. 이 점은 김옥균과 박영효가 위기 극복과 발전의 책임자로서 현실 군주의 안일한 태도와 무능력을 구체적으로 지적한 것[197]에서 잘 나타나 있다.

이처럼 김옥균과 박영효는 문호 개방기 조선이 처한 대내외적 위기의 원인을 대내적으로는 피지배 계층에 대한 수탈과 착취에만 몰두하고, 대외적으로는 국가적 위기에 적절히 대처하지 못하고 있는 현실 군주와 집권 세력의 무능력과 부패, 그리고 양반 관료 사회의 구조적 모순에 있음을 정확히 인식하고, 이를 극복하여 다수 민중의 생존권과 국가적 독립 유지를 확보하기 위한 개혁·개방의 방향성을 제시했다. 따라서 이들의 정치 목표가 철저히 피지배

---

[197] 예를 들어 김옥균이 영국의 거문도 점령 사건을 언급하면서 "사태의 형세가 이와 같은데 왕께서는 어떠한 책략策略으로 망국亡國의 주인됨을 면하려 합니까?"("事勢 이미 이와 같은데 陛下는 何等의 策이 有하여 亡國의 主됨을 免코자 하나이까", 『金玉均全集』, 池運永事件糾彈上疏文, 144쪽)라고 하여 당시 고종高宗의 무능을 질책한 것이나, 박영효가 "무릇 국가의 제도를 바로 잡고 군대를 양성하는 일은 시대는 달라도 같은 일로서 고금古今의 차이가 없는 것인데, 어찌 왕께서는 이러한 일들은 살피지 않고 오직 궁궐 속에 앉아 하는 일없이 세월을 보내며, 그것으로 낙樂을 삼고 인민人民의 괴로움과 곤란함을 살피지 않습니까?"("凡制國治國之道, 時異事同, 古今無殊, 陛下何不鑑於此, 而乃安然深御于九重之中, 日與左右優遊, 獨自爲樂, 而不察閭巷人民之艱難乎", 『近代韓國名論說集』, 開化에 대한 上疏, 12쪽)라고 하여 고종高宗에 대해 직접적인 비판을 가한 것은 이들이 유길준과는 근본적으로 다른 정치적 입장에 서 있었음을 보여 주는 것이라고 할 수 있다.

계층의 입장에서 대내적 개혁과 대외적 개방을 통해 발전을 이룩
함으로써 다수 국민의 생존권과 생활권을 보호하고, 이를 바탕으
로 약육강식弱肉强食의 국제 정세 속에서 국가적 독립성을 보존해
나가는 보민호국保民護國이 되는 것은 당연한 논리적 귀결이었다.

　먼저 김옥균과 박영효의 정치 목표가 보민호국에 있었다는 점은
김옥균이 "나는 처음부터 민民의 삶(生民)을 위하여 정신을 다할 뿐
이었지 감히 난폭한 행동으로 생민生民을 해친 일은 없다"[198]고 한
것이나, 박영효가 "무릇 정부의 취해야 할 목표는 보민호국뿐이
다"[199]라고 명확히 규정한 데서 잘 알 수 있다. 중요한 것은 이들이
목표로 하는 피지배 계층의 생존권 보호, 즉 보민保民이 유길준과
같이 제왕권의 절대성 인정을 전제로 한 것이 아니었다는 점이다.
오히려 이들은 국가의 주인이 곧 인민이며 군주란 단지 통치를 담
당하는 직업을 가진 인간에 불과하다는 인식을 가지고 있었다. 따
라서 군주가 인민을 보호하는 자신의 직책을 다하지 못할 경우에
인민이 그 군주를 배반하는 것도 당연하다는 입장을 취하였다. 박
영효가 강태공姜太公의 말을 빌려 "국가는 제왕의 국가가 아니라 인
민의 국가이고 제왕은 국가를 다스리는 직職일 뿐이다. 따라서 인
민과 국가의 이익을 함께 하는 자는 국가를 얻게 되고 국가의 이익
을 자기 마음대로 처리하는 자는 곧 국가를 잃게 되는 것이다"[200]

---

198 "臣은 己上에 屢述함 과如히 當初부터 生民을 위하여 精神을 盡할뿐이오
　　敢히 亂暴의 擧動을 하여 生民을 茶毒한 事는 없나이다(『金玉均全集』, 池運永
　　事件糾彈上疏文, 145쪽)."
199 "大政府之趣的者何也, 保民護國是耳(『近代韓國名論說集』, 開化에 대한 上疏, 12
　　쪽)."
200 "姜太公所謂, 我邦非帝王之邦國, 乃人民之邦國, 而帝王治邦國之職也, 故
　　同邦國之利者得邦國, 擅邦國之利者失邦國(위의 책)."

라고 하고, 또 "무릇 (군주가) 민民의 부모로서 대중大衆들의 괴로움
과 고통을 생각하지 않는다면 그들은 장차 어디를 향하여 호소하
겠는가? 반드시 장래에 그 군주를 배반하고 자신들을 보호해 주는
곳으로 향하게 될 것이다"[201]라고 함으로써, 제왕권의 절대성과 영
속성을 전면적으로 부정한 것은 이들의 정치적 입장이 유길준의
그것과 상이하였다는 사실을 잘 보여 주는 것이라고 하겠다.

　물론 유길준도 정부라는 것이 국민을 위해 기능해야 한다는 점
과 군주를 포함하여 인간들 사이에는 본질적 평등성이 존재한다는
점을 적극 주장함으로써 유학의 차별관을 부정하는 입장을 취하기
도 했다. 그러나 다른 한편으로 현실 제왕권의 변동 가능성을 배제
한 채 단지 정부의 교체만을 상정하는 보수적 한계를 보여 주었음
에 비하여 소위 급진 개화파 사상가들은 정부 교체의 당위성[202]은
물론, 앞에서 언급한 바와 같이, 국민의 이익에 반反할 경우 제왕권
자체의 변동까지도 당연한 것으로 간주하는 좀더 혁신적인 민지향

---

201 "凡爲民之父母, 而不顧衆之辛苦, 其衆將何向而訴之乎, 必將反其所不親,
　　而向其所親(위의 책)."
202 구체적으로 박영효는 "인간이 정부를 세운 것은 인간의 본연적 권리를 보
　　호하기 위한 것이지 제왕帝王을 위해 세운 것은 아니다. 따라서 정부가 그
　　러한 권리를 보호하여 민民이 좋아하는 것은 좋게 하고 싫어하는 것은 나
　　쁘게 한다면 권위를 얻을 수 있지만, 만약 그와 반대로 민民이 싫어하는 것
　　을 추구하고 좋아하는 것은 시행하지 않는다면 민은 반드시 그 정부를 변
　　혁變革하여 새로운 정부를 세울 수밖에 없는데, 이것은 인민의 당연한 권
　　리이며 직분職分인 것이다"("是以人間立政府之本旨, 欲固此通義也, 非爲帝王設者
　　也, 故政府保其義, 好民之所好, 惡民之所惡, 則得其威權, 若反是, 戾其義, 惡民之所好,
　　好民之所惡, 則民必變革其政府, 而新立之, 以保其大旨, 此人民之公義也, 職分也", 위의
　　책, 22쪽)라고 하여 국민에게 정부교체권政府交替權이 부여되어 있다는 점을
　　명확히 하였다.

적民指向的 입장[203]을 취한 것으로 평가할 수 있을 것이다.

김옥균과 박영효의 이와 같은 민 지향적 태도는 물론 당시 개화 사상가들을 중심으로 폭넓게 전파되었던 서구 근대 시민 사상市民 思想을 수용한 것에도 기인하는 것이라고 보인다. 그러나 동시에 구 체적 내용을 검토해 볼 때 동아시아의 반유학적反儒學的 전통 사상 인 묵가 사상墨家思想과, 이에 영향을 받은 한국의 반주자학적反朱子 學的 개혁 사상의 흐름과도 일맥상통하고 있음을 알 수 있다. 즉 앞 서 살펴본 그들의 군주권君主權의 존재 근거 또는 군주권의 영속성 부정에 대한 논의는 멀리는 묵학 사상墨學思想의 정치론,[204] 가깝게 는 김시습金時習·박세당朴世堂·홍대용洪大容·정약용丁若鏞 등 한국의 반주자학反朱子學 개혁 사상의 정치론[205]과 일맥상통하고 있다. 이

---

203 이와 관련하여 박영효가 "어린아이와 어른, 빈천貧賤과 빈부貧富를 막론하 고 그 신명身命은 같은 것이니 비록 한 가난한 아이의 해진 옷이라도 제왕 帝王의 영지領地와 같이 법法으로써 보호해야 한다"("云小兒, 云大人, 云貧賤, 云富貴, 其身命一也, 雖一貧兒之敝衣, 以法護之, 則與帝王之領地同矣", 위의 책, 16쪽) 고 한 것 또한 피지배 계층의 생존권과 생활권 보호를 지향하는 급진 화파 사상가들의 정치 목표를 보여 주는 것이라고 하겠다.

204 묵자墨子는 자신의 정치론에서 "옛날에 하나님과 귀신이 나라와 도읍을 건 설하고 우두머리를 세웠던 것은 그에게 높은 작위를 주고 많은 녹을 주어 부귀하게 놀며 편히 지내라는 것이 아니었다. 그것은 백성들을 이롭게 해 주고 재해를 없애 주며, 가난하고 외로운 사람들을 부귀하게 해 주고 위태 로운 것을 편안하게 해 주며, 어지러운 것을 다스리라는 것이었다"("古者上 帝鬼神之建設國都, 立正長也, 非高爵, 厚其祿, 富貴佚而錯之也, 將以爲萬民興利除害, 富 貴貧寡, 安危治亂也", 『墨子』, 尙同中篇)고 하여 정치권력의 존재 근거가 평등한 개체로서 다수 인간의 이익을 확대하는 데 있음을 명확히 했다.

205 구체적으로 15세기에 활동한 김시습은 "임금된 자라도 그에게서 민심이 떠나면 하루 저녁을 지나지 않아 필부匹夫가 될 것이니 군주와 필부 사이 에는 아주 작은 차이밖에 존재하지 않는다. 따라서 군주된 자는 백성을 수 탈하지 않고 백성에게 이익을 줄 수 있도록 항상 삼가야 한다. 군주의 곡

것은 곧 김옥균·박영효 개화 사상의 사상적 성격과 연원이 서구의
계몽적 지식과 함께 반유학反儒學을 지향하는 동아시아 전통 사상

물 창고는 백성의 신체이고, 의상과 관복은 백성의 피부이며, 술과 음식과
반찬은 백성의 기름이고, 궁궐과 마차는 백성의 힘이며, 공물貢物과 그릇
은 백성의 피다. 백성이 생산물 가운데 10분의 1을 조세로 거두어 군주에
게 바치는 목적은 군주로 하여금 그 총명을 다하여 백성을 다스리게 하려
는 데 있다"("民心離散, 則不待一夕, 而爲匹夫, 君主匹夫之間, 不啻毫釐之相隔, 可不
愼哉, 是故倉廩府庫, 民之體也, 衣裳冠履, 民之皮也, 酒食飮膳, 民之膏也, 宮室車馬, 民
之力也, 貢賦器用, 民之血也, 民出什一, 而奉乎上者, 欲使元后用其聰明, 以治乎我也",
『梅月堂全集』, 梅月堂集, 卷二十, 義, 愛民義)고 하여 군주권의 절대화·영속화를
전면적으로 부정하는 한편 군주권의 근거가 백성의 이익 보호에 있다는
점을 강조했다. 또한 17세기의 개혁 사상가 박세당은 "무릇 국가에 민民이
있고 군君이 있는 것은 군주 한 사람만을 사사로이 받들고 백성들을 잔인
하게 해치는 데 있는 것이 아니다. 단지 군주란 백성들을 위한 정치를 행
하도록 그 역할을 기탁 받은 존재일 뿐이다"("夫國之有民有君者, 非以私奉一人
而殘百姓也, 乃寄治焉已矣", 『西溪全書』, 西溪先生集, 卷五, 疏箚, 應求言疏 丁未)라고
했다. 이와 함께 박세당은 더 나아가 "군주와 신하가 된다는 것은 그 변화
가 무궁하기 때문에 반드시 지킬 수 있는 것이 아니다"("爲君臣其變無窮, 則
其不可只守", 위의 책, 南華經註解刪補, 卷五, 外篇, 徐無鬼第二十四)라고 하여 군주
권의 절대성을 거부하는 동시에, 군주가 대중을 소홀히 하여 함부로 행동
할 경우 끝내는 뒤집혀 망하게(覆亡) 된다("奈何爲萬乘之主, 而一身之小, 忽億兆
之衆, 恣行不顧, 任智自用, 終取覆亡", 위의 책, 新註道德經, 上經)고 주장하는 등 명
확한 피지배 민 중심의 정치적 입장을 표명하기도 했다. 북학파 실학사상
의 대표자 홍대용 역시 "우리나라에는 원래 군장君長이 없었으나 신인神人
이 태백산 아래로 내려와서 그를 임금으로 추대하고 단군檀君이라고 불렀
다"("東方初無君長, 有神人降于太白山檀木下, 推以爲君, 號曰檀君", 『湛軒書』, 外集, 卷
二, 乾淨衕筆談上)고 하고, 또 "(패도覇道의 정치에 있어서는) 왕이 의복을 검소하
게 하고 조세를 경감하는 것이 백성을 위한 것이 아니고, 어진 사람을 존
경하고 유능한 사람을 등용하는 것이 나라를 위하는 것이 아니다. … 오직
선조先祖의 혈통에 따라 지위를 보전하고 죽을 때까지 존귀함과 영화榮華
를 누리며 이를 이세二世·삼세三世에 걸쳐 무궁토록 전하려 하는 것이다"
("儉用菲組, 非以爲民也, 尊賢使能, 非爲國也, … 惟守成保位, 沒身尊榮, 二世三世, 傳之
無窮", 위의 책, 內集, 補遺, 毉山問答)라고 함으로써 군주권의 근원을 인민의 추

과 이를 근간으로 하면서 개별 사상가의 독창성을 바탕으로 전개
되었던 반주자학反朱子學的적 또는 반유학적反儒學的 개혁 사상에 있
음을 보여 주는 중요한 근거라고 할 수 있을 것이다.

이와 같이 제왕권의 유지를 전제로 하는 보국안민保國安民을 정치
목표로 설정한 유길준과는 달리 김옥균과 박영효로 대표되는 급진
개화파 정치사상가들은 제왕권의 변동까지도 인정하는 범위 내에
서 철저한 피지배 민중심의 보민保民과 이를 바탕으로 한 호국護國
을 정치 목표로 상정했다. 따라서 이러한 정치 목표 하에 전개된
이들의 인성론과 국내 질서관이 삶의 욕구 주체로서 그리고 천부天
賦의 권리를 부여받은 평등한 개체로서 인간을 규정하고, 또 사회
내에서 그러한 인간들 사이에 일체一切의 차별이 존재할 수 없음을
주장하는 것이 됨은 당연한 결과였다. 그리고 그것은 궁극적으로
동아시아 사회를 지배해 온 전통적인 유학적的 차별관을 부정하는
근대적인 질서관을 지향하는 것이었다.206

대推戴에 의한 것으로 파악하는 동시에 군주의 역할을 백성과 국가를 위한
것으로 명확히 규정했다. 실학의 집대성자라고 평가되는 정약용 역시 "천
자天子라는 자리는 군중群衆 추대에 의해서 형성된 것이다. 군중의 추대에
의해서 이루어진 것이기 때문에 군중이 추대하지 않는다면 그 자리가 있
을 수 없는 것이다"("天子者, 衆推之而成者也, 夫衆推之而成, 亦衆不推之而不成",
『與猶堂全書』, 卷十一, 詩文集, 論, 湯論)라고 하고 또 "천자天子란 한 발만 내려
서면 필부匹夫에 불과하다"("天子儼一下堂則匹夫也", 위의 책, 卷五, 經集三, 孟子
要義, 卷二)고 주장함으로써 군주권의 절대화 논리를 부정하고 일반 국민의
추대에 의해서만 군주권이 성립·유지될 수 있음을 천명하는 민 중심의 입
장을 견지했다.
206 유길준과 마찬가지로 급진 개화파 사상가들의 논의 속에는 우주론宇宙論이
결여되어 있다. 이것은 무엇보다 서구 문물과 과학 지식의 폭넓은 전파로
동아시아 전통의 이기론理氣論을 중심으로 우주의 본질을 논의한다는 것
자체가 무의미해졌다는 점과, 이전과 같이 우주론을 통하여 자신의 정치

3. 급진 개화 사상의 이론적 기초

1) 평등적 인성론

먼저 인성론의 측면에서 박영효는 "무릇 인간에게 가장 소중한 것은 의식주의 세 가지이며, 모든 인간은 자신의 재화를 증식시켜 부富를 이루려는 욕구를 가지고 있다"[207]고 함으로써, 인간이 동등한 삶의 욕구 주체라는 점을 명확히 밝혔다. 앞서 살펴보았지만 욕구 주체로서의 인간성 규정은 인의예지仁義禮智의 차별 원리를 본성으로 규정하여 대내적 차별 질서를 유지·강화하려는 주자학 또는 유학의 인성론에 반대하여 다수 피지배 계층의 생존권과 이익 추구권을 확보하려고 했던 한국 개혁 사상가들의 공통된 사상적 견해[208]였다. 이런 점에서 개화 사상가들의 논의가 결국 한국 개혁 정

사상을 간접적으로 표출할 필요가 없어졌다는 점, 그리고 형이상학적 우주론을 전개하기에는 정치적 상황이 매우 급박하게 전개되었다는 점 등에 기인한 것으로 보인다. 그러나 인성론이나 국내 질서관의 경우에는 사상가의 정치 목표를 직접적으로 반영할 수 있다는 측면에서 여전히 유효한 논리적 근거로 활용되고 있음을 알 수 있다. 또 한 가지 김옥균이나 박영효의 논의 속에 개체로서 국가간·민족간 관계에 대한 구체적 논의가 제시되지 않고 있다. 이것은 그들의 현실관을 통해서도 드러났듯이 약육강식의 국제 정세 속에서 조선의 후진성을 기초로 한 저발전이 명확하게 드러나 있고, 또 서구 열강의 중국 침략은 물론 조선 침투가 급격히 진행되고 있는 시점에서 국가간 또는 민족간 관계의 평등성 주장이 무의미한 것이라는 인식과, 그보다는 국가의 독립을 유지할 수 있는 구체적 정책 대안의 마련이 절실하다는 양자의 인식을 기초로 한 것이라고 볼 수 있다.

207 "凡人之所重者, 以衣食住三事爲大, 無不欲增財致富(『近代韓國名論說集』, 開化에 대한 上疏, 17쪽)."

치사상의 흐름에 연원하고 있음을 알 수 있다. 그러나 이들은 단순히 욕구 주체로서의 인간성을 규정하는 데 머물지 않고 서구 지식의 유입과 수용으로 통해 이루어진 인간에 대한 인식의 확대를 바탕으로 인간이라면 모두 생명권과 자유권, 그리고 행복 추구권을 보유하고 있다는 점에서 평등한 존재라는 것을 주장하는 데까지 발전하였다. 박영효가 "하늘이 인간을 탄생시킬 때 모두 동일한 권리를 부여하였으니 그것은 인간이 자신의 생명을 스스로 보전하고 자유를 추구하며, 행복할 것을 희망할 수 있는 권리로서 이것은 타인他人으로서는 어찌할 수 없는 것이다"[209]라고 한 것은 이에 대한 설명이라고 할 수 있다.

이처럼 모든 인간이 생명 보전권生命保全權과 자유와 행복 추구권을 천부天賦의 권리로서 부여 받은 욕구 주체이고, 그러한 권리는 타인他人에 의해서 침해될 수 없는 것이기 때문에 만일 인간이 혼자

---

208 예를 들어 홍대용은 "인간이 세상에 살면서 갖게 되는 욕구는 무한無限하다. 좋은 음식을 먹고 곱고 아름다운 여자를 거느리며 높은 지위에 올라 권세를 누리고 진기한 물건을 보려고 하는 것 등은 인간이면 누구든지 가지고 있는 욕구이다"("人之生世也, 願慾無極, 華美之奉, 靡曼之色, 崇高之位 煇赫之權 珍怪之物 詭異之觀 人皆慕之", 『湛軒書』, 內集, 補遺 毉山問答)라고 함으로써 인간이 삶의 욕구 주체라는 점을 명확히 했다. 또한 정약용의 경우에는 "인간으로서 칠정七情이 없다면 어찌 인간이라고 할 수 있겠는가?"("人而無七情, 奚其爲人也", 『與猶堂全書』, 第二集, 經集, 大學講義, 卷二)라는 말로써 인간이 동등한 삶의 욕구 주체임을 표현했으며, 최한기는 "인간은 누구나 먹고 마시는 일을 하며 또 누구나 먹고 마실 욕구를 가지고 있다"("人各有飮食之事, 又各有飮食之欲", 『明南樓叢書』, 一, 神氣通, 卷二, 口通, 饑飽與人同)고 하여 본연적本然的 욕구 주체로서의 인간성을 규정했다.

209 "天降生民, 億兆皆同一, 而稟有所不可動之通義, 其通義者, 人之自保生命, 求自由希幸福是也, 此他人之所不可如何也(『近代韓國名論說集』, 開化에 대한 上疏, 위의 책, 22쪽)."

서는 살아갈 수 없는 존재[210]라는 점을 망각한 채, 오직 자신의 본
성에 기인한 욕구만을 추구하여 타인의 권리를 침탈하는 경우에는
그것을 강제적으로 제재制裁함으로써 타인의 권리를 보호할 수밖에
없다는 것[211]이 김옥균과 박영효의 입장이다. 그들에게 있어 소위
법률法律의 존재 근거는 바로 이러한 인식을 기초로 한 것[212]이었
다. 이 점은 앞서 살펴본 유길준의 논리와 대동소이大同小異한 것으
로서 문호 개방기 당시 개화 사상가들이 가졌던 인간의 평등적 권
리에 대한 보편적 인식을 보여 주는 것[213]이라고 하겠다.

---

210 "且人者不能獨處, 必賴他而遂生者也(위의 책, 17쪽)."

211 "凡人性因喜怒哀樂恐懼憂慮, 而失其常, 故裁刑判罪, 不可不任他人處斷也
(위의 책)."

212 박영효는 이와 같은 법률에 의한 제재制裁와 함께 도덕적道德的 측면의 인
식을 통하여 타인의 권리를 손상시키지 않을 것을 다음과 같이 요구했다.
"무릇 부귀富貴와 이익을 얻는 방법에는 두 가지가 있느니 하나는 자기 스
스로의 노력이 자신은 물론 타인他人에게도 이익을 주는 경우이며, 다른
하나는 자신의 이윤 추구가 타인에게 손해를 입히는 경우이다. 이를 통해
볼 때, 문명文明한 사람은 각각 무엇이 옳고 그른가를 판단하여 자신의 이
익 추구가 타인에게 해를 미치지 않도록 해야 한다."("凡富貴利達有二道, 一
曰, 勞自己之心力, 而兼有益於他人, 一曰, 損害他人, 而以潤自己, 是以文明之人, 各知是
非, 而無害人利己之事", 위의 책). 이것은 동등한 욕구와 권리를 가진 인간으로
서 자신이 사회 내에서 추구하는 욕구와 권리가 공동체의 이익에 도움을
주는 것이어야 한다는 점을 밝힌 것이기는 하지만, 그것이 이전 한국 개혁
사상가들에게서 보이는 공익公益에 대한 사익私益의 희생을 의미하는 것이
라고는 볼 수 없다. 즉 급진 개화파에게 있어 가장 중요한 점은 소위 공익
公益이라는 미명 하에 희생되고 있는 다수 피지배 계층의 생존권을 회복
시키는 데 있었으며, 다만 소수 귀족 계층의 수탈에 의한 부의 획득을 견
제할 필요성 위에서 타인의 이익 보호를 도덕적 당위로 제시한 것이라고
할 수 있다.

213 유길준과 근본적으로 동일한 논리로서 박영효 또한 "소위 자유自由라는 것
은 자기가 생각하는 것을 할 수 있는 것을 의미하는 것으로서 천지天地의

　이러한 평등한 개체로서의 인간의 천부적天賦的 권리 보호라는
법률의 존립 근거에 대한 양자兩者의 공통된 인식에도 불구하고, 유
길준과 김옥균·박영효가 각자의 정치 목표의 상이성相異性에 기인
하여 법률의 제정制定과 행사의 주체主體에 대한 논의에 있어서 서
로 다른 입장을 취한 것 또한 사실이다. 즉 유길준이 제왕권의 영
속화를 지향하여 법률의 제정권과 집행권의 유일 주체唯一主體로서
군주君主의 권한을 절대화하고, 다만 법관法官은 이러한 군주의 권
한을 위임받아 행사하는 것이라는 주장을 통해 법률의 구애를 받
지 않는 제왕권을 상정하였다면, 현실 군주에 대한 직설적 비판까
지도 서슴지 않았던 김옥균과 박영효는 법률의 제정과 행사에 있
어서 군주의 간섭을 배제할 것[214]과 심지어 군주의 녹봉祿俸까지도

이치理致를 따라 속박束縛과 굴요屈撓가 없는 상태를 말한다. 그러나 또한
인간은 모두 세상과의 교접交接 속에서 서로 도와 이익을 얻는 존재이므로
불가불不可不 자유의 일부를 폐기廢棄하여 세속世俗의 통의通儀에 따르지 않
으면 안 된다. 따라서 국법國法을 따른다는 것은 자유를 폐지하는 것과 같
아 보이지만 사실은 야만野蠻의 자유를 폐기하여 천하의 공통된 이익을 얻
는 것이다. 법률을 설치하여 인간의 죄를 다스리는 것은 비록 천부天賦의
자유를 감소시키는 것과 같아 보여도 실제로는 그것을 통해 처세處世하는
자유를 크게 증대시키는 것이 된다. 그럼에도 불구하고 만일 법률로써 인
간의 의지意志를 함부로 구속한다면 그것은 잘못된 정치(苛政)이며, 범죄자
에게 벌을 주지 않거나 벌을 주는 데 있어 힘(力)으로써 포학暴虐하게 하는
것은 야만野蠻의 자유이다. 법은 관대寬大하게 하되 범죄가 없게 하고, 힘
(力)으로써 억압하지 말고 마음(心)으로 제어制御하는 것이 문명文明의 자유
인 것이다"("所謂自由者, 行其所思之可者也. 只從天地之理, 而無縛束無屈撓. 然人旣
交世, 互得其裨益, 則不可不棄其一部之自由, 而從世俗之通義. 故順從國法, 雖似棄自由,
然實棄蠻野之自由, 而得天下通向之利益也. 設法律制人罪, 雖似減天賦之自由, 然實由此
而大增處世之自由也. 雖然設法猥束人之志, 則苛政也. 雖犯罪而不蒙罰, 以力恣暴虐者,
蠻野之自由也. 法雖寬而無犯, 不制於力, 而制於心, 文明之自由也", 위의 책, 23쪽)라고
하여 자유의 의미와 법과 자유권과의 관계를 설명하기도 했다.

법률로써 정할 것[215]을 요구하는 등 실제적인 측면에서 전통적인
제왕권의 절대화絕對化·공고화론鞏固化論에 반대하는 입장[216]을 분명
히했다. 이 점은 흔히 급진 개화파가 입헌 군주제立憲君主制를 지향
하고 있었다는 것의 근거로서 자주 설명되고 있다. 그러나 그러한
정치 체제적政治體制的 지향성이 갖는 의미도 중요하긴 하지만 무엇
보다 그러한 입장이 내포하는 정치사상적 의미, 즉 김옥균과 박영
효가 군주권의 유지·강화를 지양止揚하고 다수 피지배 계층의 입장
에서 평등한 인간으로서의 권리 보호를 의미하는 보민保民에 자신
들의 정치목표를 두고 있음을 보여 주는 것이라는 점에서 중요성
을 가진 것이라고 하겠다. 이와 같은 보민적保民的 측면은 김옥균이
"못(釘) 하나 송곳錐 하나라도 훔치고, 부호富豪나 권력 있는 사람을
한 번이라도 욕하면 법을 위반했다고 처벌하니, 인명人命의 가볍기

---

214 "凡處訴訟及大小輕重之罪, 只任判官裁之, 而不可以主權擅裁事(위의 책, 17
쪽)."

215 "定君主之祿事(위의 책, 18쪽)."

216 물론 박영효가 "일국一國이 부강富强을 이루어 다른 국가들과 대등한 위치
에 이르기 위해서는 군권君權을 감소시키는 것이 아니라 민民으로 하여금
각기 자유권을 행사하게 하고, 그것을 바탕으로 그들에게 국가에 보답할
수 있는 책임을 부여해야 한다. 이러한 연후然後에 점차 문명文明으로 나아
갈 수 있는 것이다. 이렇게 했을 때 비로소 민民의 안정과 국가의 태평泰平,
그리고 종사宗社와 군위君位가 영구永久히 병행幷行해서 발전할 수 있는 것
이다"("是以誠欲期一國之富强, 而與萬國對峙, 不若少减君權, 使民得當分之自由, 而各
負報國之責, 然後漸進文明也, 夫如此, 則民安國泰, 而宗社君位幷可, 以永久也", 위의 책,
21쪽)라고 함으로써, 일면 유길준과 같이 군주권의 영구화를 지향하는 듯
한 표현을 하였다. 그러나 예문에서도 보이는 것처럼, 군권君權의 유지는
오직 민권民權의 확대를 통해서만 가능하고, 그렇지 않을 경우에는 군권君
權의 유지 자체가 무의미하다는 것을 밝힌 것이라는 점에서, 군권君權에 대
한 일체의 회의나 비판 없이 오로지 인민의 절대 복종을 강조한 유길준의
입장과는 다르다고 할 수 있다.

가 마치 풀 한 포기와 같다"[217]고 하여, 인간의 생명권生命權을 무시하고 악법惡法을 통해 피지배 계급을 억압하는 소수 귀족 계층과 부호층富豪層의 행태를 비판한 것에 잘 나타나 있다. 또한 박영효가 "법률을 시행하는 데 있어 죄가 있으면 비록 귀한 신분이거나 자기가 사랑하는 사람이라도 반드시 처벌하여야 하며, 죄가 없으면 비록 천賤하거나 자기가 싫어하는 사람이라도 억압抑壓하고 핍박逼迫해서는 안 된다"[218]고 하면서, 구체적으로 혹형酷刑의 폐지[219]를 주장한 것이라든가, 노비奴婢조차도 반드시 재판裁判을 통해서 처벌해야 한다고 주장한 것,[220] 그리고 빈민貧民과 사회적 소외 계층에 대한 구제救濟[221]와 남편의 아내와 자식에 대한 포악한 행위를 근절시킬 것[222]을 요구한 데서도 잘 드러나고 있다.

　김옥균과 박영효로 대표되는 급진 개화파는 이처럼 피지배 민지향적民指向的 입장에서 인간이라면 모두 평등한 권리를 부여받았다는 점에서 본연적으로 동등하다는 것을 강조하는 동시에 인간이 각자의 독자적 능력을 보유한 개체라는 점 또한 명확히 밝힘으로써, 개체성을 바탕으로 한 인간간 기능적 평등성을 주장하기도 했다. 인간이 각기 독자성을 가진 개체라는 것의 인정은 "인간은 혼

---

217 "竊一釘錐罵一豪强, 而等閒處辟, 人命輕如草家干, 傷和氣於斯極矣(『金玉均全集』, 治道略論, 14-15쪽)."
218 "有罪則雖貴必罰, 雖愛必刑, 無罪則雖賤不可抑, 雖憎不可迫"(『近代韓國名論說集』, 開化에 대한 上疏, 16쪽)."
219 "廢酷刑, 以保生命事(위의 책, 17쪽)."
220 "嚴禁宰相, 士大夫, 以及庶民, 各於私家用刑, 而雖係自己之子弟, 奴婢, 必抑公裁事"(위의 책)."
221 "設法救窮困之鰥寡孤獨, 及身體不具之民事(위의 책, 19쪽)."
222 "禁夫之行强暴於其妻事, 禁養子孫以强暴事(위의 책)."

자 살 수 없고 반드시 타인他人에게 의존하여 삶을 영위하는 존재이다. 따라서 부득불不得不 타인과 함께 모여 살고 왕래하며 상호 간의 장점을 수용하면서 협력하는 것이다. 이러한 가운데 혹은 사士가 되기도 하고 혹은 농공상農工商이 되기도 하면서 서로 교류하고 왕래하며 분주奔走하게 근로勤勞에 힘쓰는 것이다"[223]라는 박영효의 말에서도 명확하게 보이고 있다. 이와 더불어 인간 개개인의 능력을 최대화하기 위한 제도적 장치로서의 교육의 중요성을 강조[224]하고, 그 구체적 방법으로서 학교를 설치하여 신분적 차별은 물론 남녀의 차별 없이 모두 어렸을 때부터 교육을 받게 해야 한다[225]고 한 그의 교육 정책론敎育政策論을 통해서도 분명히 드러나고 있다.

이상과 같이 김옥균과 박영효는 인간을 삶의 욕구 주체로서, 또 천부天賦의 생명권, 자유권, 행복 추구권을 보편적으로 부여 받은 주체로서, 그리고 각자의 독자적 능력을 보유한 개체로 파악하는 근대적 인성론을 제시했다. 전술前述한 바와 같이 인간에 대한 이러한 인식은 주자학 또는 유학적 차별 질서관에 의해서 억압 받는 인간의 욕구를 해방시켜 다수 피지배 계층의 생존권과 생활권을 확보하는 한편, 인간과 만물萬物이 자연계 내에서 일체의 속박 없이 각기 자신만의 독자적 삶의 방식을 가지고 자유롭고 평화롭게 자신의 삶을 영위하는 것이 자연의 원리라는 점을 들어 인간의 본연

---

223 "且人者不能獨處, 必賴他而遂生者也, 故不得不群居往來, 而相助以其長, 是以或爲士, 或爲農, 或爲工, 或爲商, 奔走勤勞於往來相交之事(위의 책, 17쪽)."

224 "人生而無知, 其所以知者敎也, … 故設校之事, 天下之急務也, 要務也(위의 책, 20쪽)."

225 "設小中學校, 使男女六歲以上, 皆就校受學事(위의 책, 21쪽)."

적 자유성自由性과 독자성獨自性을 부각시키려 하였던 한국 개혁 사
상가들의 인식과 그 맥을 같이하는 것이라고 볼 수 있다. 이러한
전통의 토대 위에서 개화 사상가로서 김옥균과 박영효는 서구의
인간과 사회에 대한 폭넓은 논의들을 자신의 사상에 수용함으로써
더욱 근대적인 인간관을 표명할 수 있었다고 할 수 있다.

2) 국내 질서관

김옥균과 박영효로 대표되는 급진 개화파에게 있어 평등 질서관
의 출발점은 인간이 자유권과 독자성을 가진 동등한 존재라는 인
식으로부터 시작된다. 즉 인간이라면 누구든지 일체의 구속을 받
지 않을 보편적 권리와 각기 자기만의 능력을 보유하고 있기 때문
에 개별 인간이 자신의 적성과 소질에 따라 자유롭게 선택하는 직
업간에는 결코 귀천貴賤의 차별이 있을 수 없다는 것이 이들의 입장
인 것이었다. 박영효가 "인간은 아무런 속박束縛 없이 자기가 좋아
하는 대로 사士가 되고 싶은 사람은 사士가 되고 농공상農工商이 되
고 싶은 사람은 농공상農工商이 될 수 있는 것으로서, 그러한 사농
공상士農工商 간에 직업상職業上이나 문벌상門閥上의 차별이란 있을 수
없다"[226]고 한 것은 평등 질서관을 지향하는 이들의 태도를 보여
주는 것이라고 하겠다.
　그러나 국내 질서관의 측면에서 급진 개화파 사상가들은 단지
사농공상 사이의 무차별성無差別性을 강조하는 것에 그치지 않았다.

---

226 "國法寬, 而人不束縛, 人爲其所好, 欲爲士者爲士, 欲爲農者爲農, 欲爲工者
爲工, 欲爲商者爲商, 少無區別, 士農工商之間, 而論其門閥, 亦不以政府之
位(위의 책, 22쪽)."

즉 사농공상 사이의 직업적 평등성 주장이 이미 북학파北學派를 비롯한 한국의 후기 실학자들의 국내 질서관에서 명확히 표출되었다는 점에서 그 자체로서는 사상적 발전을 이룩한 것이라고 보기 어렵다. 이런 점에서 김옥균과 박영효가 직업상의 평등뿐만 아니라 노비 제도奴婢制度의 폐지와 양반 계층의 해체를 중심으로 한 전통적 신분 질서의 타파와 평등적 사회관계의 구축, 그리고 이와 함께 개별 개체로서 남녀·부부의 동등권同等權 인정의 필요성까지도 적극 주장한 것[227]은 커다란 사상사적 의미를 지닌 것이라고 할 수 있을 것이다. 이것은 결국 사농공상의 직업적 차별과 소위 군신君臣·부자父子·부부夫婦·장유長幼·붕우朋友 간의 사회적 차별로 대표되는 유학적 오륜 질서五倫秩序의 완전한 탈피를 의미하는 것으로서, 19세기 후반 문호 개방기 한국의 개혁·개방 사상, 즉 개화 사상開化思想의 사상적 목표가 반유학反儒學을 지향한 것임을 명확히 보여 주는 중요한 근거 중의 하나라고 평가할 수 있을 것이다.

4. 개혁·개방의 정책론

마지막으로 보민호국保民護國의 정치 목표를 설정하고 그 근거로서 반유학反儒學을 지향하는 평등적 인성론과 국내 질서관을 제시

---

227 "方今 世界가 商業을 主로하여 서로 生業의 多를 競할 時에 當하여 兩班을 除하여 그 弊源을 芟盡할 事를 務치 아니하면 國家의 廢亡을 기대함뿐이오니(『金玉均全集』, 池運永事件糾彈上疏文, 147쪽)"; "故美政府, 以禁奴之事, 爲大戰遂禁之, 天下亦隨之而禁, 豈不美哉, … 而臣愚謂尙有數事, 可使人民, 得其通義者, 一曰, 男女, 夫婦, 均其權也, … 一曰, 兩班 常中, 庶之等級也(『近代韓國名論說集』, 開化에 대한 上疏, 22-23쪽)."

한 김옥균과 박영효는 이러한 인식에 기초한 정치 목표를 달성하기 위한 구체적이고 혁신적인 정책 대안을 마련하였는데, 이것을 몇 가지 방향으로 나누어 설명하면 다음과 같다.

첫째, 정치 개혁안으로서 김옥균과 박영효는 무지무능無知無能한 수구파守舊派 집권 세력을 제거하고 문벌門閥을 폐지하여 능력 있는 인재를 등용할 것과, 매관매직賣官賣職 등 정치적 비효율성을 조장하는 폐해弊害들을 없앨 것을 요구했다. 김옥균은 이에 대하여 "속히 무식무능無識無能하고 수구적守舊的이며, 완고頑固하고 고루固陋한 대신大臣·관료들을 몰아내어 문벌門閥을 폐지하고 인재人才를 선발하여 중앙 집권中央集權의 기초를 확립하여야 한다"[228]고 했다. 박영효 역시 인민들을 수탈하는 원인이며 국가 발전의 저해 요인으로서의 매관매직賣官賣職을 금지시킬 것[229]과 무능한 관리를 도태淘汰시킬 것[230]을 주장했다.

정치 개혁과 관련하여 중요한 것은 이들이 러시아의 예를 들어 군주君主의 봉록俸祿을 법으로 정할 것[231]을 요구하였다는 점과, 무엇보다 현회법縣會法을 마련하여 군민 공치君民共治의 기틀을 만들 것[232]을 제시하였다는 점이다. 군주의 봉록을 법으로 정해야 한다는 주장은 정치론을 통하여 군주의 지위와 역할을 보민호국保民護國

---

228 "速히 無識無能 守舊頑陋의 大臣輔國을 黜하여 門閥을 廢하고 人才를 選하여 中央集權의 基礎를 確立하며(『金玉均全集』, 池運永事件糾彈上疏文, 147쪽)."

229 "止賣官鬻位之事, 而治其本事, 賣官則其官必貧於百姓, 以充其所出, 賣位則其位必賤, 而國無立功之人也(『近代韓國名論說集』, 開化에 대한 上疏, 18쪽)."

230 "節浪費, 汰庸官, 而改定官祿, 以稱其職事(위의 책)."

231 "定君主之祿事, 以魯帝無限之主權, 亦有定也(위의 책)."

232 "設縣會之法, 使民議民事, 而得公私兩便事(위의 책, 22쪽)."

을 담당하는 하나의 직책職責에 불과한 것으로 파악했던 급진 개화파의 인식을 구체적으로 반영한 것이라고 할 수 있다. 결국 이것이 실제로 군주권에 대한 민권民權의 우위를 의미하는 것이라는 점에서 중요한 사상적 가치를 내포한 것이라고 평가할 수 있다. 현회법縣會法을 설치하여 민民이 정치에 참여하여야 한다는 주장은 바로 이러한 민권 우위民權優位의 정치 질서를 구체화하려는 노력의 산물이었다고 할 수 있다. 특히 박영효가 "무릇 민民이 자유권을 가지고 있고 군권君權의 한계가 정해져 있으면 민국民國이 영원히 편안하지만, 민民의 자유권이 없고 군권에 제한이 없으면 비록 일시적인 강성强盛은 이룰 수 있으나 오래 지속되지 못하고 결국은 쇠망衰亡하게 된다"[233]고 한 것은 궁극적으로 군권의 제한과 민에 의한 통치를 지향하는 이들의 변혁적 입장을 잘 보여 주는 것이라고 할 수 있다. 또한 이것은 같은 시기 유길준이, 인민이 무지하다는 인식 하에 인민에게 국정 참여권國政參與權을 주어서는 안 된다고 한 것과는 대조적인 입장이라고 볼 수 있다. 이와 함께 급진 개화파의 이와 같은 입장이 1898년 독립협회獨立協會가 국회 개설國會開設에 대한 상소上疏를 통해 "흔히 말하기를 민권이 강해지면 반드시 군권이 손상을 입게 된다고 하는데 인간의 무식함이 이것보다 심할 수는 없다. 오늘날 민의民議를 없애면 정치와 법률이 따라서 근본에서부터 손상될 것이고 그럼으로써 어디에서 어떠한 혼란이 일어날지 모르게 될 것이다"[234]라고 함으로써, 민권을 바탕으로 한 의회의

---

233 "凡民有自由之權, 而君權有定, 則民國永安, 然民無自由之權而君權無限, 則雖有暫時强盛之日, 然不久而衰亡, 此政治無定, 而任意續斷故也(위의 책)."

234 "說者謂民權盛, 則君權必損, 人之無識, 孰甚於此, 如使今日無此民議, 則政

개설을 강력히 요구한 것과 같은 것이라는 점에서, 소위 급진 개화파와 독립협회 간의 사상적 연계성을 보여 주는 중요한 근거라고 평가할 수 있을 것이다.

둘째, 다수 피지배 계층의 생활권生活權을 증진시키는 동시에 국가적 생산력의 발전을 이룩하기 위한 경제 개혁안으로서 김옥균과 박영효는 지배 귀족 계층의 비생산적이고 낭비적인 요소를 제거할 것과, 서양과 일본으로부터 습득한 지식을 바탕으로 발전된 제도적 장치들을 제시하고 그것을 실시할 것을 강력히 요구했다. 김옥균이 재화財貨를 절약하고 사치奢侈를 억제하며 개방 정책을 전개하는 것이 오늘날의 급선무라는 점[235]을 지적하고, 박영효가 군주의 봉록俸祿을 법으로 정하고 관록官祿을 개정改定하며 유민 금지법遊民禁止法을 설치할 것[236]을 주장한 것 등은 비생산과 낭비를 저지할 구체적 실천 방안이었다. 이와 함께 김옥균은 생활 환경 개선을 통한 전염병 예방은 물론, 분전법糞田法을 통한 농업 생산력의 발전과 운반 시설의 확충에 의한 그것의 효율적인 배분, 그리고 잉여 인력剩餘人力의 공업으로의 재배치 등을 이룰 수 있는 토대로 도로 시설의 정비와 효율적 관리를 담당할 치도국治道局 설치를 주장했고,[237] 박영효는 좀더 광범위하게 농업·공업·상업·임업·잠업·어업·광업·축산업 등 산업 전 부문을 진흥시킬 것을 요구하는 한편,[238] 도로와

治法律隨以壞損, 不知何樣禍機起於何地(『近代韓國名論說集』, 國會開設에 대한 上疏, 38쪽)."

235 "今日之先務者, 其必曰, 用人才也, 節財用也, 抑奢侈也, 擴開海禁而善隣交也(『金玉均全集』, 治道略論, 3쪽)."

236 "設法禁遊民, 而不可定其雇價事(『近代韓國名論說集』, 開化에 대한 上疏, 18쪽)."

237 『金玉均全集』, 治道略論, 9-17 쪽 참조.

238 『近代韓國名論說集』 開化에 대한 上疏, 18쪽 참조.

교량을 담당할 치도사治道司, 수해와 가뭄을 예방하기 위한 제언사堤堰司, 수리水利를 담당하는 준천사濬川司, 그리고 은행과 우체국의 설치 등239을 주장했다. 특히 박영효는 민생 안정을 위한 개혁안으로 의식주와 관련된 상품을 판매하는 상점을 많이 만들 것240과, 외국인의 국내 영업을 금지시킬 것,241 어떠한 물건이든지 도매都賣하여 이익을 독점하는 것을 불허할 것,242 그리고 채무債務는 반드시 당사자에게만 책임을 물어 족징族徵·동징洞徵은 물론 부모·형제·처자에게 보상하도록 강제하지 말 것243 등을 제시하기도 했다. 또한 그는 상업을 통한 무역 이익을 확보하기 위한 방안으로 조선造船을 담당하는 주교사舟橋司 설치와 선박의 해로海路 이용 시 편의를 제공할 수 있는 등대燈臺와 부표浮漂의 설치, 민民의 상사商社 설립 보조, 육지 운송에 대한 편의 제공 등을 요구하는 등244 매우 실천적인 정책 방안을 마련하기도 했다.

셋째, 김옥균과 박영효는 사회 내 불평등 구조를 타파하고 다수 피지배 계층의 생존권과 평등권을 보호하기 위한 혁신적 사회 개혁안을 제시했다. 구체적으로 김옥균은 양반 계층을 완전히 없앨 것245을 요구했다. 박영효 또한 같은 입장에서 노비 제도奴婢制度의

---

239 위의 책 참조.
240 "勸人民, 多設旅店及衣食之事, 文明之邦, 此三事最盛(위의 책, 19쪽)."
241 "撤京城開市, 送出外國之人, 而使國民營其事(위의 책, 18쪽)."
242 "勿論何物, 不可許都賣, 獨沾其利, 以困民生事(위의 책)."
243 "公私逋債, 只使原犯償之, 而不可族徵, 洞徵以致一族一洞之貧困, 雖係原犯之父母兄弟妻子, 亦不可强使之報償事(위의 책, 19쪽)."
244 위의 책 참조.
245 "方今 世界가 商業을 主로 하여 서로 生業의 多를 競할 時에 當하여 兩班을 除하여 그 弊源을 芟盡할 事를 務치 아니하면 國家의 廢亡을 기대할뿐이오니(『金玉均全集』, 池運永事件糾彈上疏文, 147쪽)."

폐지를 지지하는 한편 양반兩班·상인常人·중인中人·서인庶人 간의
신분적 차별을 없앨 것과 남녀男女·부부夫婦의 동등권을 보장할 필
요성[246]을 강조했다. 박영효는 구체적 정책 대안으로서 사회적 신
분에 관계없이 서로 통혼通婚할 수 있도록 하고, 또 능력이 있으면
비록 천賤한 신분이라도 대관大官의 일을 수행할 수 있도록 해야 한
다고[247] 주장했다. 이와 동시에 인권 보호人權保護의 측면에서 인간
이 다른 인간을 타고(乘) 이동하는 것을 금지시켜 우마차牛馬車로 대
치시키고,[248] 혹형酷刑이나 연좌법連坐法를 폐지하며,[249] 노비를 포함
해 모든 인간에게 재판을 받을 권리를 부여해야 하고, 남편이 아내
에게 강폭强暴하게 대하지 못하도록 해야 할 것 등을 요구했다. 이
것은 전통적인 유학적 차별 질서를 완전히 부정하는 근대적인 것
으로서 급진 개화파 정치사상의 혁신적 성격을 다시 한번 명확히
보여 주는 것이라고 할 수 있다.

이와 같은 인간 본연의 평등권 보호를 위한 정책 제시와 함께 박
영효는 피지배 계층의 생존권 확보 측면에서 양질良質의 의사와 의
약품, 그리고 병원 설치를 통한 국민의 생명 보호, 홀아비·과부·고
아·신체 불구자 등 사회적 소외 계층의 구제, 기아棄兒의 해소, 아

---

246 "故美政府, 以禁奴之事, 爲大戰遂禁之, 天下亦隨之而禁, 豈不美哉, … 而
臣愚謂尙有數事, 可使人民, 得其通義者, 一曰, 男女夫婦, 均其權也, …一
曰, 兩班常中庶之等級也(『近代韓國名論說集』, 開化에 대한 上疏, 22-23쪽)."

247 "令班常中庶, 任意相與婚姻, 而如有才德者, 雖賤用之於大官事, 如此則男
女貴賤之勢, 必漸至均一, 而和氣滿國也(위의 책, 23쪽)."

248 "時時喩人民, 以不可以人乘人, 用人如獸之義, 而使用車馬牛代之, 則漸知
其爲恥, 而自止也(위의 책)."

249 "廢酷刑, 以保生命事, 廢孥戮之典, 只治原犯, 而不可及父母兄弟妻子事"(위
의 책, 17쪽)."

편의 금지, 우두법牛痘法 시행, 민가民家 환경 개선 등을 요구하기도 하였는데,[250] 이것은 급진 개화파의 정치 목표가 피지배 민 중심의 보민保民에 있음을 보여 주는 중요한 것들이라고 할 수 있다.

넷째, 이상에서와 같은 철저한 위로부터의 개혁 이외에도 개화 사상가로서 김옥균과 박영효는 국민에 대한 교육과 계몽의 중요성을 인식하는 바탕 위에서 서구의 근대적 교육·문화 제도를 제시하고 이를 수용할 것을 요구했다. 구체적으로 김옥균은 각종 서적의 한글 번역 사업을 통한 국민들의 지식의 확대[251]를 주장했고, 박영효는 국민 개육國民皆育과 어학 교육의 실시, 외국인 고용을 통한 대국민對國民 근대적 교육의 실시, 서적 인쇄와 박물관 설립 등을 통한 세계에 대한 국민적 인식 확장책 마련 등[252]을 제시했다. 교육 정책과 관련하여 중요한 것은 박영효가 서양의 근대적 학문과 함께 한국 역사, 국어國語와 국문國文 교육의 중요성[253]을 강조하였다는 점이다. 특히 그는 국사國史 교육에 대하여 다음과 같이 말했다.

> "오늘날 급무急務는 인민들에게 국사國史를 가르치는 것보다 중요한 것이 없다. 국사 교육을 통하여 우리나라의 영화榮華와 치욕恥辱의 역사를 알게 함으로써 시비是非를 판단하게 하고, 그것을 마음에 깊이 새겨 다시 한 번 부흥復興의 계기를 마련하여야 한다."[254]

---

250 위의 책, 19쪽 참조.
251 『金玉均全集』, 治道略論, 16쪽 참조.
252 『近代韓國名論說集』, 開化에 대한 上疏, 21쪽 참조.
253 "先敎人民以國史及國語國文事(위의 책)."
254 "是以, 臣愚謂方今之急務, 莫先於敎人民以國史, 使之知本國得勝之榮致敗
之辱, 而銘之肝脯, 則能辨其是非, 而恥心乃復, 以致剛勇, 始與之同事也(위
의 책, 20쪽)."

이처럼 박영효에게 있어 역사적 교훈을 통한 국민적 인식의 공감대가 형성되어야만 가장 효율적인 호국護國이 이루어질 수 있는 것이었으며, 이런 측면에서 국민들에 대한 역사 교육은 중요한 가치를 지닌 것이었다.

이와 더불어 국민들의 의식 개혁을 통한 아래로부터의 개혁 또한 급진 개화파에게 중요한 정책과제였다. 유길준도 이미 서양의 신문 발행 현황을 소개했지만, 박영효는 보다 구체적으로 일반인들의 신문 발행과 판매를 허가할 것을 요구했고,[255] 대중 집회와 연설을 허용할 것[256]까지도 주장했다. 이것은 자신들이 주도했던 갑신정변甲申政變이 일반 민중의 지원 없이 단지 소수 선각자에 의한 변혁 운동으로 진행됨으로써 결국 실패하게 되었다는 판단 하에 국민 계몽의 필요성을 적극 인식하게 된 결과라고도 볼 수 있다.[257] 그러나 무엇보다 이와 같은 급진 개화파의 인식이 그 이후 서재필徐載弼 중심의 독립신문獨立新聞 창간으로 이어진 것은 한국 정치사상사의 발전이라는 측면에서 중요한 의미를 지닌 것이라고 할 수 있을 것이다.

다섯째, 마지막으로 김옥균과 박영효는 자신들의 또 하나의 중요한 정치 목표인 호국護國을 달성하기 위한 군사·외교 정책을 제

---

255 "定規則, 許人民設新聞局, 而印賣事(위의 책, 22쪽)."

256 "許人民, 或使有識者, 時時聚衆, 演說世事, 以開其固陋事(위의 책, 21쪽)."

257 이와 관련하여 서재필은 자신의 「회고回顧 갑신정변甲申政變」에서 갑신정변의 실패의 원인으로 일반 민중의 지원이 없었다는 점과 타국에 너무 의존했다는 점을 지적하였다(徐載弼, 『韓國의 近代思想』(서울: 三省出版社, 1981), 回顧 甲申政變, 252쪽 참조).

시했다. 먼저 군사 개혁안으로서 박영효는 병학교兵學校의 개설과
한국의 지형적 특성을 기초로 한 수군水軍의 창설, 모병 제도募兵制度
의 개선, 병사兵士의 사기 진작책士氣振作策의 마련 등258을 요구했다.
다음으로 외교 정책 측면에서 김옥균은 갑신정변의 실패 이후 일
본과 중국 모두 의지할 수 없는 국가라는 인식259을 바탕으로 구미
歐米 제국과의 교섭의 중요성을 역설했으며, 박영효는 중국·일본·
러시아·미국·영국 등 모든 강대국들과 친교親交 관계를 맺어야 한
다260고 주장했다.

이렇게 볼 때, 갑신정변 실패 이후 김옥균과 박영효는 특히 외교
정책적 측면에서 뚜렷한 정책 대안을 가지고 있지 않았던 것으로
평가할 수 있다. 단지 그들에게 가장 효율적인 대안이란 외교적 교
섭을 통하여 주권主權을 유지하면서 국내 개혁에 주력하는 것이었
다고 보인다. 당시 약육강식의 국제 정세 속에서 약소국이 취할 수
있는 외교 노선이란 철저한 사대주의事大主義 아니면 세력 균형勢力
均衡을 이용하는 것 이외에는 없었다는 사실에서 이들이 가진 현실
적 한계는 너무나 뚜렷한 것이었다고 볼 수 있다. 이러한 측면에서
김옥균과 박영효의 외교 노선 그 자체의 공과功過는 그다지 큰 사상
적 의미를 가진 것으로 보기 어렵다. 단지 집권 수구 세력과 국내
보수세력의 친청親淸 사대주의 일변의 외교 노선에 비해 상대적으

---

258 『近代韓國名論說集』, 開化에 대한 上疏, 앞의 책, 20쪽 참조.
259 "이제 朝鮮을 爲하여 謀한건대 淸國은 本來 足히 恃치 못할것이오 日本도
亦然하여 此二國은 各其 自家維持에 餘力이 無한 模樣이온데 何暇에 他國
을 扶助함을 得하리이까(『金玉均全集』, 池運永事件糾彈上疏文, 앞의 책, 146쪽)."
260 "致謹於淸, 愼而和魯, 倚托於美, 親交日本結英(『近代韓國名論說集』, 開化에 대
한 上疏, 22쪽)."

로 비사대주의적非事大主義的이었다는 점과 다변적多變的이었다는 점에서 가치를 평가할 수 있다고 할 것이다.

지금까지 19세기 후반 문호 개방기 개혁·개방 사상의 대표적 사상가로서 소위 급진 개화파의 대표자라 할 수 있는 김옥균과 박영효의 사상을 살펴보았다. 김옥균과 박영효는 박규수·오경석·유대치 등 초기 개화파 문하에서 동문수학同門修學 하였고, 그 이후에도 갑신정변을 함께 이끄는 등 긴밀한 사상·운동적 동맹 관계를 형성했던 인물들로서, 유길준으로 대표되는 온건 개화파와는 다른 정치 성향을 가지고 19세기 후반 문호 개방기 한국의 개혁·개방 사상을 주도했다. 그러나 서로 다른 정치적 입장에도 불구하고 유길준과 김옥균·박영효 등을 개화 사상가로 분류하는 것은 이들 사이에 공통된 사상적 특성이 존재하기 때문이다. 마지막으로 이러한 점에 주목하여 유길준과 김옥균·박영효 사상의 공통점과 차이점을 몇 가지로 나누어 요약함으로써 문호 개방기 한국의 개혁·개방 사상으로서 개화 사상의 성격을 규명해 보고자 한다.

첫째, 현실관現實觀에 있어 개화 사상가들은 당시를 국가적 존망存亡을 가늠하는 위기의 시대로 인식하고, 그러한 위기의 원인이 유학적 차별관과 폐쇄관을 고수하여 시대의 변화에 적응하지 못하고 단지 정치 권력의 유지와 피지배 계층에 대한 수탈과 착취를 일삼는 지배 계층의 무지無知와 무능력無能力에 있음을 지적했다. 그러나 유길준이 집권 세력과의 정치적 유대 관계와 자신의 정치적 입장을 반영하여 현실 군주와 집권층에 대한 직접적인 비판을 결여하고 오히려 급진 개화파의 정치 노선을 강렬히 비난하였던 것에 비하여, 김옥균과 박영효는 지배 계층은 물론 현실 군주의 무능과 무기력에 대해서도 통렬한 비판을 가했다. 양자의 이러한 현실 인식에 있어서의 공통점과 차이점이 소위 온건 개화파와 급진 개화파를 구분하는 기준이 되었던 것으로 보인다.

둘째, 현실관을 기초로 한 정치론과 정치 목표 역시 개화 사상가로서의 공통점과 정치 성향의 차이점을 반영했다. 즉 유길준의 경우에는 명백히 피지배 계층의 입장에서 그들의 생존권·생활권 보장과 국가적 독립성 유지와 발전을 욕구하는 보국안민保國安民을 지향하면서도, 다른 한편으로 군주권君主權 자체의 영속성永續性을 옹호하는 입장을 표명하였던 반면, 김옥균과 박영효는 유길준과 동일하게 민지향적인 보민호국保民護國을 견지하면서도 군주권의 존립 근거를 민民의 이익을 대변하는 하나의 직분職分으로 한정하였다는 점에서 보다 혁신적인 정치론과 정치 목표를 상정하였다고 볼 수 있다. 그러나 비록 이처럼 유길준이 군주권을 옹호하려는 정치 목표를 제시하였다 하더라도 그것이 유길준을 유학적 차별관을 유지하려는 인물이었다고 평가할 수 있는 근거로 보기는 어렵다. 이것은 그가 인성론과 대내외 질서관을 통해서 유학적 차별관을 전면적으로 부정하는 인간간 본연적 평등성과 개체간 상대적 동등성 논리를 적극 주장했기 때문이다. 이 점에서 유길준의 군주권 옹호론은 그의 개화 사상가로서의 사상적 성격을 규정하는 데 있어 중요한 요소이기는 하지만 그가 개화 사상가이냐 아니냐를 구분하는 기준은 될 수 없는 것이다.

셋째, 정치 목표를 구상하는 인식의 토대로서 유길준과 김옥균·박영효의 인성론과 대내외 질서관은 근본적으로 동일하게 차별관과 전체관을 부정하고 평등관과 개체관을 주장하는 반유학적反儒學的인 것이었다. 즉 그들은 인간을 자신만의 독자적인 기호嗜好와 능력, 즉 개체성을 가졌을 뿐 아니라 보편적인 생명권과 자유권을 부여받은 동등한 삶의 욕구 주체로 파악하면서 따라서 인간들 사이에는 선천적 차별이란 존재할 수 없다고 했다. 또한 이러한 논리를 개체로서의 국가간·민족간 관계에 적용시켰을 경우에 대소大小·강약强弱의 객관적 차이에도 불구하고 그들 사이에는 상대적 평등성이 존재한다는 점을 적극 주장했다. 특히 개화 사상가들은 공통적으로 사농공상士農工商의 직업상의 차별뿐만 아니라 전통적인 남존여비男尊女卑의 의식 구조를 탈피하여 여성의 능력과 인간으로서의 평등한 권리를 인정하는 한편, 인간 능력의 계발 가능성에 대한 인식을 전제로 교육을 통한 지식 확산과 계몽을 강조하기도 했다.

넷째, 이와 같은 인식을 바탕으로 사회 내 인간간 행위 규범을 제시한 도덕론에 있어서 양자兩者는 공통적으로 자신의 권리가 중요한 만큼 타인의 권리도 중요한 것이므로 모든 인간은 타인의 권리를 침해하지 않는 범위 내에서 자신의 욕구를 추구하고 권리를 행사해야 한다는 점을 강조했다. 그러나 유길준이 군주권 옹호론의 입장에서 군주에 대한 충성忠誠을 중요한 행위 규범으로 제시한 것에 비해 김옥균과 박영효는 이 점을 전혀 언급하지 않음으로써 유학적 도덕론으로부터도 완전 탈피하는 입장을 견지하였다는 차이가 있었다.

다섯째, 정치 목표를 달성하기 위한 정책론에 있어서 개화 사상가들은 공통적으로 법적 장치를 통해 인간으로서의 보편적 권리를 보호할 것과 개방관을 토대로 서구의 발전된 각종 제도적 장치의 수용을 통해 피지배 계층의 생존권과 생활권을 증진시키는 동시에 국가적 생산력의 발전을 이룩할 것을 요구했다. 특히 국민 개육國民皆育에 입각한 교육 제도, 빈민과 소외 계층의 구제, 아래로부터의 개혁을 지향하는 각종 계몽적 장치의 마련 등은 이들의 민 지향적 입장을 반영하는 공통의 정책 대안이었다. 그럼에도 불구하고 정책론의 내용상의 급진성에 있어서 유길준에 비해 김옥균과 박영효는 신분 질서의 실질적 타파를 위한 제도적 조치 마련을 요구하는 등 보다 혁신적인 입장을 취했다.

결론적으로 19세기 후반 문호 개방기 한국의 개혁·개방 사상으로서의 개화 사상을 규정할 수 있는 보편적 특징으로는 첫째, 위기의 원인을 유학적 차별관과 폐쇄관에서 기인한 것으로 보는 현실관, 둘째, 다수 피지배 계층의 생존권과 생활권 보호와 국가의 독립성 유지·발전을 지향하는 정치 목표, 셋째, 인간을 개체성과 보편적 권리를 가진 동등한 욕구 주체로 파악하는 인성론, 넷째, 개체로서 인간간, 그리고 국가간 상대적·기능적 평등성을 주장하는 대내외 질서관, 다섯째, 평등한 권리를 보유한 인간 사이의 상호 존중과 협력을 강조하는 도덕론, 여섯째, 서구와 일본의 발전된 제도 수용을 통해 피지배 계층의 생존권과 생활권을 보호하고 국가적 발전을 이룩하기 위한 구체적 방안으로서의 정책론을 포함한 것이라고 볼 수 있다.

이렇게 볼 때, 결국 개화 사상의 궁극적 사상 목표는 유학의 차별관·전체관·폐쇄관·절대관을 부정하고 평등관·개체관·개방관·상대관을 지향하는 반유학反儒學에 있었다고 할 수 있다. 또 한 가지 지적할 수 있는 것은 이러한 특성을 지닌 개화 사상이 주자학적 통치 질서관의 도입 이후 그것이 초래한 대내외적 위기를 극복하려 했던 반주자학적反朱子學的 개혁 사상가들과, 이들로부터의 사상적 영향은 물론 서구 문물과 과학 지식의 유입 이후 더욱 확대된 인간 과 세계에 대한 인식을 바탕으로 주자학적 정치 이념 자체에 대한 근본적인 회의와 비판을 가했던 후기 실학파 사상가들의 정치사상과 그 맥을 같이 하고 있다는 점이다. 물론 서구의 시민권 사상이나 개화 사상가들이 자주 언급한 만국공법萬國公法이 이들의 사상에 큰 영향을 미쳤다는 점은 부인할 수 없다. 그러나 그러한 사상을 받아들일 수 있는 인식의 기초는 이미 이전의 개혁 사상가들의 논의 속에 충분히 구현되어 있었다고 할 수 있다. 구체적으로 민 지향적 입장에서의 군주권의 존재 근거 설명, 자유로운 삶의 욕구 주체로서의 인간성 규정, 개체간의 조화와 협력 강조, 식화도殖貨道의 중요성 역설, 사회 내 인간간의 기능적 평등성과 국가간ㆍ민족 간의 독립성과 상대적 동등성 주장, 그리고 개체성을 바탕으로 한 교육의 필요성 제시 등에 있어서 개화 사상은 한국 개혁 사상의 흐름과 뚜렷한 사상적 연맥점을 보여 주고 있으며, 다만 개화 사상가들이 제시한 사상 내용이 인간과 세계에 대한 인식의 확대를 바탕으로 그 폭과 깊이에 있어서 더욱 철저하였다는 점에서 차이를 가진 것이었다고 할 수 있다. 이러한 점에서 결국 개화 사상은 한국의 전통적 개혁 사상을 계승하면서도 그 내재적 한계를 비판ㆍ극복하여 사상적 발전을 이룩한 것이라고 평가할 수 있다.

제5장 19세기 후반 중국 개혁·개방 사상의 특성

19세기 중반 이후 중국은 서구 열강과의 직접 대결에서의 연속적인 패배와 이에 따른 결과로서의 수 차례에 걸친 불평등 조약의 체결로 말미암아 점차 서구 열강의 이권 침탈利權侵奪의 장場으로 전락해 가고 있었다. 구체적으로 1840년의 아편전쟁의 패배 후 1841년 서구(영국)와 맺은 천비가조약川鼻假條約과 광동협정廣東協定을 시작으로 1860년 북경조약北京條約에 이르기까지 중국은 20여 년 동안 서구 열강의 중국 내 경제적 이익 획득을 용이하게 할 뿐만 아니라 영토·정치·외교적으로 큰 손실을 가져다 준 불평등 조약으로 인해 동아시아의 지배권 상실은 물론 대내적 저발전이라는 이중고를 경험했다.

그러나 이러한 중국의 현실은 단순히 서구 열강과의 대결에서 연속적으로 패배하였다는 사실에 근원하기보다는 그러한 패배를 가능하게 한 청조淸朝 지배층의 무능과 무지에 기원하는 것이었다. 즉 청조는 서구 열강의 중국 침투 과정을 처음부터 단지 중국 역사상 무수히 존재했던 이민족異民族의 일시적 침입으로 인식하여 안일安逸하게 대처했으며, 이에 따라 중화주의적 세계관에 대한 일체의 회의나 비판 없이 오직 무력 저항만을 고집함으로써 국가적 위

기 상황을 극복하는 데 있어 근본적인 한계와 무기력無氣力을 노출
시켰던 것이라고 할 수 있다.

이처럼 대외 관계에 있어서 극도의 무기력한 청조였으므로 아편
전쟁과 그 이후의 불평등 조약 체결이 가져다 준 격심한 정치·사
회적 혼란과 이에 따른 피지배 계층의 빈곤과 고통을 해결할 수 있
는 근본적 대안을 결여한 것은 당연한 결과였다. 1850-1864년간
의 태평천국운동太平天國運動은 이와 같은 집권층의 무능과 서구 열
강의 중국 침투 속에서 수탈과 빈곤에 견디지 못한 농민들과 유민
遊民들이 반봉건·반외세의 기치를 내걸고 전개한 혁명적 민중 운동
이었다. 태평천국운동은 대외 관계에 있어서 중화주의적 우월주의
를 고수하였다는 사상적 한계를 지닌 것이었음에도 불구하고 공자
孔子 비판으로 대표되는 반유교주의적反儒敎主義的 태도를 표방하였
다는 점과 혁신적인 평등적 대내 질서관을 지향하였다는 점에서,
봉건적 차별 질서관의 유지를 통하여 지배의 당위성을 확보·강화
하려는 청조 정치 권력 자체에 대한 심각한 도전이었다고 평가할
수 있다. 그럼에도 청조淸朝는 이러한 대내적 불만과 저항을 해소시
키려는 전향적 인식을 보여 주기는커녕 오히려 태평천국운동의 진
압을 서구 열강에 의존함으로써 또 다시 서구 열강이나 중국민들
에게 자신의 대내적 통치 능력의 한계를 극명하게 드러냈다.

이와 달리 1860년대 중반 이후 태평천국운동의 진압 과정에서
공을 세운 일부 한족漢族 관료들을 중심으로 서양의 발달된 과학·
군사 기술을 수용하여 부국강병富國强兵을 이룩하고자 하는 사상·
운동이 청조 내부로부터 전개되었는데, 소위 증국번曾國藩·이홍장
李鴻章·좌종당左宗棠·장지동張之洞 등이 이끌었던 양무운동洋務運動이
그것이었다. 1890년대까지 약 30년간 19세기 후반 문호 개방기

중국에서 진행되었던 대표적 개혁·개방 사상으로서의 양무운동은, 앞서 살펴본 위원魏源의 『해국도지海國圖志』에서 표출된 서양의 과학기술적 우수성 인정에 대한 인식을 이어 받아 군사 기술과 제도 등을 수용함으로써 대내외적 위기에 대처하려는 목적 하에 전개된 것이었다. 양무운동은 물론 당시 집권 보수층의 폐쇄적 입장과는 달리 변화된 현실을 어느 정도 인정하는 개방관에 기초한 것이었다는 점에서 가치를 부여할 수 있는 것이었다. 그러나 인간 과 세계에 대한 근본적 인식의 변화를 수반하지 못한 채 유학적 차별관을 유지하면서 단지 발달된 서구의 제도와 기술만을 수용하고자 하는 소위 중체서용적中體西用的 또는 동도서기적東道西器的 입장을 끝까지 견지하였다는 사실에서 중국이 처한 위기를 극복할 수 있는 진정한 대안이 될 수 없는 것이었다. 1884년의 청불전쟁淸佛戰爭과 1895년의 청일전쟁淸日戰爭에서의 중국의 패배는 양무운동의 한계를 노출시킨 중요한 사건이었고, 특히 청일전쟁에서의 패배는 동아시아에서의 청淸의 명확한 지배권 상실은 물론 반식민지反植民地로의 전락이라는 결과를 가져다주었다.

청일전쟁에서의 패배와 양무운동의 실패는 일단의 한족 지식인들로 하여금 좀더 급진적인 개혁을 요구하는 계기를 만들었다. 강유위康有爲·양계초梁啓超·담사동譚嗣同으로 대표되는 소위 변법變法 사상가들은 서태후西太后 등 당시 집권 수구 세력과의 대결 속에서 1898년 무술유신戊戌維新을 일으켜 더욱 철저한 개혁을 통해 중국의 대내외적 위기에 대처하려 하였다. 무술변법운동戊戌變法運動 실패의 직접적 원인은 보수파의 강력한 반발에 있었으나 이들의 사상 역시 최소한 중국의 운명을 결정하는 중요한 시기였던 19세기 후반 문호 개방기까지 유학적 차별관에서 완전히 탈피하지 못한 한계를 가진 것이었다.

이상이 19세기 중반 이후 중국에서 전개되었던 정치 현실과 이에 대처하려는 사상적 대안의 개략槪略이라고 할 수 있다. 다수 피지배 계층의 생존권과 생활권 신장이나 국가적 독립 유지와 발전에는 무관심한 채 정치 권력의 유지에만 몰두한 집권 수구 세력과 유학적 차별관·폐쇄관을 고수하려는 보수 세력이 존재하였다는 점에 있어서는 중국 또한 한국과 유사한 상황에 직면하여 있었다고 할 수 있다. 그러나 중국은 소위 개혁·개방 사상을 전개한 사상가들조차도 자신들의 계층적 위치나 민족 모순을 극복할 수 있는 사상적 대안을 제시하지 못함으로써 중국으로 하여금 저발전적 정체성을 벗어나지 못하게 하는 원인이 되었다고 할 수 있다.

19세기 후반 문호 개방기 중국에서 전개되었던 개혁·개방 사상이 가진 이러한 두 가지 한계, 즉 유학적 차별관의 고수와 민족 모순이 중국의 향후 발전을 가늠하는 중요한 요인이었다는 점에 주목하여 다음에서는 양무운동의 중체서용론을 체계화시킨 인물로 평가되고 있는 소위 후기 양무파洋務派 장지동張之洞과 무술 변법운동의 주도 세력이었던 강유위康有爲[1]의 정치사상을 차례로 검토함

---

1 이 책이 19세기 후반 문호 개방기 동아시아 3국에서 전개되었던 개혁·개방 사상을 다루고 있다는 점에서 강유위의 사상 중 무술유신戊戌維新이 전개된 시기까지만을 주된 연구 대상으로 삼고자 한다. 물론 강유위 개인의 사상 전반을 검토하기 위해서는 20세기 이후 그가 전개했던 소위 이상주의적理想主義的 대동사상大同思想으로의 사상적 전환까지도 언급해야 하고 또 사상적 연계성이라는 측면에서 무술변법 이전과 이후의 사상적 공통점과 차이점을 분석하는 것이 필요하지만, 그러한 내용들은 이 책의 연구 범위를 넘어서는 것이라고 판단되기 때문이다. 이런 측면에서 19세기 후반 중국이 처한 현실을 어떻게 인식하고 그것을 극복하기 위한 사상적 대안은 무엇이었나 하는

으로써, 19세기 후반 문호 개방기 중국 개혁·개방 사상의 사상적
연원과 성격에 대하여 논의해 보고자 한다.

제1절 장지동의 양무적 개혁·개방 사상

1. 시대 배경

장지동[2]의 구체적 활동 시기는 1880년대 중반부터 1890년대
말까지이다. 앞서 살펴본 바와 같이 이 시기는 태평천국운동의 진
압을 계기로 득세한 증국번과 이홍장, 그리고 좌종당 등을 주축으

것을 파악하는 데 유용한 저작들을 연구의 중심으로 삼았음을 다시 한번 밝
혀 두고자 한다. 또 한 가지 무술변법의 주체로서 강유위와 함께 활동했던
양계초 역시 논의에서 제외시키려고 한다. 이것은 주지하다시피 양계초가
무술변법까지 강유위와 거의 구별되지 않는 사상을 전개하였다는 사실을 기
초로 한 것이다.

2 장지동(張之洞, 1837-1909)의 자字는 효달孝達 또는 향도香濤였으며, 30여 년간
총독직總督職을 역임하고 광서(光緒, 1875-1908) 말년에는 군기대신軍機大臣·
체인각대학사體仁閣大學士의 직책을 맡았다(蕭公權 著, 崔明·孫文鎬 譯,『中國政治
思想史』(서울: 서울대학교출판부, 1998), 1252-1253쪽 참조). 1880년대와 90년대
에 산서기기국(山西機器局, 1884)·광동기기국(廣東機器局, 1885)·호북창포창
(湖北槍砲廠, 1890)과 같은 병기兵器 관계 공장과 한양제철창(漢陽製鐵廠, 1890)
·광주소사국(廣州繅絲局, 1886)·광주직포국(廣州織布局, 1888)·호북직포창(湖
北織布廠, 1890)·무창방직관국(武昌紡織官局, 1892)·호북방사국(湖北紡紗局, 1894)
등의 광산·제련소와 섬유공장, 그리고 그 밖에 광동수사학당(廣東水師學堂,
1887)·광주제전국(廣州制錢局, 1887)·무창자강학당(武昌自强學堂, 1893) 등을
설립(조훈 편역,『강좌 중국근현대사』(서울: 역사교양사, 1999), 68쪽 도표 참조)하여
가장 활발히 중체서용적 양무운동을 전개한 인물로 평가되고 있다.

로 하는 한족 관료 세력이 주도했던 서구 기술의 도입을 통한 부국
강병론富國强兵論, 즉 1860-70년대의 초기 양무운동이 베트남에 대
한 종주권宗主權을 놓고 프랑스와 벌인 1884년의 청불전쟁淸佛戰爭
에서의 패배로 그 한계를 노출시키고, 이후 이러한 한계에 대한 근
본적인 극복 노력을 결여한 채 이홍장과 장지동 등에 의해 진행되
었던 후기 양무운동 또한 1895년의 청일전쟁淸日戰爭에서 일본에게
패배함으로써 결국 30년간의 중체서용적中體西用的 양무운동이 실
패의 길을 겪게 되는 시기였다. 이와 함께 이 기간은 1880년대 후
반 이후부터 양무운동의 내재적 한계를 급진적 정치 개혁으로 극
복하고자 하는 소위 강유위·양계초·담사동 중심의 변법론자들의
구체적 활동이 시작되고, 청일전쟁 이후에는 이들과 집권 수구 세
력간의 격렬한 정치적 갈등이 두드러지게 나타나던 시기였다.

한편 사회 경제적으로는 이미 1870년대 이후부터 서구 열강과
의 불평등 조약 체결에 의해 개항장開港場의 확대와 외국 상품의 유
입이 활발해짐에 따라 국내 산업의 피폐와 민중 생존권에 대한 위
협이 한층 가중되었다. 특히 1890년대에 들어서 활발히 진행된 서
양인들의 기독교 포교 활동이 국민들의 반외세反外勢 감정을 더욱
자극하여 강렬한 구교운동(仇敎運動=反基督敎運動)이 전개되는 등 사
회적 불안 요인 또한 더욱 증가하였던 것이 이 시기의 특징이었다.

이러한 상황에 직면하여 변법파의 급진적 개혁론과 수구파의 보
수적 태도를 모두 비판하고 유학적 차별관의 고수와 서양의 각종
제도적·기술적 장치의 도입이라는 절충적折衷的 입장을 통해 위기
를 극복하려는 중체서용적 개혁·개방 사상을 전개하였던 후기 양
무파의 대표적인 인물이 장지동이었다.

2. 현실관과 정치 목표

장지동은 당시 중국이 처한 대내외적 위기가 무엇보다 변화하는
정세政勢에 무지하여 오로지 고정적이고 폐쇄적인 입장에서 구제도
舊制度의 고수에만 열중하는 수구 세력과, 서학西學에 경도傾倒되어
중국 고유의 전통적 특성과 우수성을 망각하는 급진파急進派 양자兩
者의 극단적 의식과 행태에 있다는 현실관을 가지고 있었다. 그는
이에 대하여 먼저 "오늘날의 세상의 변화는 춘추기春秋期나 진한기
秦漢期, 그리고 원명기元明期에도 볼 수 없었던 것으로서 그 화禍는
말로 표현할 수 없을 정도로 심하다"[3]고 하면서, 그 원인이 근본적
으로 수구 세력의 보수성과 급진 세력의 반전통적反傳統的 태도에
있다는 점을 다음과 같이 표현했다.

"시대를 구하려고 하는 자들은 신학新學을 말하고, 도道를 해칠까 염
려하는 자들은 구학舊學을 고수하려고 함으로써 하나의 절충점을 찾지
못하고 있다. 구자舊者는 목이 메어 먹지 못하고 신자新者는 여러 갈래
로 나뉘어 갈피를 못잡고 있다. 구자는 융통성을 몰라서 적敵을 제압
할 수 있는 변통술變通術을 발휘하지 못하고 신자는 근본을 몰라서 명
교名敎를 유지하려는 마음이 조금도 없다."[4]

---

3 "今日之世變, 豈特春秋所未有, 抑秦漢以至元明所未有也, 語其禍, 則共工之
狂, 辛有之通, 不足喩也(『勸學篇』(臺北 : 藝文印書館, 1970), 序)."

4 "於是圖救時者言新學, 慮害道者守舊學, 莫衷於一, 舊者因噎而食廢, 新者歧
多而羊亡, 舊者不知通, 新者不知本, 不知通則無應敵利變之術, 不知本則有非
薄名敎之心(위의 책)."

좀더 구체적으로 장지동은 오늘날 필요한 변법變法을 배척하는 사람들은 크게 세 가지 종류로 나누어질 수 있는데, 그 하나는 옛 것만을 고집하는 어리석은 유자儒者로서 과거의 폐해를 쉽게 알지 못하는 고루한 자들이고, 두 번째는 오직 구차하게 자신의 안일安逸만을 추구하는 무능한 관리이며, 세 번째는 쓸데없이 떠들기만 하는 선비들로서 최근에 서법西法을 행하는 데 있어 갈피를 못잡고 우왕좌왕하여 효과를 거두지 못하고 있는 자들[5]이라고 하여 수구파守舊派와 급진파急進派 양자兩者 모두를 비판했다. 특히 그는 서학을 찬미讚美하고 부러워하는 자들은 2천년 이상 서양에 어떠한 학문과 정치가 있었는지는 모르면서도 스스로 자신의 조정朝廷과 국민國民, 그리고 조상을 비천하게 여기며 심지어 수천 년 이전 중국 역대 제왕의 정치 중에 좋은 것이 하나도 없었고 재상宰相이나 유자 중에 인재가 하나도 없었다고 주장한다고 함으로써[6] 급진파의 서학 경도西學傾倒와 이에 따른 전통 비판傳統批判 입장을 강력히 비난했다.

장지동에 따르면 오늘날 중국이 처한 위기를 극복하기 위해서는 이와 같은 수구守舊·급진急進 양자兩者의 인식과 태도를 모두 지양止揚하고 '절충적折衷的 입장'에서 중학中學과 서학西學을 결합시키려는 노력이 무엇보다 필요한 것이었다. 그렇다면 중학과 서학을 절

---

5 "今日排斥變法者, 大率三等, 一爲泥古之迂儒, … 一爲苟安之俗吏, … 所謂守舊, 豈足信裁, 又一爲苟求之談士, 夫近年仿行西法而無效者(위의 책, 外篇, 第七, 變法)."

6 "大率近日風氣, 其贊羨西學者, 自視中國朝廷民風, 無一是處, 殆不足比於人數, 自視其高曾祖父, 亦無不可鄙賤者, 甚且歸咎於數千年以前, 歷代帝王無一善政, 歷代相師儒無一人才, 不知二千年以上, 西國有何學, 西國有何政(위의 책, 第一, 益智)."

충시키는 구체적 방향은 무엇인가? 즉 중학의 무엇과 서학의 무엇을 결합시키는 것이 효율적인 위기 극복의 대안인가? 장지동에게 있어 그것은 공맹 사상孔孟思想으로 대표되는 중국 전통의 유학적 차별 질서와 서구의 선진적 과학기술과 제도와의 결합이었다. 다음과 같은 장지동의 말은 그러한 결합의 방향성을 보여 주는 것이라고 할 수 있다.

> "무릇 변할 수 없다고 하는 것은 윤리倫理와 기강紀綱, 성인聖人의 도道와 심술心術이지 법률과 제도, 기계器械와 공예工藝는 아닌 것이다."[7] "중학中學을 내학內學하고 삼고 서학西學을 외학外學으로 삼아 중학으로서 몸과 마음을 다스리고, 서학으로서 세상의 일에 대응하여야 한다. 경문經文과 경의經義에 얽매일 필요 없이 그 마음을 성인聖人의 마음과 같게 하고 그 행동을 성인의 행동과 같게 하며, 효제충신孝悌忠信을 덕德으로 삼고 군주의 권위에 대한 복종(尊主)과 민民에 대한 사랑(庇民)을 정치政治로 삼아야 한다."[8]

이와 같은 장지동의 중체서용적 입장에는 크게 보아 두 가지 인식이 자리잡고 있다고 볼 수 있다. 첫째는 중국이 서구 열강의 침투에 무기력하게 대응하고 있는 현실의 근본적 원인이 서구에 비해 상대적으로 낙후되어 있는 기술 지식과 제도에 있다는 것이고,

---

7 "夫不可變者, 倫紀也, 非法制也, 聖道也, 非器械也, 心術也, 非工藝也(위의 책, 第七, 變法)."

8 "曰中學爲內學, 西學爲外學, 中學治身心, 西學應世事, 不必索之於經文, 而必無悖於經義, 如其心聖人之心, 聖人之行, 以孝悌忠信爲德, 以尊主庇民爲政(위의 책, 第十三, 會通)."

두 번째는, 그럼에도 불구하고 그것이 곧 중국이 모든 면에서 서구에 뒤떨어져 있다는 점을 의미하는 것이 아니기 때문에, 따라서 만일 서구 문물을 흡수하여 과학기술 지식을 확대시키고 제도를 발전적으로 개량改良할 수 있다면 서구 열강의 위협에 충분히 대처할 수 있다는 것이다.

장지동은 이러한 인식의 바탕 위에서 "오늘날 중국을 강하게 만들고 중학中學을 보존하기 위해서는 부득불不得不 서학西學을 익히지 않으면 안 된다"[9]고 전제하고, "현재 중국의 공예工藝가 당唐·우虞 삼대三代보다 못하다고 할 수는 없다. 세상의 모든 기술을 성인聖人이 다 만들 수는 없는 것이며 세상의 모든 변화를 성인이 다 예측할 수는 없는 것이다. 따라서 서양의 정치와 서양의 학문 중에서도 중국에게 유익하면서도 성인의 가르침을 손상시키지 않는 것이 있을 수 있다"[10]고 함으로써, 서양의 과학기술과 지식·제도 등을 수용하여 개혁할 필요성을 역설했다. 동시에 그는 비록 최근 들어 중국이 부강하지는 못했지만 부귀富貴·빈천貧賤을 막론하고 편안한 삶을 누릴 수 있었음에 비해, 서양의 국가들은 국세國勢는 비록 융성隆盛하였어도 인민이 불안해하고 군주君主와 재상宰相이 살해당하는 등의 일을 겪은 것으로 보아 정치 면에 있어서는 중국이 서양보다 우월하다는 점[11]과, 현재 중국이 서양에 비해 뒤떨어진 것은 서

---

9 "今欲强中國, 存中學, 則不得不求講西學(위의 책, 內篇, 第七, 循序)."

10 "謂中土今日之工藝, 不勝於唐虞三代不可也, 萬世之巧, 聖人不能盡洩, 萬世之變, 聖人不能豫知, 然則西政西學, 果其有益於中國, 無損於聖教者(위의 책, 外篇, 第十三, 會通)."

11 "中國雖不富强, 然天下之人, 無論富貴貧賤, 皆得俯仰寬然, 有以自樂其生, 西國國勢雖盛, 而小民之愁苦怨毒者, 鬱遏未伸, 待機而發, 而故弒君刺相之事, 歲不絶書, 固知其政事, 亦必有不如我中國者矣(위의 책, 內篇, 第二, 敎忠)."

양인들이 지혜롭고 중국인들이 어리석어서가 아니라,[12] 경쟁적 세계 질서 속에서 국가를 보존하기 위해 지속적으로 자기 발전을 이룩해 온 서양 국가들에 비해 중국은 고립되어 자족함으로써 시세의 변화에 대응할 기술 지식과 제도의 개선을 등한시한 결과일 뿐이라는 점[13]을 들어 중국의 우수성을 바탕으로 개방적 입장에서 서양의 사례를 본받는다면 충분히 서구 열강을 압도할 수 있다는 인식을 피력했다.

그렇다면 이처럼 중체서용적 입장을 역설한 장지동에게 있어 현실 개혁의 실질적 주체와 방법과 목표는 무엇인가? 이 점은 그의 정치 목표를 명확히 파악할 수 있는 중요한 근거이다. 먼저 그에게 개혁의 목표는 자강自强을 이룸으로써 서구 열강의 침투에 대항하여 국가와 유학적 차별 질서, 그리고 중국 민족을 보존하는 보국保國·보교保敎·보족保族으로 설정됐다. 장지동은 이에 대하여 다음과 같이 표현했다.

> "내가 듣기에 오늘날 세상을 변화시키려고 하는 자들의 목적에는 각기 다른 세 가지가 있는데 보국保國과 보성교保聖敎, 그리고 보화종保華種이 그것이다. 그러나 이러한 세 가지는 나누어질 수 있는 것이 아니라 일관된 것으로서 일심一心, 즉 소위 동심同心으로 함께 추구되어야 하는 것이다. 보종保種하기 위해서는 먼저 보교保敎해야 하고, 또 보교하기 위해서는 먼저 보국을 이루어야 하는 것이다."[14]

---

12 "豈西人智而華人愚哉(위의 책, 外篇, 第一, 益智)."
13 위의 책 참조.
14 "吾聞欲救今日之世變者, 其說有三, 一曰保國家, 一曰保聖敎, 一曰保華種,
夫三事一貫而已矣, 保國保敎保種, 合爲一心, 是爲同心, 保種必先保敎, 保敎

이와 같은 보국保國·보교保敎·보족(保族 또는 保種)을 달성하기 위해서는 지식을 확대해야 하며, 지식 확대를 위해서는 교육이 필요하고, 교육을 행하기 위해서는 그것을 뒷받침할 힘, 즉 군사력이 있어야 한다는 것[15]이 장지동의 설명이다.

중요한 점은 그가 이러한 지식 확대를 위한 교육을 실질적으로 담당할 주체를 사士로 규정했다는 사실이다. 장지동이 "지식으로써 국가가 패망하는 것을 구할 수 있고 학문으로써 지식을 더욱 증가시킬 수 있는 것인데, 이것은 사士가 농공상병農工商兵을 지도함으로써만이 가능하다. 사士가 지식이 없으면 농공상병은 지식을 획득할 수 없는 것이다"[16]라고 하고, 더 나아가 국가의 흥망이 사士에 달려 있다는[17] 주장을 통해 사士, 즉 지식인 계층의 역할의 중요성을 강조한 것은 이 점을 잘 보여 주는 것이라고 볼 수 있다. 그러나 좀더 본질적인 차원에서 이러한 장지동의 주장은 한족漢族 지식인으로서 자신이 속한 귀족 계층의 지위와 역할을 유지·확대하려는 그의 정치적 의도를 반영한 것이라고 할 수 있다. 즉, 앞서 살펴본 바와 같이, 19세기 이후 공자진龔自珍과 위원魏源 등 공양학파公羊學派와 증국번曾國藩을 위시한 양무사상가洋務思想家들이 청조 지배 체제 내에서 자신이 속한 지식인 계층의 입지와 역할을 증대시키려는 목적

必先保國(위의 책, 內篇, 第一, 同心)."

15 "種何以存, 有智則存, 智者, 敎之謂也, 敎何以行, 有力則行, 力者, 兵之謂也, 故國不威則敎不循, 國不盛則種不尊(위의 책)."; "自强生於力, 力生於智, 智生於學(위의 책, 外篇, 第一, 益智)."

16 "是故智以救亡, 學以益智, 士以導農工商兵, 士不智, 農工商兵不得而智也(위의 책)."

17 "國家之興亡, 亦存乎士而已矣(위의 책, 第三, 設學)."

을 반영하는 정치사상을 전개함으로써, 중국의 역사와 사상을 특징짓는 중요한 요소로서의 이민족異民族과 한족漢族 간의 민족 모순이 명확히 표출되지 않았던 것과 같이, 장지동 또한 자신의 사상 속에서 만한 간滿漢間 민족 모순을 언급하지 않은 채 오직 사士의 중요성을 강조하여 한족 지식인의 입지를 강화시키려고 하였던 것으로 보인다. 이 점은 그가 설정한 개혁 목표 중의 하나인 보종保種에서 '종種'이라는 것을 결국 만주족과 한족을 포함한 중국민中國民 전체로 인식하는 그의 입장[18]에서도 잘 나타나고 있다.

이처럼 개혁의 목표를 보국·보교·보족으로 상정하고 그 실질적 주체를 자신이 속한 지식인 계층으로 한정하는 장지동에게 있어서 개혁의 방법 역시 철저한 위로부터의 개혁을 지향하는 것이 될 수밖에 없었음은 당연한 것이었다. 같은 시기 한국과 일본의 사상가들이 위로부터의 일방적인 개혁의 한계를 직시하고 국민 계몽을 통한 아래로부터의 개혁의 필요성을 적극 주장하였던 것을 감안할 때, 장지동의 이러한 입장은 당시 중국 지식인들이 가지고 있던 인식의 폭과 깊이가 얼마나 좁고 얕았는지를 알 수 있게 해 주는 것이라고 하겠다. 이와 같이 19세기 후반 문호 개방기 중국에서 표출된 개혁·개방 사상의 하나로서 중체서용적 양무사상洋務思想은 인간과 세계에 대한 근본적인 인식의 변화를 수반하지 않은 채,[19] 전통적인 유학적 차별관을 고수하는 전제 위에서 서구의 제

---

18 "今西人書籍文字, 於中國人統謂之曰蒙古, 俄國語言呼中國人曰契丹, 是爲亞洲同種之證, 其地得天地中和之氣(위의 책, 內篇, 第四, 知類)."

19 장지동이 "만국공법萬國公法을 독실하게 믿는 자들은 공법公法이 가히 의지할 만한 것이라고들 하는데 그것은 정말 어리석은 생각이다. 무릇 국가들간의 힘이 균등할 때에만 공법이 유효한 것이다. 강약强弱이 같지 않은 데 어

도와 기술의 수용을 통한 위로부터의 개혁만을 지향했던 보수성을
가진 것이었다.

양무 사상가로서의 장지동 사상의 보수성은 정치의 본질과 정치
목표에 관한 그의 논의 속에 더욱 뚜렷이 드러나고 있다. 먼저 장
지동은 정치(仁政)의 내용으로서 조세 부담을 적게 할 것, 민民을 관
대하게 다룰 것, 재해災害를 구제할 것, 공사工事를 베풀 것, 상인을
구휼救恤할 것, 공물貢物을 경감할 것, 사치奢侈를 경계할 것, 군사軍
士를 구휼할 것, 형벌에 신중을 기할 것 등[20]을 제시함으로써 안민
적安民的 정치의 필요성을 강조하기도 했다. 그러나 그의 이러한 안
민적 정치론은 그 자체가 동등한 욕구 주체로서 일반 국민의 생존
권과 생활권을 보호하려는 데 궁극적 목적이 있는 것이 아니라 정
치·사회적 안정을 위한 전제 조건으로서의 민民에 대한 국가의 시
혜施惠에 불과한 것이었다. 이 점은 그가 그러한 시혜적 조치와 함
께 사士를 중요하게 대우할 것과 군주에 대한 충성을 권고할 것[21]

찌 법이 있을 수 있겠는가"("又有篤信公法之說者, 謂公法爲可恃, 其愚亦與此同, 夫
權力相等, 則有公法, 强弱不侔, 法於何有", 위의 책, 下篇, 第十四, 非弭兵)라고 하여 약
육강식弱肉强食의 현실관을 보여 준 것은 일면 중국 중심적 우월주의로부터
의 탈피를 의미하는 중요한 인식의 변화라고도 볼 수 있다. 그러나 본문에
서도 살펴보았듯이 그의 이러한 인식은 국가간 본연적 평등성을 충분히 인
정하는 전제 하에서 현실의 국제 정세를 파악한 것이라기보다는, 단지 중국
의 현실을 일시적인 국력 약화에 기인한 것으로 보고 중국의 전통적 우수성
을 보존하면서 서양의 군사·기술적 강점만을 흡수하려는 중체서용적中體西
用的 입장으로부터의 근본적 변화는 결코 아니었다고 할 수 있다.

20 "薄賦, 仁政一也, … 寬民, 仁政二也, … 救災, 仁政三也, … 惠工, 仁政四也,
… 恤商, 仁政五也, … 減貢, 仁政六也, … 戒侈, 仁政七也, … 恤軍, 仁政八
也, … 愼刑, 仁政十也(위의 책, 內篇, 第二, 敎忠)."

21 "重士, 仁政十三也, … 勸忠, 仁政十五(위의 책)."

등을 더 중요한 정치의 내용으로 제시한 것[22]에서도 잘 알 수 있다. 이와 더불어 장지동이 "오늘날 가장 시급한 일은 충군애국忠君愛國의 마음으로 부국강병을 이룩하는 것이다. 이를 위해서는 무엇보다 조정朝廷을 존중하고 사직社稷을 지키는 것이 가장 중요하다"[23]고 한 것 또한 제왕권의 옹호와 귀족 중심의 사회 질서 유지·강화로 대표되는 그의 보수적 입장을 잘 보여 주는 것이라고 하겠다.

이렇게 볼 때, 결국 장지동의 정치 목표는 제왕권적 권위 질서와 대내적 차별 질서를 당위화하는 유학적 차별관을 전제로 한 채 자신이 속한 한족漢族 지식인 계층의 적극적 주도 하에 서구 과학 지식과 기술의 수용과 습득을 통한 부국강병富國强兵을 이룩하려는 것이었다고 할 수 있다. 따라서 이러한 정치 목표를 가진 장지동에게 자유권과 평등권 등 인간의 기본권의 인정과 그것을 바탕으로 한 평등적 질서관의 구축 자체는 결코 인정될 수 없는 것이었다.

이와 관련하여 그는 먼저 민권설民權說로 대표되는 인간의 기본권을 강조하는 주장에 대하여 유학적 차별관의 고수를 지향하는 자신의 입장을 다음과 같이 밝히고 있다.

"오륜五倫은 모든 행동의 근본으로서 수천 년 동안 이어져 내려왔음에도 불구하고 그 뜻이 변하지 않았다. 성인聖人이 소위 성인이 되는 이유와 중국中國이 소위 중국이 되는 이유는 바로 여기에 있는 것이다.

---

22 장지동의 주저主著인 『권학편勸學篇』 중에서 비교적 정치의 내용과 방법을 많이 다루고 있는 곳의 편명篇名이 바로 '교충敎忠'이라는 것만 보아도 그의 정치론의 본질이 무엇인가를 명확히 알 수 있을 것이다.

23 "今日時局, 惟以激發忠愛, 講求富强, 尊朝廷, 衛社稷(『勸學篇』, 內篇, 第一, 同心)."

따라서 군신君臣 간의 차별 원리를 안다면 민권설民權說은 행할 수 없는 것이고, 부자父子 간의 차별 원리를 안다면 상례喪禮와 제사祭祀를 폐지하여 부자가 함께 죄 짓는 일을 행할 수는 없는 것이며, 부부夫婦 간의 차별 원리를 안다면 남녀평등권설男女平等權說은 행할 수가 없는 것이다."[24]

그는 특히 민권설은 이익이란 하나도 없고 오로지 해로움만 있을 뿐[25]이라고 하면서 그 이유를 구체적으로 다음과 같이 표현하기도 했다.

"민권설이 한 번 제창되면 어리석은 인민은 기뻐할 것이고 난민亂民이 반드시 일어날 것이다. 또 기강紀綱이 무너져 사방에서 대란大亂이 발생할 것이다. 그러니 민권설을 제창한 자 역시 어찌 혼자 편하게 지낼 수 있겠는가? 그리고 이와 함께 거리와 마을이 약탈당하며 교회당敎會堂이 불타고 파괴됨으로써 서양의 각국들이 보호를 핑계로 병선兵船과 육군陸軍을 파견하여 우리 영토를 점령할 것이고 결국 타인의 속국屬國이 될 것이다. 그러므로 민권설이라는 것은 오로지 적敵이 듣고 싶어 하는 것일 뿐이다."[26]

---

24 "五倫之要, 百行之原, 相傳數千年, 更無異義, 聖人所以爲聖人, 中國所以爲中國實在於此, 故知君臣之綱, 則民權之說不可行也, 知父子之綱, 則父子同罪免喪癈祀之說不可行也, 知夫婦之綱, 則男女平等之權之說不可行也(위의 책, 第三, 明綱)."

25 "民權之說, 無一益而有百害(위의 책, 第六, 正權)."

26 "民權之說一倡, 愚民必喜, 亂民必作, 紀綱不行, 大亂四起, 倡此議者, 豈得獨安獨活, 且必將劫掠市鎭, 焚毀敎堂, 吾恐外洋各國, 必藉保護爲名, 兵船陸軍, 深入占踞, 全局拱手而屬之他人, 是民權之說, 固敵人所願聞者矣(위의 책)."

　이와 같은 주장과 함께 장지동은 소위 민권론자들이 주장하는 것이 의회議會 개설과 공사公司와 공창工廠의 설립, 학당學堂의 개설 그리고 병사兵士의 훈련 등이라고 하면서 이런 것들은 민권民權을 인정하지 않고서도 국가가 충분히 주도적으로 이끌어 나갈 수 있다는 점[27]과, 오직 국권國權만이 적국敵國을 제어할 수 있으며 민권民權은 결코 그렇게 할 수 없다는 점[28]을 들어 민권설에 반대하는 입장을 분명히 하였다.

　이러한 장지동의 민권 반대론民權反對論은 무엇보다 유학적 삼강오륜三綱五倫으로 상징되는 차별 질서의 유지를 통하여 자신이 속한 계층의 지위와 역할을 확대·보호하려는 그의 정치 목표를 반영한 것이기도 하다. 그러나 무엇보다 그러한 논리가 서양 문물의 급격한 유입에도 불구하고 인간이 천부天賦의 기본권을 지닌 동등한 욕구 주체인 동시에 자신만의 고유한 독자성을 가지고 자유롭게 삶을 영위할 수 있는 개체이며, 따라서 그들 사이에는 일체의 차별이 있을 수 없다는 점을 전혀 인식하지 못했거나 아예 인정하지 않으려 했던 당시 양무 사상가들의 공통된 한계를 보여 주는 것이라는 점에서 사상적으로 중요한 의미를 지닌다고 하겠다.

　아편전쟁과 태평천국 이후 30여 년간 진행되었던 양무운동이 기본적으로 이러한 보수성을 견지하고 있었다는 점을 볼 때, 서구 열강·일본과의 수 차례에 걸친 전쟁에서 패배하여 결국 반식민지半植民地로 전락하게 되었던 중국의 운명이 바로 이러한 당시 중국

---

27 위의 책 참조.
28 "蓋惟國權能禦敵國, 民權斷不能禦敵國, 勢固然(위의 책)."

개혁·개방 사상 자체가 가지고 있던 내재적 한계에서 비롯된 것임을 다시 한번 확인할 수 있을 것이다. 따라서 이상에서와 같은 장지동 양무사상의 특성이 구체화된 정책론 역시 인간과 세계에 대한 근본적인 인식의 변화를 수반하지 않은 채 단지 과학 기술적 지식 확대와 법적·제도적 개혁을 지향하는 것이 될 수밖에 없었다.

3. 중체서용적 정책론

정책론의 측면에서 먼저 장지동은 중국의 후진성을 극복할 수 있는 가장 기본적인 방법으로서 과학기술적 지식을 확충시키고 견문을 넓힐 수 있는 제도적 장치를 마련할 것을 요구했다. 이를 위하여 그는 유학遊學의 시행과 학당學堂의 설립, 학제學制의 개편, 번역飜譯 능력의 제고提高, 인쇄물의 간행과 배포 등을 구체적 정책 대안으로 제시했다. 첫째로 유학遊學에 관하여 장지동은 외국에 1년 나갔다 오는 것이 서양의 서적을 5년 읽는 것보다 낫고, 또 외국 학교에서 1년 공부하는 것이 중국 학교에서 3년 공부하는 것보다 낫다[29]는 점과, 실제로 일본의 정치가들이 이미 20년 전에 외국에 나가서 자국의 후진성을 인식하고 여러 가지 지식을 습득함으로써 자국의 발전을 이룩하는 데 크게 공헌했다[30]는 점을 들어 유학의 필요성을 강조했다. 그러나 장지동은 유학하는 데 있어 서양보다

---

29 "出洋一年, 勝於讀西書五年, … 入外國學堂一年, 勝於中國學堂三年(위의 책, 外篇, 第二, 遊學)."

30 "伊藤山縣榎本陸奧諸人, 皆二十年前出洋之學生也, 憤其國爲西洋所脅, 率其徒百餘人, 分詣德法英諸國, 或學政治工商, 或學水陸兵法, 學成而歸, 用爲將相, 政事一變, 雄視東方, 不特此也(위의 책)."

는 동양이 낫고,[31] 유학을 보내는 대상으로는 이미 중국의 전통적
학문, 즉 유학을 충분히 습득한 소수 귀족 출신의 지식인이 폐단弊
端을 줄일 수 있다는 점에서 바람직하다[32]고 하여 유학을 통한 새
로운 인식의 변화를 추구하기보다는 단지 가능한 한 신속하게 서
양의 발달된 기술과 지식만을 획득하려는 보수적 태도를 견지했
다.[33] 둘째로, 장지동은 학당學堂 등 교육 기관의 설립을 통해 기술
적 지식을 체계적으로 교육할 필요성을 역설했다. 그럼에도 불구
하고 그가 요구하는 교육 기관의 설립을 통한 교육 실시 주장은 한
국이나 일본의 개혁·개방 사상가들이 주장한 것과 같이 인간의 독
자적 능력, 즉 개체성 인정을 바탕으로 신분이나 남녀의 차별 없이
모두 교육을 시켜야 한다는 국민 개육론國民皆育論과는 근본적으로
다른 것이었다. 구체적으로 장지동은 소학小學·중학中學·대학大學의
설립과 그곳에서의 체계적 교육의 필요성을 주장하면서도 학교 교
육의 대상을 귀족 계층의 자제로 한정시켰으며,[34] 교육 내용에 있
어서도 사서오경四書五經과 같은 구학(舊學=儒學)과 신학(新學=西學)을
반드시 함께 배워야 한다는 입장[35]을 고수했다. 이것은 사士의 주

---

31 "至儒學之國, 西洋不如東洋(위의 책)."

32 "且必學有初基, 理已明, 識已定者, 始遺出洋, 則見功速而無弊(위의 책, 第三,
設學)."

33 이 점은 일본이 이미 18세기 후반 이후 서구 문물을 폭넓게 수용하여 인간
과 세계에 대한 근본적인 인식의 변화를 이룩하여 온 전통을 가지고 있었다
는 점과, 명치유신明治維新 이후의 발전이 이러한 인식 변화를 토대로 하고
있다는 점을 알지 못한 채, 단지 정치가들의 서양 유학만을 일본의 발전을
이룩한 요인으로 보는 장지동의 무지를 보여 주는 것이라고 할 수 있다.

34 "十年教訓而興, 國家之興亡, 亦存乎士而已矣(『勸學篇』, 外篇, 第三, 設學)."

35 "新舊兼學, 四書五經中國史事政書地圖爲舊學, 西政西藝西史爲新學(위의
책)."

도 하에 개혁을 이루어야 하며 개혁의 방향에 있어 중학中學을 체體로 삼고 서학西學을 용用으로 삼아야 한다[36]는 소위 중체서용적 입장을 견지한 장지동에게 있어 당연한 것이었다고 볼 수 있다. 셋째로, 학제學制의 개편에 대해서 장지동은 졸업과 진학의 기한을 정할 것과 전문적인 학과 내용을 설치할 것, 그리고 일정한 교육을 마친 자를 등용할 것 등을 요구하였는데,[37] 이것 역시 비록 문벌門閥과 가문家門 중심의 인재 등용의 폐단을 없앨 수 있는 장치라는 점에서는 의의가 있으나, 인재 등용의 폭을 귀족 계층으로 축소시키고 그러한 인재라는 것도 결국 양무적洋務的 인식을 가진 인물들을 양성하는 것이라는 점에서 한계를 내포하지 않을 수 없는 것이었다. 넷째로, 장지동은 서양 기술의 효율적인 습득을 통해 국가적 위기를 극복하고 발전을 이룩하기 위해서는 반드시 서양 언어와 문자에 통달해야 한다[38]는 인식 하에 언어 교육의 중요성을 강조했다. 이를 위해 각 성省에 번역을 담당하는 역서국譯書局을 많이 설치할 것과 대신大臣들로 하여금 타국他國을 방문하여 자국自國에 필요한 도서들을 선택·번역하게 할 것, 그리고 상해上海에 서점書店을 개설하여 문인文人들로 하여금 이용할 수 있도록 할 것 등[39]을 요구함으로써 번역 사업의 발전을 위한 구체적 장치의 마련을 촉구했다. 다섯

---

36 "舊學爲體, 新學爲用(위의 책)."

37 위의 책, 第四, 學制 참조.

38 "吾請易之曰, 知外不知中, 謂之失心, 知中不知外, 謂之聾瞽, 夫不通西語, 不識西文, 不譯西書, 人勝我而不信, 人謨我而不聞, 人規我而不納, 人呑我而不知, 人殘我而不見, 非聾瞽而何哉(위의 책, 第五, 廣譯)."

39 "譯書之法有三, 一, 各省多設譯書局, 一, 出使大臣訪其國之要書而選譯之, 一, 上海有力書賈好事文人, 廣譯西書出售, 銷流必廣主人得其名, 天下得其用矣(위의 책)."

째로, 장지동은 자국의 후진성을 인식하고 견문을 확대하며, 또 각
국의 정세를 파악할 수 있는 방법으로서 인쇄물의 중요성[40]을 인정
하는 바탕 위에서 신문新聞·관보官報 등을 발간·배포할 것을 주장
했다. 마지막 다섯 번째의 정책 대안은 비록 그 궁극적 목적이 국
민 전체의 의식 계몽이나 국민 의사의 대정부對政府 전달에 있기보
다는 자신이 구상한 개혁의 당위성을 좀더 확고히 하고 정부로 하
여금 국제 정세를 정확히 파악하여 효율적인 개혁 정책을 추구하
도록 만드는 데 있는 것이었지만, 그럼에도 불구하고 그것이
1860~80년대 활동했던 양무 사상가들의 논의 속에는 거의 언급되
고 있지 않다는 점에서 장지동 정책론 전체의 보수성에 비해 상대
적으로 혁신적인 방안이었다고 평가할 수 있을 것이다.

이와 같은 기술 지식과 견문의 확대 방안과 더불어 장지동은 단
순히 경서經書를 중심으로 한 한 차례 시험만으로 인재를 선발하는
전통적인 과거 제도科擧制度를 개혁하여 서구의 과학기술과 전문 지
식까지도 시험에 포함시킬 것을 요구[41]했다. 또한 국가적 생산력의
발전과 국가 보위를 위한 방안으로 지식인 계층(士) 주도 하에 농農
·공工·상商·병학兵學과 광학鑛學을 발전시킬 것[42]을 제시하였으며,

---

40 "方今外侮日亟, 事變日多, 軍國大計, 執政慎密, 不敢宣言, 然而各國洋報, 早
已播諸五洲, 不惟中國之政事也, 幷東西洋各國之愛惡攻取, … 然而吾謂報之
益於人國者博聞, 次也, 知病上也, … 大抵一國之利害安危, 本國之人蔽於習
俗, 必不能盡知之, 卽知之亦不敢盡言之, 惟出之鄰國, 又出之至强之國, 故昌
言而無忌, 我國君臣上下, 果能覽之而動心, 怵之而改作, 非中國之福哉(위의
책, 第六, 閱報)."

41 "二場試以時務策五道, 專問五洲各國之政, 專問之藝, 政如各國地理, 官制學
校, 財賦, 兵制, 商務, 等類, 藝如格致, 製造聲光, 化電, 等類此爲(위의 책, 第
八, 變科擧)."

이와 함께 사士의 견문의 확대와 농공상병학의 이익과 효율성을 극
대화하기 위한 토대로서 철로鐵路 개설을 주장[43]하기도 했다.

　이상과 같은 장지동의 개혁 정책론은 양무 사상가들이 1860년
대 이후 지속적으로 제시했던 개량적改良的 정책 대안과 그 맥을 같
이 하고 있다는 점에서 근본적이고 혁신적인 위기 극복의 개혁책改
革策이라고 보기는 어렵다. 즉 같은 시기 한국의 개화 사상가들의
정책론이 주로 민권民權의 보호·확대 방안과 다수 피지배 계층의
생존권과 생활권 신장 방안, 소외 계층의 구제 방안, 그리고 생산
력의 발전과 호국護國을 위한 구체적 실천 방안 등에 초점이 맞추어
졌던 것에 비해, 장지동의 정책론은 대내적 차별 체제 유지를 전제
로 한 범위 내에서의 시혜적施惠的 안민책安民策과 자신이 속한 사士
의 역할을 강조하는 토대 위에서의 기술적 지식의 확충, 그리고 근
본적인 인식 변화를 결여한 법적·제도적 개혁을 통한 부국강병책
에 불과한 것이었다. 따라서 그것은 유학적 차별관·폐쇄관에 기인
한 당시 중국의 위기를 근본적으로 치유할 수 있는 가장 효과적인
정책대안이 될 수는 없는 것이었다고 평가할 수 있을 것이다.

　이와 같은 양무운동의 한계를 비판하고 더 철저한 개혁·개방을
요구한 것이 강유위로 대표되는 소위 변법파의 정치사상이었다.
다음에서는 강유위를 중심으로 한 무술유신戊戌維新 주도 세력들의
정치사상을 검토하여 그 성격과 의의를 규명하고 한국의 개화 사
상가들과의 비교를 통하여 그 한계를 지적해 보기로 하겠다.

---

42 위의 책, 第九, 農工商學; 第十, 兵學; 第十一, 鑛學 참조.
43 "有一事而可以開士農工商兵五學, 之門者乎, 曰有鐵路是已, 士之利在廣見
　聞, 農之利在暢地産, 工之利在用機器, 商之利在速行程, 省運費, 兵之利在速
　徵調, 具糧械, 三代以道路爲大政(위의 책, 第十二, 鐵路)."

제2절 강유위의 변법적 개혁·개방 사상

1. 시대 배경

강유위[44]의 구체적 활동 시기는 청일전쟁의 패배 후 중국의 대내
외적 위기가 더욱 가중되었던 1890년대 중반부터 말까지의 기간
이다. 전술前述한 바와 같이 청일전쟁에서의 중국의 패배는 그것이
단순히 양무운동의 실패를 의미하는 것이었다는 측면 이외에도 피
지배 계층에게 서구 열강의 이권 침탈과 청조 집권층의 무능력과
수탈에 대한 저항 의식을 본격적으로 보여 주는 계기를 조성하였
다는 의미를 가진 것이었다. 1899년 이후 격렬히 전개되었던 반외

---

44 강유위(康有爲, 1858-1927)의 본명은 조이祖詒, 자字는 광하廣夏, 장소長素·갱
생更生·남해선생南海先生 등의 호號를 사용했다. 어려서부터 유학儒學을 학
습했고, 10대 후반부터 20대 초반까지 주구강朱九江·요평廖平에게서 정주
학程朱學과 공양학公羊學을 배웠다. 1880년대 초반부터는 서양 학문에 대해
관심을 가지기 시작했으며 노장老莊·불교佛敎·묵가墨家 사상 등 다양한 전
통 사상을 섭취했다고 한다. 청일전쟁(淸日戰爭, 1895)에서 중국이 패배한 후
양계초梁啓超·담사동譚嗣同 등과 함께 강학회強學會·성학회聖學會·오학회
奧學會·보국회保國會 등 정치단체를 결성하여 활발한 정치 운동을 전개하는
한편, 청조淸朝에 대한 수차례의 상소上疏를 통해 개혁의 당위성을 역설했
다. 이후 1898년 보수파保守派 공친왕恭親王의 사망을 계기로 광서제光緖帝
의 후원 하에 무술유신戊戌維新을 주도했으나 서태후西太后 등 수구파의 반
발로 실패했다. 19세기 후반 중국 문호 개방기에 있어 부국강병을 목표로
30여 년 동안 진행된 양무운동이 결국 청일전쟁으로 완전히 실패 한 뒤 양
무운동의 한계를 비판하면서 전개된 변법 사상變法思想의 대표적 인물로 평
가되고 있다(崔成哲, 『康有爲의 政治思想』(서울: 一志社, 1988), 28-54쪽; 蕭公權 著,
汪榮祖 譯, 『康有爲思想硏究』(臺北: 聯經出版事業公司, 1988, 17-36쪽 참조).

세적反外勢的 의화단義和團의 난亂과 1890년대 중반 이후 급격히 고조된 반만 의식反滿意識은 이러한 민중적 반발의 구체적 표출이었다. 이와 함께 한족漢族 지식인 계층에게 있어 청일전쟁의 실패로 인한 중국의 동아시아에서의 완전한 지배권 상실과 이에 따른 대내외적 위기 상황의 고조는 양무운동이 가진 한계를 극복할 수 있는 좀더 근본적인 정책 대안의 마련을 강구하도록 했다. 이들은 양무 사상가들이 주로 서구의 과학기술 수용을 통한 부국강병富國强兵에 집중하였던 것에 비해 위기의 근본 원인이 대내적 정치·사회 개혁의 미비에 있다는 판단 하에 이를 해결하기 위한 실천적 개혁운동을 전개했다. 다음에서 논의할 19세기 후반 중국의 개혁·개방 사상으로서 강유위 중심의 변법사상·운동은 바로 이와 같은 재야在野 한족漢族 지식인층의 위기의식이 낳은 결과였다.

2. 현실관과 정치 목표

현실관과 관련하여 먼저 강유위는 중국이 처한 내우외환內憂外患의 위기에 대하여 "근래 조선의 피(釁)를 훔쳐간 일본인들은 우리에게 영토를 할양하고 배상금을 지불할 것을 요구하는 데 이르고 있다. 이것은 청조淸朝 2백여 년 동안 없었던 치욕으로서 천하의 신민臣民이 분개하고 원통해 할 일이다. 그러나 국가가 치욕을 당했다는 것은 오히려 작은 일이며 외국이 모두 오만하게 우리를 넘겨다보아 국가가 조각날까 하는 것이 큰 걱정인 것이다. 또 영토를 할양하는 것은 오히려 작은 일이며 변방의 주민들이 스스로를 보호하지 못함으로써 서로 헤어지게 되지는 않을까 하는 것이 큰 걱정인 것이다. 국가가 오늘처럼 위태롭게 된 적이 일찍이 없었다"[45]고 함으로써 청일전쟁의 패배로 표출된 중국의 무기력이 열강의 침탈을 더욱 강화시킴으로써 국가적 독립성이 크게 위태롭게 될 것을 우려했다. 이와 함께 다음과 같이 대내적으로도 중국이 총체적 위기 상황에 놓여 있음을 지적했다.

"국가의 제도는 쓸모없이 되었고 감사監司 자리가 팔려 나가며, 교육에는 근본이 없고 관리의 선발에는 기준이 없다. 그리하여 뇌물賂物이 공공연하게 주어지고 사치풍조가 만연하게 됨으로써 충성스럽고 신뢰받는 관리는 더욱 적어졌다. 학교에서 가르치는 것은 오직 시와 문장뿐이고 성인聖人의 도道는 강구講求하지 않음으로써 쓸모 있는 학문이라고는 없다. 그리하여 오직 공허하고 고루하며 잘못된 것만을 서로 도모하여 재능과 지혜를 갖춘 사람들이 적다. 병사들은 늙고 약한 사람들만 있지 용맹스러운 자들이 없어 모두 오합지졸烏合之卒에 불과하며, 농업에는 이윤이 없고 공상工商은 물건을 만들지도 팔지도 못하고 있다. 이 밖에도 수많은 폐단이 쌓여 있어 일일이 열거하기도 어려운 실정이다."46

---

45 "竊近者朝鮮之釁, 日人內犯, 致割地賠餉, 此聖淸二百餘年未有之大辱, 天下臣民所發憤痛心者也, 然辱國之事小, 外國敕覬覦, 則爪分之患大, 割地之事小, 邊民皆不自保, 則瓦解之患大, 社稷之危未有若今日者(『康有爲全集一』(上海: 上海古籍出版社, 1987), 上淸帝第三書, 132-133쪽)."

46 "官制則冗散萬數, 甚且鬻及監司, 敎之無本, 選之無擇, 故營私交賂, 欺飾成風, 而少忠信之吏, 學校則敎及詞章詩字, 寡能講求聖道, 用非所學, 學非所用, 故空疏愚陋, 謬種相傳, 而少才智之人, 兵則綠營老弱, 而寡勇皆烏合之徒, 農則地利未開, 而工商無製造之業, 其他凡百積弊, 難以徧擧(위의 책, 上淸帝第二書, 84-85쪽)."

그에게 이러한 위기의 원인은 무엇보다 세계의 정세 변화에 무지하며 또한 국내적 개혁에도 무관심한 채 오직 정치 권력의 유지·강화에만 여념이 없는 수구 집권 세력의 보수적이고 무사안일적無事安逸的인 태도와 이에 편승하여 부정부패不正腐敗만을 일삼는 중간 관리들의 행태였다. 이러한 점에서 강유위는 대외적으로는 고루하고 폐쇄적인 외교 자세를 견지하면서, 대내적으로는 신구新舊의 차이점을 알지 못한 채 오직 옛 것만을 답습하면서 신법新法의 이로움과 변법變法의 필요성에 대해서는 적극적으로 반대하는 당시 보수 관료들을 강하게 비난하는 한편,[47] "오늘날 중국 인민은 모두 충의忠義의 마음을 가지고 있어 쓸모가 있는 반면에 관리들은 모두 탐욕스럽고 무능하다"[48]고 함으로써, 집권 세력의 무능과 무지, 그리고 중간 관리들의 부패와 부정이 중국이 처한 위기의 근본 원인이라는 점을 명확히 했다.

이와 같은 강유위의 현실 인식은 앞서 살펴본 양무 사상가 장지동張之洞의 현실관과 비교하여 당시 집권 보수 세력에 대한 직접적인 비판을 견지하였다는 점에서 일면 진전된 측면을 보여 주는 것이었다고 볼 수 있다. 그럼에도 불구하고 동일시기 한국과 일본의 개혁·개방 사상가들이 지녔던 현실관과 비교해 볼 때, 위기의 원인이 동아시아 전통의 유학적 차별 질서관差別秩序觀 자체에 있다는 점을 인식하지 못하는 보수적 한계를 지닌 것이었다고 할 수 있다. 즉 대내적으로는 생산 계층과 비생산 계층 간의 차별을 강조하여

---

47 『七次上書彙編』(臺北: 宏業書局有限公司, 1976), 上淸帝第五書, 94-95쪽 참조.

48 "今中國人民咸懷忠義之心, 非不可用也, 而將吏貪懦(『康有爲全集二』, 上淸帝第二書, 77쪽)."

비생산 계층의 생산 계층에 대한 수탈과 착취를 당위화하고, 대외적으로는 중화주의적中華主義的 화이 질서관華夷秩序觀을 고수하여 명분론적 외교 행태를 지속하게 한 유학적 차별관 자체가 중국이 당면한 대내외적 위기의 근본 원인임에도 불구하고, 강유위는 소위 중앙정부의 관료와 중간 관리, 즉 현실 지배 계층의 보수성과 부정부패만을 지적함으로써 유학적 차별관의 탈피를 통한 철저한 국내 개혁의 필요성을 요구할 수 있는 바탕으로서의 급진적인 현실관을 제시하지 못하였던 것이다. 이런 점에서 강유위 역시 유학적 차별 질서의 유지를 전제로 한 범위 내에서 지식인 계층 주도 하에 인적人的·법적法的·제도적制度的 개혁을 통한 위기 극복만을 요구할 수밖에 없었으며, 이는 개혁의 주체·성격·방법과 속도 등에 관한 그의 논의에서 잘 드러나고 있다.

먼저 개혁의 주체에 대해 강유위는 장지동과 마찬가지로 사士, 즉 지식인 계층이 개혁을 주도해야 한다는 점을 명확히 밝혔다. 그가 "무릇 천하에 민은 많고 사士는 적은 법으로써, 사士가 배우지 못하면 농공상인農工商人 또한 재능이 없게 되는 것이다"[49]라고 하고, 또 "재능과 지혜 있는 민이 많으면 국가가 강해지고 재능과 지혜 있는 사士가 적으면 국가가 약해진다"[50]고 하여 국가를 부강富强하게 할 수 있는 기본 토대로서 지식인 계층 역할의 중요성을 지적한 것이나, 자신이 조직한 학회學會의 교육 대상이 귀족 출신의 지식인들에 한정되어 있음을 밝힌 것,[51] 그리고 당시 청清 황제皇帝에

---

49 "夫天下民多而士少, 小民不學, 則農工商賈無才(위의 책, 94쪽)."
50 "夫才智之民多則國强, 才智之士少則國弱(위의 책, 95쪽)."
51 "昔在京師, 旣與諸君子開會, 以講中國自强之學, 朝士集者百數, 然猶未足合天下之才(위의 책, 上海强學會後序, 95쪽)."

게 올린 상서上書를 통해 보수적 관료들을 제거하고 그 자리에 개혁적 인사들을 등용할 것을 지속적으로 요구한 것 등은 권력에서 소외된 당시 재야 지식인 계층을 중심으로 개혁을 이루려고 하였던 그의 입장을 잘 보여 주는 것이라고 하겠다. 이러한 측면에서 강유위가 양계초·담사동 등과 함께 무술유신戊戌維新 이전 학회 설립을 통한 대중 정치 활동을 전개한 것은 모든 인간의 평등권과 개체성 인정을 바탕으로 한 민중의 의식 계몽이나 국민 개육國民皆育을 통한 개혁, 즉 진정한 의미의 아래로부터의 개혁을 욕구한 것이 아니라 귀족 출신의 인재들을 양성함으로써 자신들의 개혁 의지를 달성할 수 있는 지지 기반을 확충하는 한편 당시의 집권 보수 관료들을 대체할 수 있는 인적 토대를 마련하는 데 있었다고 볼 수 있다. 따라서 같은 시기 한국·일본의 개혁 사상가들이 주장하였던 개혁 주체의 민중 확대론民衆擴大論과 비교해 볼 때 강유위의 지식인 계층 중심적 개혁론은 그 자체가 보수적 한계를 지니는 것이었다.

이와 같은 강유위 개혁론의 보수성은 그 자신이 개혁의 당위성을 입증하기 위하여 전개한 역사론歷史論에서 좀더 뚜렷이 나타나고 있다. 흔히 공양학파公羊學派의 영향 속에서도 강유위 사상의 독창성을 대표하고 있다고 평가되는 이러한 역사론은 그의 인식의 근저를 파악할 수 있는 중요한 근거라는 점에서 그가 제시한 개혁의 성격·방법과 속도에 대한 논의가 어떠한 한계를 가지고 있는지를 살펴보는 데 유용하다고 할 수 있다.

강유위 개혁론의 이론적 바탕이 되었던 역사론의 중심적 내용은 크게 두 가지로 나누어 볼 수 있다. 그 하나는 공자에 대한 재해석再解釋이고, 다른 하나는 이른바 삼세설三世說이라는 진화론적進化論的 역사관으로 양자는 상호 밀접한 관련을 가지고 있다. 먼저 전자前者

에 관하여 강유위는 공자를 중국의 유교적 의리義理와 제도制度를 만든 창교자創教者, 개혁가改革家로 규정했다. 그는 이에 대하여 구체적으로 하夏·은殷·주周 삼대三代와 요堯·순舜 임금의 실재實在를 증명할 수 없다는 점을 들어 그 시기와 인물들에 관한 내용은 모두 공자에 의해 가탁假託된 것이며, 따라서 실제로 중국의 문물과 제도를 만든 것이 바로 공자라는 점을 다음과 같이 주장했다.

　"무릇 대지大地의 교주教主는 제도를 개혁改制하고 법을 세우지(立法) 않는 이가 없으며 제자諸子가 모두 그러하다. 중국의 의리와 제도는 모두 공자에 의해서 성립된 것이며 제자弟子들이 그러한 공자의 도道를 이어받고, 또 그 가르침을 전함으로써 그것이 천하에 행해지고 옛 습속習俗을 고치게 된 것이다."[52] "우리나라를 예로부터 중국이라고 하는 것은 문명이 가장 앞섰기 때문이다. 그러나 실제로 육경六經 이전의 일을 기록한 책이 없고 하夏나라와 은殷나라는 증명할 수 없으며, 주周나라에 관한 문서 역시 찾을 수 없다."[53] "공자는 요순堯舜이 화려한 옷을 입고 삼년상喪을 치뤘다고 하고 묵자墨子는 요순이 허름한 옷을 입고 삼월상三月喪을 치뤘다고 하였으니 소위 취사取捨하는 것이 같지 않다. 한비韓非는 당시에 이처럼 유묵儒墨이 각기 다르게 은殷·주周·우虞·하夏를 언급하는 것을 보고 어떤 것이 옳은지를 정할 수가 없었다. 더욱이 요·순을 언급하는 데 이르러서는 증명할 수가 없어서 믿기 어려웠다.

---

52 "凡大地教主, 無不改制立法也, 諸子已然矣. 中國義理, 制度, 皆立於孔子, 弟子受其道而傳其教, 以行之天下, 移易其舊俗(『康有爲全集三』, 孔子改制考, 卷九, 孔子創儒教改制考, 249쪽).

53 "吾中國號稱古名國, 文明最先矣, 然六經以前無復書記, 夏殷無徵, 周籍已去 (위의 책, 卷一, 上古范昧無稽考, 2쪽).

이것을 보았을 때 요·순의 사적事跡은 알 수가 없는 것이었으며, 따라
서 공자와 묵자가 각기 그것을 가탁假託한 것임을 알 수 있다."[54]

공자가 이처럼 제도의 개혁을 삼대三代 선왕先王의 일을 들어 가
탁假託한 이유에 대해 강유위는 그것이 민民의 불신을 없애 그들로
하여금 따르게 하는 동시에 공자학도孔子學徒들에게 개혁의 당위성
을 입증하기 위해서였다고 설명했다.[55] 또한 공자의 이러한 뜻은
단지 그의 생존 당시에만 한정된 것이 아니라 백세百世 동안 지속되
어 무한한 공덕功德을 가지는 것[56]이라고 했다. 이러한 논리를 통하
여 결국 강유위에게 공자는 유학적 의리와 제도의 창시자이고 개
혁의 모범이며 현실과 미래 개혁의 주체로서의 신왕新王·소왕素王·
성왕聖王·선왕先王·후왕後王의 지위[57]를 모두 갖춘 만세불변萬世不變
의 교주敎主로 규정되었던 것이다.

강유위가 이처럼 기존의 정통 유학의 논의를 전면적으로 부정하
고 공자를 유학적 의리와 제도의 창조자·개혁자이며 동시에 중국
의 과거·현재·미래를 지배하는 신격화神格化된 존재로 규정한 것은
무엇보다 공자를 중국 역사상 최고의 지위를 가진 제도 개혁자로

---

54 "孔子謂堯舜明堂五采, 服喪三年, 墨子謂堯舜茅茨葛衣, 服喪三月, 所謂取舍
不同, 韓非當時已謂儒墨近稱殷周虞夏, 不能定其眞, 至稱堯舜, 尤無參驗, 不
可信據, 則堯舜事跡, 必已茫昧, 故孔子墨子得各託其義(위의 책, 5쪽)."

55 "聖人但求有濟於天下, 則言不必信, 惟義所在, 無徵不信, 不信民不從, 故一
切制度託之三代先王以行之, … 孔子以布衣而改亂制, 加王心, 達王事, 不得
不託諸行事以明其義, 當時門人猶惑之, 況門外者乎(위의 책, 卷十一, 孔子改制託
古考, 314쪽)."

56 "然不知孔子改制, 治定百世, 乃爲功德無量(위의 책, 卷九, 孔子創儒敎改制考, 259
쪽)."

57 위의 책, 卷八, 孔子爲制法之王考, 224-248쪽 참조.

규정하고 그러한 전통이 현재와 미래에도 지속될 당위성을 역설함
으로써 현실 군주의 개혁 의지를 자극하려는 것이었다고 볼 수 있
다. 이것은 그가 7차례에 걸친 상소를 통해 현실 군주 주도의 개혁
을 단행할 것을 요구하는 한편, 1898년 무술유신戊戌維新 직전 광서
제光緒帝에게 『공자개제고孔子改制考』를 상정上程한 것에 잘 나타나 있
다. 앞서 언급한 것처럼 강유위가 자신이 속한 한족漢族 지식인층을
개혁의 주체로 설정하였다는 것을 상기할 때, 그가 공자 재해석을
현실 군주의 개혁 의지를 자극하는 매개체로 사용하려 하였다는
점은 그의 개혁·개방의 방법이 철저히 군주와 귀족 출신 지식인층
에 의한 위로부터의 개혁·개방을 지향하는 것이었다는 사실을 보
여 주는 것으로서 결국 강유위가 추구하려 했던 개혁의 성격 자체
가 점진적·보수적 한계를 스스로 내포하지 않을 수 없다는 것을
암시하는 것이라고 하겠다. 이 점은 다음에서 논의할 그의 삼세설
三世說에 기초한 진화론적 역사관에서 좀더 뚜렷이 드러나고 있다.

　강유위가 개혁의 당위성을 입증하기 위해 전개한 역사론 중 공
자 재해석과 관련하여 중요한 한 부분을 차지하는 것이 삼세설三世
說이라고 할 수 있다. 그는 공자가 지은 춘추春秋의 대의大義가 역사
의 변천 과정을 보여 주는 데 있었으며, 그것이 거란세據亂世에서
승평세升平世로 승평세에서 태평세太平世로의 발전을 의미하는 것이
라는 점을 다음과 같이 설명했다.

　　"삼세三世는 공자의 비상대의非常大義이다. 춘추春秋를 통해서 그것을
　밝혔다. 소위 전해 들은 세상을 거란세據亂世라고 하고 직접 들은 세상
　을 승평세升平世라고 하며, 직접 본 세상을 태평세太平世라고 했다. 거란
　세는 문교文敎가 발달하지 못한 것이고 승평세는 점차 문교가 발달하

는 소강小康의 상태이며, 태평세는 대동大同의 세계로서 원근遠近·대소大
小가 같아지고 문교가 완전히 구비되는 세상이다. 대의大義는 소강에
속하고 미언微言은 태평에 속한다. 이렇게 공자학孔子學은 두 가지로 분
류되는데 이것이 춘추春秋의 대의大義이다."[58]

이처럼 강유위는 공자가 진정으로 밝히고자 했던 것이 거란據亂-
승평升平-태평太平으로의 역사의 발전 과정이라고 역설했다. 중요
한 점은 이와 같은 역사 발전 단계에 있어 각 단계의 구체적 모습
이 무엇이고 현재 중국이 처한 단계는 어디이며, 그 단계에서 중국
은 구체적으로 무엇을 해야 하는가 하는 것이다. 이와 함께 개별적
역사발전 단계를 뛰어넘을 수 있는 가능성이 상정되어 있는가의
문제도 강유위 개혁론의 성격·방법과 속도를 가늠해 볼 수 있는
중요한 근거가 되는 것이다.

이에 대하여 먼저 강유위는 "요순堯舜은 민주民主로서 태평세太平
世이며 인도仁道가 지극한 상태를 말한다"[59]고 하여 태평세의 내용
을 민주 정치와 인도人道가 행해지는 시기로 규정하면서, 좀더 구체
적으로 민民을 위해 힘쓰며 현명한 사람을 친親하게 하는 것과 인仁
의 근본으로서 효제孝悌가 지극한 것[60]이라고 했다. 또한 그는 "공

---

58 "三世爲孔子非常大義, 託之春秋以明之, 所傳聞世爲據亂, 所聞世託乘平, 所
見世託太平, 亂世者, 文敎未明也, 升平者, 漸有文敎, 小康也, 太平者, 大同
之世, 遠近大小如一, 文敎全備也, 大義多屬小康, 微言多屬太平, 爲孔子學,
當分二類, 乃可得之, 此爲春秋第一大義(『康有爲全集二』, 春秋董氏學, 卷二, 春秋
例第二, 三世, 671쪽)."

59 "堯舜爲民主, 爲太平世, 爲人道之至(『康有爲全集三』, 孔子改制考, 卷十二, 孔子改
制法堯舜文王考, 332쪽)."

60 "孔子之道, 務民義爲先, 親賢爲大, 堯舜之道也, … 孔子之道在仁, 孝悌也者,

자는 거란據亂으로부터 승평升平으로의 발전을 군주君主로서 문왕文
王이 행한 인정仁政에 가탁假託하고 민주民主의 태평太平을 요순堯舜이
행한 것에 가탁했다"[61]고 함으로써 거란세로부터 승평세로의 발전
이 군주에 의한 인정仁政에 있음을 명확히 했다. 이와 함께 그 내용
으로서 전법戰法을 세우고 살인殺人을 하는 데 있어서 예禮를 지킬
것,[62] 정전법井田法과 학교 교육을 실시할 것, 그리고 노인老人을 봉
양奉養할 것[63] 등을 제시했다. 마지막으로 그는 종합적인 입장에서
"육경六經 중 요堯·순舜·문왕文王으로부터 알 수 있는 것은 공자가
이들의 행적을 통하여 민주 정치와 군주 정치를 기탁寄託했다는 것
이다. 그 구체적 내용은 소위 군주의 도道를 다하고 신하의 도를 다
하며, 군주를 섬기고 민民을 다스리며 효자孝慈를 다하는 것이다"[64]
라고 설명했다. 이러한 설명을 따른다면 결국 태평세太平世란 정치
적 민주주의와 도덕적 유교주의의 결합을 의미하고, 승평세升平世
란 유학적 군신 차별 질서를 유지하는 범위 내에서 군주君主에 의한
시혜적施惠的 인정仁政이 이루어지는 시기라고 볼 수 있다.

그렇다면 강유위가 활동했던 당시의 시대는 어디에 위치하는
가? 강유위에 의하면 당시 중국은 국민의 지혜가 부족하여 반드시

其爲仁之本, 故堯舜之道, 孝悌而已(위의 책, 孔子改制後弟子後學皆稱堯舜, 345
쪽)."
61 "孔子撥亂升平, 託文王以行君主之仁政, 尤注意太平, 託堯舜以行民主之太
平(위의 책, 333쪽)."
62 "託文王以立戰法, 所謂殺人之中又有禮焉(위의 책, 343쪽)."
63 "文王之政, 卽孔子井田, 學校之仁政也, … 養老亦孔子之仁政(위의 책, 350
쪽)."
64 "可知六經中之堯舜文王, 皆孔子民主, 君主之所寄託, 所謂盡君道, 盡臣道,
事君治民, 止孝止慈, 以爲軌則, 不必其爲堯舜文王之事實也(위의 책, 334쪽)."

지배 계층으로부터 지도와 교육을 받아야만 하는 거란세據亂世였다.[65] 따라서 현실의 중국은 민주 정치를 실시해서는 안 되는 것이며 오직 군주권의 유지를 바탕으로 한 승평세로 나아가기 위해서는 현실 군주와 소수 지도층에 의한 위로부터의 법적·제도적 개혁에 치중할 수밖에 없는 것이 된다. 이런 점에서 강유위 개혁론이가지는 보수적 한계는 명확하게 드러난다. 더욱이 강유위가 무술유신戊戌維新 이후에도 승평세를 거치지 않는 거란세로부터 태평세로의 급진적 발전을 합당하지 않는 것으로 치부하였다는 점은 그의 개혁 방법이 점진적 개혁만을 지향하였다는 사실을 보여 주는 것이라고 할 수 있다.

결론적으로 강유위는 스스로 공자에 대한 재해석과 삼세설三世說을 주요 내용으로 하는 역사론을 통하여 현실 개혁의 당위성을 입증하려고 하였음에도 불구하고, 내용 면에 있어 그것이 결국 현실의 차별 질서를 유지하는 전제 위에서 군주와 소수 지식인들에 의한 위로부터의 점진적 개혁을 지향하고 있었다는 점에서 유학적차별 질서관의 타파를 바탕으로 한 급진적 개혁이 될 수 없는 것이었다. 따라서 당시 중국이 처한 대내외적 위기를 극복할 수 있는근본적인 대안이 될 수는 없는 것이었다.

이처럼 19세기 말 강유위로 대표되는 중국 변법사상의 개혁론이 본질적으로 그 주체·방향·방법·속도에 있어서 보수적 한계를가지고 있었다는 사실에서 강유위의 정치 목표 역시 유학의 차별적 군신 질서君臣秩序와 오륜 질서五倫秩序의 고수를 바탕으로 한 부국안민富國安民의 차원을 넘어설 수 없는 것은 당연한 것이었다. 이

65『孟子微』(臺北: 宏業書局有限公司, 1976), 卷一, 130-131쪽 참조.

에 대해 강유위는 먼저 "무릇 중국 역사 2천년 이래 법으로써 천하를 다스려 왔으나 오늘날 국가의 세력이 빈약貧弱해져 급박한 상황에까지 이른 것은 모두 법이 오래 되어 쓸모없어졌기 때문이다"[66]라고 하여 구법舊法의 폐해가 국가적 저발전의 근본원인임을 지적하고, 그것을 개혁할 필요성을 역설했다. 그에게 변법變法의 궁극적 목표는 무엇보다 부국富國에 있는 것이었다. 강유위는 이 점에 대해 "변變하는 법法은 부국富國을 최우선의 목표로 삼아야 한다"[67]고 했다. 이와 함께 구체적 부국책富國策으로서 초법鈔法·철로鐵路·기기機器와 윤주輪舟·개광開礦·주은鑄銀·우정郵政을 제시[68]했다. 또한 강유위는 "이와 같은 여섯 가지 개혁으로써 국가가 빈곤해지는 두려움은 없앨 수 있으나 백성百姓이 궁핍하면 국가 또한 부유해질 수 없는 것이다."[69]라고 하면서 민民을 보양保養할 양민책養民策으로서 무농務農·권공勸工·혜상惠商·휼궁恤窮 등을 제시[70]했다.

이것을 볼 때, 강유위 개혁의 근본 목표는 다수 피지배 계층의 생존권과 생활권 보호를 최우선 과제로 삼고 그것을 토대로 부국富國을 이룩하는 데 있기보다는 부국을 위한 기본적 요소로서의 안민安民 또는 양민養民을 추구하는 데 있었다고 할 수 있다. 양자 간 우선순위 문제는 매우 중요한 의미를 가진 것으로서 같은 시기 한국의 개화 사상가들이 보민호국保民護國을 개혁의 목표로 설정한 것과

---

66 "夫中國二千年來, 以法治天下, 而今國勢貧弱, 至於危迫者, 蓋法弊致然也(『康有爲全集二』, 上淸帝第三書, 135쪽)."

67 "變之之法, 富國爲先(위의 책, 136쪽)."

68 "夫富國之法有六, 曰鈔法, 曰鐵路, 曰機器輪舟, 曰開礦, 曰鑄銀, 曰郵政(위의 책)."

69 "有此六者, 國不患貧矣, 然百姓窮乏, 國無以爲富也(위의 책, 140쪽)."

70 "養民之法, 一曰務農, 二曰勸工, 三曰惠商, 四曰恤窮(위의 책)."

는 근본적으로 다른 인식에서 출발한 것이라고 할 수 있다. 즉 김옥균·박영효 등 문호 개방기 한국의 개혁·개방 사상가들이 유학적 차별관을 부정하고 평등한 개체로서 인간의 본질적인 독자성과 행복 추구권을 인정하는 인식의 토대 위에서 보민保民과 국가 독립의 유지를 의미하는 호국護國을 개혁의 근본 목적으로 삼았던 것에 비하여, 강유위는 유학적 우민관愚民觀을 기초로 단지 위민爲民·안민安民의 입장에서 양민養民을 주장하였던 것이라고 볼 수 있다. 이 점은 그가 "무릇 국가는 민民 근본으로 삼고 있으므로 민에 대한 보양保養을 생각하지 않을 수 없다"[71]고 한 데서 잘 알 수 있다. 이것은 국민을 국가 내에서 풍요롭게 자신의 삶을 영위해야 할 권리를 가진 존재로 보지 않고 국가를 유지하기 위한 요소로만 파악하는 유학적 민본 사상民本思想이 강유위의 인식에 뿌리깊게 자리잡고 있음을 보여 주는 것이라고 하겠다. 더욱이 그가 공자교孔子敎의 가르침은 국가를 세우고 민民을 다스리는 것이며, 여기에는 군신君臣·부자父子·부부夫婦·형제兄弟 사이의 차별(倫)과 사농공상士農工商에 대한 직업적 차별이 포함된다고 하여[72] 명확하게 공자로 대표되는 유학의 정치 목표가 차별 질서의 확립과 유지에 있음을 밝힌 것은 정치 목표로서 강유위가 제시한 양민이 결국 지배 계층의 국가 통치를 위한 수단으로서의 민을 전제로 하고 있음을 나타내는 것이라는 점을 분명히 드러내 주고 있는 것이라고 볼 수 있다.

따라서 이와 같은 정치 목표 또는 개혁 목표를 달성하기 위한 이론적 토대로서의 강유위의 인성론人性論과 우주론宇宙論 역시 인간의

---

71 "夫國以民爲本, 不思養之(위의 책)."
72 "其立國家, 治人民, 皆有君臣父子夫婦兄弟之倫, 士農工商之業, … 皆孔氏之敎也(『康有爲全集一』, 康子內外篇, 性學篇, 178쪽)."

욕구를 인정하고 변천·변화를 우주의 원리라고 주장하는 등 양무사상洋務思想의 그것에 비해서 일면 진전된 내용을 담고는 있으나, 그것 역시 자신의 주도 하에 이루어질 개혁의 당위성을 입증하려는 의도에서 전개된 것일 뿐 결코 유학의 정치·사회적 차별 질서를 원천적으로 부정하는 인간과 세계에 대한 근본적 인식의 변화를 수반한 것이 될 수는 없는 것이었다.

3. 변법사상의 이론적 기초

1) 인성론과 우주론

먼저 인성론에 있어 강유위는 인간은 삶의 욕구 주체이며 그러한 욕구 자체는 선악善惡을 판단할 수 없는 자연적인 것이라는 입장을 취했다. 그가 "식색食色은 인간 본성의 자연스러운 것으로서 학문에 의지할 것이 아니고 희노애락喜怒哀樂은 자연스러운 인정人情으로서 역시 학문에 의지할 필요가 없는 것이다"[73]라고 하고, 또 "존재하는 것은 성性이 되고 발發하는 것은 정情이 되는데 여기에 소위 선악善惡이라는 것은 없다"[74]고 하면서 "정情 역시 성性이다"[75]라고 규정한 것 등은 이 점을 보여 주는 것이라고 하겠다.

그러나 강유위가 인간의 욕구를 본성으로서 적극 인정하고 그러

---

[73] "人性之自然, 食色也, 是無待於學也, 人情之自然, 喜怒哀樂無節也, 是不待學也(위의 책)."

[74] "存者爲性, 發者爲情, 無所謂善惡也(위의 책, 愛惡篇, 174쪽)."

[75] "天地之所生, 謂之性情, 性情相與爲一瞑, 情亦性也, 謂性已善, 奈其情何(『康有爲全集二』, 春秋董氏學, 卷六上, 824쪽)."

한 욕구를 선악善惡을 판단할 수 없는 자연스러운 것이라고 본 것은 한국과 일본의 개혁 사상가들과 같이 인간이 본질적으로 동등한 욕구 주체임을 밝혀 다수 피지배 계층의 생존권과 생활권을 보호하려는 정치 목표를 반영한 것이 아니었음에 유의할 필요가 있다. 오히려 그것은 제왕권적 권위를 정당화하는 한편 군주에 의한 개혁의 당위성을 강조하기 위한 것이었다. 이 점은 그가 비록 인간의 본성이 선악을 구분할 수 없는 것이기는 하나, 그것이 선善이 되기 위해서는 반드시 현실 군주의 지도와 가르침, 즉 통치가 필요하다고 하는 한편 이와 같은 본성론本性論이 인민人民에게만 해당되고 군주君主에게는 해당되지 않는다는 것을 다음과 같이 표명한 데서 잘 나타나고 있다.

"하늘이 민民에게 성性을 부여할 때 아직은 선善이 아니지만 선이 될 수 있는 자질資質을 갖게 하였고, 군주(王)를 세워 그로 하여금 그것을 선하게 만들도록 하였는데, 이것이 곧 하늘의 뜻(天意)이다. 즉 민이 아직 선이 될 수 없는 성을 하늘로부터 부여받아 성이 선이 될 수 있도록 군주에게서 가르침을 받는 것이다. 따라서 군주는 천의를 승계 받아 인민人民의 성이 선을 지향할 수 있도록 하게 하는 임무를 맡은 것이다. 지금 이러한 것을 모르고 인민의 성이 이미 선하다고 하는 것은 천의를 상실하는 것이요 군주의 임무를 없애는 것이다."[76]

---

76 "天生民性, 有善質而未能善, 於是爲之立王以善之, 此天意也, 民受未能善之 性於天, 而退受成性之敎於王, 王承天意, 以成民之性爲任者也, 今按其眞質, 而謂民性已善者, 是失天意去王任也(위의 책, 825쪽)."

　　이런 점에서 강유위가 "성선性善·성악性惡, 무선無善·무악無惡, 유
선有善·유악有惡의 설 등이 모두 조잡하다"[77]고 함으로써, 기존의
유학적 인성론의 여러 논의들을 모두 비판한 것은 인간의 본성을
선 또는 악으로 고정시킬 경우 군주권君主權의 존재 근거가 상실될
것은 물론 개혁의 주체로서 현실 군주의 중요성이 부각되지 못할
것을 우려한 결과라고 볼 수 있다. 따라서 강유위가 선 또는 악을
인간의 본성으로 규정하는 유학적 인성론을 반대하기는 하였으나
선과 악의 내용을 설명하는 데 있어서는 유학적 차별관을 그대로
답습하고 있음을 간과해서는 안 될 것이다. 그는 이에 관하여 "선
이라는 것은 천리天理가 아니라 인사人事의 마땅함(宜＝人理)이다"[78]
라고 하고, 또 "이理라는 것은 인간이 세운 것으로서 군신 질서君臣
秩序를 수립하고 상하上下 간 차별 질서를 존중하는 것을 의미한다.
이것은 하늘이 만든 것이 아니라 인간이 만든 것이며 따라서 이理
라는 것은 인리人理인 것이다"[79]라고 함으로써, 선善의 내용이 결국
은 유학적 차별 질서를 준수하는 데 있음을 명확히 했다. 비록 강
유위가 이처럼 정통 유학의 입장과는 조금 다른 차원에서 차별 질
서를 하늘의 원리, 즉 천리天理로 규정하지 않았다는 점에서는 독창
성이 엿보인다 하더라도, 동시에 "군신君臣 간의 도道는 천지天地에
서 도출된 법이다. 공자가 일체의 법을 창조하여 제도의 근본을 마
련한 뜻은 여기에 있다. 따라서 군신君臣의 도道는 천도天道인 것이
지 공자孔子의 도道는 아닌 것이다"[80]라고 하여 결국 군신 질서를 반

---

77 "性善性惡, 無善無惡, 有善有惡之說, 皆粗(위의 책)."
78 "線者, 非天理也, 人事之宜也(『康有爲全集一』, 康子內外篇, 愛惡篇, 174쪽)."
79 "理者, 人之所立, 賈誼謂立君臣, 尊上下, 此非天之所爲, 乃人之所設, 故理
　　者, 人理也(위의 책, 理氣篇, 197쪽)."

드시 따라야 할 하늘의 도道로 규정한 것은 그가 유학적 차별관을 고수하고 있음을 명백히 보여 주는 것이라고 하겠다.

이와 같이 강유위의 인성론은 인간을 욕구 주체로 파악한다는 점에서는 혁신성革新性을 내포할 수 있는 근거를 가진 것이었다고 평가 할 수 있다. 하지만 그러한 논리 전개의 궁극적 목적이 군주의 지위와 역할을 확보하고 군주 주도君主主導의 개혁을 당위화하기 위한 이론적 토대에 머물렀다는 점과, 인간 사회 내에서 인민人民이 지향해야 할 선의 내용을 단지 차별 질서를 준수하는 것으로 규정하였다는 점은 그의 보수성을 대변해 주는 것이라고 할 수 있다. 이러한 한계를 가지고 있기 때문에 그의 인성론 속에서는 진정한 개혁·개방 사상의 토대가 되는 동등한 욕구 주체로서의 평등한 인간상이 도출될 수 없었고, 개체로서 인간 개개인의 독자성 인정을 토대로 한 상대적·기능적 평등론 또한 제시될 수 없는 것이었다.

다음으로 우주론에 있어서도 강유위는 원기元氣를 인간을 포함한 만물의 근원으로 규정하고, 그러한 만물이 변천·변화의 속성을 지니면서 서로 조화를 유지하는 것이 자연의 원리라고 하여 일면 노장적老莊的 우주론을 기초로 한 반주자학적反朱子學的 또는 반유학적反儒學的 기철학氣哲學을 계승하는 듯한 입장을 취하기도 했다. 그러나 원기에 의해 생성된 인간 행위의 근본 원리가 차별 질서를 지키는 데 있다고 하였다는 점, 그러한 차별 질서 유지를 전제로 한 범위 내에서의 인간 사이의 조화를 강조하였다는 점, 그리고 변천·변화의 지향점이 현실 군주권의 변천·변화를 상정하는 것이 아니

---

80 "君臣之道, 法於天地, 凡孔子一切創法, 立制之本, 皆是, 則是天道, 非孔子道矣(『康有爲全集二』, 春秋董氏學, 卷六下, 君臣, 859쪽)."

라 단순히 인적人的·법적·제도적 변화와 변천을 의미하는 것이었
다는 점에서 보수적 한계를 내포할 수밖에 없는 것이었다.

　구체적으로 강유위는 먼저 "원元이라는 것은 만물萬物의 근본이
며 인간 존재의 근원根源이다"[81]라고 하고, 하휴何休의 말을 빌려 원
元이 곧 기氣[82]라고 함으로써 인간을 포함한 만물의 생성자生成者이
며 근원자根源者로서 원기元氣를 규정했다. 그에 따르면 이러한 원기
元氣는 음양陰陽이 근본이 되며,[83] 이러한 음양은 끊임없이 순환循環
하고 상승相乘하는 것을 원리로 하고 있는 데, 바로 이러한 음양의
무한한 순환·상승의 원리가 바로 자연의 이치理[84]인 것이다. 이 점
에서 강유위의 원기元氣는 생성자로서의 고정적·절대적인 측면과
음양의 순환·상승이라는 변천·변화적인 측면을 동시에 가지고 있
는 것이라고 볼 수 있다. 이렇게 강유위가 우주론을 통하여 자연의
고정적·불변적 속성과 변천·변화적 속성을 동시에 부각시킨 것은
무엇보다 차별 질서를 유지하는 범위 내에서의 변법적 개혁을 욕
구하는 그의 정치 목표를 반영한 것이라고 보인다. 즉 강유위가 중
국 고유의 유학적 오륜 질서五倫秩序를 단지 중국만의 것이 아니라
만국萬國을 통괄하는 천리天理를 기초로 한 것[85]이라고 하여 차별 질
서를 불변의 원리로 규정하면서, 다른 한편으로 새로운 것이 오래

---

81 "故元者萬物之本, 而人之元在焉(위의 책, 卷六上, 元, 795쪽)."

82 "元者, 氣也(위의 책)."

83 "自元氣陰陽之本(위의 책, 794쪽)."

84 "天地之理, 陰陽而已, … 二者循環相乘, 無有終極也, 無以名之, 名之陰陽也
(『康有爲全集一』, 康子內外篇, 濕熱篇, 183쪽)."

85 "中國五帝, 三王之敎, 父子夫婦君臣兄弟朋友之倫, … 蓋天理之自然也, 非人
道之至也, 順人性而敎之也, 非學而爲之也, 非獨中國然也(위의 책, 性學篇, 177
쪽)."

된 것보다 우월한 것은 하늘의 이치[86]이며 따라서 오늘날 중국이 변법變法하지 않으면 새로워질 수 없다[87]고 하여 법적·제도적 변화의 필요성을 강조한 것은 바로 우주론을 통하여 변하지 않는 차별 원리와 변해야 할 변법의 원리를 동시에 부각시키려고 했던 그의 입장을 반영한 것이라고 하겠다. 이와 함께 그가 음양陰陽의 조화가 자연의 원리임을 강조하면서도 그것을 현실 사회 내에서의 군신君臣·부자父子·부부夫婦 간의 차별적 관계에 적용시킴으로써,[88] 결국 독자성을 지닌 동등한 개체간의 상호 협력이 아닌 차별 질서를 좀 더 효율적으로 유지하기 위한 방법으로서의 유학적 호양互讓을 기초로 한 불평등적 조화를 지향했다는 점도 그의 우주론이 근본적인 인식의 변화를 수반하지 않았다는 것을 보여 주는 것이라고 할 수 있을 것이다. 이처럼 강유위의 우주론은 표면적으로는 새로운 인식 변화의 가능성을 담보할 수 있는 이론적 내용을 포함하고 있으면서도, 내면적으로는 자신의 유학적 차별관을 기초로 한 보수적 개혁·개방 사상을 합리화하는 근거에 지나지 않았다. 따라서 그의 국내외질서관 역시 인간간人間間·계층간階層間·국가간國家間·민족간民族間 관계에 있어서 어떠한 인식적 발전을 이루지 못한 것

---

86 "物新則壯, 舊則老, 新則鮮, 舊則黯, 新則潔, 舊則敗, 天之理也(『康有爲全集三』, 日本書目志, 自序, 583쪽)."

87 "夫中國今日不變法日新不可(위의 책, 585쪽)."

88 "凡物必有合, 合必有上, 必有下, 必有左, 必有右, 必有前, 必有後, 必有表, 必有裏, 有美必有惡, 有順必有逆, 有喜必有怒, 有寒必有暑, 有晝必有夜, 此皆其合也, 陰者陽之合, 妻者夫之合, 子者父之合, 臣者君之合, 物莫無合, 而合各有陰陽, 陽兼於陰, 陰兼於陽, 夫兼於妻, 妻兼於夫, 父兼於子, 子兼於父, 君兼於臣, 臣兼於君, 君臣父子夫婦之義, 皆與諸陰陽之道, 君爲陽, 臣爲陰, 父爲陽, 子爲陰, 夫爲陽, 妻爲陰(『康有爲全集二』, 春秋董氏學, 卷六上, 陰陽, 798쪽)."

이 되었음은 자명했다.

2) 국내·국제 질서관

국내 질서관의 측면에서 강유위는 최소한 19세기 후반 문호 개방기에 있어서 같은 시기 한국과 일본의 개혁·개방 사상가에게서 명확히 나타났던 평등적 질서관을 보여 주지 못했다. 즉 앞서 살펴본 것처럼, 한국의 개화 사상가들이 국내 질서관의 측면에서 신분상·직업상의 차별을 폐지할 것을 요구한 것은 물론 남녀 평등권과 부부 평등권 등을 적극 주장했던 것에 비해 강유위는 농공상農工商에 대한 사士의 우월성을 강조하는 한편 군신 질서로 대표되는 유학적 차별 질서를 고수하는 입장을 분명히 했다. 이것은 그가 "선왕先王이 군신君臣·부자父子·형제兄弟·부부夫婦·붕우朋友 간의 차별 질서를 만들었다. 나는 그 중에 태어났기 때문에 항상 그것을 따라야만 한다"[89]고 한 것이나, 중국에서는 군주를 존귀하게 여기고 신하를 비천하게 여기며, 남자를 중요하게 생각하고 여자를 가볍게 여기며, 귀족을 숭상하고 천민賤民을 억압하는 것이 의리義理로 간주되었다고 하면서 이것이 너무 지나쳐 오늘의 중국에게 많은 폐해를 가져왔으나 백년百年이 지난 후에야 군君이 전제 정치를 하지 않고 신臣이 비천하지 않으며, 남녀의 경중輕重이 같고 귀족과 천민이 동등하게 될 것[90]이라고 하여 결국 유학적 차별관의 탈피를 통

---

89 "曰先王制爲君臣父子兄弟夫婦朋友, 五生於其中, 則循其故常, 君者吾君之, 臣者吾臣之, 父者吾父之, 子者吾子之, 兄弟夫婦朋友猶也(『康有爲全集一』, 康子內外篇, 理學篇, 172쪽)."

90 "中國之俗, 尊君卑臣, 重男輕女, 崇良抑賤, 所謂義也, … 習俗旣定以爲義理,

한 근본적 개혁·개방으로써 중국이 처한 대내외적 위기를 극복하여야 할 시기에 차별 질서에 대한 비판과 즉각적인 폐지의 필요성을 강조하지 못한 데에 잘 드러나고 있다.

비록 그가 무술유신戊戌維新 이후에 서구 계몽 사상과 불교 등의 영향을 받아 『대동서大同書』와 같은 저서들을 통하여 신분제 철폐를 역사의 필연으로 간주하는 이상적理想的 정치 질서관을 전개하였다 하더라도, 그것은 이미 중국이 열강의 반식민지反植民地로 전락하게 된 후에 나온 것으로서 큰 의미를 부여하기 어렵다. 따라서 그러한 이상적 정치 질서관을 강유위 개인의 정치 사상적 가치에는 포함시킬 수 있는 것이나 그것이 19세기 후반 문호 개방기 중국 개혁·개방 사상의 보수적 측면을 결코 상쇄시킬 수는 없는 것이라고 하겠다. 이러한 것을 통해 볼 때 문호 개방기 당시 강유위는 우민관愚民觀[91]을 기초로 현실 군주와 자신이 속한 한족漢族 지식인 계층을 중심으로 한 철저한 위로부터의 점진적 개혁을 지향했음이 분명하

至於今日, 臣下跪服畏威而不敢言, 婦人卑抑不學而無所識, 臣婦之道, 抑之極矣, 此恐非義理之至也, 亦風氣使然耳, 物理抑之甚者必伸, 吾謂百年之後必變三者, 君不專, 臣不卑, 男女輕重同, 良賤齊一(위의 책, 人我篇, 189-190쪽)."

91 강유위가 우민관愚民觀을 견지하였다는 사실은 "소위 '민民을 알게 할 수 없다(民不可使知)'라는 말이 있다. 따라서 성인聖人은 정치를 하는 데 있어 항상 천하天下에 감추어진 것을 말하지 않기 위해 고심苦心했다. 또한 구체적인 정책을 실시하는 데 있어 때로는 뜻과 행동을 다르게 하기도 하고 역사적으로 축적되어 온 바른 견해들(淸議)에 위배되기도 했으며 인심人心을 배척하기도 했다. … 이러한 점은 당시는 물론 후세의 인민人民 또한 알 수 없는 것이었고 오직 유식有識한 군자君子만이 알 수 있는 것이었다"("民不可使知, 故聖人之爲治, 常有苦心不能語天下之隱焉, 其施於治也, 意在彼, 而跡在此, 不能無畸輕畸重之跡焉, 其始爲也, 可以犯積世之淸議, 拂一時之人心, … 當時不能知, 後世亦或不能之, 惟達識之君子知之", 위의 책, 闔闢篇, 167쪽)고 한 데서도 잘 드러나고 있다.

며, 바로 이 점이 운동적 측면에서의 무술유신戊戌維新의 실패와 사
상적 측면에서의 중국적 저발전의 근본 원인이 되었음은 부정할
수 없는 사실이라고 볼 수 있다.

다음으로 국제 질서관의 측면에서도 강유위는 당시 한국과 중국
의 개혁·개방 사상가들이 민족적 우월감에서 탈피하여 서구 열강
의 우수함과 자국의 후진성을 솔직히 인정하는 태도를 보여 줌으
로써 급진적 개혁을 위한 인식적 토대를 마련하였던 것에 비해, 문
화(학문과 종교)적 측면에서의 중국 우월주의中國優越主義를 고수하는
입장을 견지했다. 이 점에 관하여 그는 다음과 같이 주장했다.

　　"현재 천하에는 종교가 많이 있다. 중국에는 이제二帝·삼왕三王이 전
　하는 가르침인 공자교孔子教가 있으며, 인도印度의 불교, 구주歐洲의 예
　수교, 아랍의 이슬람교 등 수많은 종교가 있다. … 예수교와 이슬람교
　는 모두 불교와 같이 육식肉食을 금기시하거나 결혼을 못 하도록 하거
　나 조석朝夕으로 교조教祖에게 절하거나 사민四民으로 하여금 업業을 끊
　도록 하거나 학문을 배척하거나 귀신鬼神의 정치를 없애려고 하는 잡
　교雜教에 불과하며 공자교만이 유일하게 인간의 정情에 합당한 양교陽教
　이다."92 "중국의 학문은 의리義理를 중시하는 학문으로서 군신君臣·남
　녀男女·귀천貴賤은 물론 중국中國과 이적夷狄을 구별해 주는 것을 내용으

---

92 "今天下之敎多矣, 於中國有孔敎, 二帝三王所傳之敎也, 於印度有佛敎, 自創
　之敎也, 於歐洲有耶蘇, 於回部有馬哈, 自餘旁通異敎, 不可悉數, … 凡地球
　內之國, 靡能外之, 其戒肉不食, 戒妻不娶, 朝夕膜拜其敎祖, 絶四民之業, 拒
　四術之學, 去鬼神之治, 出乎人情者, 皆佛氏之敎也, 耶蘇馬哈, 一切雜敎皆從
　此出也, 聖人之敎, 順人之情, 陽敎也, 佛氏之敎, 逆人之情, 陰敎也(위의 책,
　性學篇, 179쪽)."

로 하고 있다. 성인聖人들이 전하는 것은 바로 이것이다. 그러나 사실 이렇게 하는 것은 성인이 아니라 하늘(天)이 하는 것이다. 즉 하늘이 중국을 운영運營하는 것이다."[93]

이처럼 강유위는 비록 당시의 중국이 기술적 측면에서 서구와 일본에 뒤져 있다는 점을 시인하면서도 종교나 학문과 같은 문화적 측면에서는 중국이 공자교孔子敎, 즉 유교주의를 유지하고 있다는 점에서 세계의 어떤 지역보다 우수하다고 역설했다. 이것은 한편으로는 서구 열강의 침투에 의해 시련을 겪고 있던 중국민中國民에게 민족적 자부심을 고취하기 위한 것이라고도 볼 수 있다. 하지만 그보다는 강유위가 정치론·인성론·역사론·국내 질서관의 측면에서 유학적 차별관으로부터 근본적으로 탈피하지 못했다는 사실로 미루어 중국 전통의 중화주의적中華主義的 대외 질서관을 유지하기 위한 것이었다고 보는 것이 타당하다고 하겠다. 이런 점에서 강유위의 국제 질서관은 장지동으로 대표되는 양무사상洋務思想의 질서관과 동일선상同一線上에 있다고 할 수 있으며, 이것은 19세기말 문호 개방기 중국 개혁·개방 사상가들이 가지고 있던 보편적인 인식의 한계를 보여 주는 것이라고 하겠다.

4. 개혁 정책론

마지막으로 이와 같은 사상적 보수성을 가지고 전개된 강유위

---

93 "中國之學, 義學也, 學也, 自尊君卑臣, 重男輕女, 分良別賤, 尊中國而稱夷狄, 皆是也, 諸聖人所傳如此, 雖然, 非聖人能爲之也, 天爲之也, 天之營中國也(위의 책, 地勢篇, 193쪽)."

정책론政策論의 내용을 몇 가지로 나누어 살펴보면 다음과 같다.

첫째, 정치 개혁적政治改革的 정책론으로서 강유위는 무엇보다 과거 제도를 개혁하여 능력 있는 인재를 많이 등용할 것과 민民의 의사를 정부에 반영시키는 동시에 정부 정책을 민에게 효율적으로 전달할 제도적 장치의 마련을 촉구했다. 이를 위해 그는 중국 전통의 관리 임용 제도인 팔고제八股制의 폐해를 지적하면서,[94] 과거제를 개정하여 개광開礦·제조製造·통상通商 등 국가 발전에 필요한 제 학문諸學問을 습득한 인물들을 대거 등용할 것[95]을 요구했다. 이와 함께 의원議院을 설립하여 민의 의사가 정책에 반영될 수 있도록 할 것[96]과 군민君民 상하 간의 조화와 협력을 통한 효율적 정치를 행할 수 있는 제도로서 언로言路의 개방, 집의제集議制의 실시, 고문관顧問官의 설치, 보관報館의 개설 등[97]을 제시했다. 또한 강유위는 서양의 강대함이 자연과학적 지식의 발달에 있다는 점을 인식하여 천문天文·지리地理·전기電氣·화학化學 등을 가르치는 학교를 개설하여 인재들을 교육시킬 것과 전문 지식의 확보를 위하여 민간 차원에서의 각 분야별 학회學會 활동을 지원할 것[98]을 요구하기도 했다.

---

94 "以八股取士, 以年勞累官, 務困智名勇功之士, 不能盡其學, 一職而有數人, 一人而兼數職, 無爲分權掣肘之法, 不能盡其才(『康有爲全集二』, 上淸帝第四書, 170-171쪽)."

95 "而科擧不改, 積重如故, 人孰肯舍所榮而趨所賤哉, 著書, 製器, 辨工, 尋地之榮途不開, 則智學不出, 故欲開礦, 則通礦學者無其人, 募製造, 則創新製者無其器, 講通商, 則通商學者無其業, 有所欲作, 必拱手以待外夷, 故有地寶而不能取, 有人巧而不能用, 以此求富, 安可致哉(위의 책, 174-175쪽)."

96 "一在設議院以通下情也(위의 책, 170쪽)."

97 "一曰下詔求言, … 二曰開門集議, … 三曰闢館顧問, … 四曰設報達聰, … 五曰開府辟士(위의 책, 179-180쪽)."

98 위의 책, 175-176쪽 참조.

이와 같은 강유위의 정치 개혁론은 자연과학적 지식을 갖춘 인재의 등용과 민의民意를 반영할 수 있는 제도적 장치의 마련, 그리고 전문 교육의 중요성 등을 강조하였다는 점에서 양무사상洋務思想의 정책론과 비교해 볼 때 일부 진전된 내용을 담고 있다고 평가할 수 있겠다. 그러나 그의 인재 등용론은 사회적 신분의 구애를 받지 않고 모든 계층으로부터 인재들을 선발하여 관리로 쓸 것을 요구한 것이 아니라 오직 사士, 즉 귀족 출신의 지식인 계급에게 한정된 것이었으며, 민의民意의 반영을 위한 장치의 대상과 전문 교육의 기회 역시 재야 귀족 지식인 계층에게만 제한된 것이었다는 점에서 귀족 중심적 한계를 벗어나지 못한 것으로 볼 수 있다. 더욱이 강유위가 의원議院의 개설을 촉구하면서도 시의時宜의 부적절함을 들어 즉각적인 개설에 반대한 것은 그의 정치 개혁론이 결국 자신이 속한 재야 지식인 계층의 정치적 입장과 역할의 강화를 의도한 것에 지나지 않았음을 보여 주는 것이라고 할 수 있다.

둘째, 강유위는 부국양민富國養民의 경제·사회 정책을 제시했다. 그 구체적 내용은 지폐의 발행, 철도의 개설, 기계 제조 공장과 선박 회사 경영, 지하 자원의 개발, 화폐 주조, 우편국郵便局 설치를 통한 통신의 편의 도모 등을 골자로 하는 부국책富國策과,[99] 농업의 진흥, 공업의 발전, 상업의 발달, 사회적 소외 계층과 빈곤층의 구제 등을 중심으로 한 양민책養民策[100]이었다. 이러한 강유위의 부국양민책富國養民策은 이전과는 다른 특색을 가지고 있는 것으로는 보이지 않는다. 오히려 같은 시기 한국과 일본의 개혁·개방 사상가

---

99 "夫富國之法有六, 曰鈔法, 曰鐵路, 曰機器輪舟, 曰開礦, 曰鑄銀, 曰郵政(위의 책, 上淸帝第二書, 86쪽)."

100 "養民之法, 一曰務農, 二曰勸工, 三曰惠商, 四曰恤窮(위의 책, 89쪽)."

들이 제시했던 보민호국保民護國의 정책론과 비교해서 다소 진부陳腐한 측면을 가지고 있는 것이라고 할 수 있다. 즉 강유위의 정책론에는 서구에서 이미 실시하고 있는 농공상업農工商業 진흥을 위한 각종 세부 정책이 언급되고 있지 않다. 더욱이 자유·평등권 인정을 바탕으로 한 모든 국민의 법적 권리의 보호라든지 개체성의 인정을 통한 국민 개육론國民皆育論이라든지, 또는 빈곤층과 사회적 소외 계층의 구제와 해소를 위한 혁신적 장치의 마련과 같은 것은 전혀 제시되지 못함으로써 효율적인 부국富國과 진정한 의미의 보민保民을 위한 개혁책이라고 평가하기 어렵다. 이러한 것의 원인은 무엇보다 그의 인식이 유학적 차별관을 기초로 하고 있었기 때문이었다. 인간이 모두 자신만의 고유한 능력을 가진 동등한 개체로서 상대적으로 평등한 존재임을 인식하지 못하는 한 사회 구성원들의 능력을 최대한 발휘시켜 국가적 발전과 독립을 유지하기란 불가능한 것임을 그는 알지 못했던 것이다. 이러한 점 역시 강유위 개혁·개방 사상의 근본적 한계를 보여 주는 것이라고 하겠다.

지금까지 19세기 후반 문호 개방기 중국 개혁·개방 사상의 두 가지 큰 흐름이었던 양무사상과 변법사상을 각각의 대표자라 할 수 있는 장지동과 강유위의 정치사상을 중심으로 살펴보았다. 양무사상과 변법사상의 차이점은 전자前者가 부국강병을 목표로 주로 서양의 과학·군사 기술의 수용을 통한 외적外的 개혁에 치중하였던 반면 후자後者는 부국양민富國養民을 목표로 정치 개혁과 각종 제도 개혁을 통한 내적內的 개혁에 몰두하였다는 것이다. 이러한 차이에도 불구하고 양자兩者는 개혁·개방의 주체와 방법에 있어 공통적으로 현실 군주와 자신이 속한 귀족 계층의 주도로 진행되는 철저한 위로부터의 점진적 개혁·개방을 지향하였다는 공통점을 가지고 있었다. 이와 같은 공통점은 근본적으로 양자가 인간과 세계에 대한 동일한 인식 구조를 보유하고 있음을 보여 주는 것이었다. 즉 이들은 국가와 사회에 대한 더 근본적이고 철저한 개혁을 이룩할 수 있는 토대로서의 평등관·개체관個體觀·상대관相對觀을 부정하고 오직 유학적 차별관差別觀과 절대관絶對觀을 견지하여 인간·계층·국가·민족 간의 차별을 강조했다. 이러한 차별 의식이 그들로 하여금 군주권과 귀족계급의 사회적 지배권, 그리고 중국 우월주의中國優越主義의 유지를 전제로 한 범위 내에서의 제한적인 법적·제도적 개혁을 추구하게 만들었던 것이라고 할 수 있다. 이 점에서 양무사상과 변법사상으로 대표되는 중국의 개혁·개방 사상은 19세기 말 당시 중국이 처한 대내외적 위기를 극복할 수 있는 대안으로는 불충분한 것이었다고 평가할 수 있다. 동시에 한국의 개혁·개방 사상이 사상적 급진성에도 불구하고 국가 전체의 유학적 차별관의 공고화 때문에 실패하였던 것에 비해 중국의 개혁·개방 사상은 스스로조차 유학적 차별관을 탈피하지 못하는 가장 후진적인 것이었다고 할 수 있다. 무술유신戊戌維新 이후 더욱 급격하게 진행된 중국의 반식민지反植民地와 저발전은 바로 이와 같은 사상적 요인에서 비롯된 것이었다는 점에서 시사하는 바가 크다고 하겠다.

제6장 19세기 후반 일본 개혁·개방 사상의 특성

　1853년 미국에 의한 일본의 개국開國 이후 40여 년간 진행된 일본에서의 정치·경제·사회적 변동은 동시대 한국·중국의 상황과 구별될 수 있는 역동적인 것이었다. 이 기간 동안 일본은 주자학적 정치 질서관을 통치 이념으로 수용하여 전개된 일본 고유의 봉건 체제 즉 바쿠한 체제幕藩體制의 붕괴와 천황제天皇制로 특징지워지는 중앙 집권 체제의 수립을 경험하였고, 한국이나 중국과는 다른 경로를 밟으면서 근대화에 성공하여 열강의 대열에 합류했다.

　그러나 일본이 문호 개방기에 겪었던 경험은 결코 순탄한 것만은 아니었다. 개국기開國期의 갈등과 메이지 유신明治維新으로 이어지는 시대 상황의 전개는 정치 권력의 변동이 주자학적 통치 이념의 공고화에 의해서 장기간에 걸쳐 차단되었던 동아시아 전통에 있어 가장 획기적인 사건으로 간주될 수 있을 만큼 단일 민족 내에서의 격렬한 대립과 갈등을 수반해야 하는 것이었다. 이러한 점에서 메이지 정부明治政府의 수립은 일본에게 있어 '완성'이 아닌 '또 다른 시작'을 의미할 수밖에 없었고, 내부적 갈등의 봉합과 국가의 독립성 유지와 발전이라는 이중二重의 부담을 안겨 준 것이었다. 그럼에도 불구하고 일본은 1870년대 이후 정치적 갈등을 적절히 발전적 차원으로 승화시키면서 대내적으로는 근대화의 기초인 경제적 발전을 이룩하고, 대외적으로는 철저한 현실주의적 대외 정책의 전개를 통해 1850년대 서구와 맺은 불평등 조약을 개정改正하였으며, 1895년의 청일전쟁에서의 승리와 1905년의 러일 전쟁에서의 승리로 명실상부한 강대국의 대열에 진입했다.

일본이 이처럼 격렬한 대내적 변동에도 불구하고 단기간에 근대화를 이룩할 수 있었던 것은 물론 일본적 특성의 분권적分權的 요소와 섬나라라는 지리적 위치와 같은 환경적 요인, 당시 메이지 정부 지도자들의 리더십과 국제 관계의 역학 구도에 기인한 것이기는 하다. 그러나 더 근본적으로는 주자학적 정치 질서관의 지배라는 동아시아적 보편성에도 불구하고 노장 사상老莊思想과 묵가 사상墨家思想 그리고 서구 지식의 수용으로 정착된 반유학적反儒學的 평등관平等觀·개체관個體觀·개방관開放觀·상대관相對觀의 지속적인 발전에 기인한 것이었다. 문호 개방기 메이지 정부 주도 세력이 보여 준 대내외 정책對內外政策의 현실주의적 성향과 민간 부문에서의 계몽 의식의 성숙은 바로 이러한 인간과 세계에 대한 인식의 발전이 가져온 구체적인 결과였던 것이었다.

메이지 유신明治維新 이후 전개된 이러한 일본적 발전 과정의 사상적 토대를 제공한 것이 다음에서 논의할 후쿠자와 유키치로 대표되는 개명진보적開明進步的 개혁·개방 사상이다. 이를 통해 문호 개방기 일본 개혁·개방 사상의 특성과 사상적 연원淵源을 전통 사상과 이전 개혁 사상가들의 논의와 연결시켜 규명함으로써 역사적으로 진행되어 온 일본적 발전의 사상적 요인이 무엇인가를 밝히려고 한다.

제1절 후쿠자와 유키치의 개명진보 사상

1. 시대 배경

후쿠자와 유키치[1]의 구체적 활동 시기는 1870-80년대이다. 이 시기는 1868년 메이지 유신 이후 명치 정부가 일본 전통의 봉건적 요소를 타파하여 중앙집권적 정치 체제를 확립하기 위한 제반 개혁 조치들을 단행하는 동시에 1850년대 서구 열강과 순차적으로 맺은 불평등 조약을 개정하기 위한 구체적 노력의 일환으로 경제적 근대화와 현실주의적 외교 정책에 주력하고 있었던 시기이다.

---

1 후쿠자와 유키치(福澤諭吉, 1835-1901)는 하급무사下級武士의 가정에서 태어나 생후 1년 만에 부친을 여의었다고 한다. 19세(1854년)에 나가사키長崎에 가서 난학蘭學을 배웠으며, 이후에는 당시 오사카大阪 난학蘭學의 대가였던 오가타(緒方) 학파에 입문하여 체계적인 학습을 했다. 23세(1858년) 때에 경응의숙慶應義塾의 전신前身이 되었던 학당學堂을 에도江戸에 설립하고 난학뿐 아니라 영학英學 등 양학洋學의 연구와 전파에 주력했다. 1860년과 1862년, 그리고 1867년 세 차례에 걸쳐 미국과 유럽을 정부 사절단의 일원으로 방문하여 서양에 대한 직접적인 경험을 쌓을 수 있는 기회를 가졌다. 메이지 유신 이후에는 경응의숙慶應義塾을 중심으로 교육과 계몽 활동에 전념하면서 메이지 정부의 대내외 정책과 민권 운동民權運動의 이론적 기초를 제공하는 저술 작업에 몰두했으며, 1884년에는 민권파民權派의 아시아주의적 입장에서 한국의 급진 개화파가 주도한 갑신정변甲政變을 지원하기도 했다. 메이지 유신 이후, 특히 1870-80년대 명육사明六社의 대표자로서 일본의 근대화에 결정적 공헌을 하였을 뿐만 아니라 한국의 개화 사상가들에게도 많은 사상적 영향을 미쳤던 인물로 평가되고 있다(Fukuzawa Yukichi, trans. by Kiyooka Eiichi, *The Auto-biography of Yukichi Fukuzawa* (New York: Columbia University Press, 1966), Appendix I, Chronological Table과 永井道雄, 「斷絶の時代における飛躍」, 『日本の名著33 - 福澤諭吉』(東京: 中央公論社, 昭和 44年), 7-47쪽 참조).

한편 이 기간은 대내적으로 명치 정부의 개혁에 의해 기득권을 상실한 구 사족 계급士族階級의 불만이 고조되었던 시기이며, 1870년대의 정한론征韓論을 둘러싼 명치 정부 주류와 비주류 간의 갈등, 1876년의 좌하佐賀의 난亂과 1877년의 서남 전쟁西南戰爭 등은 그러한 불만의 구체적 표출이었다. 또한 정한 논쟁征韓論爭 이후 1870년대 말부터 1880년대까지는 정한론에서 패배한 비주류와 영국 유학에서 돌아온 지식인들을 중심으로 정당 결성과 의원 설립議院設立을 주요 골자로 하는 민권 운동民權運動이 전개되기 시작하여 민권 확대의 필요성을 인식하면서도 국권國權을 우선시하던 명치 정부와 갈등을 겪기도 하였다. 구체적으로 특히 1880년대에 들어 '메이지 14년의 정변'을 계기로 전개된 민권 운동의 정당과 의회 개설에 대한 명치 정부의 강력한 탄압과 통제 정책, 그리고 자유 민권 세력의 쇠퇴와 함께 진행된 천황제天皇制 국가國家의 형성을 위한 각종 제도적 장치의 마련은 전제 권력專制權力의 부활을 통한 일본적 제국주의화의 단초를 보여 주는 것이었다. 1880년대 초반 이후 전개된 소학교小學校 교과서의 허가제許可制로의 전환과 검열, 학교에서의 정치에 대한 토론·강연과 학생이나 교원의 정치 활동을 금지하는 집회 조례集會條例의 개정, 군인의 정치 관여 금지와 천황天皇에 대한 충성 강요, 헌병 제도의 창설, 부현회설치법府縣會設置法의 개정, 그리고 정촌회町村會의 권한 축소와 호장戶長의 관선官選으로의 전환 등은 정치와 사회에 대한 정부의 통제를 강화하기 위한 노력이었다. 이와 함께 1885년의 화족제의 실시, 1888년의 추밀원 설치를 통한 정당의 제약을 받지 않는 관료 세력의 생성, 1888년에 개정된 지방 제도 등은 천황제 국가 기구의 골격을 공식화 또는 정당화하기 위한 제반 조치들이었다.[2] 이렇듯 19세기 후반의 일본 상황은 대내적 근대화와 민권 의식의 신장이라는 긍정적 요소들의 확대에도 불구하고 국내 정치 세력들 간의 갈등과 정부의 전제 권력 지향화로의 회귀가 심각하게 우려되는 시기였다고 볼 수 있다. 이와 함께 대외 정책 측면에서도 배외적排外的 존왕 양이파尊王攘夷派와 민권파民權派의 아시아주의적 입장과 조약 개정을 최우선 목표로 설정한 메이지 정부의 현실주의적 외교 노선 간의 마찰이 두드러졌던 것도 이 시기의 특징이었다.

이처럼 일본이 메이지 유신의 단행으로부터 1890년대 이후 근대화를 달성하고 군국주의적軍國主義的 팽창주의로 전환하기 이전까지 대내적 갈등이 지속되는 가운데 재야在野의 지식인으로서 한편으로는 메이지 정부 개혁의 방향성을 제공하고, 다른 한편으로 교육과 계몽 활동을 통해 민권 운동과 대중적 민권 의식 성장의 이론적 기초를 제공함으로써 일본적 발전의 사상적 토대가 되었던 것이 후쿠자와 유키치의 개명진보 사상開明進步思想이었다.

2. 유학 비판의 현실관

후쿠자와 유키치는 1870-80년대 당시 일본의 시대 상황을 대내적으로는 메이지 유신 이후 수 년간 지속된 명치 정부의 급진적 국내 개혁과 근대화 정책에도 불구하고 만족할 만한 성과를 거두지 못함으로써 여전히 서구 열강보다 후진적 상태에 머무르고 있고, 대외적으로는 1850년대 서구 열강과 맺은 불평등 조약 체결 이후 서구의 급속한 경제적 침투와 국가간 평등성의 훼손으로 인해 국

---

2 한배호, 『근대 일본의 해부』(서울: 한길사, 1983), 32-35쪽 참조.

가적 독립성이 크게 위협받고 있는 상태로 파악했다. 이 점에 대하여 먼저 그는 "현재 우리나라의 형세를 고찰하여 외국에 비하여 뒤떨어진 것을 들자면 첫째는 학술이고, 둘째는 상매(商賣=貿易)이며, 셋째는 법률法律이다. … 그런데 이 중 어느 하나라도 아직 제대로 발전을 이룩한 것이 없다"[3]하여 일본의 후진적 상태를 설명했다. 그리고 "근래 외국인이 우리나라 사람들을 대하는 것을 비유하자면 도쿠가와 시대(德川時代)에 바쿠후幕府가 지위가 낮은 관리(小吏)를, 또는 공경公卿의 가신家臣이 농민들을 대하는 것과 다르지 않다"[4]고 하고, 또 "개항 이후 외국과의 통상 관계 속에서 외국인들이 손해를 입을 걱정이 없었던 반면 우리가 이익과 면목을 충분히 취했는가에 대해서는 의심하지 않을 수 없다"[5]고 함으로써, 불평등 조약 체결 이후 서구와의 정치·경제적 관계 속에서 발생한 폐해를 지적했다. 후쿠자와 유키치는 더 나아가 이와 같은 서구 열강과의 불평등한 대외 관계의 지속이 결국 국가의 독립을 위태롭게 만들 것이라는 점을 다음과 같이 표현했다.

"중국의 경우에는 국토가 워낙 넓어서 서구인들이 내륙까지는 침투하지 못하고 단지 해안 지역에 머물고 있지만 앞으로 진행될 형세를 추측해 보건대 중국도 머지않아 서구인들의 전원田園이 될 것임에 틀림없다. 서구인들이 침투하는 곳에서는 비유하자면 토지가 생명력을 잃어 초목草木이 성장하지 못하며, 심지어 인종人種이 아예 멸망하기

---

3 『福澤全集』(東京: 國民圖書株式會社, 1926), 第三卷, 學問のすゝめ, 第四編, 學者の職分を論ず, 26-27쪽.
4 위의 책, 第五卷, 通俗國權論, 88쪽.
5 위의 책, 第四卷, 文明論之槪略, 卷六, 第十章, 自國の獨立を論ず, 249쪽.

도 한다. 이와 같은 사실을 알고 또 우리나라가 동양의 일국一國이라는 점을 감안할 때, 비록 현재 외국과의 교제 속에서 별다른 피해를 보지 않고 있다 하더라도 후일後日의 화禍를 두려워하지 않을 수 없다."[6]

후쿠자와 유키치는 이처럼 일본이 메이지 정부의 개혁에 의해 외형적인 발전(예를 들어 봉건 제도의 철폐에 따른 평등권의 법적 보장 등)을 이룩하였음에도 불구하고, 내면적이고 실질적인 발전을 달성하지 못하고 오히려 국가의 독립성이 위협받을 정도의 상황에 처한 것의 원인을 한편으로는 이러한 상황을 정확히 인식하지 못함은 물론 자신이 국가 독립 유지의 주체라는 점을 알지 못하는 일반 국민의 무지無智와 무기력無氣力, 그리고 독립심의 결여에서 기원한 것이며, 다른 한편으로는 메이지 정부 관리들의 전제관료주의적專制官僚主義的 의식과 태도에서 비롯된 것으로 보았다. 후쿠자와 유키치는 이 점에 대하여 다음과 같이 주장했다.

"필경 이렇게 된 이유는 관리들의 전통적인 전제적專制的 기질과 국민들의 천박한 상인 기질商人氣質 때문에 관리나 일반 국민 모두 자신의 능력을 최대한 발휘하지 못한 것에 그 이유가 있다고 볼 수 있다. 메이지 유신 이래 정부가 학술·법률·무역 등을 진흥시켰음에도 불구하고 그 효과가 없는 것은 바로 이것 때문이다."[7] "근래 정부는 활발하게 학교를 세우고 공업을 장려하며, 육군과 해군의 제도를 크게 개혁함으로써 문명文明의 형태를 거의 구비具備하게 되었다. 그럼에도 아직

까지 외국에 대하여 자국의 독립을 고수하거나 외국과 투쟁 또는 경쟁하려는 인민人民은 없다. 이뿐 아니라 외국의 사정을 알 수 있는 기회를 가진 사람도 그것을 자세히 알지도 못하면서 두려움에 떨고만 있다. 타인에 대하여 두려운 마음을 가진 사람은 자신이 가지고 있는 능력을 제대로 발휘할 수가 없는 것이다. 인민에게 독립의 기력氣力이 없으면 문명의 외적 형태도 무용지물無用之物에 불과한 것이다."[8]

이와 같은 후쿠자와 유키치의 태도는 그가 이미 정부와 국민들의 의식 구조의 변화가 진정한 의미의 근대화 또는 문명 개화文明開化의 전제 조건이라는 점을 명확히 인식하고 있음을 보여 주는 것이라고 하겠다. 그렇다면 그가 의미하는 의식 구조 개혁의 방향은 무엇인가? 이에 관하여 후쿠자와 유키치는 먼저 관리들의 전제 의식專制意識과 국민들의 무기력과 독립심 결여의 근본 원인이 무엇인가를 규명하는 것으로부터 출발했다. 그에 따르면 일본이 법적·제도적 개혁에도 불구하고 이러한 관리들의 전제 의식과 국민들의 무기력과 독립심 결여 등으로 인해 문명 개화文明開化를 이루지 못하고 있는 것의 근본 요인은 일본의 과거 역사 속에서 형성된 봉건적封建的 특징, 구체적으로 권력의 편중偏重과 명분론적名分論的 태도, 그리고 뿌리 깊은 우민관愚民觀 등을 기초로 한 것이었다. 후쿠자와 유키치는 이것을 다음과 같이 표현했다.

"일본 사회는 상고上古 시대 이후 지배와 피지배라는 이원적二元的 관계를 바탕으로 한 권력의 편중偏重을 경험해 왔으며 이러한 권력 편중

---

8 위의 책, 第五編, 明治七年一月一日の詞, 37쪽.

현상은 오늘날까지 이어지고 있다. 따라서 인민들 중 자신의 권리를 주장하는 사람이 없는 것은 당연하다. 종교도 학문도 모두 지배 계층의 수중에 있어서 일찍이 자립을 이룰 수가 없었다. 난세亂世의 무사武士들은 의롭고 용맹스러운 것 같아 보였어도 결코 자신들의 개인적 가치를 알지 못했다. 난세에도 치세治世에도 사회의 가장 큰 부분으로부터 가장 작은 부분에 이르기까지 권력의 편중이 없는 곳이 없었다. 마치 만병萬病에 한 가지 약藥을 사용하는 것처럼 이것을 통하여 지배 계층의 권력이 확보되고 강화되었으며 그럼으로써 집권자들은 권력을 지속적으로 유지할 수 있었다."⁹

이처럼 후쿠자와 유키치는 사회 전 분야에 걸친 권력의 편중, 즉 차별 관계가 일본의 전통적 특징이라는 점을 날카롭게 지적했다. 그가 바로 이러한 권력의 편중 현상이 평등권을 부여하는 제도적 개혁에도 불구하고 그것의 실질적 효과를 거두지 못하는 원인이며, 따라서 이러한 요소를 제거하지 않는 한 진정한 의미의 개명진보開明進步를 이룰 수 없다¹⁰고 한 것은 봉건적 정치 체제 내에서 축적되어 온 차별 의식이 인간의 개체성과 독립성을 상실하게 하여 인민人民을 무기력한 정체 상태에 빠지게 한 원이라는 점을 지적한 것이라고 할 수 있다.

그러나 무엇보다 중요한 것은 후쿠자와 유키치가 이러한 권력 편중 현상으로부터 파생한 결과로서의 현실 정부의 전제적專制的 행태와 인민의 자립성의 부족이 본질적으로 유학儒學의 차별관에

9 위의 책, 第四卷, 文明論之槪略, 卷五, 第九章, 日本文明の由來, 204쪽.
10 위의 책, 209쪽.

근원한 것임을 명확히 밝혔다는 점이다. 이에 대해 그는 "유학이란 학문 내용의 대부분이 정치와 관련된 것이다"[11]라고 하여 정치적 이데올로기로서의 유학의 본질을 정확히 규정했다. 이와 함께 비록 역사상 모든 정부가 체제적 특성에 의거 전제적專制的 요소를 포함하고는 있지만 실제로 그러한 요소들을 유지하게 하고 강화시킨 것이 바로 유학이라고 했다.[12] 또한 그것이 과거를 지향하고 그러한 과거의 것으로 오늘을 지배함으로써 사회의 정체성停滯性을 가져왔다는 점[13]을 들어 유학의 차별·위계적 속성을 강력히 비판했다. 결론적으로 후쿠자와 유키치는 "고대에는 유학이 효용성을 가졌다고 할 수 있을지라도 오늘날에는 쓸모가 전혀 없다"[14]고 함으로써 유학적 가치의 현재적 중요성을 전면적으로 부인했다.

또한 이와 관련된 입장에서 후쿠자와 유키치는 정부 관리들의 전제 의식專制意識과 국민들의 무기력과 독립심 결여의 또 다른 원인으로 명분론적名分論的 사고와 우민관愚民觀을 제시하고, 이러한 요소들 역시 유학적 정치 질서관이 초래한 모순적 결과임을 분명히 밝혔다. 구체적으로 그는 "수천·수백 년 옛날부터 일본과 중국의 학자·선생들은 상하·귀천의 명분名分을 끊임없이 강조해 왔는데 이것은 마치 타인의 영혼을 자신에게 집어넣으려는 것과 같은 것이었다"[15]고 했다. 그리고 그 구체적 폐단으로서 여성의 권리와

---

11 위의 책, 196쪽.

12 위의 책, 195–196쪽.

13 위의 책, 198쪽.

14 위의 책, 198쪽.

15 위의 책, 第三卷, 學問のすゝめ, 第八編, 我心を以て他人の身を制す可らず, 66쪽.

역할을 경시하는 남존여비男尊女卑의 폐해, 인간 본성에 반하는 효
사상 및 충군忠君 사상의 강요, 전제권專制權 강화를 위한 군신君臣 간
차별 질서의 당위화 등[16]을 제시했다. 이와 함께 "정말로 세상의
일 가운데 의뢰依賴할 수 없는 것은 명분론名分論이며 해독害毒이 가
장 큰 것은 전제적專制的 억압抑壓이다"[17]라고 함으로써, 유학적 명
분론이 지배 계층의 전제적 사고와 행위를 정당화하고 피지배 계
층의 무조건적 순종과 이에 따른 독립성과 자립성의 미발전未發展
을 조장하는 데 중요한 역할을 하였음을 지적했다. 마지막으로 후
쿠자와 유키치는 인간이 무지無智·무력無力할 경우 국가간 관계 속
에서 독립을 유지하기가 불가능하다는 점[18]을 들어 우민관愚民觀을
조장해 온 유학적 차별관을 다음과 같이 강력히 비판하기도 했다.

"어떤 사람은 민民을 따르게 할 수는 있으나 알게 할 수는 없다(民可
使由之 不可使知之)[19]고 한다. 세상에는 무지無智한 사람이 많으므로 지혜로
운 자가 위(上)에 위치하여 민을 지배하고 민으로 하여금 그러한 지배
자의 명령에 복종하도록 하는 것이 가능하다는 의미이다. 이것은 공
자孔子의 말로 크게 잘못된 것이다."[20]

이상에서와 같이 후쿠자와 유키치는 당시 일본적 상황의 궁극적

---

16 위의 책, 66-70쪽과 第十一編, 名分を以て僞君子を生ずるの論, 89-92쪽
　　참조.
17 위의 책, 第十一編, 名分を以て僞君子を生ずるの論, 92쪽.
18 위의 책, 第三編, 一身獨立して一國獨立する事, 19-20쪽 참조.
19 『論語』, 泰伯.
20 『福澤全集』, 第三卷, 學問のすゝめ, 第三編, 一身獨立して一國獨立する事,
　　19쪽.

근원을 유학적 차별관에서 유래한 것으로 인식하고 일본이 진정한 의미의 문명 개화文明開化, 즉 개명진보開明進步를 이룩하기 위해서는 이와 같이 정부의 전제적專制的 사고와 행태, 그리고 인민의 무지와 무기력과 독립심의 결여를 조장해 온 유학적 정치 질서관으로부터의 탈피가 급선무라는 점을 역설했다.

이러한 후쿠자와 유키치의 유학 비판의 시각은 18세기 후반 이래 동아시아의 전통적인 반유학적反儒學的 전통 사상의 영향과 서양의 과학적 지식의 영향을 받아 전개된 일본 양학 계열洋學系列 개혁 사상과 연맥緣脈된 사상적 특성을 띠고 있다는 점에서도 중요성을 지닌다. 예를 들어 18세기 후반부터 19세기 초까지 난학적蘭學的 지식의 민중 전파와 계몽에 노력하는 한편 전통적인 기철학氣哲學과 노장적老莊的 상대관相對觀을 원용하여 개체간 본질적 동등성과 상대적 평등성을 부각시켰던 시바 코오칸司馬江漢은 당시의 대내적인 모순과 바쿠후 권력의 세계 정세에 대한 무지, 그리고 시대착오적인 쇄국 정책의 원인이 유학·불교 등 전통 사상의 당위성과 허구성에 있음[21]을 명확히 지적했다. 또한 시바 코오칸 같은 사상가들의 영향 하에 일본의 문호 개방 직전인 19세기 전반 바쿠후 권력의 무능과 쇄국 정책을 직접 비판하면서 반봉건적反封建的 개혁 사상을 전개하였던 와타나베 카잔渡邊華山 역시 다음과 같이 현실 모순의 근본 원인이 유학적 차별 질서관에 있음을 지적하기도 했다.

  "오늘날 지배자층이 그 직분을 다한다는 명목 하에 옛날의 예를 따

---

21 『司馬江漢全集』(東京: 八坂書房, 1993), 第二卷, 獨笑妄言, 須弥山論說, 14쪽.

라 장군將軍, 제후諸侯, 사士라는 이름을 만들고 그들 사이의 경계를 형
성하게 하였으니 이것은 활물 세계活物世界를 사물死物로 다스리는 것과
같다고 아니할 수 없다."22 "당산(唐山=中國)의 관념적이고 명확성이 없
는 학풍學風의 영향을 받아 고상高尙하고 내용이 없는 학문이 융성한 결
과 마침내 이성이 약화되어 마치 우물 안 개구리와 같은 협소한 견해
에 빠져들게 되었다."23

이러한 점으로 미루어 볼 때 19세기 후반 후쿠자와 유키치가 제
시한 반유학적反儒學的 현실관은 후쿠자와 유키치 자신의 고유한 인
식이기도 하지만 동시에 일본 전통의 반유학적 개혁 사상가들의
현실 인식과 밀접하게 연계되어 있다고 할 수 있다. 또한 이러한
일본 사상가들의 현실 인식은 같은 시기 유학적 차별 질서를 유지
하는 전제 위에서의 외양적外樣的 근대화를 지향했던 중국의 양무洋
務·변법變法 사상가들이나, 유학적 차별관을 반대하는 입장을 취하
면서도 그것을 명확히 표출하지 못하였던 한국의 개화 사상가들의
논의와 비교할 때 시사하는 바가 크다고 하겠다.

다음에서는 후쿠자와 유키치의 개명진보론開明進步論의 구체적 내
용을 한국의 개화론開化論, 중국의 양무洋務·변법론變法論과의 비교
를 통하여 검토함으로써 그것의 본질과 성격을 밝히고자 한다. 이
는 후쿠자와 유키치의 정치 목표를 파악하는 데 있어서도 매우 유
용한 작업이라고 할 것이다.

---

22 渡辺崋山, 退役願書之稿,佐藤昌介 校注, 『日本思想大系 55 - 渡辺崋山·高
　　野長英·佐久間象山·横井小楠·橋本左内』(東京: 岩波書店, 1971),　104
　　쪽.
23 渡辺崋山, 愼機論, 위의 책, 72쪽.

3. 문명 개화론의 내용과 성격

위에서 살펴본 바와 같이, 후쿠자와 유키치는 메이지 유신 이후 진행된 국내적 개혁의 성과를 미비하게 하고, 더 중요하게는 국가 독립의 위기를 가져다 준 일본 인민의 무지와 무기력, 그리고 독립 심의 결여가 근본적으로 역사적으로 형성되어 온 유학적 차별관을 기초로 한 권력의 편중, 명분론적 사고와 우민관愚民觀에 그 근원을 둔 것이라고 파악했다. 따라서 그에게 일본이 문명 개화文明開化를 이룩하기 위해서는 이와 같은 유학적 차별관이 초래한 폐해를 제거하는 것이 출발점이 되는 것이었다. 그렇다면 유학적 차별관을 탈피하여 일본이 궁극적으로 지향해야 할 문명 개화의 구체적 내용과 방향은 무엇인가? 이를 위해 먼저 후쿠자와 유키치의 문명文明에 대한 정의定意를 살펴보면 다음과 같다.

> "문명文明이란 좁은 의미로서는 인력人力을 가지고 인간의 수요需要를 증대시키는 동시에 의식주衣食住를 충족시키는 것을 뜻하며, 넓은 의미로서는 지혜를 연마하고 덕德을 닦아서 인간이 고상高尙한 지위에 오르는 것을 뜻하는 것이다."[24] "문명이란 인간의 몸을 안락安樂하게 하는 동시에 마음을 고상하게 하는 것을 말한다. … 따라서 문명이란 안락과 품위의 진보進步를 의미하는 것이다. 그런데 인간으로 하여금 안락과 품위를 갖게 하는 것은 인간의 지덕智德이기 때문에 문명이란 결국 인간 지덕의 진보라고 할 수 있다."[25]

---

24 『福澤全集』, 第四卷, 文明論之槪略, 卷一, 第三章, 文明の本旨を論ず, 38쪽.

즉 후쿠자와 유키치에게 있어 문명이란 물질적·정신적 양면 모두의 발전을 뜻하는 것이며, 이러한 문명은 그 자체로 진보進步의 의미를 함축하고 있는 것이라고 볼 수 있다. 이러한 측면에서 후쿠자와 유키치는 인류의 발전 단계를 3단계로 나누어 각 단계의 특징을 일반론적 입장에서 다음과 같이 설명했다.

"제1단계: 지속적으로 거처할 곳이 없고 먹을 것이 제대로 구비되어 있지 않다. 편리에 따라 모여 살기도 하지만 그러한 편리함이 없어지면 흩어져서 자취를 감춘다. 어떤 경우에는 농업과 어업에 힘써 의식이 풍족하기도 하지만 기계에 대한 공부工夫를 모르고 문자가 있어도 문학은 없다. 자연의 힘을 두려워하고 은위恩威에 의지하며, 우연한 화복禍福을 기대하지만 스스로 공부를 행하는 사람은 없다. 이것을 야만野蠻이라고 하며 문명과는 멀리 떨어져 있는 상태이다. 제2단계: 농업이 발달하여 의식衣食이 구비되어 있다. 집을 지어 도시를 세워 외형상으로는 일국一國이지만 내실內實을 들여다보면 부족한 것이 너무나 많다. 문학은 성행하지만 실학實學26을 탐구하는 사람은 적고 인간간

---

25 위의 책, 41-42쪽.
26 여기서 후쿠자와 유키치가 말하는 실학實學이란 '인간의 일상생활과 관련된 학문'(위의 책, 第三卷, 學問のすゝめ, 第一編(初編), 2쪽)을 의미하며, 이러한 실학은 학문 주제의 보편성普遍性, 학문 내용과 목적의 실용성實用性, 그리고 학문 방법의 객관성客觀性과 과학성科學性을 특징으로 하고 있다. 후쿠자와 유키치는 이에 대하여 "어떠한 과목 어떠한 학문이라도 실제 사실에 입각하여 대상을 파악하여야 한다. 그리하여 주위 사물의 원리를 구하고 그것을 오늘의 쓰임에 이르도록 해야 한다. 이것이 인간 일용日用의 실학이며 인간이라면 누구든지 귀천貴賤·상하上下의 구별 없이 모두 습득해야 할 학문인

의 교제에 있어서는 질투하는 마음이 깊지만 사물의 이치를 논할 때
의구심을 가지고 끝까지 캐묻는 용기는 없다. 모방하는 기술은 뛰어
나나 새로운 물건을 만드는 공부가 결여되어 옛 것을 고수할 줄만 알
지 그것을 개혁할 줄은 모른다. 인간간 교제의 규칙이 있지만 관습에
압도되어 규칙의 체계를 이루지 못한다. 이것을 반개半開라고 부르며
아직 문명에 이르지 못한 상태이다. 제3단계: 천지 간天地間 모든 사물
을 규칙 내에 포함시키지만 그 안에서 스스로 활발한 활동을 전개한
다. 인간의 기풍氣風이 쾌활하고 발랄하여 옛 관습에 빠지지 않고 스스
로 일신一身을 다스림으로써 타인他人의 은위恩威에 의지하지 않는다. 스
스로 덕을 닦고 스스로 지혜를 연마하며 과거를 흠모하지 않고 현재
에 만족하지 않는다. 작은 것에 안주하지 않고 미래의 큰 것을 도모하
며, 전진해서는 물러나지 않고 달성하고도 그치지 않는다. 학문의 도
道가 허虛하지 않아서 발명의 기초가 열리고, 공업과 상업은 나날이 번
성하여 행복의 근원을 이루며, 인간의 지혜는 오늘 사용하고도 여분
이 있어 후일을 도모한다. 이것을 오늘날의 문명이라고 하며 야만·반
개와는 거리가 먼 상태이다."27

이처럼 후쿠자와 유키치가 문명의 발전 단계를 3단계로 나누고

것이다"(위의 책, 3쪽)라고 했다. 이와 같은 후쿠자와 유키치의 실학 개념은
기본적으로 노장적老莊的 인식론을 바탕으로 한 동아시아의 전통적인 경험
론적經驗論的 사고와 서구 과학 지식의 수용을 통한 객관적·과학적 학문 방
법의 발전을 토대로 여기에 국민 전체의 지식의 확대와 이를 통한 국가적
발전을 욕구하는 후쿠자와 유키치의 입장이 반영되어 실용성實用性과 학문
주체의 보편성이 가미된 것으로 볼 수 있다.
27『福澤全集』, 第四卷, 文明論之槪略, 卷一, 第二章, 西洋の文明を目的とする
事, 11-12쪽.

그것을 일반론의 입장에서 설명한 것은 무엇보다 그가 진화론적進化論的 역사관을 보유하고 있음을 보여 주는 것이다. 동시에 일본이 현재 어느 단계에 위치하고 있고 또 어떤 방향으로 나아가야 하는지를 제시하는 것이라고 할 수 있다. 일본 문명의 구체적 발전 방향에 관한 문제는 정치론·인성론·질서관·도덕론·정책론 등 그의 사상 전반과 밀접한 관련을 맺고 있는 것이므로 여기서는 구체적으로 다루지 않기로 하겠다. 다만 위와 같은 그의 문명 개화 단계에 관한 설명으로 미루어 볼 때, 후쿠자와 유키치가 현재의 일본이 제2단계 즉 반개半開의 상태로부터 제3단계 즉 문명의 상태로 도약하려는 초기 단계에 머무르고 있다는 인식을 가지고 있다는 점만을 지적하는 데 그치도록 하겠다.

중요한 점은 그의 이러한 진화론적 문명 발전론文明發展論이 함축하고 있는 의미이다. 후쿠자와 유키치는 일본이 문명 개화를 향하여 발전하는 데 있어서 서양의 존재는 결코 궁극적으로 도달해야 할 목적지가 아니라 단지 발전을 위한 수단에 불과하다는 인식을 지니고 있었다. 더욱이 일본이 문명 개화로 발전할 수 있는 가능성을 가지게 된 것은 단순히 서양 문물의 유입과 수용에 의해서만이 이룩된 것이 아니라 역사적으로 진행된 일본적 진보의 정신이 축적된 결과라는 점을 명확히 했다.

먼저 그는 서구의 현재의 발전 상태가 일본이 궁극적으로 지향해야 할 목적이 될 수 없는 이유로서 첫째, 비록 서구가 현재 지구상에서 가장 높은 문명 단계에 도달해 있을지라도 무한한 진보를 본질로 하는 문명文明 자체의 속성상 서구의 발전 정도가 문명의 최고 단계라고는 볼 수 없다는 점, 둘째, 현재 문명국이라고 하는 서구를 관찰했을 때 앞서 설명한 문명의 최고 단계라고 보기에는 부

족하다는 점, 그리고 셋째, 더욱이 야만野蠻-반개半開-문명이라고
하는 단계는 국가를 비교하는 데 있어서 그것이 결코 절대적絕對的
인 개념이 아니라 단지 상대적相對的인 의미에 불과하다는 점 등을
제시했다. 첫째 이유에 대하여 후쿠자와 유키치는 문명 발전의 무
한성無限性과 진보성進步性을 들어 서구 문명이 궁극적 지향점이 될
수 없다는 점을 다음과 같이 설명했다.

> "현재의 서구 문명을 볼 때 그것이 전반적인 입장에서 선善의 방향
> 으로 나아가고 있다는 것은 사실이지만 결코 지선至善이라고는 할 수
> 없다. 지금부터 수천·수백 년이 지나 세계 인민의 지덕智德이 크게 발
> 전해서 태평안락太平安樂이 지극한 상황에 이르렀을 때 오늘의 서양 제
> 국의 양상을 보고 야만野蠻이라고 할지도 모르는 일이다. 이렇게 생각
> 한다면 문명은 한도가 없는 것이며 따라서 오늘 서양 제국의 상태도
> 만족할 만한 것은 아니다. … 더군다나 문명은 죽은 것이 아니라 살아
> 움직여서 발전하는 것이다. 살아 움직여 발전한다는 것은 반드시 일
> 정한 과정, 즉 야만은 반개半開로 반개는 문명으로 발전하는 과정을 거
> 쳐야 하는 것이다. 또한 문명이라는 것도 끊임없는 진보의 상태에 놓
> 여 있는 것이다."[28]

다음으로 둘째 이유에 대해서 그는 "서양의 문명이 현재 일본의
그것보다 몇 단계 앞서 있는 것만큼은 틀림없다. 그럼에도 불구하
고 서양의 문명이 결코 완벽한 것만은 아니며 그 결점을 말한다면
셀 수도 없을 것이다"[29]라고 하면서 구체적으로 "전쟁이 세계에 큰

---

28 위의 책, 13쪽.

불행임에도 불구하고 서양 제국은 항상 전쟁을 일삼아 왔고, 도둑
질과 살인이 인간의 가장 큰 악惡임에도 불구하고 서양 제국 역시
물건을 훔치고 사람을 죽이는 자들이 있다. 또한 국내에서는 당파
를 결성하여 권력 투쟁에 몰두하고, 권력을 잃으면 불평을 터뜨리
는 자들도 있다. 더욱이 국가간 관계에 있어서는 권모술수權謀術數
를 쓰는 나라도 많다"[30]고 함으로써 서구 문명의 불완전성不完全性
을 들어 일본 발전의 목표로서의 서구 문명의 배타적 지위를 부정
했다. 후쿠자와 유키치가 이처럼 두 가지 이유를 들어 서구 문명이
불완전하다는 점을 부각시키고 따라서 일본이 결코 서양 국가들의
현재 상태에 만족해서는 안 된다는 점을 강조한 것은 우선적으로
일본이 현재의 상태에 만족하지 말고 지속적인 개명진보開明進步의
의식을 발전시켜야 한다는 것을 주장하기 위한 것이었다고도 볼
수 있다. 그러나 더 중요하게는 국내에 팽배한 지나친 서양 문명에
대한 경도傾倒를 경계하기 위한 것이라고 보인다. 즉 인민들의 독립
심의 결여로 국가적 독립의 유지가 위태롭게 될 것을 우려한 그로
서는 서양 문명에 대한 무조건적인 존경과 흠모는 자칫 일본이 독
립성을 상실하고 서구 열강의 문명적 식민지로 전락할 위험성을
가진 것으로 판단되었을 것임에 틀림없다. 이러한 점에서 그가 독
립을 유형有形의 독립, 즉 물질적 독립과 무형의 독립, 즉 정신적 독
립으로 분류하고,[31] 양자 모두를 만족시켜야 진정한 독립을 이루는

---

29 위의 책, 第三卷, 學問のすゝめ, 第十五編, 事物を疑いて取捨を斷ずる事,
　　12쪽.
30 위의 책, 第四卷, 文明論之槪略, 卷一, 第二章, 西洋の文明を目的とする事,
　　12쪽.
31 위의 책, 第三卷, 學問のすゝめ, 第十六編, 手近く獨立を守る事, 131쪽.

것이라고 본 것은 이러한 그의 입장을 보여 주는 것이라고 하겠다.

마지막으로 후쿠자와 유키치는 야만野蠻—반개半開—문명文明이라는 것이 결국은 상대적相對的인 의미라는 점을 들어 서양 제국의 현 상태가 일본 문명 발전의 궁극적 목표가 될 수 없음을 다음과 같이 주장하기도 했다.

> "비록 문명의 발전 단계를 3단계로 분리하여 각각의 양상을 특징적으로 살펴보면 문명文明·반개半開·야만野蠻의 경계가 뚜렷하지만 원래 이러한 명칭은 상대적인 것이므로 아직 문명을 보지 못할 경우에는 반개를 최상의 상태로 여길 것이다. 또한 문명도 반개와 대비시킬 때에는 문명이지만 반개 역시 야만과 대비시킬 때에는 문명이라고 할 수 있는 것이다. … 그리고 서양 제국의 상태를 문명이라고 말할 수 있다 해도 단지 그것은 오늘의 세계에 있어서만 그러한 명칭을 부여할 수 있는 것이다."[32]

이처럼 그가 상대적 관점의 유지를 강조한 것은 물론 마찬가지로 일본인들로 하여금 현재의 상태에 만족하지 말고 더욱 더 문명개화文明開化에 노력할 것을 요구하기 위한 것이라고 볼 수 있다. 그러나 다른 한편으로 서양의 문명 발전 과정만을 최상의 가치로 여기고 그럼으로써 자국自國의 문명 발전 과정을 비하시켜 스스로 열등감에 빠지는 경향을 비판하기 위한 것이기도 하다. 즉 후쿠자와 유키치는 상대적인 관점으로 민족적 자존성과 자긍심을 불러일으

---

32 위의 책, 第四卷, 文明論之槪略, 卷一, 第二章, 西洋の文明を目的とする事, 12쪽.

켜 서양에 대한 정신적 독립을 이룩하려고 했던 것이었다. 일본의 문명 발전 과정에 대한 그의 설명은 이러한 입장을 잘 나타내고 있다고 할 수 있다. 구체적으로 후쿠자와 유키치는 먼저 "경중輕重·장단長短·선악善惡·시비是非 등은 모두 상대적인 관점에서 이해해야 한다. 경輕이 없으면 중重이 없고 선善이 없으면 악惡이 있을 수 없다. 선善이라는 것은 악惡보다 선善하다는 뜻이므로 이것과 저것을 상대적으로 비교하지 않는 이상 경중·선악을 논할 수는 없는 것이다"[33]라고 하여 절대적·고정적 관념 또는 개념의 존재를 거부하고 모든 사물을 상대적인 입장에서 인식해야 한다는 점을 강조했다. 이렇게 사물을 상대적인 관점에서 인식할 때 개명진보開明進步라는 세계적인 보편성 속에서 각국의 독자적 발전 과정이 가치를 지니게 되는 것이며, 그럼으로써 문명 개화를 지속하면서도 일본적 독립성을 유지할 수 있다는 것이 후쿠자와 유키치의 판단이었던 것으로 보인다. 이러한 점에서 그는 서구와는 다른 일본만의 고유한 인식의 발전 과정을 다음과 같이 구체적으로 설명했다.

후쿠자와 유키치에 따르면 일본적 문명 발전 과정의 특징은 유학의 차별관을 기초로 한 권력의 편중 현상에 의하여 평등관·개방관을 지향하는 다양한 사고들이 역사적으로 명확히 드러나지는 못했으나, 형식적인 유일 권력자權力者로서의 천황天皇과 현실의 실질적 지배자로서의 바쿠후幕府의 공존을 특징으로 하는 바쿠한 체제幕藩體制라는 일본 고유의 정치 체제적 특성에 의해 그러한 평등관·개방관을 토대로 하는 인식의 발전이 진행되어 왔다는 것이다. 여기에 18세기 이후 급격히 도입된 서구 문명의 이론들이 그러한 인

---

33 위의 책, 第四卷, 文明論之槪略, 卷一, 第一章, 議論の本位を定る事 1쪽.

식의 발전을 더욱 촉진시키는 매개체로 작용하여 왔다는 데 있는 것이었다. 이 점이 서구와도 다르고 중국과도 다른 일본만의 특수성을 형성하였다는 것이 그의 입장이었다. 후쿠자와 유키치는 먼저 일본이 서구와 다른 점에 관하여 다음과 같이 설명했다.

"서양의 문명은 인간간의 관계를 논하는 제설諸說들이 병립하다가 점차 가까워져서 하나로 합해지고 그 사이에 자유自由가 존재했던 문명이다. 비유하자면 금은철동金銀銅鐵 등 여러 원소를 녹여 하나로 만들어 금도 아니고 은도 아니며, 동이나 철도 아닌 일종의 혼합물을 생성시켜 평균적인 것을 만들고 그러한 원소들이 상호 간에 의지하면서 전체를 보존하게 하는 것과 같다. 반면 일본의 경우는 이와는 크게 다르다. 일본의 문명 역시 인간 사이의 관계에 있어서 제諸요소들이 없었던 것은 아니다. 군주·귀족·종교·인민이 옛날부터 국가에 존재하여 단일 종족種族을 형성하였으며, 또한 각각 자신만의 설說을 가지고 있었다. 그럼에도 불구하고 그러한 설들은 병립하지도 못했고 서로 가까이 하지도 못했으며, 합하여 하나가 되지도 못하였다. 비유하자면 금은철동은 있었으나 그것을 용해시켜 하나로 만들지 못하였던 것이다. 때때로 합하여 하나를 만드는 경우도 있었지만 그것은 요소들 사이의 평균을 이룬 것이 아니라 한쪽은 무겁고 한쪽은 가벼운 것이었으며, 그럼으로써 하나가 다른 것을 가리어 그 본색을 드러내지 못하게 하였던 것이었다."34

즉 서양의 경우에는 제 집단 간의 권력의 조화가 이루어져 그 안

---

34 위의 책, 卷五, 第九章, 日本文明の由來, 175쪽.

에서 문명 의식의 발전이 이룩되어 왔던 것에 비하여 일본의 경우에는 유학적 정치 질서관에 의하여 권력의 편중이 강화됨으로써 권력의 조화를 이룰 수 없었고, 따라서 문명 의식의 발전 또한 그만큼 정체될 수밖에 없었다는 것이다. 문제는 이러한 후쿠자와 유키치의 설명에 커다란 모순이 존재한다는 점이다. 즉 서구에서의 자유·평등 의식의 발전은 역사가 증명하다시피 시민 계층의 자각과 이에 따른 전제 권력專制權力의 타파에 의한 것이었다. 물론 영국의 경우에는 시민 혁명 이후에도 군주권이 지속되었지만 그것 역시 시민권의 확대에 따른 갈등의 결과였지 결코 처음부터 이루어진 양자 간兩者間의 합의나 조화에 의한 것이 아니었다. 그럼에도 불구하고 후쿠자와 유키치가 이처럼 군민君民으로 대표되는 권력 주체간의 상호 조화와 협력을 서구와 일본 문명을 구분하는 기준으로 삼은 것은 일본의 권력 편중 전통이 유학적 차별관을 기초로 한 것이라고 파악하는 그의 예리한 통찰력에도 불구하고 한계점으로 제시될 수 있을 것이다. 그러나 이것은 후쿠자와 유키치가 단순히 군주권의 유지나 확대의 필요성을 강조하기 위해서 제시한 주장은 결코 아니다. 정치론에서 좀더 자세히 살펴보겠지만 그는 일본의 현실에서 문명 개화를 더욱 효율적으로 달성하기 위해서는 국권國權과 민권民權이 어느 한쪽으로 치우치지 않는, 즉 권력 주체의 다원화多元化가 이루어져야 하고, 이러한 다원화된 권력 주체들 간의 상호 견제와 협력을 통한 공동 발전을 이룩해야 한다는 입장을 가지고 있었다. 일본의 전통이 유학적 차별관에 기인한 민권의 저발전을 특징으로 하는 것이었다는 점을 상기할 때, 그의 이러한 조화와 균형의 입장은 민권의 확대를 전제로 하는 것이 될 수밖에 없는 것이었다는 점에 주목할 필요가 있는 것이다.

다음으로 중국과 일본 문명의 차이점에 대하여 후쿠자와 유키치는 중앙 집권적 정치 체제 하에서 일인一人으로의 권력의 독점은 자유의 기풍이 일어나기 어렵지만 이중적二重的 권력 구조 하에서는 그만큼 자유 의식이 성장할 가능성이 큰 것이라는 입장을 견지했다. 이런 측면에서 공맹 사상을 기초로 한 중앙 집권적 단일지배 체제를 유지한 중국에 비해 비록 형식적이기는 하지만 유일 지배 권적 정통성을 가진 천황天皇과 실질적 통치권자인 바쿠후幕府로 대표되는 이중 권력 구조를 유지한 일본이 자유·평등 의식의 발전을 이룰 수 있는 사상적 다양성을 가질 수 있었고, 그럼으로써 또한 개방관을 기초로 한 서구 문물의 수용에 있어 유리한 조건을 가지고 있다고 보았다. 이에 대하여 그는 다음과 같이 설명했다.

"권력의 독점이 불가능한 경우에는 자연적으로 자유의 기풍氣風이 생기지 않을 수 없다. 중국인들이 오로지 독재적인 일군一君을 받들고 지존지강至尊至强의 관념을 한 가지로 생각하여 그것을 일방적으로 믿었던 것과 일본의 경우는 다르다. 이 한 가지 점에 있어서는 중국인들이 사상에 빈곤하였던 것에 비해 일본인들은 풍부한 사상을 가지고 있었다고 할 수 있다. … 이렇듯 지존(至尊=天皇의 지위를 의미)의 관념과 지강(至强=幕府의 권력)을 상호 균형되게 분리시킴으로써 그 사이에 다양한 사상 운동들이 전개될 수 있는 여지를 남긴 것은 일본의 행운이라고 할 수 있다. … 중국은 오직 독재의 신권 정치神權政治만을 만세萬世에 전한 나라이며 일본은 그러한 신권 정치(天皇에 의한 정치를 의미)에 대치되는 무력(武力=幕府權力을 의미)이 존재했던 나라이다. 중국의 원소元素는 하나였으나 일본의 원소는 둘이었다. 이것으로서 문명의 전후前後, 즉 발전 단계를 논한다면 중국은 변하지 않는 한 일본에 이르지 못할 것이다. 또한 이러한 입장에서 볼 때, 서양 문명을 흡수하는 데 있어 일본은 중국보다 용이할 것이다."[35]

이것은 정치 체제의 차이에 기인한 단일 지배 사상의 공고화 정도와 사상적 다양성의 정도, 그리고 이에 따른 평등관·개방관을 기초로 한 문명 의식의 발전 정도에 있어 일본이 중국보다 앞설 수 있는 조건을 가지고 있었음을 보여 줌으로써 일본적 문명 발전 과정의 특성을 제시한 것이라고 하겠다. 이러한 설명에 대한 결론으로 후쿠자와 유키치는 일본이 단행한 메이지 유신明治維新과 왕정복고王政復古는 단순히 수구적인 존왕 양이파尊王攘夷派의 행동으로만 설명될 수 없는 것이며, 일본적 특성을 기초로 지속되어 온 반전제적反專制的 사상의 발전과 함께 서양 문명의 관념들이 그것을 촉진함으로써 이루어진 결과라는 점을 다음과 같이 분명히 밝혔다.

"1868년 양이파攘夷派에 의한 왕정복고王政復古 직후 양이攘夷가 바로 진행되어야 했음에도 불구하고 그것은 이루어지지 않았다. 오히려 이와는 달리 신정부의 지도자들이 자신들이 증오하던 바쿠후幕府를 타도하는 데 그치지 않고 다이묘오(大名)와 사족士族들을 배척한 이유는 무엇인가? 그것은 결코 우연이 아니었다. 양이론攘夷論은 단지 혁명의 효시였으며 사태의 근인近因에 불과한 것이었다. 인민人民의 지력智力은 처음부터 다른 곳을 지향하고 있었다. 그들의 목적은 전제 정치의 부활도 아니었고 양이攘夷도 아니었다. 그들은 단지 전

35 위의 책, 第四卷, 文明論之槪略, 卷一, 第二章, 西洋の文明を目的とする事, 22-24쪽.

제 정치를 타도하기 위해 이러한 슬로건들을 사용했을 뿐이었다. 따라서 이와 같은 움직임을 일으킨 것은 황실皇室도 아니었고 그 적敵은 바쿠후가 아니었다. 그것은 지력과 전제 정치와의 전쟁이었다. 그러한 모든 투쟁의 원동력은 일본에 존재하는 지력이었다. 이것이 더 근본적인 원인이었다. 그리고 이러한 지력이 개항 이후 서구문명의 관념이 유입되면서 더욱 강화되었던 것이었다."[36]

그렇다면 이처럼 서구 문명의 우수성은 인정하지만 진화주의적 관점과 상대적인 관점을 통해 서구 문명이 일본 개명진보開明進步의 궁극적 목적이 될 수 없다고 하는 동시에 유학적 차별관에 기초한 폐해를 지적하면서 상대관을 기초로 역사적으로 형성된 일본의 반전제적反專制的 문명 의식 발전 과정의 특성을 적극 강조한 후쿠자와 유키치에게 일본이 문명 개화를 이룰 수 있는 방법과 방향성은 무엇인가? 그가 "서양의 문명은 물론 배워야 한다. 이것을 배우는 데 있어서는 시간이 모자랄 정도이다. 그러나 서양의 문명을 무조건 믿는 것은 차라리 믿지 않는 것보다 못하다. 예를 들어 서양의 부강함은 부러워해야 할 것이지만 인민의 빈부貧富 불평등의 폐해까지 모방해서는 안된다. 일본의 조세租稅가 관대하다고는 할 수 없지만 영국의 소작민이 지주地主에게 학대받는 것을 생각하면 우리 농민의 상황은 축복 받은 것이라고 할 수 있다"[37]고 한 것으로 미루어 문명개화를 이루는 방법과 방향성은 서양의 장점을 충분히 받아들이되 서양에서 행해지는 단점까지 수용하지 않는 것, 즉 장

---

36 위의 책, 卷二, 第五章, 前論の續(一國人民の智德を論ず), 84쪽.
37 위의 책, 第三卷, 學問のすゝめ, 第十五編, 事物を疑いて取捨を斷ずる事, 128-129쪽.

단점의 취사선택取捨選擇이라고 할 수 있다. 그러나 이미 밝힌 바와
같이 후쿠자와 유키치가 의미하는 취사선택이란 중국 양무·변법
사상의 중체서용적 입장이나 한국의 개화 사상가 유길준이 개화의
내용으로 제시하였던 행실行實의 개화, 즉 유학적 군신 질서君臣秩序
와 오륜 질서五倫秩序를 유지하는 범위 내에서의 서구 문물의 수용
이 아니라 좀더 실질적으로 자유·평등이 이룩될 수 있도록 하기
위한 것으로서의 취사선택이었다는 점에 유의해야 한다. 그가 유
학적 차별관에 기인한 권력 편중과 명분론적 사고, 그리고 뿌리 깊
은 우민관愚民觀의 전통을 모순으로 지적하고, 위의 예문에서 지적
한 것처럼, 서양의 빈부 불평등貧富不平等과 민중 착취民衆搾取 현상을
적극적으로 비난한 것은 이를 잘 보여 주는 것이라고 하겠다.

　마지막으로 후쿠자와 유키치는 "오늘날 일본인들을 문명으로 나
아가게 하려는 것은 국가의 독립을 보존하기 위해서이다. 따라서
국가의 독립은 목적이 되고 국민의 문명은 그러한 목적을 달성하
기 위한 수단인 것이다"[38]라고 함으로써 일본이 현재 문명을 이룩
해야 되는 것의 목적이 국가적 독립에 있다는 점을 분명히 했다.
일본 인민의 무지와 무기력, 그리고 독립심의 결여가 결국 일본의
국가적 독립성을 위협하는 상황에 이르렀다는 현실관을 제시한 그
가 문명의 목적을 일본의 독립 보존으로 상정한 것은 당연한 논리
적 귀결이었다. 이런 점에서 위에서 언급한 후쿠자와 유키치의 문
명론文明論은 결국 진정한 의미의 문명론이라기보다는 국가 독립
보존의 목표를 달성하기 위해 전개된 것이라고 보는 것이 타당하
다. 후쿠자와 유키치가 "오늘날 일본의 문명이라고 말하는 것은 문

---

38 위의 책, 第四卷, 文明論之槪略, 卷六, 第十章, 自國の獨立を論ず, 255-256쪽.

명의 본지本旨는 아니다. 우선적으로 초보 단계에서는 자국의 독립을 도모하고 그 나머지는 다음 단계로 남겨 두어 후일後日 그것을 위해 노력하자는 것이다"[39]라고 한 것은 이러한 그의 의도를 보여 주는 것이라고 할 수 있다. 이를 통해 볼 때 문명이라는 것이 결국 인류 공동체적 발전을 그 목적으로 하고, 이를 위해 국민간·국가 간의 조화와 협력을 이루어야 하는 것이라는 점을 후쿠자와 유키치는 충분히 인식하고 있었던 것으로 보인다. 그럼에도 불구하고 1870-80년대의 약육강식의 국제 정세 속에서 자국의 독립이 위태로운 상황에 처한 일본에게 있어 국가의 독립 보존이 가장 중요한 정치 목표가 될 수밖에 없었던 것이다. 이 점이 그로 하여금 문명은 우선적으로는 그러한 독립 보존을 위한 수단으로 기능할 수밖에 없다는 입장을 취하게 하였던 것이라고 할 수 있다.

이러한 후쿠자와 유키치의 문명 개화론은 본 연구의 주제와 관련하여 몇 가지 중요한 논점을 제시하고 있다. 첫째, 그가 일본이 개명진보開明進步를 이룩하는 데 있어 가장 큰 장애 요인으로 전통적인 유학적 차별관과 폐쇄관, 그리고 절대관과 고정관을 제시하였다는 점이다. 이러한 인식은 이미 노장 사상老莊思想과 묵가 사상墨家思想 등 동아시아 전통의 반유학적反儒學的 정치사상을 바탕으로 전개된 이전의 일본적 개혁 사상의 인식과 그 맥을 같이 하고 있다는 점에서 중요성을 가진다고 할 수 있다. 이와 함께 1890년대 한국과 중국의 개혁·개방 사상에서 아예 도출되지 않거나 또는 직접적으로 언급이 되지 않았던 이와 같은 유학의 본질 비판이 그보다 앞서서 전개된 후쿠자와 유키치로 대표되는 일본 개혁·개방 사상

---

39 위의 책, 259쪽.

속에 표출되고 있다는 점은 한국·중국·일본의 사상적 발전 정도의
차이를 명확히 보여 주는 것이라고 하겠다. 둘째, 후쿠자와 유키치
가 일본 문명 발전 과정의 특수성으로 일본적 봉건 체제, 즉 바쿠
한 체제幕藩體制의 특징을 제시하고, 그러한 상황 하에서 전개된 자
유·평등 의식의 역사적 발전 과정을 설명한 것은 동아시아적 보편
성 속에서의 일본적 특수성을 설명하는 중요한 논거가 될 수 있다.
특히 그가 비록 명확한 사상적 연원을 제시하지는 않았다 하더라
도 유학적 정치 질서관을 바탕으로 한 전제 정치에 반反하는 의식
의 흐름을 발전의 근원으로 인식하였다는 점과, 특히 그가 이전 반
주자학적反朱子學的 또는 반유학적反儒學的 개혁 사상가들의 인식론의
토대인 상대관과 평등관을 자신의 문명론 전개에 적극 활용하였다
는 점은 그의 인식의 근저에 동아시아적 사추思推가 깊게 영향을 미
치고 있음을 알 수 있는 근거이기도 하다.

　이상에서 살펴본 바와 같이 후쿠자와 유키치의 문명 개화론은
민권 의식民權意識의 확대를 전제로 한 자유 평등 질서의 확립과 근
대화를 위한 국내 개혁을 통하여 좀더 효율적으로 국가적 독립 보
존과 발전을 이룩하려는 목표 하에서 전개된 것이었다. 다음에서
살펴볼 정치론과 인성론, 대내외 질서관과 도덕론 등 그의 정치사
상의 주요 내용 역시 이러한 목표를 반영하여 전개된 것이었다.

4. 문명 개화론의 이론적 토대

1) 정치론

　정치론政治論의 측면에서 후쿠자와 유키치는 국가적 독립 보전의

위기를 극복하기 위해서는 무엇보다 관민일체官民一體, 즉 국권國權
과 민권民權의 조화와 균형이 필요하다고 보았다. 이 점에 관하여
그는 "모든 사물을 유지하기 위해서는 힘의 균형이 필요하다. …
국가도 역시 그러하다. 정치는 일국一國의 활동인데 그 활동을 조화
시켜 국가의 독립을 보존하기 위해서는 안으로는 정부의 힘이 있
고 밖으로는 인민의 힘이 있어서 내외內外가 상응相應할 수 있는 힘
의 균형이 이루어져야 한다. 비유하자면 정부는 신체 내부의 생명
력과 같고 국민은 신체 외부의 자극과 같은 것이다. 이제 갑자기
그러한 자극을 제거하고 정부의 활동에만 모든 것을 맡겨 놓는다
면 국가의 독립은 하루도 유지될 수 없는 것이다"[40]라고 했다. 또
한 서양 문명국의 권력 주체의 다원성 내지는 여론 정치與論政治를
기초로 한 권력 분산의 예[41]를 들어 진정한 국가의 독립은 정부의
일방적인 주도에 의해서만 이루어질 수 있는 것이 아니라 반드시
권력이 한 곳으로 집중되는 것을 막고 정부와 국민의 권력이 상호
조화와 균형을 이룰 때에만 가능하다는 점을 역설했다.

그런데 당시 일본의 현실에서 이처럼 정부의 권력과 인민의 권
력이 균형과 조화를 이루기 위해서는 무엇보다 국민들 스스로가
유학적 차별관의 전통에서 생성된 사회 내의 뿌리 깊은 관존민비官
尊民卑 의식을 탈피하여 평등성을 기초로 한 새로운 정부와 인민의
관계에 대한 인식의 확립에 노력해야 한다는 것이 후쿠자와 유키
치의 입장이었다. 이 점을 그는 다음과 같이 표현했다.

---

40 위의 책, 第三卷, 學問のすゝめ, 第四編, 學者の職分を論ず, 26쪽
41 위의 책, 第四卷, 文明論之槪略, 卷五, 第九章, 日本文明の由來, 206쪽.

"오늘날의 상황을 보면 청년 학생들은 몇 권의 책만 읽어도 관리의 뜻을 품고, 상인은 조금의 자본만 가지고 있어도 관명官名의 간판을 내걸고 장사를 한다. 학교도 관허官許, 설교說敎도 관허, 목축과 양잠도 관허이다. 민간사업의 10분의 7, 8은 정부가 관여하지 않는 것이 없다. 그리하여 세상의 인심은 이러한 풍조를 따라 정부를 흠모하고 정부에 의지하며, 정부를 두려워하고 정부에 아첨하게 되어 조금도 독립의 마음을 발휘하려는 자가 없다. 차마 눈뜨고 보기 어려울 정도이다."[42]

이를 위하여 그는 먼저 정부와 국민의 관계를 쌍방 간에 각각 자신의 직분을 다하기로 약속한 기능적 평등성에 기초한 계약 관계[43]로 규정했다. 좀더 구체적으로 후쿠자와 유키치는 "백성과 쵸닌町人은 공물貢物과 세금을 내고 정부의 법을 지키면 자신의 직분을 다하는 것이라 할 수 있으며, 정부는 공물과 세금을 받아 그것을 정당하게 사용하고 인민을 보호하면 그 직분을 다한 것이라고 할 수 있다. 쌍방이 자신들의 직분을 다하여 양자 간에 맺은 계약을 위반하지 않으면 어떠한 문제도 발생할 이유가 없는 것이며 그러한 한도 내에서 자신의 권리를 증진시키는 것은 당연한 것이다"[44]라고 하여 명확히 정부와 국민 사이의 관계가 평등성을 기초로 한 분업 관계라는 점을 밝혔다. 그는 더 나아가 정부라는 것은 결국 국민의

---

42 위의 책, 第三卷, 學問のすゝめ, 第四編, 學者の職分を論ず, 30쪽

43 위의 책, 第三卷, 學問のすゝめ, 第二編, 人は同等なる事, 13쪽; 위의 책, 第四卷, 文明論之槪略, 卷四, 第七章, 智德の行はる可き時代と場所とを論ず, 145쪽.

44 위의 책, 第三卷, 學問のすゝめ, 第二編, 人は同等なる事, 13쪽.

정치를 대신하는 기관으로서 모든 국민의 평등한 권리를 보호하는
데 그 목적이 있다는 점을 다음과 같이 주장했다.

> "먼저 객(客)의 입장에서 얘기한다면 일국一國의 인민은 국법國法
> 을 존중하고 인간평등의 취지를 망각해서는 안된다. … 다음으로
> 주인主人의 입장에서 얘기한다면 일국一國의 인민은 그 자체가 정부
> 라고 할 수 있다. 그 이유는 한 국가의 인민이 모두 정치에 참여할
> 수 없는 관계로 정부라는 것을 설치하여 국정國政을 담당하도록 위
> 임한 것이기 때문이다. 이렇게 본다면 인민은 주인主人이고 정부는
> 대리인代理人이라고 할 수 있다. … 정부는 이처럼 인민의 위임을 받
> 은 존재로서 그 약속에 따라 상하上下·귀천貴賤의 차별을 두지 말고
> 모든 국민의 권리를 보호해야 하고 법을 올바르게 하고 형벌을 엄
> 중히 하며 일체의 사곡私曲이 있어서는 안 되는 것이다."[45]

따라서 인민은 정부가 법을 만들어 인민을 보호하는 것은 정부
의 당연한 직분이라고 보아야 하며 그것을 은혜라고 생각해서는
안 된다는 것[46]이 후쿠자와 유키치의 설명이다. 또한 인민의 대對
정부政府 관계를 이처럼 규정했을 때, 현실의 정부를 이끄는 군주君
主나 관리官吏 역시 인민의 권리를 위임 받아 정치를 대신하는 직업
인에 불과한 것으로서 따라서 결코 그들이 선천적으로 우월한 신
분적 지위를 가진 사람들을 의미하는 것으로 인식해서는 안 된다
는 것이 그의 입장이었다. 후쿠자와 유키치가 "원래 정부란 일국一

---

45 위의 책, 第七編, 國民の職分を論ず, 53-55쪽.
46 위의 책, 第二編, 人は同等なる事, 13쪽.

國의 사람들이 모여서 일을 처리하는 곳을 말한다. 그리고 그러한 자리에 있는 사람들을 군주·관리라고 부르는 것이다. 이와 같은 군주와 관리는 태어날 때부터 그러한 지위에 있게 되는 것은 아니다"[47]라고 한 것은 군주나 관리의 신분적 우월성을 부정하는 그의 입장을 보여 주는 것이라고 하겠다.

이처럼 후쿠자와 유키치가 군민君民 관계 또는 정부-인민의 관계를 평등적 수평 관계로 인식하고 나아가 군주나 관리의 임무가 국민의 권리와 이익을 보호하는 데 있다고 본 것은 인간이 평등한 권리 주체임을 국민에게 인식시켜 일본 정부는 물론 사회 내에 뿌리 깊게 박혀 있는 유학적 차별관에 바탕으로 한 관존민비官尊民卑 의식을 타파하여 궁극적으로 국민 의식 발전을 통한 국가적 독립 보존을 추구하는 그의 정치 목표를 반영한 것이라고 할 수 있다.

그럼에도 불구하고 가장 효율적인 독립 보존의 방법을 국민의 민권 의식을 우선적으로 고양시켜 정부의 권리와 상호 균형을 이루는 것으로 파악한 후쿠자와 유키치로서는 국민들이 단순히 자신의 권리만을 추구하여 국가적 독립과 발전에 무관심한 것은 바람직한 태도로 인식될 수 없는 것이었다. 이러한 점에서 그는 국민이 자신에게 다소 불편하더라도 그 법이 개정될 때까지는 반드시 현재 일본의 국법을 준수할 것[48]을 강력히 요청했다. 더 나아가 국가를 위해서는 재산을 버릴 뿐만 아니라 목숨까지도 아깝게 생각하지 말아야 하며 이것이 바로 보국報國의 방법[49]이라고 함으로써 국가의 독립 유지와 발전을 최우선 목표로 설정한 그의 입장을 표명

---

47 위의 책, 第四卷, 文明論之槪略, 卷五, 第九章, 日本文明の由來, 178쪽.
48 위의 책, 第三卷, 學問のすゝめ, 第二編, 人は同等なる事, 14쪽.
49 위의 책, 第三編, 一身獨立して一國獨立する事, 20쪽.

하였다.

그러나 이와 같은 후쿠자와 유키치의 언급만을 가지고 그가 인민의 권리를 포기하면서까지도 국가를 위해 희생해야 한다는 국가 중심적國家中心的 사고만을 지향함으로써 결국 그것이 19세기 말 이후 전개되었던 일본의 군국주의적軍國主義的 경향의 토대가 되었다고는 보기 어렵다. 이것은 그가 국민 주권國民主權의 원리를 적극 지지하였을 뿐만 아니라 비록 폭력적인 방법은 반대하였어도 국민의 저항권抵抗權을 충분히 인정하고,[50] 또 "군대軍隊가 정치에 관여하여 함부로 군사를 일으키거나 문관文官이 무력에 억눌려 무관武官의 명령을 따르는 것 등은 국가의 대란大亂이 된다"[51]고 함으로써 무력 정치, 즉 군국주의적 정치의 등장을 명백히 반대한 것에서 잘 나타나 있다. 따라서 국가에 대한 인민의 희생에 대한 그의 주장은 19세기 당시 일본이 처한 대외적 위기 상황을 극복하기 위해 국민들로 하여금 국가독립의 중요성을 좀더 명확히 인식하게 만들기 위한 것이었다고 보는 것이 타당하다.

마지막으로 정치론과 관련하여 지적할 수 있는 것은 후쿠자와 유키치가 특별한 정치 체제를 선호하지 않았다는 점이다. 그에게 일본이 어떠한 정치 체제를 유지하여야 할 것인가의 문제는 부차적인 것으로 인식되었으며, 오직 그것이 국권과 민권의 상호 조화와 균형을 통한 국가 독립의 보존과 발전에 얼마나 효율적인 것이냐 하는 것을 가장 중요하게 생각했다. 그리고 이러한 정치 체제상의 효율성이라는 것도 끊임없는 실험과 개혁 과정을 거쳐야 하는

---

50 위의 책, 第七編, 國民の職分を論ず, 58-59쪽.
51 위의 책, 第十一編, 名分を以て僞君子を生ずるの論, 93쪽.

것이라고 했다. 다음의 후쿠자와 유키치의 말들은 이 점을 구체적
으로 표현하고 있다.

　　"이 세상의 모든 정부는 편리便利를 위해서 세워진 것이다. 국가
　의 문명에 편리한 것이라면 정부의 체제는 그것이 입헌군주제立憲君
　主制이건 공화제이건 명칭은 중요하지 않으며, 다만 거기에서 도출
　될 수 있는 내실內實만을 취해야 하는 것이다."[52] "인간의 목적은 오
　직 문명에 도달한다는 한 가지뿐이다. 그것에 도달하기 위해서는
　여러 가지 방편이 있을 수 있다. 경우에 따라서는 그것들을 실험하
　고 또 개혁하기도 하면서 수없는 시험試驗을 경과하는 가운데 다소
　의 진보가 이루어지는 것을 감안한다면 생각을 한쪽으로 편중시켜
　서는 안 된다. … 개벽 시대부터 오늘에 이르기까지 모두 시험의 단
　계에 있다고 할 수 있다. 각국의 정치도 이러한 시험 단계에 있는
　것이라면 그것의 좋고 나쁨을 바로 판단할 수는 없는 것이며, 다만
　문명이 이익이 되는 것이 많은 정부를 좋은 정부로 이익이 적은 정
　부를 나쁜 정부로 부를 수 있을 뿐이다."[53]

　이상에서 살펴본 후쿠자와 유키치의 정치론은 정치의 본질이 궁
극적으로 정부와 국민의 평등 관계와 권력 주체로서의 상호 간의
조화와 협력을 바탕으로 한 국가적 독립 보전과 발전에 있다는 점
을 명확히 하고, 정치 체제의 형식보다는 정치 내용상의 효율성을
우선시하였으며, 더욱이 그것을 고정적固定的·절대적絶對的 입장이

---

52 위의 책, 第四卷, 文明論之槪略, 卷一, 第三章, 文明の本旨を論ず, 44쪽.
53 위의 책, 51-52쪽.

아니라 변천적變遷的·상대적相對的 입장에서 무한한 발전 과정으로
인식하였다는 점에서 매우 중요한 사상적 가치를 지닌 것이라고
볼 수 있다. 다음의 후쿠자와 유키치의 인성론과 질서관은 그의 이
러한 인식을 국가 사회와 인간 사회의 가장 기초 단위인 개인과 국
가에 적용시킨 것이다.

2) 인성론, 질서관과 도덕론

인성론과 관련하여 후쿠자와 유키치는 먼저 인간을 자유·평등
권을 하늘로부터 부여받은 동등한 권리 주체로 파악하였다. 민권民
權의 확대를 전제로 한 관민 일체官民 一體를 이루어 국가의 독립을
보존하고 발전을 획득하려는 정치 목표를 가진 그에게 있어 인간
이 모두 자유·평등권을 보유하고 있다는 점을 주장하는 것은 당연
한 것이었다. 후쿠자와 유키치는 우선 인간의 본연적 자유권에 대
해 다음과 같이 설명했다.

"인간이 하늘로부터 부여받은 권리는 어떤 구속이나 속박을 받아
서는 안 되며, 인간은 남자면 남자 여자면 여자로서 모두 자유로는
존재인 것이다."[54] "인간은 타인의 권리를 침해하지 않는 한 자유롭
게 자신의 신체를 이용할 권리를 가지고 있다. 가고 싶은 곳을 가고
머무르고 싶은 곳에서 머무르고 어떨 때는 놀고 어떨 때는 일하고
어떤 직업에 종사하거나 어떤 일에 힘쓰고 어떨 때에는 밤낮으로
공부하거나 어떨 때에는 하는 일 없이 잠만 자는 것 모두 타인에게

---

54 위의 책, 第三卷, 學問のすゝめ, 第一編(初編), 3쪽.

해로움을 주지 않는 한 인간이 자유롭게 행할 수 있는 것이다."[55]

이와 함께 후쿠자와 유키치는 이러한 자유권을 동일하게 보유한 모든 인간은 현실의 빈부貧富·강약强弱·지우智愚와 같은 차이에도 불구하고 자신의 생명을 보존할 권리와 소유물을 빼앗기지 않을 권리, 그리고 명예名譽를 손상 받지 않을 권리 등 기본적 인권人權을 가지고 있다는 점에서 본질적으로 평등하며,[56] 따라서 부강富强한 자가 빈약貧弱한 자를 억압하는 것은 결국 타인의 기본권을 침해하는 것이 된다는 점[57]을 명확히 밝혔다.

중요한 것은 이처럼 후쿠자와 유키치가 인간을 모두 자유권自由權·생명권生命權·재산권財産權 등 기본권을 보유한 평등한 존재라고 규정하는 데 있어서, 인간을 생리적生理的·물리적物理的·심리적心理的 욕구를 지닌 자유로운 삶의 욕구 주체로 파악하는 동시에 인간이라면 누구든지 각기 자신만의 고유한 자존성自存性, 즉 개체성個體性을 지니고 있다고 보았던 동아시아, 특히 일본 개혁 사상의 인식론[58]이 기본 바탕을 이루고 있다는 점이다. 앞의 예문에서도 나타

---

55 위의 책, 第三卷, 學問のすゝめ, 第八編, 我心を以て他人の身を制す可らず, 65쪽.
56 위의 책, 第二編, 人は同等なる事, 11쪽.
57 위의 책, 12쪽.
58 구체적으로 일본 고학古學의 창도자로 평가되는 야마가 소코(山鹿素行, 1622-1685)는 "인간은 기氣를 통해서 형체를 부여받은 존재이기 때문에 욕구(情欲)를 가지고 있다. 사지四支로서 움직이고 정지하는 것, 귀와 눈으로 보고 듣는 것, 희노애락喜怒哀樂을 느끼는 것, 먹고 마실 것을 찾고 남녀가 서로 좋아하는 것 등은 모두 자연적인 욕구이다."("人有這稟形体, 則有情欲, 四支之於動靜, 耳目之於視聽, 喜怒哀樂之感內, 飲食男女索外, 皆情欲之自然", 『山鹿語類』, 卷三十三, 論義利, 論人必有情欲)라고 하여 인간이 욕구 주체로서 본연적 평등성을 지

나고 있지만, 그는 인간을 각기 자유롭게 자신의 삶을 영위하는 욕구의 복합체複合體로 인식하고 있다. 후쿠자와 유키치가 "고통을 멀

니 개체임을 분명히 했다. 동시에 "성性이란 이理와 기氣의 묘한 쓰임(妙用)이다. 무릇 이理와 기氣가 합한 개체(太極)는 모두 각자의 본연적 성性을 가지고 있다. 따라서 인간의 성과 사물의 성이 동일하다는 것은 잘못된 것이다. 인간은 인간의 성이 있고 사물은 사물의 성이 있는 것이다."("性者, 理氣之妙用, 凡有理氣妙合者, 各有性, 然人性物性曰同一也, 則不是也, 人有人之性, 物有物之性", 위의 책, 卷四十一, 辨或問人物之性)라고 함으로써 통해 인간을 포함한 모든 개체의 독자성을 인정하는 기능론적 이기론理氣論을 제시하기도 했다. 또한 일본 심학心學의 창시자로 불리는 이시다 바이간(石田梅岩, 1685-1744) 역시 "성인聖人이라 하더라도 인심(人心=欲求)이 발發하지 않을 수 없다."("聖人ト云ヘドモ此人欲發スルコトナキニ非ズ", 『石田先生語錄』, 卷十二, 第八一)고 하여 욕구 주체로서 인간의 동등성을 인정하는 한편 "기(夔=한 개의 발을 가진 괴상한 짐승)가 발(足)이 하나밖에 없는 것은 기夔의 심心이고 노래기(蚿)가 백 개의 발을 가진 것은 노래기의 심心이며 뱀(蛇)이 발이 없는 것은 뱀의 심心이다. … 이처럼 만물万物은 그 형체形體에 따라 각각 다른 심心을 갖고 있는 것이다."("夔ガ足ノ一本アルハ夔ガ心. 蚿ガ百足アルハ蚿ガ心. 蛇ガ足ナキハ蛇ガ心 … 其外萬物皆形ノ外ニ心ナシ", 위의 책, 卷十四, 第九六)라고 함으로써 장자서(莊子書, 秋水篇)에 나오는 일화逸話를 근거로 인간을 포함한 모든 사물이 각기 자신에게 부여된 자존성을 가진 존재라는 점을 밝히기도 했다. 일본 최고의 기철학자氣哲學者 미우라 바이엔(三浦梅園, 1723-1789) 또한 "무릇 인간은 입지 않고 먹지 않으면 얼어 죽거나 굶어 죽기 마련이며 이것이 바로 인간의 천성天性인 것이다. … 여기서 말하는 천天이란 곧 자연自然을 말하는 것이다"("今夫人, 不衣食, 則凍餒不捲, 是氣也, 人之天性 … 天則自然也", 『玄語』, 小冊, 人部, 給資)라고 하여 인간이 자연스러운 삶의 욕구 주체임을 밝혔다. 더욱이 그는 "좋아하고 싫어함으로써 정욕情慾이 감응感应하는데 바로 이 좋아하고 싫어하는 것이 성性이다."("情慾以好惡感応, 好惡者, 性之自然也", 위의 책, 設施)라는 주장을 통해 인간의 욕구를 적극 인정하는 한편 개체의 독자성을 강조하는 이기론理氣論"性分其體, 一氣一物", 위의 책, 天冊 立部本神, 體用, 體: "性剖而體二也, 體合而性一也", 위의 책, 鬼神, 神)을 제시하기도 했다. 이와 함께 19세기 양학 계열洋學系列의 다카노 쵸에이(高野長英, 1804-1850)는 "인간의 정情은 안락安樂을 좋아하고 고통(辛苦)을 싫어하며, 부귀富貴를 좋아하고 빈천貧賤을 싫어한다"("知彼一助』, 卷一)고 하고 또 인간이라면 누구든지 일강일약一强一弱이 있다는 전제

리하고 편안함을 취하려는 것은 인간의 본연적인 정욕情欲이다.”[59]
라고 하고, 또 “돈을 좋아하는 것은 인간의 천성天性이기 때문에 그
러한 본성에 따라 그것을 십분 만족시키려고 하는 것을 비난할 수
는 없는 것이다.”[60]라고 하여 인간의 식색食色과 같은 생리적 욕구,
부富와 같은 물리적 욕구, 그리고 만족감과 편안함과 같은 심리적
욕구를 본성으로서 적극 인정한 것은 이 점을 잘 보여 주는 것이라
고 할 수 있다. 이와 함께 후쿠자와 유키치가 “무릇 세상에 태어난
이상 남자도 인간이고 여자도 인간이다. 이 세상에 꼭 필요한 일들
을 한다는 측면에서 보면 하루라도 남자가 없어서는 안 되는 것처
럼 여자 또한 없어서는 안 된다.”[61]는 주장을 통해 여성의 독자적
특성을 인정하면서 인간으로서의 남녀 간 동등성과 기능적 평등성
을 주장한 것이나, 상대적인 입장으로 볼 때 인간의 성격 중 교만驕
慢한 사람은 용감勇敢하다는 장점이 있고 조야粗野한 사람은 솔직하
다는 장점이 있으며, 고루固陋한 사람은 남을 속일 줄 모르는 장점
이 있고 부박浮薄한 사람은 재치가 있다는 장점이 있는 것[62]이라는
논리를 가지고 인간이 각기 자신만의 고유한 독자성, 즉 개체성을

하에(『西說医原樞要』, 卷一 참조), “비록 인간은 같은 구조를 가지고 있다는 점
에서는 동일하지만 그 형상形狀에 대소大小·출몰出沒·횡사橫斜·곡직曲直의
차이가 있으면 그 조직집성組織集成에도 소밀疏密·유인柔靭·경연硬軟·이장
弛張의 차이가 있다. 이것을 보았을 때 천만인千万人이 있으면 천만인千万人
모두가 각기 다르다는 것을 알 수 있다.”(위의 책)고 함으로써 서양의 의학
지식을 바탕으로 욕구 주체로서의 인간성과 인간의 독자성을 적극 인정하
는 인성론을 전개했다.

59 『福澤全集』, 第三卷, 學問のすゝめ, 第二編, 人は同等なる事 11쪽.
60 위의 책, 第十三編, 怨望の人間に害あるを論ず, 103쪽.
61 위의 책, 第八編, 我心を以て他人の身を制す可らず, 66쪽.
62 위의 책, 第十三編, 怨望の人間に害あるを論ず, 104쪽.

가지고 있다는 점을 부각시킨 것은 그 예라고 할 수 있다.

이와 같이 인간이라면 누구든지 각각의 현실적인 차이에도 불구하고 기본권과 개체성을 가진 욕구 주체라는 점에서 모두 평등하다는 인식으로 유학적 차별 질서관에 반대하고 평등적 질서관을 추구하는 자신의 입장을 명확히 피력하였던 후쿠자와 유키치는 이러한 논리를 개체로서의 민족·국가간 관계에 확대·적용시켰다.

국제 질서관과 관련하여 먼저 후쿠자와 유키치는 다음과 같이 중화주의적中華主義的 화이 질서관華夷秩序觀을 고수하여 오히려 서구 열강의 침략을 자초하고 있던 당시 중국의 상황을 묘사하면서 국가간 관계에 있어서의 평등관의 중요성을 강조했다.

> "중국인들은 자기 나라 이외에는 다른 국가가 없는 것처럼 외국인을 이적夷狄이라고 한다. 마치 다리가 네 개 달린 짐승처럼 천시賤視하고 혐오한다. 더욱이 자국의 힘은 계산해 보지도 않고 함부로 외국인을 내쫓으려고 하다가 오히려 이적夷狄에게 혼이 나고 있는 실정이다."63

후쿠자와 유키치가 이렇게 중국 대외 관계의 모순적 측면을 제시한 것은 무엇보다 유학적 차별관을 비판하여 국내적으로는 잔존殘存하는 양이 세력攘夷勢力의 폐쇄관을 저지시킴으로써 개방적 대외 관계의 필요성을 역설하기 위해서였다고 판단된다. 이와 함께 다른 한편으로 서양에 대한 무조건적인 흠모와 동경의 행태만을 보이고 있던 당시 일본 지식인 계층의 사대주의적事大主義的 인식을 혁

---

63 위의 책, 第一編(初編), 4쪽.

파하여 진정한 의미의 평등 질서관을 확립함으로써 국가적 독립을 보존하려는 것이었다고 할 수 있다. 이러한 점을 바탕으로 후쿠자와 유키치는 다음과 같이 기본권을 가진 인간이 동등한 권리를 가진 타인의 기본권을 침해할 수 없는 것처럼 인간이 모여 이루어진 국가 역시 타국의 권리를 침탈할 수 없다는 점을 들어 국가간 관계의 본연적 동등성을 주장했다.

"국가라는 것은 사람들이 모인 것으로서 일본은 일본인이, 영국은 영국인이 모여서 이루어진 것이다. 그런데 일본인이나 영국인이 모두 천지天地 간間의 인간인 이상 상호간의 권리를 침해할 수는 없는 것이다. 한 사람이 다른 한 사람의 권리를 침해할 수 없는 것이라면 두 사람이 다른 두 사람의 권리 역시 침해할 수 없는 것이다. 이러한 이치는 백만·천만의 사람에게도 공통적으로 적용되는 것이다. 따라서 사물의 도리道理는 사람 수의 다소多少에 따라 변할 수 있는 것이 아니다."[64]

이와 더불어 그는 이러한 권리상의 평등성과 함께 각국이 서로 독자성을 가진 상대적·기능적 동등성의 관계를 가지고 있기 때문에 타국을 멸시하거나 또는 타국에게 비굴한 태도를 가질 필요가 없이 상호 조화와 협력을 이루어야 한다는 인식을 가지는 것이 바로 국가적 자유와 독립을 보존하는 방법이라는 점을 다음과 같이 피력하기도 했다.

---

[64] 위의 책, 第三編, 國は同等なる事, 17쪽.

"일본이건 서양 제국西洋諸國이건 간에 모두 천지天地 간間의 존재로
서 같은 햇빛을 받고 같은 달을 쳐다보며, 같은 바다를 가지고 같은
공기를 마시며, 같은 인정人情을 가진 사람들로 이루어진 것이다. 이
곳에서 남은 것을 저곳에 주고 저곳에서 남은 것은 이곳에서 취하
며 서로 가르치고 배우는 것이다. 따라서 특히 어느 한쪽이 비굴해
할 필요도, 또 어느 한쪽이 교만할 필요도 없는 것이다."[65]

이상에서와 같이 후쿠자와 유키치의 국제 질서관은 유학적 차별
관·폐쇄관을 부정하는 동시에 사대주의적 자세 또한 강하게 비판
하는 철저한 평등관과 개방관을 지향하는 것이었다. 특히 국가간
관계의 독립성과 자존성을 바탕으로 한 상대적·기능적 평등성의
주장은 이전 개혁 사상가들의 인식[66]을 계승한 것으로서 동아시아

---

65 위의 책, 第一編(初編), 4쪽.

66 예를 들어 미우라 바이엔(三浦梅園)은 "대개 지구地球는 하나의 커다란 것이
지만 배를 타고 노를 저어 탐구하면 크게는 두 개로 나누어지고 작게는 수
없이 많은 국가들로 나누어져 있다. 그 만국萬國을 보면 비록 지혜智慧와 기
교技巧는 다르더라도 신도神道를 이루지 않는 것은 없다."("蓋一大地球, 舟楫之
所探, 大壤二, 小壤不知數焉, 其爲國也亦衆, 歷視其萬國, 雖智技之巧弗同, 無不設神道者",
『玄語』, 小冊, 人部, 人道)고 하여 국가간 동등성을 부각시켰다. 동시에 그는
"내가 남쪽에 있으면 북쪽이 변방邊方이 되고 내가 북쪽에 있으면 남쪽이 변
방邊方이 되는 것이다."("故我南則北爲边, 我北則南爲边", 위의 책, 本宗)라고 하고
또 "돌고 있는 하늘의 입장에서 보면 왼쪽도 없고 오른 쪽도 없는 것이며
상하上下의 관점에서 보면 높은 곳도 없고 낮은 곳도 없는 것이다."("是以, 旋
轉而觀之, 無所不左, 無所不右, 上下而觀之, 無所不高, 無所不卑", 위의 책, 言動)라는
논리로 서양의 천문학적天文學的 지식과 동아시아의 전통적인 노장적老莊的
상대관을 적극 원용하여 모든 국가가 자신의 고유한 독자성을 지닌 상대적
으로 평등한 개체라는 점을 역설했다. 양학 계열의 시바 코오칸(司馬江漢,
1748-1818) 또한 "인간은 스스로를 크다고 생각하고 개미(蟻)도 마찬가지로

발전의 사상적 토대로서의 인식적認識的 연속성과 발전을 이해할
수 있는 근거이기도 하다. 이와 함께 그가 중국이 서구 열강의 이
권 침탈에 적절히 대응하지 못하고 있던 현실의 원인이 중국 전통
의 화이 질서관華夷秩序觀이라는 점을 지적한 것은 그 이후 중국의
유학적 명분론을 기초로 전개된 청불전쟁·청일전쟁과 러일전쟁에
서의 패배와 이에 따른 반식민지화半植民地化 과정을 예견하는 통찰
력을 보여 준 것이었다는 점에서 시사하는 바가 크다고 하겠다.

인성론과 대내외 질서관에서 보이는 이러한 인간간 그리고 국가
간 권리의 상호 존중의 중요성 강조는 후쿠자와 유키치가 사회 내
에서 인간이 가져야 할 인식 태도와 행위 규범을 논의한 도덕론道德
論에서 좀더 명확히 드러나고 있다. 구체적으로 그는 인간이 비록
자유롭게 자신의 욕구에 따라 삶을 영위하는 존재이기는 하나 타
인 또한 이러한 동일한 권리를 가지고 있다는 점을 알지 못하면 방
탕에 빠질 수밖에 없고, 이런 점에서 인간은 사회 내에서 타인의
권리를 침해하지 않는, 즉 자유의 한계를 반드시 인식해야 하며 그
러한 인식에 따라 행동해야 한다고[67] 했다. 또한 모든 인간들은 자
신들의 의지가 아닌 하늘로부터 생명을 부여받은 것이기 때문에

자기를 크다고 생각한다. 뿔(象牙)만을 보고 처음에는 소(牛)가 작은 것을 아
는 것 같아도 절대적으로 큰 것은 없다는 것을 모르는 것이다."(『獨笑妄言』,
蟻道和尙談義)라고 하여 대소大小는 자신의 주관에 따라 결정되는 절대적인
것이 아니며 자연계 내에서는 영원히 큰 것도 영원히 작은 것도 없는 모두
상대적인 존재라는 점을 분명히 했다. 이러한 관점을 가지고 그는 "우리 일
본의 동쪽과 서쪽 주민의 기질氣質은 서로 다르다. 이렇게 일국一國이라도
각기 다른 점이 있는데 하물며 세계 각국의 국민성이 서로 다른 것은 당연
한 것이다."(『春波樓筆記』, 神と仏とを論ず)라고 함으로써 개체로서 독자성을
바탕으로 한 지역·민족·국가간 관계의 상대적 동등성을 주장하기도 했다.
67 『福澤全集』, 第三卷, 學問のす仏め, 第一編(初編), 3쪽.

서로 존경하고 서로 사랑하며, 각자 자신이 맡은 직분을 다하면서
서로를 해치지 않는 자세와 행동을 유지해야 한다[68]고도 했다. 앞
서 살펴본 문명론에서도 명확히 제시되었지만 이러한 후쿠자와 유
키치의 언급은 유학에 기초한 명분론적 도덕관이 여전히 사회적
모순을 야기시키는 원인이 되고 있고, 여기에 그러한 차별에 기인
한 개체간 갈등이 두드러진 당시 일본의 사회 내에서 새로운 도덕
의 방향을 제시했다는 측면에서 가치 있는 것이라고 볼 수 있다.

5. 개혁·개방의 정책론

마지막으로 이와 같은 사상 내용을 바탕으로 후쿠자와 유키치가
전개한 정책론의 내용을 살펴보면 다음과 같다.

첫째, 대내 정책 측면에서 후쿠자와 유키치는 부국강병책富國强兵
策이나 안민책安民策과 같은 제도적 개혁책을 제시하기보다는[69] 주
로 국가적 독립성의 보존과 문명 발전을 위한 기본 토대로서의 교
육의 중요성을 강조하고, 이를 위해 바람직한 교육 내용과 교육 체

---

68 위의 책, 第二編, 人は同等なる事, 10쪽.

69 물론 후쿠자와 유키치가 정치·경제·사회·외교·군사와 같은 부분에서의
각종 제도 개혁의 방향을 제시하지 않은 것은 아니다. 이미 그는 서양에 대
한 견문見聞을 바탕으로 1866년-1869년까지 저술한 『서양사정西洋事情』을
통해 자신이 가장 주요하게 생각했던 서양의 교육 제도와 계몽 시설은 물
론, 정치·경제 제도, 과학 기술, 병제兵制, 사회적 소외 계층을 위한 제도적
장치 등을 소개함으로써 이후 전개된 메이지 정부의 대내적 개혁에 큰 영향
을 미쳤다. 그러나 후쿠자와 유키치는 메이지 정부의 국내 개혁 작업이 어
느 정도 궤도에 오른 1880년대 이후에는 자신의 필생의 과제인 교육을 통
한 문명의 확산과 발전에 심혈을 기울였다. 이런 점에서 그의 대내적 정책
론을 교육 정책에 초점을 맞추는 것에는 큰 무리가 없을 것으로 보인다.

제 그리고 교육 방향에 관한 정책적 대안 제시에 주력했다. 이것은
관존민비官尊民卑 의식에 의거 대부분의 학자들이 정부 관료가 되기
만을 바라는 현실을 개탄하면서 정부에 직접 참여하기를 거부하
고, 평생을 경응의숙慶應義塾을 중심으로 한 교육과 계몽 활동에 전
념하였던 그의 행적行蹟을 통해 볼 때 자연스러운 것이었다.

교육 정책과 관련하여 정치사상적으로 중요한 점은 남녀·귀천
을 불문하고 교육 기회를 균등하게 부여할 것, 교육 내용에 있어서
유학적儒學的 요소를 철저히 배제시킬 것, 정치로부터 학문을 분리
시킬 것, 그리고 교육 기관의 정부로부터의 독립성 확보를 요구한
것 등이라고 하겠다. 균등한 교육 기회의 부여는 인성론과 국내 질
서관을 통하여 인간이 모두 개체성을 보유한 평등한 권리 주체임
을 밝힌 후쿠자와 유키치에게 있어 당연한 것이었고, 이것은 메이
지 유신明治維新 이후 1872년 내각內閣이 반포한 교육 제도의 기본
방침의 근간이 되었다. 다음으로 유학적 교육 내용을 배제해야 한
다는 주장은 유학적 차별관이 일본의 가장 근원적인 모순으로 작
용해 왔다는 그의 인식을 반영한 것이라고 하겠다. 구체적으로 후
쿠자와 유키치는 민권 의식의 확대 이후 유학적 차별 질서의 해체
를 우려하여 학교에서 유학을 기초로 한 도덕 교육을 강화해야 한
다는 주장에 대해, 유학의 본질이 개인의 도덕적 완성에 있는 것이
아니라 차별·위계를 속성으로 하는 정치적 이데올로기라는 점[70]을
다시 한번 명확히 밝혔다. 이러한 인식의 바탕 위에, 따라서 유학
에서 도덕적인 부분을 분리시켜 사회에 활용한다는 것은 어리석은
환상에 불과하다[71]고 하고, 또 소위 유학의 수신제가치국평천하론

[70] 『福澤全集』, 第九卷, 時事論集第二卷, 道德篇, 儒教主義, 361쪽.

修身齊家治國平天下論만 보아도 유학이 지배학支配學임을 분명히 알 수 있다[72]고 함으로써 유학적 도덕 교육론에 대해 완고한 반대의 입장을 표명했다. 그에 따르면 무엇보다 유학적 교육이 현실에 적절하지 않는 이유는 그것이 자유·평등을 지향하는 문명 발전의 흐름에 역행한다는 데 있는 것이었다. 특히 국가간의 교류와 교역이 두드러지던 당시의 국제 정세 속에서 유학적 차별관의 강조는 자국 또는 자국민을 외부 세계와 단절시키는 결과를 초래함으로써 필연적으로 고립과 저발전을 가져온다는 것[73]이 그의 논리였다. 이처럼 후쿠자와 유키치가 유학을 순수한 도덕론이 아닌 통치 이데올로기로 규정하고 그것이 가진 차별·위계적 속성을 충분히 인식하여 유학적 도덕 교육에 반대한 것은 개명진보 사상가로서의 그의 혁신적 입장을 다시 한번 보여 주는 것이라고 할 수 있다.

다음으로 정치와 학문의 분리와 교육 기관의 정부로부터의 독립성 유지에 대한 후쿠자와 유키치의 주장 역시 우선적으로는 역사적으로 일본에서의 유학적 정치 질서관의 유지라는 학문과 정치의 결합이 초래한 모순을 정확히 파악하는 그의 인식에서 도출된 결과라고 볼 수 있다. 그에게 유학을 토대로 하였던 한국·중국·일본 모두에서 정치와 학문의 결합이 파벌派閥과 당쟁黨爭으로 특징 지워지는 정치적 불안정의 근원이 되어 왔다는 점[74]에서 학문은 반드시 정치와 분리되어야 하는 것이었다. 이와 함께 후쿠자와 유키치는 학문과 정치의 결합이 필연적으로 교육 내용과 교육 주체들의 의

---

71 위의 책, 364쪽.
72 위의 책, 365쪽.
73 위의 책, 369쪽 참조.
74 위의 책, 第五卷, 學問之獨立, 第二, 579쪽 참조.

식에 있어 정치적 편견을 가지지 않을 수 없게 만듦으로써 진정한 의미의 객관적이고 과학적이며 실용적인 학문의 발전을 저해할 위험성이 있다[75]고 하여 정치와 학문의 분리의 필요성을 강하게 역설하기도 했다.

이와 같은 인식을 바탕으로 후쿠자와 유키치는 정책 대안으로서 정부의 교육 담당 부서는 교육법의 제정과 같은 일만 담당하고 실질적인 교육 기관들에 대한 지도·관리와 지원은 황실皇室이 담당해야 한다고[76] 주장했다. 이를 위하여 그는 황실은 정치 영역에서 탈피하여 중립성을 유지할 것,[77] 학문과 예술의 진흥을 황실이 담당할 것,[78] 황실의 재정을 확충하여 교육의 관리·감독에 필요한 재원을 확보하게 할 것[79] 등을 제시했다.

이러한 유학적 교육의 철폐, 학문과 정치의 분리, 정부로부터의 교육 기관의 독립 주장은 유학 자체를 비판하면서 교육을 통한 국민 계몽에 주력해 온 후쿠자와 유키치의 일관된 인식을 반영하는 것이기도 하다. 그러나 동시에 그것은 1881년 이후 단행된 메이지 정부의 민권 운동 탄압과 이를 위한 대내적 통제 정책의 실시, 그리고 천황제天皇制의 수립을 통한 군국주의 국가로의 진행 의도를 비판하기 위한 정치적 의도를 내포한 것이기도 했다. 즉 학교 기관에 대한 통제와 감시를 강화하는 한편 교육 내용에 있어서도 유학적 충효와 국가에 대한 극단적 애국심을 강요하는 유학적 교육을

---

75 위의 책 참조.
76 위의 책, 第四, 584쪽.
77 위의 책, 第五卷, 帝室論, 第一, 439쪽.
78 위의 책, 第九, 466쪽.
79 위의 책, 第五卷, 學問之獨立, 第五, 588쪽.

부활시킴으로써 강력한 국가 중심적 사회의 구축을 의도했던 1880년대 이후의 메이지 정부의 태도에 대한 비판과 이에 대한 대안을 그의 교육 정책론의 내용으로 제시한 것이었다고 볼 수 있다.[80] 이렇게 후쿠자와 유키치는 일관되게 학문이 정치에 종속되어 정부의 전제적專制的 정치 행태에 이용되는 것을 우려했고, 특히 유학儒學의 부활을 통해 그것을 달성하려는 의도에 대해서 강렬한 비판의 입장을 견지하였던 것이다.

다음으로 대외 정책 측면에서 후쿠자와 유키치는 1884년 한국의 갑신정변甲申政變이 실패하기 전까지는 아시아주의를, 그 이후에는 탈아시아주의를 주장하였다. 즉 그는 1884년 이전까지는 서구와 중국 등 외국과의 마찰을 삼가는 한편 국내의 극단적 배외주의排外主義 세력의 반발을 적절히 통제하면서 1850년대 서구 열강과 맺은 불평등 조약의 개정을 위해 노력하던 메이지 정부의 현실주의적 외교 노선과는 달리, 당시 민권파民權派의 외교 노선, 구체적으로 중국과 한국 개혁파를 지원함으로써 아시아 국가들의 보편적 계몽을 통한 서구 열강의 침탈 방어의 필요성을 강조했다. 그가 김옥균·박영효 등 한국의 갑신정변 주역들을 적극적으로 지원한 것은 바로 이러한 소위 아시아주의에 입각한 실천 행위였다. 그러나 갑신정변이 보수파의 반발과 국내 지지 세력의 결여로 결국 실패하자 후쿠자와 유키치는 아시아주의에서 탈피하여 소위 탈아론脫亞論을 전개했다. 다음은 후쿠자와 유키치의 설명이다.

---

80 慶應義塾 編, 『福澤諭吉全集』(東京: 岩波書店, 1958-64), 第十三卷, 教育の方針變化の結果, 575-577쪽 참조.

"우리 일본이 더 이상 이웃 나라의 개명開明을 기대해 함께 아시아를 발전시키려고 노력할 필요는 없다. 오히려 거기에서 벗어나 서양의 문명국과 진퇴進退를 함께 해야 한다. 중국과 조선에 접근하는 방법도 이웃 나라인 탓으로 특별히 헤아려 줄 필요가 없고 바로 서양인들이 그들에게 접근하는 방식과 동일하게 해야 한다. 나쁜 친구와 벗하고 지내는 사람은 오명惡名을 벗을 수가 없는 것이다. 따라서 우리는 이제 아시아 동방東方의 나쁜 친구들을 사양해야 할 것이다."[81]

이와 같은 후쿠자와 유키치의 대외 정책상의 변화는 그가 국가 간 관계의 독립성과 자존성을 적극 주장한 것과 일면 배치되는 것이라고도 볼 수 있다. 그럼에도 불구하고, 앞에서도 자세히 언급했듯이, 당시 그의 가장 중요한 현실의 정치 목표가 전 세계적인 문명 개화 그 자체보다는 일본의 독립 보존에 있었다는 점을 상기한다면 이러한 변화는 동아시아 기타 국가들, 특히 한국의 급진 개화파가 주도한 갑신정변 실패의 필연적인 결과였다고 보는 것이 타당하다. 물론 후쿠자와 유키치의 탈아론 주장과 함께 메이지 정부의 대외 팽창주의적 외교 노선이 급격히 진행되었고 결국 그것이 일본 군국주의로 발전해 나갔다는 점에서, 후쿠자와 유키치를 메이지 정부의 외교 노선을 정당화해 주는 이론적 기초를 제공한 인물로 평가하는 시각도 존재할 수 있다. 그러나 교육 정책론의 내용에서 드러난 것처럼 그가 1890년대 초까지도 일관되게 천황天皇의

---

81 위의 책, 第十卷, 240쪽, 升味準之輔 著, 이경희 譯, 『일본정치사 L』(서울: 형설출판사, 1992), 212쪽에서 재인용.

정치적 역할의 확대를 견제하는 동시에 메이지 정부의 전제적專制
的 권력 행사에 강한 비판을 가했다는 점을 볼 때, 그러한 시각은
재고할 필요가 있다고 생각된다.

이상에서 살펴본 바와 같이 19세기 후반 문호 개방기 일본 개혁·
개방 사상의 대표자로서 후쿠자와 유키치의 개명진보 사상은 일본
의 역사에서 유학적 차별관·폐쇄관이 초래한 모순을 정확히 직시
하고, 그러한 유학의 모순을 극복하기 위한 대안으로서 평등관·상
대관·개체관·변천관·개방관·진보관을 기초로 한 개혁·개방 사상
을 제시한 것이었다. 구체적으로 개체성을 보유한 자유로운 삶의
욕구 주체인 동시에 권리 주체로서의 인간성의 규정, 그러한 인간
들 사이의 본연적 동등성과 상대적·기능적 평등성의 주장, 이것을
국가간 관계에 적용시켜 국가간 관계의 독자성과 자존성을 바탕으
로 한 평등적 국가간 관계의 당위성 설명, 그리고 조화와 협력을
강조하는 도덕론과 선각적先覺的 교육 정책 등이 그의 사상의 중심
내용이었다. 특히 그가 서구 문명의 절대성을 부정하였다는 점과
비록 구체적인 사상적 연원을 밝히고 있지 않지만 상대적인 입장
에서 일본이 유학적 정치 질서관 속에서 형성시켜 온 자유·평등
의식의 전통을 중국과 대비시켜 적극 부각시켰다는 점은 그의 사
상적 성격이 반유학적反儒學的임은 물론, 그 연원이 일정 부분 동아
시아의 전통 사상과 일본적 개혁 사상의 흐름에 있음을 보여 주는
것이라고 하겠다.

일본이 비록 군국주의를 바탕으로 1900년대 이후 식민지 쟁탈
전에 참여하여 동아시아 국가들에 커다란 역사적 상처를 남겨 놓
았다 하더라도, 후쿠자와 유키치로 대표되는 당시 개명진보 사상
가들이 지녔던 이러한 인식으로 말미암아 일본이 근대화를 통한

대내적 발전은 물론 열강의 지위로까지 부상할 수 있었던 것이라 할 수 있다. 이러한 사실은 급진적 개혁·개방 사상의 존재에도 불구하고 유학적 차별 질서관의 공고화에 의해 식민지로의 전락을 경험한 한국이나, 마지막까지 유학적 차별관에서 완전히 탈피하지 못함으로써 서구 열강의 반식민지半植民地로 전락한 중국의 경우와 비교해 볼 때 시사하는 바가 매우 크다고 하겠다.

맺음말

　서구 문물의 유입은 동아시아 3국의 개혁 사상가들에게 인간과 세계에 관한 인식의 확대를 가져오게 하는 계기였다. 주자학적 정치 질서관이 초래한 보편적인 모순, 즉 비생산 계층의 확대와 이에 따른 국가적 생산력의 저하, 피지배 계층의 피폐에 직면하여 동아시아 3국의 실학적 개혁 사상가들은 서구 과학 지식의 유입에 의한 인식 확대를 발판으로 반주자학 나아가 반유학의 입장에서 평등 질서관을 전개했다. 이들은 노장과 묵학 사상, 초기 반주학적 개혁 사상가들의 논의를 계승하여 인간이 욕구 주체로서 동등하다는 점과 각기 독자적 능력을 가진 기능적 상대적 평등체라는 점을 들어 평등 질서관의 이론적 기초를 구성했다. 동시에 이러한 평등성의 논리를 국가간·민족간 관계에 확대 적용시킴으로써 중화주의적 세계관으로부터의 탈피를 시도했다. 국가간·민족간 관계의 평등성 주장은 곧 전통적인 동아시아적 질서관에 안주하던 3국으로 하여금 타국·타 민족·타 지역의 장점을 수용할 수 있는 논리적 근거가 될 수 있고 따라서 서구의 발달된 과학 지식과 문물을 수용하여 국가 발전의 토대로 삼을 수 있는 근거이기도 한 것이었다.

　그럼에도 불구하고 이와 같은 사상적 발전 과정의 내용과 정도는 3국에서 각기 다르게 나타났다. 중국의 경우에는 한족과 이민족 갈등이라는 요소로 말미암아 명말청초에 도입된 서구의 과학 지식이 청조 지배의 정당성 부인이라는 사상가들의 정치 목표에 기인하여 새로운 인식 변화의 요인이 되지 못했다. 오히려 중화주의적 질서관의 고수라는 유학적 차별 질서관의 유지·강화의 형태로 나타났다. 다음으로 한국의 경우 서구 문물의 유입은 후기 실학 사상가들로 하여금 자신들의 평등 질서관을 더욱 확고히 할 수 있는 계기를 형성했고 이것은 인간의 개별적인 개체성을 인정하는 토대 위에서 국가적 생산력의 발전을 위한 정책론의 내용으로 구체화되었다. 그러나 한국의 후기 실학 사상가들은 초기 반주자학적 개혁 사상가들이 가지고 있었던 한계점을 완전히 극복하지 못하는 못했다. 즉 평등 질서관 추구에도 불구하고 제왕권적권위 질서에 대한 직접적인 비판을 결여했으며 사상가 자신이 신분적 한계를 벗어나지 못해 개혁 사상의 민중 전파를 등한시했다. 더 중요하게는 개혁 사상가들이 정치 권력에서 소외되어 있거나 현실 정치에 영향을 줄 수 있는 위치에 있지 못함으로써 실제의 국가 발전을 위한 이론적 근거가 되지 못했다. 이것은 결국 한국의 경우에 주자학적 차별 질서관이 그만큼 공고하였다는 것을 보여 주는 것이기도 했다. 반면 일본의 경우 서구 문물, 즉 난학의 유입은 이전까지 전개되었던 동아시아적 자유·평등론의 발전을 더욱 확대시켰다. 특히 의학을 중심으로 한 서구의 자연과학적 지식은 일본의 개혁 사상가들로 하여금 인간이 동등한 욕구 주체라는 점과 기능적 평등체라는 점을 과학적으로 입증하게 했다. 그리고 이를 통해 유학적 차별관의 허구성과 비현실성을 직접 비판할 수 있는 근거를 마련하는 데 중요한 역할을 담당했다. 또한 일본의 개혁 사상가들은 대내적 평등관을 국가간 관계에 적용시켜 일본의 후진성을 인정하는 토대 위해서 발달된 지식과 제도 수용을 통한 국가 발전을 꾀하였고 민중 계몽을 통한 개혁론의 확대에 주력했다. 더욱이 그들은 이러한 점을 바탕으로 국가 발전의 저해 요소로서 쇄국 정책을 유지하는 주자학적 차별 질서관을 근거로 한 바쿠후 권력에 대한 사상적·정치적 도전을 감행함으로써 반유학적 개혁론을 정치적 변동의 원동력으로 활용하기도 했다. 문호 개방기에 전개된 일본의 정치적 변동은 바로 유학적 차별 질서관에 반대하여 전개된 이러한 일본에서의 동아시아적 자유·평등 사상의 발전과 밀접한 관련을 가지고 있는 것이었다.

19세기 후반 서구에 의한 강제적 문호 개방은 동아시아 3국에게 공통적으로 위기와 기회를 제공한 것이었다. 즉 이권 침탈과 독립 유지의 위협이라는 위기와 함께 서구 문물과의 직접 접촉을 통한 발전의 기회를 제공한 것이 이 시기의 특징이었다. 이런 점에서 이 시기는 향후 동아시아 3국의 발전과 저발전을 가늠하는 가장 중요한 계기를 형성한 기간이었다고 할 수 있다. 이 시기에 전개된 3국의 개혁·개방 사상은 근본적으로 이전 개혁 사상가들이 이룩한 성과를 서구의 시민권 사상과 결합시켜 개혁·개방을 통한 국가의 독립 유지와 발전을 이룩하고자 하는 것이었다. 그러나 중국의 경우 정치 권력의 보수성은 말할 것도 없고 개혁·개방 사상가들 자신이 일면 정치 권력에 근접해 있었거나 또는 정치 세력화를 이루었으며 또한 동아시아 전통의 반유학적 사상을 원용한 측면이 존재하였음에도 불구하고 결국 현실의 차별 질서를 인정하거나 좀더 확고히 하려는 모습을 보여 줌으로써 발전의 근거를 형성하는 데 실패했다. 한국의 경우에는 이와는 달리 개혁·개방 사상가들이 평등 질서관을 명확히 표방하였음에도 불구하고 개혁의 방법에 있어서 민중 계몽을 등한시하고 또 유학적 차별관을 고수하려는 보수 세력의 저항을 극복할 수 있을 정도의 정치 세력화를 이룩하지 못함으로써 한국적 저발전을 경험하게 되는 운명을 맞이했다. 반면 일본의 경우 개혁·개방 사상의 발전이 바쿠후 권력의 타도와 메이지유신 이후의 평등적 정치 질서관 구축에 공헌했고, 그 이후에는 민중의 의식 개혁을 통한 아래로부터의 토대 구축과 국가 주도의 근대화라는 위로부터의 개혁의 기반으로 작용함으로써 일본적 발전의 사상적 요인이 되었다.

　19세기 후반 문호 개방기 개혁·개방 사상들이 전개된 이후 동아시아 3국의 정치사적 행보의 명암은 뚜렷한 것이었다. 한국의 경우에는 1884년 갑신정변의 실패 후 약 10년 동안 집권 보수세력에 의한 개혁 세력 탄압과 친청 사대주의적 외교 노선의 지속이라는 시대 역행적인 정치 행태가 자행되었다. 이러한 과정 속에서 발생한 1894년의 동학농민운동과 이를 계기로 전개된 청일전쟁에서 일본의 승리는 일면 한국으로 하여금 대 중국 종속 관계를 탈피하게 하는 계기를 만들었으나 그것이 한국의 자력自力에 의해 얻어진 것이 아니라 일본에 의해 주어진 것이었다는 점에서 또 다른 종속을 예견하는 것이었다. 19세기 후반의 개혁·개방 사상을 계승하여 1896-1898년간 민중 계몽 운동을 통한 아래로부터의 개혁에 주력하였던 독립협회의 활동과 1899년 열강의 일시적 세력 균형을 이용한 대한제국의 수립은 정부와 대중적 차원에서의 자주 독립과 근대화를 위한 마지막 노력이었다. 그러나 이것 역시 결국 집권 수구 세력과 열강의 간섭으로 실패함으로써 한국은 1905년 러일전쟁에서의 승리로 한국에 대한 배타적 지배권을 인정받은 일본에 의해 외교권을 박탈당하고 1910년 한일합방에 의해 36년간 일본의 식민지가 되는 운명을 맞이했다.

　중국의 경우에는 1895년의 청일전쟁에서의 패배, 1898년 무술유신의 실패, 그리고 1900년 의화단의 난 발생 등을 거치면서 동아시아에서의 지배권 상실은 물론 서구 열강의 이권 침탈지로 전락하게 되었다. 중국은 한국과 달리 열강의 식민지가 되지는 않았으나 이후 문호 개방기 동안 내재되어 있던 민족 모순이 표면화됨으로써 반만을 중심으로 한 민족 투쟁기를 거쳤고 1911년의 신해혁명으로 한족 지배권이 재창출된 이후에는 다시 한족간의 내전을 경험하는 등 장기간에 걸친 혼란 상태가 지속되었다.

한국과 중국이 이처럼 19세기 중반 이후 근대화를 통한 국가적 발전을 이룰 수 있는 기회를 상실하고 결국 열강의 식민지나 이권 침탈지로 전락하게 된 것은 이미 밝혔던 것처럼 유학적 차별관을 고수하였기 때문이었다. 양국에 있어 유학적 차별관의 고수는 단순히 사상적 차원의 문제만은 아니었다. 즉 그것은 무엇보다 집권 세력으로 하여금 정치 권력에 대한 과도한 집착과 민중 의식의 성장을 탄압하는 의식과 행태를 가지게 만듦으로써 좀더 철저한 위기 극복의 개혁안을 제시하지 못하도록 하였다는 점과, 명분론적 대외 정책 또는 사대주의적 외교 노선을 지속하게 함으로써 진정한 의미의 국가적 독립성의 유지와 발전을 저해하였다는 점에서 현실적이고도 실제적인 장애물인 것이었다. 반면 일본의 경우에는 1868년의 명치유신을 계기로 이미 급속하게 진행되어 왔던 유교주의적 의식 구조의 탈피가 더욱 철저한 국내 개혁과 현실적인 외교 노선을 견지하는 계기를 조성했다. 이러한 점이 결국 19세기 말의 근대화의 성공과 서구 열강과 맺은 불평등 조약의 개정, 그리고 20세기 이후의 열강으로의 도약이라는 결과를 가져왔다.

이러한 역사적 경험에도 불구하고 동아시아 3국은 향후 전개된 각국의 역사적 발전 과정의 파행성으로 말미암아 한국과 중국의 경우에는 유교주의적 의식의 탈피가 이루어지지 못하였고 일본의 경우에도 19세기 말의 발전적 요소들이 지배적인 의식 구조로 정착되지 못했다. 즉 한국은 장기간에 걸친 식민지 지배와 해방기의 혼란, 분단 구조의 지속이라는 특수한 상황을 경험하면서 비록 표면적으로는 자본주의와 자유 민주주의를 지향하였음에도 불구하고 오히려 유교주의적 차별관에 바탕을 둔 권위주의적 정치 문화와 비민주적 경제 구조 그리고 사회적 차별 의식이 더욱 고착되었다. 중국 또한 내전과 중국-대만으로의 민족 분단, 대륙大陸에서의 사회주의 체제의 유지 등의 요인으로 인해 대내적 권위 질서와대외적 중화주의로 대표되는 유교주의적 의식 구조를 지속시켜 왔다. 일본의 경우에도 20세기 초반 이후 2차대전이 종결될 때까지 전개된 군국주의적 행태가 19세기 말까지의 반유교주의적 의식 구조의 발전을 지속시키지 못하고 특히 정치적 측면에서의 권위주의적 요소를 노출시키는 요인이 되었으며 이것은 1950-60년대 이후 일본의 급속한 경제 성장 정책으로 인해 더욱 강화되었다.

이러한 점을 놓고 본다면 서구와는 다른 발전 과정의 역사를 가지고 있는 동아시아 3국이 현재의 모순을 해결하고 미래의 발전을 이룩할 수 있는 대안적 방향은 명확하다고 볼 수 있다. 그것은 유교주의적 의식과 행태를 지양하고 동아시아적 발전의 이론적 토대를 형성했던 사상적 요소들을 계승·발전시키는 한편 이것을 인류의 보편적인 민주주의적 가치의 실현과 공동체적 발전으로 승화시키는 것이다. 이는 구체적으로 다음과 같은 세 가지 방향으로 진행되어야 할 것으로 보인다.

첫 번째는 개체 중심적 사고를 지향하는 것이다. 개체로서의 개인·집단·사회·국가의 독자성과 가치, 그리고 능력을 적극 인정하는 것은 사회적 생산력의 강화는 물론 유교주의적 권위 문화가 초래한 위계와 차별 구조를 타파할 수 있는 중요한 요소이다. 동시에 이러한 개체 중심적 사고의 지향은 서구의 개인주의가 초래한 인간의 원자화·고립화를 해소하고 공동체적 발전을 추구할 수 있는 바탕이기도 하다.

두 번째는 상대주의적 관점의 유지이다. 개인·집단 간의 사회적 관계와 국가간·민족간 관계에 있어서 상호간의 상대성을 인정하는 것은 자기중심적 가치관이나 차별적 인식을 탈피하는 가장 바람직한 방법으로서 개인간·사회간·국가간·민족간 조화와 협력을 지향하는 21세기에 가장 유용한 의식 구조라고 할 수 있다. 또한 이것은 자연을 단지 이용의 대상으로 간주하여 무분별하게 파괴하여 온 인류에게 인간 역시 자연계의 일부에 불과하며 상대적인 관점에서 보았을 때 자연계의 모든 사물 또한 인간만큼 가치가 있는 것이라는 인식을 심어 줌으로써 생태계 파괴와 환경 오염을 막고 공동체적 삶을 누릴 수 있는 중요한 의식적 대안이라고 하겠다.

마지막으로 세 번째는 과학기술적 합리주의를 바탕으로 한 경제 발전의 지속이다. 합리적 과학 기술의 향상을 통한 경제 발전은 인간의 기본 욕구인 좀더 나은 삶의 유지를 위한 필수적인 요소이다. 그러나 여기에는 앞서 언급한 개체 중심적 사고와 상대주의적 관점이 반드시 병행되어야 한다. 자신만의 욕구 추구가 타인 또는 타개체의 삶의 권리를 파괴하는 것이 되어서는 안 되기 때문이다.

이와 같은 세 가지 방향은 동아시아적 자유·평등론의 형성 과정에서 도출된 것으로서 인류에게 보편적으로 적용되어야 하고 또 적용될 수 있는 것이다. 동아시아적 가치의 세계화는 바로 이러한 방향으로 진행되어야 하는 것이다.

|참고문헌|

I. 1차 문헌

加藤周一 編, 1972,『日本の名著 18-富永仲基·石田梅岩』, 東京 : 中央公
　　論社.

康有爲, 1987,『康有爲全集』, 上海 : 上海古籍出版社.

龔自珍, 1975,『龔自珍全集』, 臺北 : 河洛圖書出版社.

金谷 治 校注, 1975,『日本思想大系 28·藤原惺窩·林羅山』, 東京 : 岩波書店.

金都鍊 譯註, 1990,『論語』, 서울 : 玄音社.

金時習, 1973,『梅月堂全集』, 서울 : 成均館大學校 大東文化研究院.

金時俊, 1997,『大學·中庸』, 서울 : 惠園出版社.

金玉均, 1979,『金玉均全集』, 서울 : 亞細亞文化社.

金學主 譯解, 1993,『墨子』, 서울 : 明文堂.

金學主 譯, 1983,『莊子』, 서울 : 乙酉文化社.

金赫濟 校閱, 1976,『孟子集註』, 서울 : 明文堂.

盧台俊 譯解, 1984,『道德經』, 서울 : 弘新文化社.

譚嗣同, 1980,『譚嗣同全集』, 上海 : 中華書局.

戴 震, 1975,『戴震文集』, 臺北 : 河洛圖書出版社.

東亞日報社 編, 1979,『近代韓國名論說集』, 서울 : 東亞日報社.

尾藤正英 校注, 1977,『日本思想大系 45·安藤昌益·佐藤信淵』. 東京 : 岩波
　　書店.

范善均 譯解, 1997,『孟子』, 서울 : 惠園出版社.

朴世堂, 1979,『西溪全書』, 서울 : 太學社.

朴齊家, 1974,『貞蕤集 附北學議』, 서울 : 國史編纂委員會.

朴趾源, 1974,『燕巖集』, 서울 : 景仁文化社.

──────, 1997, 『燕巖先生文集』, 서울：景仁文化社.

福澤諭吉, 1926, 『福澤全集』, 東京：國民圖書株式會社.

──────, 1958-64, 『福澤諭吉全集』, 東京：岩波書店.

本居宣長, 1968, 『本居宣長全集』, 東京：筑摩書房.

司馬江漢, 1993, 『司馬江漢全集』, 東京：八坂書房.

山鹿素行, 1941, 『山鹿素行全集』, 東京：岩波書店.

──────, 1979, 『山鹿素行』, 東京：日本圖書センタヘ.

相上 亨 譯, 1972, 『日本の名著 24·平田篤胤·佐藤信淵·鈴木雅之』, 東京：
　　　　中央公論社.

守本順一郎 校注, 1970, 『日本思想大系 32·山鹿素行』, 東京：岩波書店.

三浦梅園, 1971, 『梅園全集』, 東京：名著刊行會.

──────, 1979, 『三浦梅園』, 東京：日本圖書センター.

徐敬德, 1985, 『花潭集』, 서울：驪江出版社.

石田梅岩, 1965, 『石田梅岩全集』, 東京：石田心學會.

沼田次郎 校注, 1976, 『日本思想大系 64·洋學上』, 東京：岩波書店.

阿知波五郎 外 譯, 1972, 『日本の名著 25·渡辺崋山·高野長英』, 東京：中央
　　　　公論社.

安藤昌益, 1983, 『安藤昌益全集』, 東京：農山漁村文化協會.

岸本芳雄, 1965, 『本居宣長·平田篤胤集』, 東京：玉川大學出版部.

野口武彦 編, 1971, 『日本の名著 19·安藤昌益』, 東京：中央公論社.

梁啓超, 1934, 『清代學術槪論』, 上海：商務印書館.

魏 源, 1975, 『魏源集』, 臺北：鼎文書局.

──────, 『海國圖志』, 平慶：汪固道署, 光緒 2年(1876, 서울대학교 奎章閣 소
　　　　장).

王夫之, 1972, 『船山遺書全集』, 台北：中國船山學會·自由出版社.

王守仁, 1913, 『王文成公全書』, 上海：中華圖書館.

兪吉濬, 1971, 『兪吉濬全書』, 서울：일조각.

李民樹 譯解, 1997, 『莊子』, 서울：惠園出版社.

李 珥, 1958, 『栗谷全書』, 서울 : 成均館大學校 大東文化研究院.

李 贄, 1985, 『焚書/續焚書』, 台北 : 漢京文化事業有限公司.

———, 1974, 『藏書』, 北京 : 中華書局.

———, 1974, 『續藏書』, 北京 : 中華書局.

———, 1978, 『墨子批選』, 台北 : 中國子學名著集成編印基金會.

———, 1978, 『明燈道古錄』, 台北 : 中國子學名著集成編印基金會.

李 滉, 1971, 『退溪全書』, 서울 : 成均館大學校 大東文化研究院.

林羅山, 1979, 『林羅山文集』, 東京 : 京都史蹟會.

柴田 實 校注, 1971, 『日本思想大系 42·石門心學』, 東京 : 岩波書店.

張之洞, 1970, 『勸學篇』, 臺北 : 藝文印書館.

國史編纂委員會 編, 1986, 『朝鮮王朝實錄』, 서울 : 國史編纂委會.

荻生徂徠, 1937, 『(校註) 政談』, 東京 : 雄山閣.

錢 穆, 1938, 『中國近三百年學術史』, 台北 : 商務印書館.

田原嗣郎 校注, 1973, 『日本思想大系 36·平田篤胤·伴信友·大國隆正』, 東京
        : 岩波書店.

田原嗣郎 篇, 1971, 『日本の名著 12·山鹿素行』, 東京 : 中央公論社.

田口正治 外, 1982, 『日本思想大系 41·三浦梅園』, 東京 : 岩波書店.

鄭道傳, 1974, 『三峯集』, 서울 : 國史編纂委員會.

丁若鏞, 1960, 『丁茶山全書』, 서울 : 文獻編纂委員會.

———, 1970, 『與猶堂全書』, 서울 : 景仁文化社.

朱 熹, 1977, 『朱子大全』, 서울 : 景文社.

———, 1982, 『朱子語類』, 臺北 : 中華書局.

佐藤昌介 校注, 1971, 『日本思想大系 55·渡辺崋山·高野長英·佐久間象山·
        橫井小楠·橋本左內』, 東京 : 岩波書店.

村上敏治 校註, 1965, 『吉田松陰·山鹿素行集』, 東京 : 玉天大學出版部,
        1965.

塚谷晃弘 校注, 1970, 『日本思想大系 24·海保青陵·本多利明』, 東京 : 岩波書.

崔漢綺, 1971, 『明南樓叢書』, 서울 : 景仁文化社.

———, 1986, 『明南樓全書』, 서울 : 驪江出版社.

韓相甲 譯, 1982, 『論語·中庸』, 서울 : 三省出版社.

海保靑陵, 1976, 『海保靑陵全集』, 東京 : 八千代出版社.

黃炳垕 撰, 王政堯 點校. 1993, 『黃宗羲年譜』, 北京 : 中華書局.

黃宗羲, 1992, 『黃宗羲全集』, 杭州 : 浙江古籍出版社.

胡 廣 等, 1989, 『性理大全』, 濟南 : 山東友誼書社.

洪大容, 1972, 『湛軒書』, 서울 : 景仁文化社.

II. 2차 문헌

1. 단행본

加藤文三, 1996, 『渡辺崋山』, 東京 : 大月書店.

姜萬吉·鄭昌烈 외, 1990, 『茶山의 政治經濟 思想』, 서울 : 창작과비평사.

岡田武彦 外, 1972, 『日本の陽明學 (下)』, 東京 : 明德出版社.

姜在彦, 1988, 『韓國近代史硏究』, 서울 : 청아출판사.

———, 昭和48, 『近代朝鮮の變革思想』, 東京 : 日本評論.

具本明, 1982, 『中國思想의 源流體系』, 서울 : 대왕사.

高橋正和, 1981, 『三浦梅園』, 東京 : 明德出版社.

高橋磌一, 1985, 『開國への政治情勢』, 東京 : あゆみ出版.

橋尾四郎, 1983, 『三浦梅園の敎育思想硏究』, 東京 : 吉川弘文館.

권오영, 1999, 『崔漢綺의 學問과 思想 硏究』, 서울 : 集文堂.

권오영 외, 2004, 『혜강 최한기 : 동양과 서양을 통합하는 학문적 실험』, 서울 :
　　　　청계출판.

금장태, 1987, 『韓國實學思想硏究』, 서울 : 集文堂.

———, 2001, 『다산실학탐구』, 서울 : 소학사.

古田紹欽·今井 淳 編, 1979, 『石田梅岩の思想』, 東京 : ぺりかん社.

金吉煥, 1981, 『韓國陽明學硏究』, 서울 : 一志社.

김만규, 1982, 『朝鮮朝의 政治思想硏究』, 인천 : 인하대학교 출판부.

───, 1999, 『한국의 정치사상』, 서울 : 현문사.

───, 2004, 『바로 보는 한국의 정치사상』, 서울 : 논형.

金容沃, 2004, 『讀氣學說: 최한기의 삶과 생각』, 서울 : 통나무.

김정호, 2003, 『근세 동아시아의 개혁사상』, 서울 : 논형.

김한식, 1979, 『實學의 政治思想』, 서울 : 一志社.

김태영, 1998, 『실학의 국가개혁론』, 서울 : 서울대학교 출판부.

김태준, 1987, 『洪大容 評傳』, 서울 : 民音社.

김형효 외, 1998, 『茶山의 사상과 그 현대적 의미』, 성남 : 한국정신문화연구원.

農山漁村文化協會 編, 1993, 『安藤昌益 : 日本・中國共同硏究』, 東京 : 農山
        漁村文化協會.

다산학연구원 편, 2000, 『李乙浩全書2: 다산학총론』, 서울 : 예문서원.

藤原 暹, 1982, 『日本生活思想史序說』, 東京 : ぺりかん社.

勞思光, 鄭仁在 譯, 1992, 『中國哲學史(明淸篇)』, 서울 : 탐구당.

柳町達也 外, 1972, 『日本の陽明學 (上)』, 東京 : 明德出版社.

鹿島守之助, 1965, 『日本外交史』, 東京 : 鹿島硏究所出版會.

木村卯之, 1942, 『山鹿素行硏究』, 京都 : 丁子屋書店.

尾藤正英, 1975, 『日本歷史 9・近世1』, 東京 : 岩波書店.

閔斗基 編, 1980, 『日本의 歷史』, 서울 : 知識産業社.

박충석, 1982, 『韓國政治思想史』, 서울 : 三英社.

박충석・유근호, 1982, 『조선조의 정치사상』, 서울 : 평화출판사.

박희병, 2003, 『운화와 근대: 최한기 사상에 대한 음미』, 서울 : 돌베개.

芳賀徹, 1986, 『渡辺崋山: 優しい旅びと』, 東京 : 朝日新聞社.

裴永東, 1992, 『明末淸初思想』, 서울 : 民音社.

부산문화예술대학 동학연구소 엮음, 1999, 『해월 최시형과 동학사상』, 서울 :
        예문서원.

北島正元, 1968, 『日本史槪說 III』, 東京 : 岩波書店.

北島正元 編, 1979, 『政治史 II』, 東京 : 山川出版社.

山鹿光世, 1981, 『山鹿素行』, 東京 : 原書房.

山田慶兒, 1988, 『黑い言葉の空間·三浦梅園の自然哲學』, 東京 : 中央公論社.

山井 湧, 1980, 『明淸思想史の硏究』, 東京 : 東京大學出版會.

森田芳雄, 1991, 『儉約齊家論のすすめ』, 東京 : 河出書房新社.

三宅正彦 編, 2001, 『安藤昌益の思想史的硏究』, 東京 : 岩田書院.

蕭公權, 1978, 『中國政治思想史』, 台北 : 華岡出版有限公司.

小島晋治·丸山松幸 著, 朴元熇 譯, 992, 『中國近現代史』, 서울 : 지식산업사.

小野川秀美, 1975, 『淸末政治思想硏究』, 東京 : みすず書房.

小川晴久, 하우봉 역, 1995, 『한국실학과 일본』, 서울 : 한울아카데미.

小川晴久, 1989, 『三浦梅園の世界』, 東京 : 花伝社.

小澤耕一, 1998, 『渡辺崋山: 三河田原藩の周邊と畵論を中心に』, 東京 : 日本
　　　　圖書センター.

西口克己, 1988, 『高野長英』, 東京 : 新日本出版社.

石田一良 編, 1980, 『体系日本史叢書 23·思想史Ⅱ』, 東京 : 山川出版社.

石田一良 著, 成海俊·甘榮熙 譯, 2003, 『日本思想史槪論』, 서울 : J&C.

石川 謙, 1968, 『石田梅岩と「都鄙問答」』, 東京 : 岩波書店.

성황용, 1992, 『근대동양외교사』, 서울 : 명지사.

守本順一郎, 1975, 『日本思想史の課題と方法』, 東京 : 新日本出版社.

守本順一郎, 김석근·이근우 역, 1989, 『일본사상사』, 서울 : 이론과실천.

寺島莊二, 1941, 『山鹿素行』, 東京 : 敎材社.

升味準之輔 著, 이경희 譯, 1992, 『일본정치사 Ⅰ』, 서울 : 형설출판사.

시마다 겐지(島田慶次), 김석근·이근우 역, 1986, 『주자학과 양명학』, 서울 :
　　　　도서출판 까치.

寺尾五郎, 1992, 『論考安藤昌益』, 東京 : 農山漁村文化協會.

신용하, 1997, 『朝鮮後期 實學派의 社會思想硏究』, 서울 : 지식산업사.

신일철, 1995, 『동학사상의 이해』, 서울: 사회비평사.

阿部吉雄, 1975, 『日本朱子學と朝鮮』, 東京 : 東京大學出版會.

阿部吉雄, 김석근 역, 1998, 『퇴계와 일본유학』, 서울 : 도서출판 전통과현대.

阿部吉雄 編, 1975, 『日本の朱子學』, 東京 : 明德出版社.

安藤五郎, 1972, 『日本近代敎育思想の硏究: 渡辺崋山の敎育思想を中心とし て』, 東京 : 學藝圖書.

岩崎允胤, 1977, 『日本近世思想史序說』, 東京 : 新日本出版社.

岩內誠一, 1934, 『敎育家としての石田梅岩』, 京都 : 立命館出版部.

楊國榮, 김형찬 외 역, 1994, 『양명학』, 서울 : 예문서원.

楊愼之·黃麗鏞, 1987, 『魏源思想硏究』, 長沙 : 湖南人民出版社.

王家儉, 1964, 『魏源對西方的認識及其海防思想』, 臺北 : 國立臺灣大學院.

─────, 1967, 『魏源年譜』, 臺北 : 精華印書館.

衛藤瀋吉, 1968, 『近代中國政治史硏究』, 東京 : 東京大學出版會.

劉明鍾, 1983, 『韓國의 陽明學』, 서울 : 同和出版公社.

劉長輝, 1998, 『山鹿素行:「聖學」とその展開』, 東京 : ぺりかん社.

柔咸之·林皰皰, 1986, 『中國近代政治思想史』, 北京 : 中國人民大學出版社.

陸寶千 等, 1990, 『中國歷代思想家』, 臺北 : 商務印書館.

韋政通, 1996, 『中國哲學思想批判』, 臺北 : 水牛出版社.

윤사순, 1987, 『한국의 성리학과 실학』, 서울 : 열음글밭.

尹絲淳 編, 1990, 『정약용』, 서울 : 고려대학교 출판부.

尹錫山 註解, 1996, 『東經大全』, 서울 : 동학사.

──────, 1997, 『龍潭遺詞』, 서울 : 동학사.

영남대학교 민족문화연구소 편, 1998, 『동학사상의 새로운 조명』, 대구: 영 남대 출판부.

源 了圓, 1972, 『德川合理思想の系譜』, 東京 : 中央公論社.

─────, 1973, 『德川思想小史』, 東京 : 中央公論社.

─────, 1989, 『近世初期實學思想の硏究』, 東京 : 創文社.

源 了圓·末中哲夫 共編, 1991, 『日中實學史硏究』, 京都 : 思文閣出版.

源 了圓 著, 박규태·이용수 역, 2000, 『도쿠카와 시대의 철학사상』, 서울 : 예문서원.

李敦化, 1970, 『天道敎創建史』, 서울 : 景仁文化社.

李相佰, 1965, 『韓國史·近世後期篇』, 서울 : 乙酉文化社.

李元淳, 1986, 『朝鮮西學史研究』, 서울 : 一志社.

李乙浩 외, 1989, 『丁茶山의 經學』, 서울 : 民音社.

李 贄, 增井經夫 譯, 1969, 『焚書 : 明代異端의 書』, 東京 : 平凡社.

李漢武, 1988, 『魏源傳』, 長沙 : 湖南人民出版社.

李 瑚, 1979, 『魏源』, 北京 : 中華書局.

――, 2002, 『魏源研究』, 北京 : 朝華出版社.

李篪衡, 1996, 『茶山經學研究』, 서울 : 태학사.

이현구, 2000, 『崔漢綺의 氣哲學과 西洋科學』, 서울 : 성균관대학교 출판부.

李炫熙 編, 1984, 『東學思想과 東學革命』, 서울 : 청아출판사.

日本外務省 編, 1966, 『日本外交年表竝主要文書 上』, 東京 : 原書房.

日比野秀男, 1994, 『渡辺崋山: 秘められた海防思想』, 東京 : ぺりかん社.

柴田 實, 1962, 『石田梅岩』, 東京 : 吉川弘文館.

장승구, 2001, 『정약용과 실천의 철학』, 서울 : 서광사.

蔣維喬 지음, 고재욱 옮김, 1989, 『中國近代哲學史』, 서울 : 서광사.

조 훈 편역, 1999, 『중국근현대사』, 서울 : 역사교양사.

주칠성, 1996, 『실학파의 철학사상』, 서울 : 예문서원.

佐藤昌介, 1964, 『洋學史研究序説』, 東京 : 岩波書店.

―――, 1980, 『洋學史の研究』, 東京 : 中央公論社.

―――, 1993, 『洋學史論考』, 京都 : 思文閣出版.

―――, 1997, 『高野長英』, 東京 : 岩波書店.

竹內 誠, 1989, 『大系日本の歴史 10·江戸と大坂』, 東京 : 小學館.

中山廣司, 1988, 『山鹿素行の研究』, 京都 : 神道史學會.

中野好夫, 1986, 『司馬江漢考I』, 東京 : 新潮社.

佐々木杜太郎, 1978, 『山鹿素行』, 東京 : 明德出版社.

田口正治, 1978, 『三浦梅園の研究』, 東京 : 創文社.

錢國紅, 1993, 『アジアにおける近代思想の先驅: 佐久間象山と魏源』, 長野 :
　　　　信海書籍出版センター.

田中佩刀 外, 1972,『日本の陽明學 (中)』, 東京 : 明德出版社.

井上淸, 차광수 譯, 1995,『일본의 역사 (상)』, 서울 : 大光書林.

정윤재 외, 1999,『한국정치사상의 비교연구』, 성남 : 한국정신문화연구원.

鄭寅普, 1955,『舊園國學散藁』, 서울 : 文敎社.

陣鼓應·辛冠詰·葛榮晉 編, 1989,『明淸實學思潮史』, 臺北 : 齊魯書社.

陳耀南, 1979,『魏源硏究』, 香港 : 昭明出版社.

津田秀夫, 1975,『日本の歷史 22·天保改革』, 東京 : 小學館.

차성환, 2002,『글로벌시대 정약용세계관의 가능성과 한계』, 서울 : 집문당.

川尻信夫, 1982,『幕末におけるヨーロッパ學術受容の一斷面: 內田五觀と高
        野長英·佐久間象山』, 東京 : 東海大學出版會.

천도교중앙총부 編, 1969,『天道敎經典』, 서울 : 천도교중앙총부출판부.

─────────. 1986,『神師聖師法說』, 서울 : 천도교중앙총부출판부.

靑木美智男·保坂 智 編, 1991,『爭点日本の歷史·近世編』, 東京 : 新人物往
        來社.

村瀨裕也, 1984,『戴震の哲學』, 東京 : 日中出版.

최완기 외, 1994,『한국사 9』, 서울 : 한길사.

최연식, 2003,『창업과 수성의 정치사상』, 서울 : 집문당.

최영진 외, 2000,『조선말 실학자 최한기의 철학과 사상』, 서울 : 철학과현실사.

풍우란, 박성규 역, 1999,『중국철학사』, 서울 : 도서출판 까치.

賀廣如, 1999,『魏默深思想硏究: 以傳統經典的詮說爲討論中心』, 臺北 : 國立
        臺灣大學出版委員會.

鶴見俊輔, 1985,『高野長英』, 東京 : 朝日新聞社.

────, 2001,『高野長英·夢野久作』, 東京 : 筑摩書房.

한국사상사연구회, 1996,『실학의 철학』, 서울 : 예문서원.

韓國思想硏究會 編, 1974,『崔水雲硏究』, 서울 : 원곡문화사.

韓國學文獻硏究所 編, 1979,『東學思想資料集』, 서울 : 亞細亞文化社.

한배호, 1983,『근대 일본의 해부』, 서울 : 한길사.

韓㳝劤 외, 1985,『丁茶山硏究의 現況』, 서울 : 民音社.

韓永愚, 1999, 『鄭道傳思想의 硏究』, 서울 : 서울대학교 출판부.

한형조, 1996, 『주희에서 정약용으로』, 서울 : 세계사.

和田耕作, 1989, 『安藤昌益の思想』, 東京 : 甲陽書房.

―――――, 1993, 『安藤昌益と三浦梅園』, 東京 : 申陽書房.

丸山眞男, 1952, 『日本政治思想史研究』, 東京 : 東京大學出版會.

黃公偉, 1972, 『宋明淸理學體系論史』, 台北 : 幼獅文化事業公司.

Bellah, Robert N, 1957, *Tokugawa Religion*, Glencoe, Illinois : The Free Press.

Fukuzawa Yukichi, trns. by Kiyooka Eiichi, 1966, *The Auto-biography of Yukichi Fukuzawa*, New York : Columbia University Press.

Masao Maruyama, trans. by Miliso Hane, 1974, *Studies in the Intellectual History of Tokugawa Japan*, Princeton : Princeton University Press.

Nosco, Peter. *Confucianism and Tokugawa Culture*, 1984, *Princeton*, New Jersey : Princeton University Press.

Wm. Theodore de Bary, 1988, *East Asian Civilizations : A Dialogue in Five Stages*, Cambridge, Massachusetts : Harvard University Press.

2. 논문

葛榮晉, 1998, 「중국실학연구의 몇 가지 문제」, 홍원식 외, 『實學思想과 近代性』, 서울 : 예문서원.

姜萬吉, 1986, 「丁若鏞時代의 經濟事情」, 『丁茶山과 그 時代』, 서울 : 民音社.

고재욱, 1991, 「戴震의 사회사상 연구」, 『泰東古典研究』 제7집.

곽효문, 2001, 「최한기의 사회복지이념에 관한 연구」, 『社會政策論叢』, 제13집 제2권.

권오영, 2004, 「최한기 氣學의 사상사적 의미와 위상」, 『大東文化研究』, 第

45輯.

김만규, 1978, 「西溪 朴世堂의 政治思想」, 『東方學志』.

────, 1981, 「理氣論의 政治的 照明」, 『제4회 한국정치학회·재북미한국인 정치학회 합동학술대회 논문집』.

金宣慶, 1999, 「魏源의 『海國圖志』에 나타난 西洋認識」, 『中國史研究』, 第5輯.

김세서리아, 1993, 「李贄의 平等思想」, 『首善論集』 18.

김송희, 1991, 「朴世堂〈南華經註解〉《逍遙遊》編 考察」, 『中國學研究』 제7집.

김용헌, 2003, 「최한기 연구의 어제와 오늘」, 『오늘의 동양사상』, 제8호.

김용흠, 1996, 「朝鮮後期 老·少論 分黨의 思想 基盤」, 『學林』 제17집.

김정희, 1995, 「李贄의 내면세계 : 儒·佛·心學의 수용을 중심으로」, 『石堂論叢』 21.

김준석, 1998, 「17세기의 새로운 賦稅觀과 士大夫生業論」, 『歷史學報』 제158집.

────, 1998, 「西溪 朴世堂의 爲民意識과 治者觀」, 『東方學志』 제100집.

김태웅, 1994, 「서구자본주의의 침투와 위기의식 고양」, 『한국사 10』, 서울 : 한길사.

김혜경, 2001, 「李卓吾의 인식세계」, 『中國語文學誌』 제10집.

김한식, 1985, 「19세기 한국정치사상에 나타난 個體性 논리」, 『한국정치학회 제6회 합동학술대회논문집』.

────, 1987, 「실학사상에 대한 현대적 조명」, 『朝鮮朝 政治思想研究』, 서울 : 평민사.

────, 1995, 「조선조 유학 정치이념에 대한 재조명」, 『韓國政治學會報』 제29집 3호.

────, 2000, 「혜강사상에 나타난 근대성 논리의 구조」, 『韓國政治學會報』 제34집 4호.

南成勳, 1980, 「黃宗羲 政治思想 研究의 몇 가지 問題點」, 『全北史學』 第4輯.

屠承先, 1993, 「安藤昌益の哲學と中國の傳統思想」, 『安藤昌益 : 日本·中國 共同研究』, 東京 : 農山漁村文化協會.

藤原 遲, 1971, 「司馬江漢の思想-その實用主義と虛無主義」, 『日本近世思想の硏究』, 京都 : 法律文化史.

尾藤正英, 1977, 「安藤昌益硏究の現狀と展望」, 『日本思想大系 45 · 安藤昌益 · 佐藤信淵』, 東京 : 岩波書店.

박규태, 1998, 「안도 쇼에키(安藤昌益, 1703-1762)의 상대주의적 사유」, 『종교와 문화』 제4호.

박문현, 1999, 「安藤昌益의 인간관」, 『東義論集』 제30집.

박현모, 2003, 「정약용의 君主論 : 정조와의 관계를 중심으로」, 『정치사상연구』, 8집.

芳賀 徹, 1971, 「18世紀日本の知的戰士たち · 啓蒙の畵家江漢」, 『日本の名著 22 · 杉田玄白 · 平賀源內 · 司馬江漢』, 東京 : 中央公論社.

保坂 智, 1991, 「內憂外患の危機感はいつから生まれたか」, 靑木美智男 · 保坂 智 編, 『爭点日本の歷史 · 近世編』, 東京 : 新人物往來社.

부남철, 1991, 「朝鮮 前期 君主權 維持를 위한 理念政策」, 『韓國政治學會報』 제25집 1호.

———, 1996, 「조선 유학자가 佛敎와 天主敎를 배척한 정치적 이유 : 鄭道傳과 李恒老의 사례를 중심으로」, 『韓國政治學會報』 제30집 1호.

———, 2000, 「한국정치사상에 있어 정치와 종교 : 조선 성리학자의 불교 · 천주교 등 종교에 대한 정치적 평가와 비판」, 『韓國政治學會報』 제34집 3호.

배병삼, 1993, 「丁茶山의 '政治'에 관한 인식」, 『韓國政治學會報』, 제27집 1호.

———, 1995, 「朝鮮時代 思想家들의 政治 認識 : 李珥 · 丁若鏞 · 崔漢綺를 중심으로」, 『東洋古典硏究』, 제4집.

山田慶兒, 1982, 「黑い言葉の空間 · 三浦梅園の自然哲學」, 『日本の名著 20 · 三浦梅園』, 東京 : 中央公論社, 1982.

相上 亨, 1972, 「日本の思想史における平田篤胤」, 『日本の名著 24 · 平田篤胤 · 佐藤信淵 · 鈴木雅之』, 東京 : 中央公論社.

———, 1979, 「石田梅岩の思想」, 吉田紹欽 編, 『石田梅岩の思想』, 東京 : 石門心學會.

沼田次郎, 1976, 「司馬江漢と蘭學」, 『日本思想大系 64·洋學上』, 東京 : 岩波書店.

손문호, 2003, 「惠崗 崔漢綺의 정치사상 연구: 『人正』을 중심으로」, 『社會科學研究』, 제16집.

송휘칠, 2001, 「근세 일본의 쇄국정책과 양학(洋學)수용」, 『日本思想』, 제3호.

守本順一郎, 1970, 「山鹿素行における思想の歴史的性格」, 『日本思想大系 32·山鹿素行』, 東京 : 岩波書店.

辛冠潔, 1991, 「明淸實學散論」, 原了圓·末中哲夫 共編, 『日中實學史研究』, 京都 : 思文閣出版.

신용철, 2002, 「16세기 이탁오(李卓吾)의 진보적 역사관」, 『한국사학사학보』 6.

안병걸, 1993, 「朴世堂의 獨自的 經傳解釋과 그의 現實認識」, 『大東文化研究』 제28집.

안외순, 2000, 「丁若鏞의 사상에 나타난 西學과 儒學의 만남과 갈등」, 『정치사상연구』, 2집.

———, 2000, 「조선에서의 민주주의 수용론의 추이: 최한기에서 독립협회까지」, 『社會科學研究』, 제9호.

———, 2001, 「유가적 군주정과 서구 민주정에 대한 조선 실학자의 인식: 惠崗 崔漢綺를 중심으로」, 『韓國政治學會報』, 제35집 4호.

———, 2001, 「茶山 丁若鏞의 정치권력론의 성격」, 『東方學』, 第7輯.

岩崎允胤, 1997, 「蘭學周邊の自由思想家·司馬江漢の場合」, 『日本近世思想史序說下』, 東京 : 新日本出版社.

吳金成, 1989, 「明末·淸初의 社會變化」, 『講座中國史 Ⅳ』, 서울 : 지식산업사.

오문환, 2002, 「동학사상의 연구현황」, 『동학학보』, 제3호.

永井道雄, 昭和 44, 「斷絶の時代における飛躍」, 『日本の名著33 – 福澤諭吉』,

東京：中央公論社.

劉明種, 1987, 「東原 戴震의 氣化哲學」, 『石堂論叢』 제12집.

李 軍, 1999, 「魏源思想的實學特色」, 『退溪學』, 第10輯.

이운구, 1993, 「安藤昌益의 諸子批判과 農家意識」, 『大東文化硏究』 제28집.

이재하, 1996, 「李贄의 『臧書』 연구 Ⅰ」, 『石堂論叢』 제23집.

이철승, 2002, 「근대 전환기 중국 사상계의 현실인식과 사회변혁론 – 위원 (魏源)의 철학사상을 중심으로 –」, 『동양사회사상』, 제6집.

이해준, 1994, 「조선 후기 향촌사회구조의 변동」, 『한국사 9』, 서울 : 한길사.

이행훈, 2002, 「崔漢綺 政治思想의 근대적 성격 연구」, 『한국철학논집』, 제11집.

이혜경, 1990, 「戴震의 氣一元的 倫理論」, 『哲學論叢』 제18집.

李 鉉, 1996, 「魏源(1794-1857)의 憂患意識과 變通論(I)」, 『慶大史論』, 第9輯.

이희재, 1994, 「朴世堂 思想 硏究 : 脫朱子學의 입장에서」, 원광대학교 대학원 박사학위 논문.

――――, 1997, 「박세당의 老莊철학론」, 『哲學硏究』 제59집.

張 備, 1993, 「安藤昌益と莊子の哲學について」, 『安藤昌益：日本・中國共同 硏究』, 東京 : 農山漁村文化協會.

佐藤昌介, 1971, 「渡辺崋山と高野長英」, 『日本思想大系 55 – 渡辺崋山・高野 長英・佐久間象山・橫井小楠・橋本左內』, 東京 : 岩波書店.

――――, 1972, 「經世家崋山と科學者長英」, 阿知波五郎 外 譯, 『日本の名著 25 – 渡辺崋山・高野長英』, 東京 : 中央公論社.

――――, 1976, 「洋學の思想的特質と封建批判論・海防論」, 『日本思想大系 64 – 洋學上』.

東京 : 岩波書店.

田口正治, 1982, 「玄語」橋本について」, 『日本思想大系 41・三浦梅園』, 東京 : 岩波書店, 1982.

정윤재, 1999, 「'자아준거적 정치학' 과 한국정치사상 연구 : 문제해결적 접근 의 탐색」, 『한국정치사상의 비교연구』, 경기 : 한국정신문화연구원.

————, 1999, 「정약용의 자작적(自作的) 인간관과 왕정개혁론」, 『韓國政治學會報』, 제33집 4호.

정인재, 1986, 「이지의 心性論 : 童心說을 中心으로」, 『東亞文化』 24.

朱漢民, 2003, 「實學과 西學의 互動 - 魏源의 西學觀 및 近代 西學思想에 대한 探析 -」, 『韓國實學研究』, 第5號.

村岡典嗣, 1994, 「市井の哲人司馬江漢」, 『司馬江漢の研究』, 東京 : 八坂書房.

塚谷晃弘, 1983, 「經濟思想における日本的特性」, 『講座日本思想 2·知性』, 東京 : 東京大學出版會.

崔韶子, 1991, 「魏源(1794-1857)과 新學問 -『海國圖志』 편찬과 관련하여 -」, 『韓國文化研究院論叢』, 제59권 1호.

최완기, 1994, 「붕당정치의 전개와 정국의 변화」, 『한국사 9』, 서울 : 한길사.

최일범, 1994, 「朴世堂의 有無論」, 『道教學研究』 13.

表教烈, 1996, 「嘉道期 漕運改革論의 經世論的 展開 - 魏源의 海運論과 그 特性을 중심으로」, 『東洋史學研究』, 第五十四輯.

洪淳鎬, 1993, 「개항전의 대외관계」, 『한국외교사 I』, 서울 : 집문당.

丸山眞男, 1947, 「福澤諭吉における '實學' の轉回 - 福澤諭吉の哲學研究序說」, 東京大學東洋文化研究所, 『東洋文化研究』, 第3号.

黃景淑, 1993, 「惠岡 崔漢綺의 社會思想의 構造와 性格」, 『韓國學報』, 제70호.

|찾아보기|

【ㄱ】